HISTÓRIA ILUSTRADA DA
GUERRA

Um estudo da evolução das armas e das táticas adotadas em conflitos, da Antiguidade à Guerra de Secessão dos Estados Unidos, no século XIX

HISTÓRIA ILUSTRADA DA GUERRA

Um estudo da evolução das armas e das táticas adotadas em conflitos, da Antiguidade à Guerra de Secessão dos Estados Unidos, no século XIX

Tim Newark (edição geral)

PUBLIFOLHA

Título original: *The Worldwide History of Warfare*

Originalmente publicado no Reino Unido
em 2009 pela Thames & Hudson Ltd.,
High Holborn, 181A, Londres WC1V 7QX.

COORDENAÇÃO DO PROJETO: PUBLIFOLHA
Editora-assistente: Vivian Rocha
Coordenação de produção gráfica: Mariana Metidieri
Produção gráfica: Rodrigo Andrade

PRODUÇÃO EDITORIAL: ESTÚDIO SABIÁ
Edição: Fernando Nuno
Tradução: Carlos Eduardo Silveira Matos
Revisão: Valéria B.S., Bruno S.R. e Hebe Lucas
Editoração eletrônica: Pólen Editorial

EDIÇÃO ORIGINAL: THAMES & HUDSON
Direção de criação: Peter Bridgewater
Edição: Jason Hook
Direção editorial: Caroline Earle
Edição sênior do projeto: James Thomas
Edição de texto: Tom Mugridge e Simon Smith
Edição de arte: Michael Whitehead
Projeto gráfico: JC Lanaway
Reprodução de imagens: Lyndsey Harwood e Les Hunt

Dados Internacionais de Catalogação na Publicação (CIP)
(Câmara Brasileira do Livro, SP, Brasil)

História ilustrada da guerra / Tim Newark (org.) ; [traduzido por Carlos Eduardo Silveira Matos] . – São Paulo : Publifolha, 2011.

Título original: The worldwide history of warfare.
Bibliografia.
ISBN 978-85-7914-352-6

1. Ciência militar - História I. Newark, Tim.

11-13889 CDD-355.009

Índices para catálogo sistemático:
1. Ciência militar : História 355.009

Este livro segue as regras do Acordo Ortográfico da Língua Portuguesa (1990), em vigor desde 1º de janeiro de 2009.

PUBLIFOLHA
Divisão de Publicações do Grupo Folha
Al. Barão de Limeira, 401, 6º andar
CEP 01202-900, São Paulo, SP
Tel.: (11) 3224-2186/2187/2197

www.publifolha.com.br

Impresso na Lion Productions, China.

Sumário

Introdução

"A capacidade de obter a vitória pela mudança e adaptação de acordo com o oponente é chamada de gênio."

Assim escreveu o guerreiro-filósofo Sun Tzu há mais de 2 mil anos, em seu famoso livro *A arte da guerra*. A adaptação a circunstâncias mutáveis é, com efeito, a chave para o sucesso militar. Na guerra, a vitória depende mais da engenhosidade, da criatividade e da inovação do que da força bruta. O espírito indomável de superar obstáculos, ser mais sagaz que o oponente e desenvolver novas ideias é a temática desenvolvida neste livro.

O que se segue é um estudo da gramática da guerra, das engrenagens do conflito armado, de como os elementos bélicos se desenvolveram e como se ligam entre si. São examinados os sistemas de armas, as estruturas de comando, a logística, a organização, as comunicações, o recrutamento, o treinamento e os tipos de tropas (estratégias e táticas), desde os primeiros conflitos conhecidos até a Guerra de Secessão dos Estados Unidos, no século XIX. As telecomunicações, na forma de telégrafo, os navios blindados e os trens a vapor para transportar homens e equipamentos – subprodutos da Revolução Industrial – levaram esse conflito a ser considerado a primeira guerra moderna. A Guerra de Secessão também assistiu à introdução em larga escala de armas mais precisas e de longo alcance, gerando um grau de carnificina sem precedentes. A progressão das práticas de guerra até chegar a esse ponto foi uma história em constante evolução.

Outros armamentos foram desenvolvidos para superar as novas blindagens, as quais, por seu lado, evoluíram para fazer frente a eles. Essa corrida tecnológica esteve na vanguarda das descobertas científicas. A criatividade dos engenheiros militares, em especial no passado distante, é de espantar.

Examinaremos de perto muitas das armas mais significativas (e surpreendentes) já desenvolvidas. Mas a questão armamentista é apenas parte da história.

A invenção de uma arma conduz à formação de um tipo novo de soldado. Ele deve ser adequadamente blindado, equilibrando o nível de risco a que se exporá em combate com a necessidade de operar sua arma com eficácia, isso tudo levando em conta o custo para equipá-lo. Um arqueiro, por exemplo, não vai usar couraça pesada, pois isso interferiria na capacidade de disparar o arco. Mais ainda, sua ação no campo de batalha depende de agilidade; além disso, o custo de prover couraças de corpo inteiro a milhares de arqueiros seria dispendioso. A vantagem desse tipo de combatente é que forma tropas móveis ligeiras e pode ser recrutado nas camadas populares. O cavaleiro, por outro lado, faz parte de tropas de choque cuja principal tática é a carga de impacto. Ele precisa de armadura, um corcel para cavalgar e montarias de reserva (caso seu cavalo seja ferido). Os cavaleiros são combatentes caros e só podem ser recrutados nos estratos sociais mais ricos, que têm recursos para seus próprios equipamentos. Todos os exércitos mesclam tropas ligeiras e pesadas que, em distintas circunstâncias, têm táticas diferentes para o sucesso.

Introdução

Tática é a arte de dispor e movimentar tropas e equipamentos em um combate. Os grandes comandantes ou mudaram as táticas tradicionais de seus exércitos ou conseguiram adaptá-las em campo para alcançar a vitória. Mapeando o desenvolvimento das tendências táticas em todo o mundo, a história da evolução militar leva-nos da guerra de carros do Egito Antigo e do Oriente Próximo à inovação de homens cavalgando em batalha e à era do arqueiro a cavalo. Vemos como as táticas fluidas de golpear e fugir do Oriente estavam em severo contraste com a tradição ocidental do combate, mais limitada à força bruta e ao engajamento frontal, como na massa dos piques das falanges de Alexandre, o Grande, ou nas legiões agrupadas de Roma.

Mais uma vez, a inovação tática é só uma peça do quebra-cabeça. Carl von Clausewitz, escritor militar prussiano do século XVIII, definiu a guerra como

um "ato de violência destinado a obrigar nosso oponente a realizar nossa vontade". Muitas vezes, isso se alcança vencendo uma série de batalhas. Outras, envolve o sítio de uma cidade ou castelo (de fato, na história bélica, ocorreram provavelmente mais sítios que batalhas). Os sítios dizem respeito a controlar o terreno, criando vantagens *estratégicas*. A estratégia, à diferença da tática, é um plano para alcançar um objetivo geral – por exemplo, ocupando Constantinopla, uma potência teria o controle militar das rotas comerciais tanto dos Dardanelos quanto do Bósforo, estreitos que ligam o mar Negro ao Mediterrâneo. Os meios pelos quais um sítio é empreendido – bombardeio com canhão ou máquinas de assédio, escaladas, operações de sapa, submissão dos ocupantes pela fome cercando seus muros por meses seguidos – são as *táticas* do sítio. A guerra de sítio ocupa um lugar proeminente nas páginas seguintes.

Numerosos fatores, como geografia, clima, cultura e recursos naturais, influenciaram o ritmo e a velocidade do desenvolvimento bélico em todo o mundo. Para refletir isso, este livro é estruturado tanto cronologicamente quanto por temas. A primeira parte, "A evolução das práticas de guerra", apresenta um panorama geral da evolução da tecnologia e das táticas, enquanto a segunda, "Revoluções em armas e blindagens", focaliza em detalhe o desenvolvimento das armas.

Embora cubram um vasto leque de culturas e épocas, as ilustrações do século XIX apresentadas aqui unificam a história, pois foi uma época de trabalhos acadêmicos pioneiros; ainda que aqui e ali o artista vitoriano exercitasse sua liberdade, ele em geral tinha boa visão para detalhes e criou imagens maravilhosamente evocativas. Os editores indicam as poucas ocasiões em que o artista tropeçou na interpretação da tecnologia antiga – são aspectos que fazem aumentar o interesse pelo mais fascinante dos temas.

A EVOLUÇÃO DAS PRÁTICAS DE GUERRA

O estilo antigo de guerra

3000-323 a.C.

Este capítulo focaliza a evolução das práticas de guerra, da aurora da civilização à morte de Alexandre, o Grande, num período de quase 3 mil anos. A guerra já era uma prática antiga quando surgiram as primeiras civilizações complexas, por volta de 3000 a.C.

Um protótipo nebuloso da guerra humana pode ser visto entre chimpanzés, cujos bandos realizam emboscadas fatais contra membros de bandos vizinhos. Contudo, isso não fomenta conflitos organizados entre bandos inteiros. A espécie humana tornou-se capaz de um alto grau de organização quando desenvolveu a "tribo", federação de grupos de parentesco unidos em parte por laços biológicos mas também por marcadores étnicos como linguagem, costumes, símbolos e estilos de arte. Entre outros animais, a atividade cooperativa limita-se a grupos pequenos de parentes próximos, mas as tribos humanas são capazes de conflitos organizados entre centenas de indivíduos. Essas guerras tribais devem ter surgido tão logo o *Homo sapiens* adquiriu capacidade cognitiva para criar balizadores étnicos – no Paleolítico Superior, há cerca de 50 mil anos, quando a súbita explosão das artes visuais forneceu a primeira evidência incontestável de níveis cognitivos avançados. Desde essa época, conflitos entre grupos em expansão têm sido uma característica padrão e um gatilho importante da evolução cultural.

O despontar de sociedades complexas não alterou o padrão básico da guerra, mas tornou possível mobilizar mais recursos que os das sociedades tribais. No final da Idade do Bronze (c. 1650 a.C.), o carro puxado por cavalos trouxe a mobilidade; o início da Idade do Ferro (c. 1000 a.C.) viu surgir a primeira infantaria disciplinada, a primeira cavalaria, a ideia de usar diferentes armas combinadas e os primeiros trens de sítio efetivos. No século VII a.C., os gregos usaram infantaria pesada em combates de choque. No século IV a.C., os macedônios acrescentaram a ela a cavalaria pesada e a primeira artilharia. O exército de Alexandre fundiu tudo isso numa máquina militar que só seria essencialmente aperfeiçoada na era da pólvora.

O Egito Antigo em guerra, *3000-1000 a.C.*

O Antigo e o Médio Impérios

Costumava-se dividir a história do Egito em trinta dinastias. Os egiptólogos modernos a classificam em três períodos principais: Antigo Império, Médio Império e Novo Império, separados por períodos intermediários nos quais o país se fragmentou em pequenos principados. O Antigo Império, da 3ª à 6ª dinastia (2686-2181 a.C.), foi a era das pirâmides, quando foram assentados os fundamentos da civilização egípcia. O Primeiro Período Intermediário durou de 2181 a.C. a 2040 a.C. A seguir, o sistema faraônico foi restabelecido no Médio Império (11ª e 12ª dinastias, 2040-1780 a.C.). No Antigo Império, o único exército permanente era a guarda real. O Médio Império criou uma organização militar mais elaborada, empreendendo incursões ocasionais à Ásia.

Escudos
O escudo egípcio era feito de couro de boi estirado sobre uma estrutura de madeira, em geral mais estreito no alto (*à esquerda*). Podia ser pendurado no dorso de um soldado para permitir-lhe usar as armas, por exemplo, numa ação de sítio (*à direita*).

Núbios
A Núbia, ou o vale do Nilo superior, hoje dividida entre Egito e Sudão, era chamada de Kush pelos egípcios. Tornou-se reino unificado quase tão cedo quanto o Egito e produziu uma civilização diferenciada, marcada pela ampla difusão da influência egípcia. Os egípcios faziam comércio com a Núbia, que lhes fornecia marfim, ouro, plumas de avestruz, peles de leopardo e outros produtos africanos, e havia expedições militares frequentes, provavelmente para controlar as rotas de comércio. Nesta imagem, um rei é conduzido num carro puxado por bois, tendo ao fundo pirâmides núbias de formato estreito. Os servidores do rei e um escriba (os núbios usavam os hieróglifos egípcios) também estão representados.

O faraó, ao golpear inimigos
Este tipo de cena triunfal, na qual um faraó golpeia seus inimigos com uma maça, é sempre repetido na arte egípcia. A maioria dos inimigos eram núbios (*à esquerda*), mas à direita um faraó segura um núbio, um berbere e um sírio pelos cabelos enquanto se prepara para executá-los. Esses eram os três povos inimigos tradicionais do Egito.

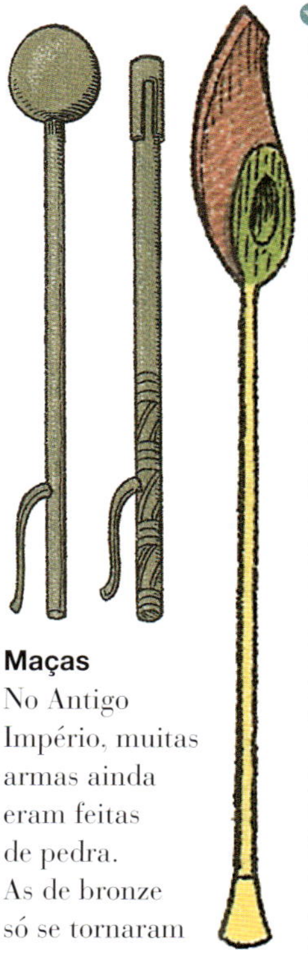

Machados
No Médio Império, os machados substituíram as maças, embora estas ainda tivessem uso cerimonial.

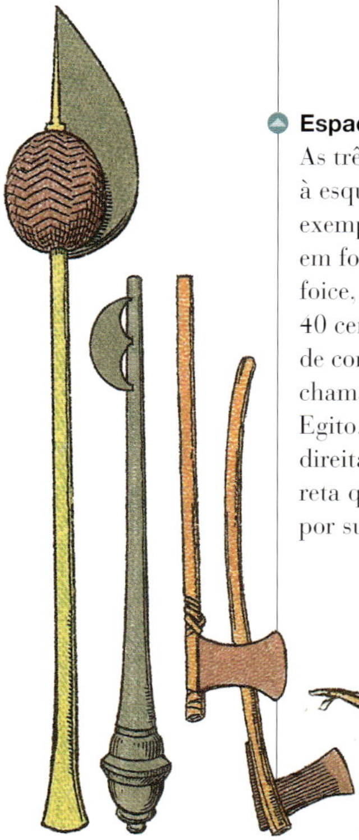

Armas núbias
A maça, as adagas, a lança e o arco núbios são bem semelhantes a armas egípcias. O arco é do tipo simples, feito de uma única peça de madeira. Tinha alcance efetivo de apenas cerca de 60 metros. Muitos arqueiros núbios serviam como mercenários no exército do faraó.

Espadas
As três lâminas à esquerda são exemplos da espada em formato de foice, com cerca de 40 centímetros de comprimento, chamada *khopesh* no Egito. A lâmina da direita é da espada reta que terminou por substituí-la.

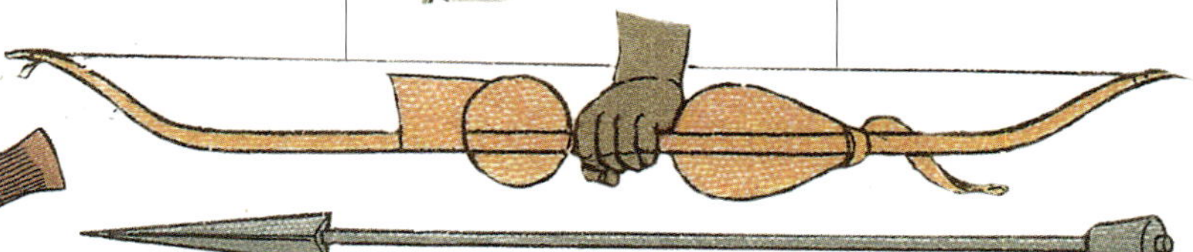

Maças
No Antigo Império, muitas armas ainda eram feitas de pedra. As de bronze só se tornaram comuns no Médio Império. Portanto, as armas de mão usuais eram a lança e a maça (um porrete com extremidade de pedra).

O Egito Antigo em guerra

Novo Império: táticas e tecnologia

No longo Terceiro Período Intermediário, o delta do Nilo foi ocupado por invasores asiáticos que os egípcios chamavam de "hicsos". No século XVI a.C., porém, o Egito foi reunificado pelos governantes de Tebas, o que acabou com seu isolamento: o país tornou-se potência imperial, dominando toda a Núbia e boa parte das terras asiáticas mais próximas. O Novo Império (da 18ª à 20ª dinastia) vivenciou o auge do poder, da riqueza e do esplendor, com um grande exército permanente cujo elemento mais importante eram os carros de guerra. O carro ligeiro puxado por dois cavalos fora inventado na Anatólia em c. 1650 a.C. e introduzido no Egito pelos hicsos. No final da Idade do Bronze (1550-1069 a.C.) surgiu algo similar às relações internacionais modernas, com várias potências em contato diplomático constante.

O faraó vai à guerra

No final da Idade do Bronze, desenvolveu-se um tipo singular de atividade guerreira, no qual a única arma ofensiva efetiva consistia em carros de guerra puxados a cavalo – de onde eram disparados arcos compostos. A infantaria provavelmente não participava da ação, a não ser na guarda de acampamentos e das muralhas das cidades. O grupo representado abaixo, seguindo os estandartes, é próximo da realidade (tanto na formação solta quanto no equipamento heterogêneo: lanças, machados, maças, espadas *khopesh* e arcos simples).

Ver também

O Antigo e o Médio Impérios,
pp. 14-5

Clavas, maças e machados,
pp. 286-7

Cortesãos do Novo Império
O Estado egípcio tornou-se altamente militarizado no Novo Império. Uma nova classe guerreira aristocrática surgiu e a elite militar, especialmente os comandantes de carros de guerra, foi substituindo a tradicional elite de escribas na função de principais conselheiros do faraó.

Faraó do Novo Império
Aqui um faraó é representado junto a um funcionário. A imagem do soberano também tornou-se militarizada. No Antigo e no Médio Impérios, o faraó era retratado como um deus benigno em repouso. No Novo Império, porém, ele surgia como um combatente a disparar seu arco do carro de guerra (*p. 19*).

Armas de mão
- espada *khopesh*
- maça
- lança
- machado

Armas de projéteis
- arco

Defesas

Vestuário

Guerreiros
- combatente de carro de guerra

Conceitos e táticas
- diplomacia

Construções e transportes
- carro de guerra puxado por dois cavalos

O Egito Antigo em guerra

Os carros de guerra

O cavalo selvagem surgiu na estepe eurasiática, onde deve ter sido domesticado no quarto milênio a.C., em especial para consumo como alimento. Os veículos com rodas foram inventados ao redor de 3000 a.C., mas eram carros pesados puxados por bois (*p. 14*). O carro ligeiro com dois cavalos foi criado no século XVII a.C., talvez na Anatólia, e possivelmente usado na caça – um dos empregos favoritos desse veículo na Antiguidade. Por volta de 1650 a.C., os carros já eram usados na guerra, possibilitando a ascensão dos hititas na Anatólia e a invasão do Egito pelos hicsos. O Egito e o reino hitita eram as principais potências do fim da Idade do Bronze; a porção asiática do Oriente Médio foi o campo de batalha entre eles.

Egípcios perseguem cananeus
Os egípcios representavam seus inimigos hititas ou cananeus (sírios) com lanças em vez de arcos; por isso, muitos pesquisadores modernos concluíram que esses povos asiáticos arremessavam lanças dos carros de guerra. Porém, isso não seria possível: eles certamente usavam arcos, como os egípcios. É que a iconografia egípcia retratava os inimigos como fracos e indefesos.

Carros de guerra egípcios
O carro de guerra era uma simples plataforma móvel para arqueiros, capaz de atingir 16 quilômetros por hora. O exemplo mostrado aqui transporta dois homens: o condutor, portador de um escudo, e o arqueiro, equipado com um arco composto que tem o dobro do alcance de um arco simples (*p. 15*). Uma aljava e um estojo para o arco pendem do lado do carro.

Ver também
Arcos, *pp. 290-1*
Blindagem corporal, *pp. 302-3*

Blindagem corporal

Nesta imagem, que também representa a Batalha de Kadesh, Ramsés usa uma túnica longa de malha, costurada com centenas de escamas de bronze. A época dos carros de guerra assistiu ao surgimento das primeiras couraças, pela necessidade de proporcionar proteção contra flechas aos ocupantes do carro. Por vezes, os cavalos também recebiam couraças.

A Batalha de Kadesh

A batalha mais conhecida do final da Idade do Bronze foi o épico confronto entre os exércitos egípcio e hitita em Kadesh, na Síria, em 1275 a.C. O faraó Ramsés II comemorou-a com uma história pictórica elaborada, inscrita nas paredes de muitos templos egípcios. Os hititas tinham 3.500 carros de guerra, como os egípcios. Este relevo mostra a preparação do carro de guerra de Ramsés.

O carro de guerra em detalhe

Encontraram-se onze exemplos de carros de guerra nas tumbas egípcias, quatro deles no famoso túmulo de Tutankhamon. Seu carro consistia numa estrutura de madeiras duras e leves aberta na parte posterior, com uma plataforma de couro (na qual os ocupantes podiam ficar de pé) montada num eixo com duas rodas, cada uma delas com quatro a seis raios. Pesava cerca de 30 quilos e podia ser transportado por um só homem.

Armas de mão
- lança

Armas de projéteis
- arco

Defesas
- escudo

Vestuário
- couraça corporal
- túnica de malha

Guerreiros
- combatente de carro de guerra

Conceitos e táticas

Construções e transportes
- carro de guerra

Assíria, *c. 1000-612 a.C.*

Assíria: táticas e tecnologia

Na Idade do Bronze, a Mesopotâmia se dividia em muitas cidades-Estado belicosas. Houve tentativas ocasionais de unir a região: o primeiro império mesopotâmico foi o de Sargão de Acad, por volta de 2300 a.C. Mas nenhum desses reinos durou. No final da Idade do Bronze ascenderam os reinos da Babilônia, no sul, e da Assíria, no norte; ambos, como o Novo Império egípcio e o reino hitita, dispunham de exércitos de carros de guerra. Ao término da Idade do Bronze, houve declínio generalizado da civilização no Oriente Médio. A Idade do Ferro, iniciada ao redor de 1000 a.C., trouxe mudanças radicais nas técnicas da guerra: em geral, os exércitos basearam-se na infantaria, que surgiu, então, em formações disciplinadas. Os impérios dessa época atingiram poder e tamanho surpreendentes. O primeiro deles foi o assírio.

Ver também
Arcos, *pp. 290-1*
Máquinas de sítio, *pp. 294-5*
Escudos, *pp. 306-7*

Equipamentos assírios de assédio

A parte mais temida do exército assírio era o seu trem de sítio. À direita, veem-se dois tipos de aríetes sobre rodas. Os golpes nas muralhas, a escalada com escadas e os trabalhos de sapa (para minar os muros) eram usados ao mesmo tempo na tomada das fortificações. A torre de sítio na retaguarda transportava arqueiros que protegiam os homens envolvidos nesse trabalho.

Infantaria pesada

O equipamento dos integrantes da infantaria pesada assíria (*kallapu*) consistia em: elmo cônico de ferro, lança, escudo circular grande e couraça de malha. Esses soldados, assírios nativos, formavam a espinha dorsal do exército. Os auxiliares, recrutados em geral entre as tribos dos arameus, portavam armamento mais ligeiro, alguns levando lanças e outros, arcos ou fundas.

Grupo de caça

Os indivíduos à esquerda pertenciam à realeza assíria. Armados com arcos compostos, preparam-se para a batalha ou a caça. Um deles traz a coroa real assíria, uma mitra achatada no topo. Soldados a pé com armamento ligeiro e um tocador de cítara os acompanham.

Armas de mão
- lança

Armas de projéteis
- arco composto
- funda

Defesas
- escudo

Vestuário
- couraça de malha
- elmo cônico

Guerreiros
- arqueiro
- auxiliar
- soldado de infantaria

Conceitos e táticas
- formações de infantaria
- técnicas de sítio

Construções e transportes
- carro de guerra

Assíria

Assíria: táticas e tecnologia

O território original assírio era uma faixa de 100 quilômetros no trecho superior do rio Tigre; ali ficavam Assur, antiga capital religiosa, e Nimrod, capital imperial. No final da Idade do Bronze, a Assíria foi uma grande potência, controlando a planície do norte da Mesopotâmia, entre os rios Tigre e Eufrates. No início da Idade do Ferro, o reino reduziu-se ao núcleo original, mas no século IX a.C. o poder assírio ressurgiu, baseado no exército de infantaria. Assurnasirpal II (reinou em 883-859 a.C.) restaurou as fronteiras anteriores e subjugou um cordão de Estados ao norte da Síria, que se estendia até o Mediterrâneo. Sob Tiglath-Pileser III (744-727 a.C.), esse tornou-se o primeiro império centralizado da história, unindo a Assíria e a Babilônia. No século VII a.C., o Egito também foi incorporado a ele.

O rei e sua corte
Um rei, no portão do palácio, desceu de seu trono portátil, rodeado de cortesãos e músicos. O império se dividia em cerca de oitenta províncias, cujos governadores deviam apresentar relatórios à corte regularmente. Era o maior e o mais complexo Estado criado até então, governando vários milhões de pessoas. As forças armadas podem ter chegado a meio milhão de homens.

O exército assírio desenvolvido, 750-612 a.C.
Este relevo de um palácio mostra a infantaria pesada (lança e escudo), a infantaria ligeira (arco e funda) e a cavalaria, com alguns homens armados de arcos e outros de lanças. Lanceiros e arqueiros parecem ter agido em parceria. As batalhas teriam sido vencidas basicamente pelos arqueiros, e os lanceiros avançavam para abater e capturar o inimigo derrotado.

Cavalgando em pares

A arte de cavalgar desenvolveu-se por volta de 1000 a.C., provavelmente nas estepes asiáticas. Os assírios a adotaram de povos nômades, no século IX a.C., mas de início usaram pares de cavaleiros (um homem manejando as rédeas enquanto o outro disparava seu arco). Ao redor de 750 a.C., os assírios já eram hábeis o suficiente para dispensar o segundo cavaleiro, e o carro de guerra tornou-se obsoleto para propósitos militares.

Ver também
O carro de guerra, *pp. 15-9*

Carros de guerra assírios

O carro de guerra assírio era mais pesado que o egípcio, levando por vezes três homens: o condutor, o arqueiro e o portador do escudo.

O carro do rei

No século VIII a.C., o carro de guerra assírio foi substituído pela cavalaria e só continuou em uso como veículo de prestígio. Em geral, os reis eram representados debaixo de um guarda-sol, em um carro pesado que transportava quatro homens, puxado por quatro cavalos.

Armas de mão
• lança

Armas de projéteis
• arco
• funda

Defesas
• escudo

Vestuário

Guerreiros
• arqueiro
• cavalaria
• infantaria
• lanceiro

Conceitos e táticas

Construções e transportes
• carro de guerra

A Grécia em guerra, *1200-300 a.C.*

Da Idade do Bronze à Grécia clássica

No final da Idade do Bronze, o mundo de língua grega (em redor do mar Egeu) estava intimamente ligado ao Oriente Médio, e suas práticas de guerra lembravam as da Ásia Ocidental. No término desse período (c. 1200 a.C.), ocorreu uma sublevação, até hoje inexplicada, na qual os palácios e as cidadelas do Mediterrâneo oriental foram quase todos saqueados. Seguiu-se um período obscuro, de uns quatro séculos, em que a vida urbana na área do Egeu declinou e a arte da escrita se perdeu. Quando a civilização começou a ressurgir no século VIII a.C., formou-se um novo tipo de sociedade, a chamada Grécia clássica, sem ligações com o Oriente e marcada por uma nova arte da guerra, baseada na infantaria pesada em combate de choque.

Combate heroico
Esta imagem pintada em um vaso mostra como os gregos posteriores visualizavam as batalhas dos poemas homéricos. Os heróis usam couraças pesadas e têm grandes escudos redondos e longas lanças, como os hoplitas gregos da era clássica, mas, em vez de lutar em formações maciças de falange, se desafiam em duelos individuais.

A guerra homérica
As mais antigas descrições escritas das práticas gregas de guerra são os dois longos poemas épicos atribuídos a Homero, a *Ilíada* e a *Odisseia*, provavelmente escritos no século VIII a.C. Eles retratam a lendária guerra dos gregos contra Troia, supostamente ocorrida por volta de 1200 a.C. e que deve ter sido parte da crise geral que pôs fim ao mundo da Idade do Bronze. Porém Homero é de quatro séculos depois e só conhecia tradições confusas sobre os gregos da Idade do Bronze (chamados de micênicos ou aqueus).

Ver também
Carros de guerra assírios, *pp. 22-3*
Blindagem corporal, *pp. 302-3*

Carros de guerra gregos

Uma das práticas guerreiras dos aqueus descrita com precisão na *Ilíada* é o uso de carros de guerra – mas os poetas esqueceram como os carros eram efetivamente usados. Os heróis de Homero avançam para a batalha em seus carros, mas descem deles e lutam a pé. É mais provável que os carros de guerra micênicos fossem plataformas móveis para arqueiros, iguais aos da Ásia, embora o acidentado relevo grego possa ter reforçado a importância do combate a pé.

Amazonas

Os gregos acreditavam que nas estepes ao norte do mar Negro vivia uma tribo de mulheres guerreiras, as amazonas. A mitologia grega é repleta de histórias sobre batalhas entre essas guerreiras e os heróis gregos, como Teseu e Hércules. As amazonas desta imagem usam trajes persas.

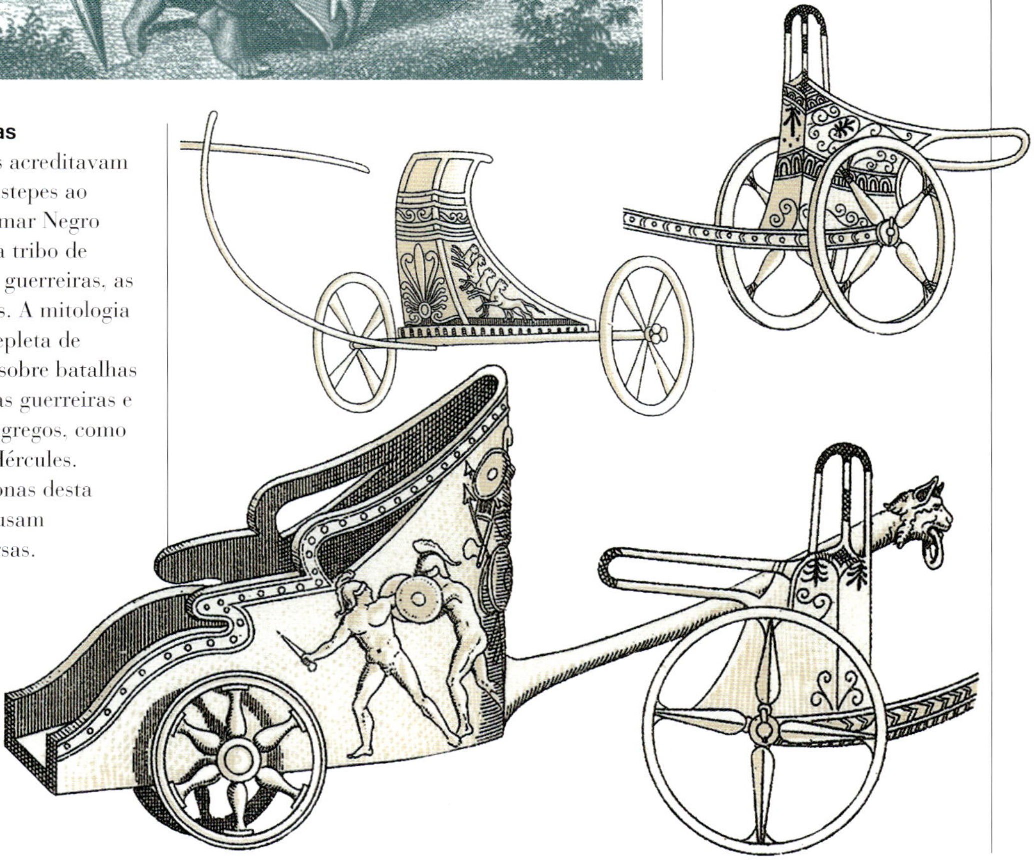

Armas de mão
- lança

Armas de projéteis
- arco

Defesas

Vestuário
- couraças
- trajes persas

Guerreiros
- arqueiro
- infantaria pesada

Conceitos e táticas
- combate de choque

Construções e transportes
- carro de guerra

A Grécia em guerra

Grécia clássica: táticas e tecnologia

No século VII a.C. desenvolveu-se o modo grego peculiar de guerra, baseado no hoplita, soldado de infantaria com couraça pesada organizado na falange, uma formação concentrada, em geral com oito fileiras de profundidade. O problema com as armas de choque foi sempre a dificuldade de o soldado entrar em combate a curta distância – daí a preferência por armas de arremesso. A falange resolveu esse problema: a profundidade da formação literalmente lançava os homens das fileiras frontais contra as lanças inimigas.

Treinamento espartano
A guerra com falanges pode ter sido criada em Esparta. A peculiar cultura espartana era altamente militarizada e coletivista: os homens viviam em quartéis e passavam por um treinamento extremamente rigoroso: a *agoge* ("educação", "criação"). Quando um jovem partia para a guerra, sua mãe dava-lhe o escudo e dizia-lhe para voltar com ele ou sobre ele.

Soldados da Grécia clássica
Vários tipos de soldado são mostrados aqui. A cavalaria era recrutada entre os cidadãos mais ricos, que podiam possuir cavalos, e era mais usada para reconhecimento. A infantaria ligeira era recrutada entre os cidadãos pobres e usada em escaramuças. Mas o principal tipo de soldado era o hoplita, que provinha das camadas médias e tinha meios de se equipar com escudo e couraça. O hoplita no topo ainda não colocou seu elmo em forma de balde, que cobria toda a cabeça. O elmo do tipo chamado "coríntio" também é mostrado aqui.

Armas de mão
• espada
• lança

Armas de projéteis

Defesas
• escudo

Vestuário
• couraça
• elmo ático
• elmo coríntio
• grevas

Guerreiros
• hoplita

Conceitos e táticas
• falange

Construções e transportes

Couraças hoplitas

O corpo do hoplita era protegido por uma couraça de bronze (à esquerda). No século V a.C., ela foi amplamente substituída por uma couraça mais flexível, de lona reforçada com placas de metal, com tiras de lona pendendo da borda inferior para proteger a virilha.

Elmos hoplitas

Estes são dois estilos comuns de elmos, chamados pelos arqueólogos de elmos coríntios (*no alto*), que cobriam toda a cabeça, e elmos do tipo ático, mais abertos (*embaixo*). Na verdade, eles não estavam propriamente associados a Corinto ou à Ática.

Ver também

Anatomia de uma falange, *pp. 38-9*

Armas de alcance, *pp. 284-5*

Blindagem corporal, *pp. 302-3*

Elmos, *pp. 304-5*

Escudos, *pp. 306-7*

Armas hoplitas

A principal arma ofensiva era uma lança com cerca de 2,5 metros de comprimento, em geral feita de madeira dura e com ponta de ferro. Uma espada curta, com uns 60 centímetros, era usada apenas se a lança quebrasse.

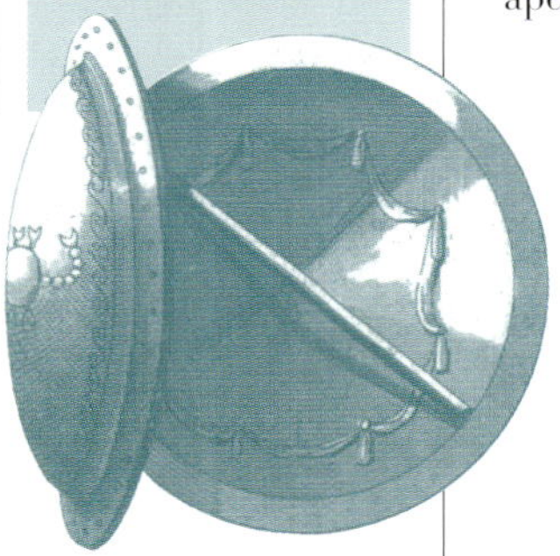

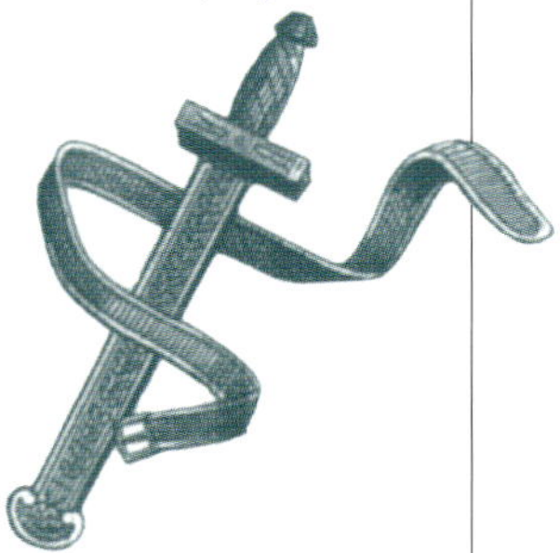

Proteção da perna

O hoplita usava grevas de metal para proteger as pernas.

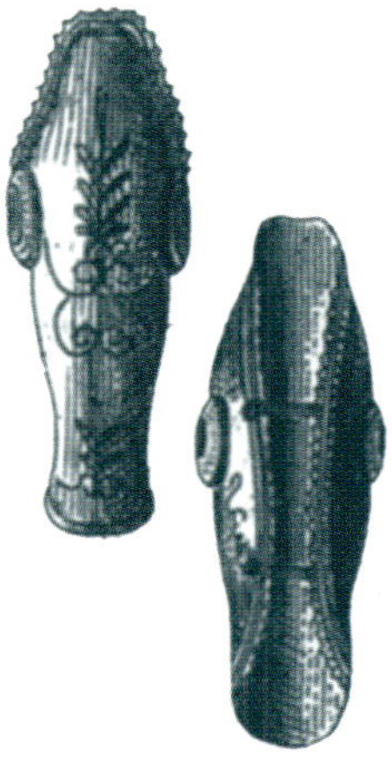

Escudos hoplitas

O grande escudo hoplita (*hoplon*), com interior convexo, seguro por uma faixa para o braço e uma empunhadura, é mostrado aqui. Feito de madeira recoberta com bronze, cobria o hoplita do queixo aos joelhos, além do lado direito desprotegido do companheiro à sua direita, formando desse modo uma sólida parede de escudos diante do inimigo.

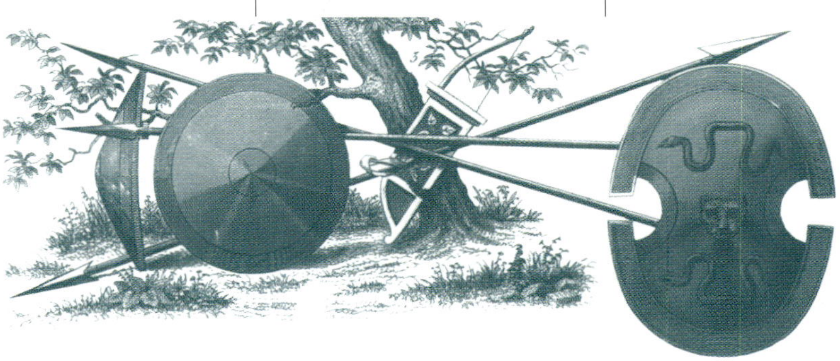

A Grécia em guerra

Defesa da república

O modo grego de guerra caracterizava-se por uma ideologia que podemos descrever como "militarismo cívico". Era o aspecto militar do que foi depois chamado de "republicanismo": a crença num corpo de cidadãos autogovernados cujo dever primordial era defender a república (*polis* em grego, *res publica* em latim), que no mundo antigo significava uma pequena cidade-Estado. O conjunto de cidadãos armados livres era considerado superior aos exércitos de conscritos ou mercenários porque sua solidariedade e seu moral elevado produziam soldados dispostos a lutar como infantaria pesada em ordem cerrada. Uma formação assim podia ser mais eficiente na ofensiva, tendendo a decidir a guerra numa só batalha. Esse foi um estilo de guerra único na civilização ocidental.

Peltasts
No final do século V a.C., as práticas de guerra gregas tornaram-se mais complicadas e a infantaria ligeira (os *peltasts*), em geral armada com dardos e carregando escudos leves, tornou-se mais popular. De início era recrutada entre mercenários trácios, mas cidadãos gregos pobres, sem meios para ter uma couraça, também serviram como *peltasts*.

Prática de esgrima
O hoplita à esquerda pratica a *hoplomachia* (esgrima) com a espada. Pode ter havido pouco espaço para o combate individual na guerra de falange.

Hoplitas em treinamento
À diferença dos romanos, os gregos treinavam pouco, mas era necessário praticar movimentos básicos, que foram registrados na arte grega, em especial a posição de golpear. A lança é sustentada com o braço por cima do ombro e impulsionada por sobre o escudo. Este é mantido diante do corpo, e não do lado como na figura.

Hoplitas em combate individual

No estilo original da guerra de falange, a única tática era a carga frontal. No entanto, quando uma falange se quebrava, podiam ocorrer duelos entre hoplitas como o representado aqui. O homem à esquerda perdeu a lança e empunhou a espada.

Equipamentos das operações de assédio

As ações de sítio tiveram papel reduzido nas práticas de guerra gregas até o século IV a.C., quando foram introduzidas as táticas orientais. Os gregos inventaram a catapulta (*katapaltes*, "perfuradora de escudos"), a primeira artilharia, por volta de 400 a.C. A mais antiga catapulta, o *gastrophetes* (apoiado na barriga), funcionava como uma grande besta (*1*). No fim do século IV a.C. surgiu a catapulta de torção, acionada por meadas torcidas de crina ou de tendões, que disparava dardos ou pedras. Enormes torres de sítio também passaram a ser usadas (*2*).

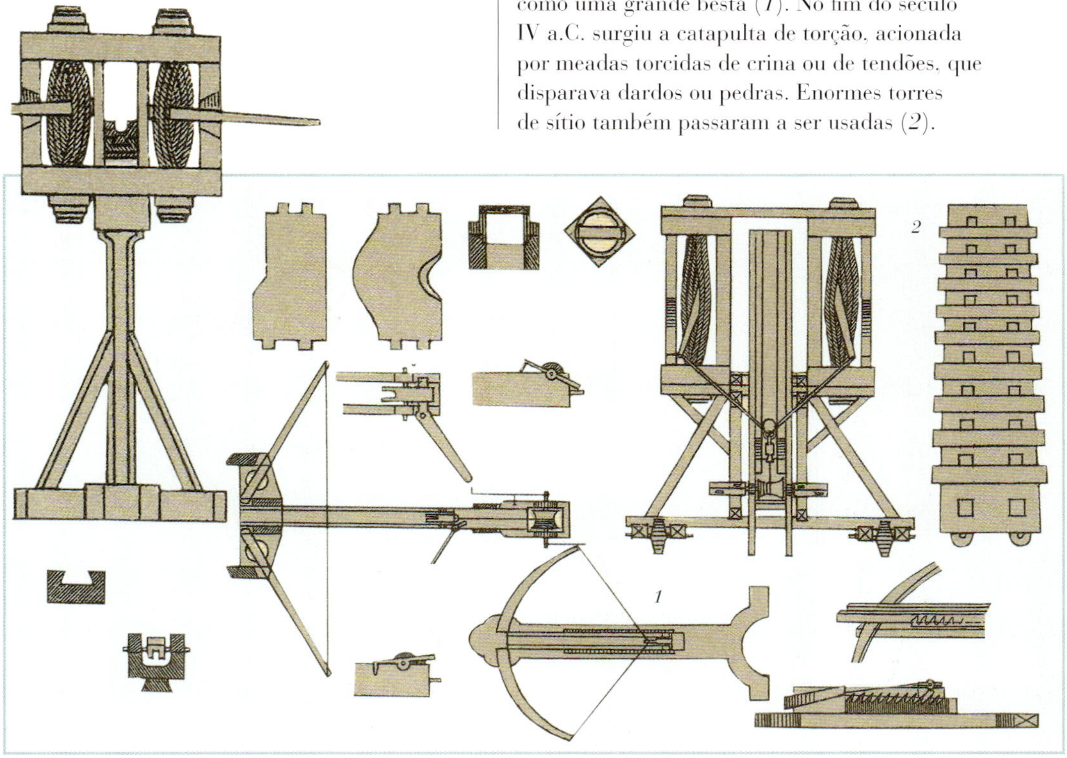

Armas de mão
• espada
• lança

Armas de projéteis
• catapulta

Defesas
• escudo

Vestuário

Guerreiros
• hoplita
• *peltast*

Conceitos e táticas
• falange
• militarismo cívico
• operações de sítio

Construções e transportes

Ver também
Bestas, *pp. 292-3*
Máquinas de sítio, *pp. 294-5*

Citas e sármatas, *c. 1000-300 a.C.*

Cavaleiros nômades das estepes

Por volta do século X a.C., a invenção do freio de metal tornou efetiva a arte de cavalgar. Os nômades da estepe eurasiática, que seguiam a pé, adotaram o modo de vida equestre e tornaram-se uma ameaça para os povos sedentários do sul. O primeiro povo cavaleiro da história foram os citas, um punhado de tribos iranianas que habitava as pradarias ao norte dos mares Negro e Cáspio, descrito pela primeira vez por autores gregos no século V a.C. No século III a.C., os sármatas, grupo de tribos iranianas que na origem habitava a Ásia Central, migrou para o oeste e substituiu os citas na estepe europeia. Todos os nômades das estepes lutavam a cavalo e evitavam batalhas campais, retirando-se diante de exércitos organizados e fustigando-os com as flechas de arcos compostos.

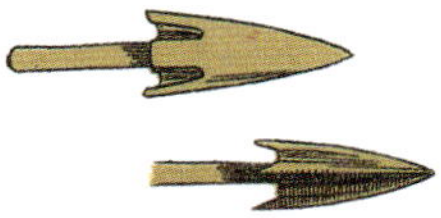

Artefatos
Aqui, pontas de flecha de bronze, um alfinete em formato de ave e um punho de faca esculpido com tigres ou leopardos.

Armas citas
Esta placa decorativa de ouro mostra um cavaleiro armado de lança longa. Os citas usavam duas espécies de armas: a lança e um dardo curto. A outra placa traz dois arqueiros a pé. Note-se o arco curto e curvo dos citas, adequado para o uso a cavalo.

Bens tumulares
As tumbas dos citas, que pontilham as estepes do sul da Rússia e da Ucrânia, continham valiosos bens tumulares, decorados com desenhos "de estilo animal" da estepe, que nos dizem muito sobre os equipamentos e o modo de vida dos nômades. Este vaso de ouro mostra dois lanceiros conversando.

Ver também
Arcos, *pp. 290-1*
Elmos, *pp. 304-5*

Guerreiros citas
Estes guerreiros citas são identificados por suas calças, botas e capuzes. Estão armados com arcos compostos e carregam pequenos escudos. O homem à esquerda carrega o *gorytos*, combinação de estojo para arco e aljava.

Catafractos
Os sármatas lutavam como cavalaria ligeira, mas também desenvolveram uma cavalaria pesada, a *kataphraktoi* (em grego, "completamente cobertos"): nela, cavalo e cavaleiro usavam couraça de malha ou de placas metálicas, embora esta figura, baseada no baixo-relevo da Coluna de Trajano, esteja exagerada. Os catafractos armavam-se com a *kontos*, lança de até 4,5 metros, e também transportavam arcos: este cavaleiro dispara para trás – o famoso "tiro persa" foi usado por todos os cavaleiros das estepes, não só pelos partas. Os catafractos, incorporados ao exército romano, tornaram-se o protótipo do cavaleiro medieval.

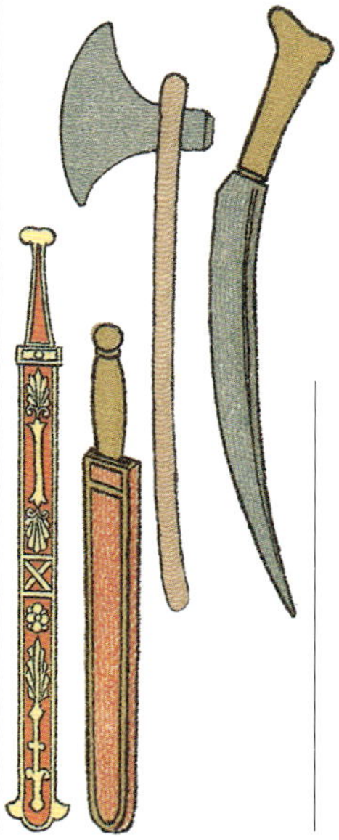

Armas sármatas
À esquerda, estão um machado de batalha, carregado pela cavalaria pesada, uma espada e facas.

Elmo e escudo sármatas
No alto da imagem, há um elmo do tipo Spangenhelm, com proteção para o rosto e guarda de couro para o pescoço. Abaixo, vê-se um escudo da cavalaria ligeira.

Guerreiros sármatas
Os sármatas eram estreitamente relacionados aos citas. Aliaram-se aos dácios (habitantes da atual Romênia) contra Roma, daí alguns sármatas estarem representados na Coluna de Trajano, comemorativa das Guerras Dácias do imperador Trajano (século II). Um deles usa túnica de couraça em escamas e elmo cônico do tipo Spangenhelm, de tiras metálicas, que se tornaria o mais comum dos elmos europeus do início da era medieval. Junto a ele (*na extrema direita*) está um guerreiro com uma curiosa couraça, que parece feita de faixas de couro, vista apenas na base da Coluna de Trajano.

Armas de mão
- espada
- faca
- *kontos*
- lança
- machado

Armas de projéteis
- arco composto
- arco curvo
- dardo

Defesas
- escudo

Vestuário
- couraça
- elmo Spangenhelm

Guerreiros
- arqueiro
- cavalaria ligeira
- cavalaria pesada (catafractos)

Conceitos e táticas
- combate a cavalo (tiro persa)

Construções e transportes

Pérsia, *c. 625-334 a.C.*

Pérsia: táticas e tecnologia

Os povos iranianos (arianos), cujos ramos mais importantes eram os medas e os persas, eram cavaleiros nômades da Ásia Central que ocuparam o planalto Iraniano no início do último milênio a.C. Eles conservaram suas habilidades de cavaleiros e arqueiros, mas logo aprenderam a governar populações agrícolas em vez de saqueá-las. Por volta de 625 a.C., os medas, cuja terra de origem fica nos montes Zagos, no oeste do Irã, formaram um reino vasto, mas não muito coeso, que se estendia desde o leste da Anatólia, através do Irã. Em 550 a.C., Ciro, rei dos persas (habitantes de Persis, no sudoeste do Irã), derrubou o rei meda e em uma década criou o maior império até então, abrangendo todo o Irã, a Mesopotâmia e a Anatólia. Mais tarde, os Aquemênidas, governantes da dinastia, anexaram o Egito e partes da Índia e da Ásia Central.

Os Imortais
As duas figuras à direita na gravura são membros dos Imortais, soldados de elite da infantaria persa, que totalizavam exatamente 10 mil homens. Dividiam-se em dez unidades, a primeira das quais formava a guarda real, e armavam-se com lanças e arcos, mas eram essencialmente arqueiros. Os exércitos persas baseavam-se nos arqueiros ainda mais do que, antes deles, os assírios.

Soldados do Império Persa
A figura da esquerda é um príncipe aquemênida com o capuz característico (*tiara*) da elite persa.

Armas de mão
- lança

Armas de projéteis
- arco

Defesas

Vestuário
- *tiara* (capuz)

Guerreiros
- arqueiro
- Os Imortais

Conceitos e táticas
- arte de cavalgar
- construção do império

Construções e transportes

O Grande Rei da Pérsia em sua corte
Ciro, o Grande (reinou de 559 a 530 a.C.), dividiu o império em grandes províncias, as satrapias, que chegaram a vinte. O exército estava distribuído pelo império sob o comando dos sátrapas, que em geral eram persas ou iranianos. As principais capitais eram Persépolis, em Persis (capital religiosa), Susa, em Elam (capital de inverno), e Ecbátana, na Média (capital de verão).

Persas e medas
Nesta gravura, um nobre persa está entre dois medas. Persas e medas eram estreitamente relacionados; os gregos muitas vezes referiam-se aos persas como "medas". Persas, medas e, em certa medida, outros iranianos, compunham a elite dominante do império, mas as satrapias eram governadas pelas elites locais, usando o aramaico como linguagem administrativa. Em geral, portavam couraças ligeiras, devido a sua dependência das armas de projéteis.

Pérsia

Queda do Império Persa

A relativa facilidade com que Alexandre da Macedônia (*p. 36*) conquistou os domínios aquemênidas foi tomada muitas vezes como indício da profunda debilidade estrutural do Império Persa. Mas parece não haver evidência de que o império estivesse em decadência. Ele permaneceu coeso por mais de duzentos anos, apesar de revoltas internas, disputas sucessórias e problemas de fronteiras, e conservou intacto seu vasto território até a invasão de Alexandre, em 334 a.C. A mais importante perda de território havia sido a secessão do Egito, por volta de 400 a.C.; mas ela não foi duradoura, e o país foi reintegrado sessenta anos depois. Lembremos que Alexandre precisou de doze anos de luta contínua e árdua para submeter todo o império. Contudo, havia sinais de crescente debilidade militar no final do século IV a.C. A elite persa parecia estar perdendo a habilidade com o arco, pois, nas batalhas contra Alexandre, a maioria dos nobres iranianos lutou com dardos, armas de arremesso bem inferiores ao arco composto. Mas a debilidade principal foi o fracasso em se adaptar ao novo estilo de guerra dos gregos (*pp. 26-9*).

Acampamento de beduínos árabes
O pastoreio nômade se desenvolveu plenamente na periferia do grande império no último milênio a.C., graças à difusão de animais de montaria. As tribos de pastores – tanto nômades condutores de camelos, como esses beduínos, quanto cavaleiros nômades, como os povos das estepes – não foram incorporadas ao império, mas mantidas como entidades independentes, servindo os exércitos assírio e persa como mercenários que usavam armas de arremesso.

Carros com foices
Um dos traços mais excêntricos do exército persa foi o uso de carros de guerra com lâminas semelhantes a foices presas às rodas. Última tentativa no Oriente Médio de usar carros como arma efetiva, deve ter sido concebida como tática psicológica para aterrorizar infantarias inexperientes. Foi raramente usada, e nunca com muito êxito, pois era fácil deter os veículos com projéteis.

Batalha de Isso, 333 a.C.
O Império Persa entrou em súbito e dramático colapso quando o exército greco-macedônico de Alexandre, o Grande o invadiu. Neste detalhe do Mosaico de Alexandre, encontrado em Pompeia, Dario III, o último Grande Rei, foge da batalha em seu carro de guerra.

Ver também
Alexandre, o Grande, *pp. 36-7*

Alexandre, o Grande, *336-323 a.C.*

Exército sem igual

Os macedônios, que viviam ao norte da Grécia, eram etnicamente gregos, mas os gregos do sul os consideravam quase bárbaros e fingiam não entender seu dialeto. O reino não era a rigor um Estado, mas uma tribo anárquica que implodia numa crise sucessória a cada geração ou algo assim. O pai de Alexandre, Filipe II (reinou de 359 a 336 a.C.), fez dessa terra atrasada um poderoso reino com um exército ímpar. Ele expandiu grandemente sua força de cavalaria pesada, os Seiscentos Companheiros, recrutados entre os nobres macedônios, e organizou a infantaria hoplita, recrutada basicamente no campesinato. Assim, seu exército dispunha de infantaria e cavalaria pesadas, aptas a operar em combinação: a infantaria imobilizava o inimigo enquanto a cavalaria o rodeava para golpear nos flancos ou na retaguarda.

A falange em ação
Quando os piques eram abaixados para a carga, a falange parecia um gigantesco porco-espinho. Esta ilustração de uma batalha de macedônios contra persas transmite a forte impressão de um avanço irresistível. Com formações como essa, Alexandre conquistou o Império Persa em três batalhas: Granico (334 a.C.), Isso (333 a.C., *pp. 34-5*) e Gaugamela (331 a.C.).

Ver também
Armas de alcance, *pp. 284-5*
Máquinas de sítio, *pp. 294-5*

Armas de mão
• pique

Armas de projéteis
• catapulta

Defesas

Vestuário

Guerreiros
• cavalaria
• infantaria
• os Seiscentos Companheiros

Conceitos e táticas
• falange
• operações de sítio

Construções e transportes

Catapultas macedônias

Tanto Filipe II quanto Alexandre estavam interessados em máquinas de sítio. Aqui, veem-se duas catapultas de torção, para disparar dardos (*à esquerda*) e arremessar pedras (*à direita*). O mais famoso sítio de Alexandre foi o de Tiro (332 a.C.), cidade fenícia considerada inexpugnável porque ficava numa ilha a quase 1 quilômetro da costa. Alexandre teve de construir um quebra-mar para alcançá-la com suas catapultas. Tiro caiu depois de sete meses.

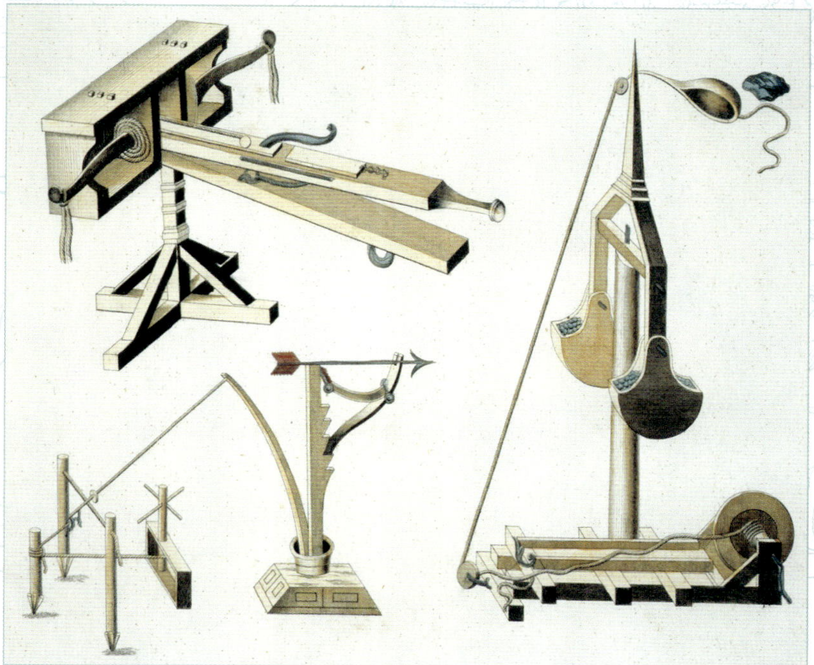

Batalha de ficção

Em 335 a.C., o filho de Filipe II, Alexandre III, chamado "o Grande", lutou nos Bálcãs contra os trácios e os ilírios. Feita em meados do século XIX, esta reconstrução da campanha é movimentada, mas quase totalmente ficcional, pois os macedônios são mostrados em combate contra catafractos dácios e sármatas, que nessa época não eram encontrados na região, e montam elefantes de guerra, os quais só encontrariam anos depois.

Anatomia de uma falange

A falange macedônia estava no cerne da máquina de guerra de Alexandre, o Grande. Quando ele liderava uma carga de cavalaria, sua retaguarda estava protegida pela presença maciça e mortífera daqueles lanceiros.

1 A unidade básica da falange era a *speira*, com uns 250 homens que lutavam em ordem cerrada, com 16 fileiras de profundidade. Quando a falange avançava contra o inimigo, as primeiras cinco fileiras abaixavam as lanças, que passavam cuidadosamente entre os homens. As demais mantinham as lanças erguidas, prontas para preencher vazios causados por baixas. As lanças erguidas também ajudavam a desviar flechas.

2 A longa lança do *phalangite* macedônio era na verdade um pique, como os usados pelos guerreiros da Idade Média e do início da era da pólvora. Tinha cerca de 14 cúbitos (mais de 6 metros) de comprimento e se chamava *sarissa*. Para facilitar o manejo dessa arma tão longa, ela era chumbada na extremidade traseira.

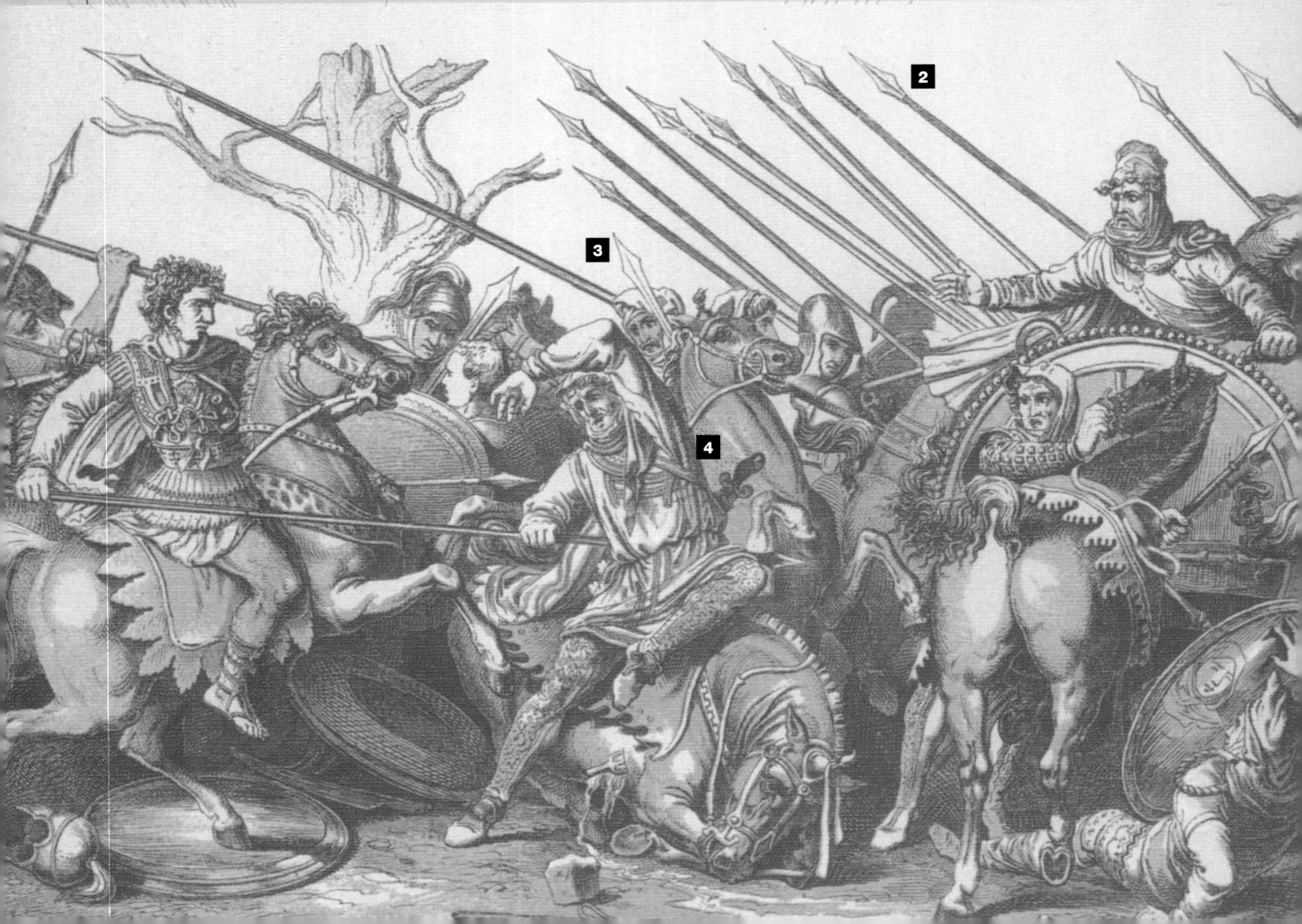

3 Além do seu pique, o *phalangite* portava uma espada de corte único e lâmina curva, a *kopis*. Carregava um pequeno escudo redondo feito de bronze e chamado de *aspis*; a couraça que cobria seu torso e suas coxas era feita de placas de metal sobrepostas, malha metálica entrelaçada ou tecido reforçado. Em geral, usava um elmo com crista feito de bronze.

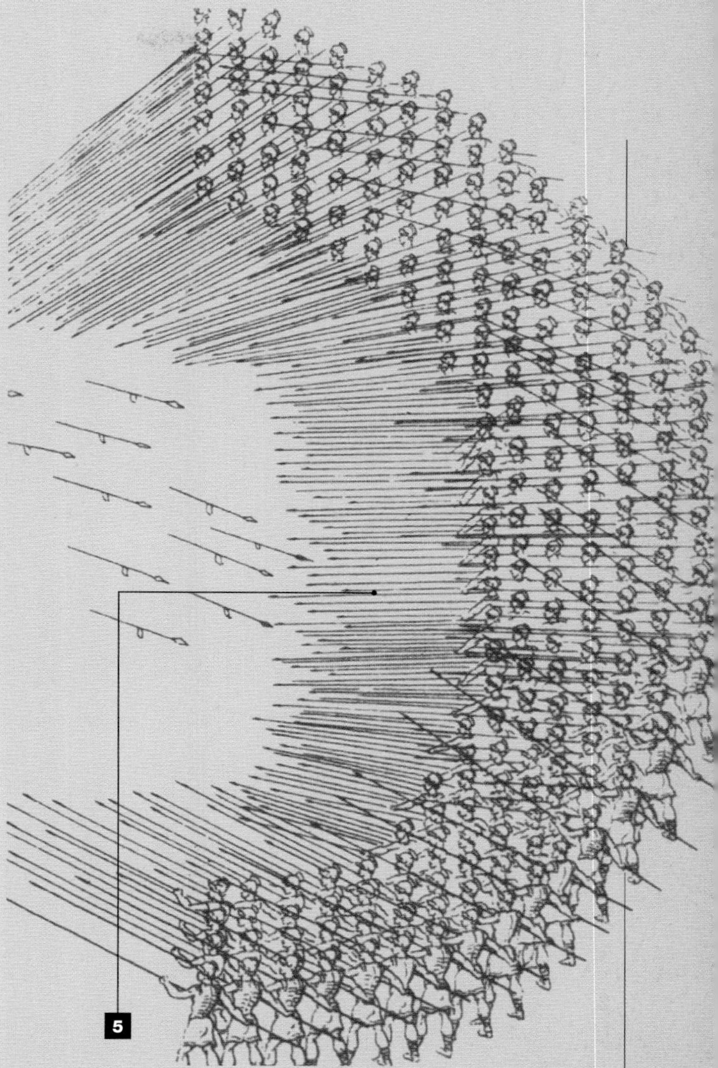

4 O impacto das lanças da falange podia ser devastador, em especial contra uma infantaria armada de espadas, que não podia avançar pela floresta de pontas. A cavalaria não atacava uma unidade assim, pois os cavalos desviavam-se da formação em ouriço. E nenhum exército equipado com lanças tinha armas longas o bastante para ultrapassar a *sarissa* macedônia.

5 Esta falange está formada em crescente, talvez para absorver e cercar a cavalaria inimiga. Na verdade, a falange costumava ser disposta em escalão (diagonal), com blocos de lanceiros cobrindo uns aos outros num ângulo em relação ao inimigo. A formação protegia do ataque pelos flancos, com a falange servindo de âncora para o exército girar em torno dela.

Roma e seus inimigos

509 a.C.-476 d.C.

A contribuição grega para a arte da guerra foi mais original, mas os romanos exerceram influência maior sobre a civilização ocidental. Os gregos favoreceram táticas ofensivas, mas não necessariamente estratégias ofensivas. Os romanos utilizaram ambas. Sua prática de guerra era uma adaptação da grega, mas com aspectos que lhe atribuíram uma capacidade de agressão inédita.

A legião romana original era uma falange grega, mas terminou por ser dividida em três linhas, cada uma delas com várias unidades capazes de manobra independente. Essas inovações reduziram a profundidade e a coesão da falange, mas deram muito mais flexibilidade à legião.

A cultura romana era mais militarista que a grega: os romanos consideravam a guerra quase constante uma característica normal da sociedade. "Os romanos confiam na força em todos os seus projetos", escreveu o historiador grego Políbio. A capacidade da república romana de guerrear não teve paralelo antes, e não foi igualada até o aparecimento do Estado nacional moderno.

À diferença da maioria das antigas oligarquias, fazer parte da elite romana não decorria do nascimento ou da riqueza, mas da eleição para magistraturas cujas funções eram civis e militares. A admissão ao senado dava-se pela eleição para o consulado, a magistratura suprema, cuja principal função era o comando na guerra. Apenas dois cônsules eram eleitos anualmente; uma oportunidade única na vida, pois um nobre que chegasse ao consulado tinha apenas um ano para conquistar glória. Essa pressão sobre a elite levava a acirradas competições pelo sucesso militar. A guerra era lucrativa para a elite, mas oferecia recompensas para todos: pilhagem, terra em colônias novas e promoção na carreira de centurião.

O sistema romano de alianças também promovia a guerra. Os aliados prestavam serviço militar, de modo que Roma se beneficiava deles somente por meio da guerra. Por volta de 300 a.C., Roma unia quase toda a península Itálica numa federação com a maior população do mundo mediterrâneo e estava em posição de começar a unificá-lo.

Os etruscos

Etruscos e itálicos

No último milênio a.C., a Itália central foi ocupada pelos latinos e outros povos itálicos. Já o norte da península foi habitado pelos misteriosos etruscos, cuja linguagem, escrita num alfabeto ainda não decifrado, parece uma relíquia das línguas pré-indo-europeias. O sul da Itália e a Sicília estavam pontilhados de colônias gregas e, no século VII a.C., os etruscos incorporavam instituições gregas, como a cidade-Estado e a guerra da falange. Por meio dos etruscos, a cultura grega difundiu-se aos latinos e a outros povos itálicos. Alguns dos primeiros reis da cidade latina de Roma tinham nomes etruscos, e ela pode ter sido fundada por etruscos ou dominada por eles por um período.

Tropas ligeiras
Aqui, veem-se um arqueiro da infantaria ligeira e um soldado da cavalaria ligeira: a falange etrusca pode ter sido menos rígida que a grega, oferecendo aos homens mais espaço de atuação. A figura alada junto ao arqueiro pode ser a deusa que guiava os espíritos dos mortos.

Hoplitas etruscos
Os hoplitas etruscos do século VI a.C. usavam os mesmos equipamentos dos gregos do período, projetados para lutar em falange: elmo coríntio, escudo redondo, couraça e lança longa.

Ver também
Blindagem corporal, *pp. 302-3*
Elmos, *pp. 304-5*
Escudos, *pp. 306-7*

Elmo ítalo-ático
Este hoplita usa um elmo aberto ítalo-ático. Os primeiros equipamentos itálicos, entre eles os romanos, eram provavelmente semelhantes ao do etrusco mostrado aqui.

Gladiador
A figura totalmente couraçada (*abaixo*) deve ser uma representação fantasiosa de gladiador. Os romanos acreditavam ter incorporado dos etruscos a prática do combate de gladiadores.

Couraça etrusca
A maioria destas figuras é de hoplitas com couraça de placas metálicas e elmos ítalo-áticos com partes erguidas para proteção do rosto.

Armas de mão
- lança

Armas de projéteis

Defesas
- escudo

Vestuário
- couraça de placas
- elmo coríntio
- elmo ítalo-ático

Guerreiros
- hoplitas

Conceitos e táticas
- combate entre gladiadores
- falange

Construções e transportes

A legião romana

A legião manipular

A formação manipular se desenvolveu no século IV a.C., durante as constantes guerras pelas quais Roma conquistou a Itália. Consistia em três linhas de infantaria, cada uma formada por blocos de tropas (manípulos, ou "punhados") com amplos espaços entre si, permitindo-lhes avançar ou recuar à parte do movimento do conjunto da linha de batalha. Cada linha podia estar equipada de modo diferente. As origens dessa formação são controvertidas, mas acredita-se que foi influenciada pelos samnitas, povo da Itália central (o maior inimigo de Roma no final do século IV a.C.). Ao que parece, os samnitas já haviam adotado uma formação menos rígida, adequada ao terreno acidentado.

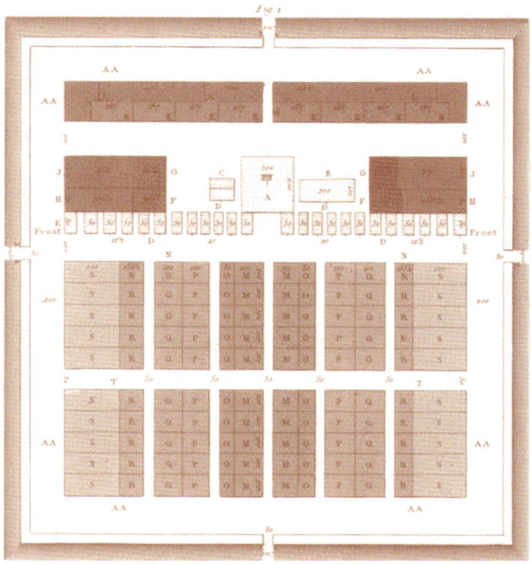

O acampamento romano
O historiador grego Políbio deixou-nos a descrição detalhada de um acampamento romano, ou *castra*, na qual se baseia este desenho. O exército romano era único no mundo antigo por fazer um campo fortificado a cada noite. O acampamento para duas legiões era retangular, cercado por um fosso e uma estacada defensiva. Cada unidade tinha lugar fixo para erguer as tendas. Havia quatro portões (o portão principal era a *porta praetoria*; a porta traseira, a *porta decumana*, assim chamada por ficar perto das tendas do 10º manípulo) e dois caminhos principais com 30 metros de largura. As duas legiões, flanqueadas pelos auxiliares, estão acampadas perto da *porta decumana*, com as tendas dos tribunos à frente. No centro do acampamento está o *praetorium*, posto de comando, onde são guardados os estandartes, e junto a ele o *quæstorium*, tenda do oficial de suprimentos.

A formação em *testudo*
A "tartaruga" (*testudo*) era uma formação usada realmente nos assédios (*pp. 56-63*). É improvável que alguém tentasse cavalgar desse modo sobre ela, mas a ilustração é expressiva da perceptível inexpugnabilidade da formação.

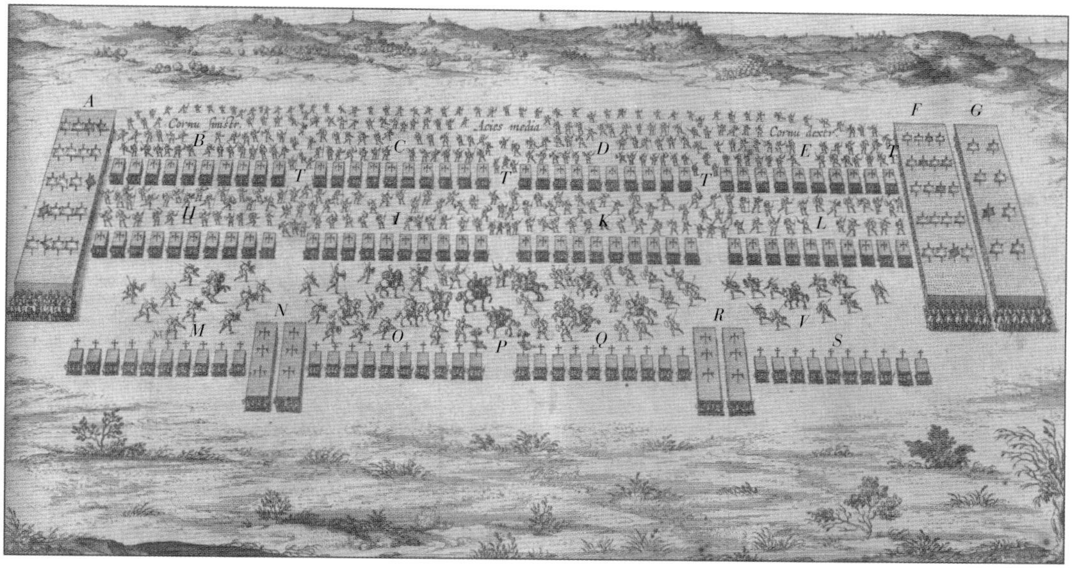

"Em cabeça de javali"
Esta formação "em cabeça de javali" (*abaixo*) é uma fantasia do Renascimento.

A formação manipular
Esta concepção renascentista da *acies veteris* ("velha formação"), a legião manipular (séculos III e II a.C.), se baseia na descrição do historiador Políbio: é um exército consular, com duas legiões e número equivalente de aliados, cerca de 16 mil homens da infantaria e 2 mil da cavalaria. As legiões estão no centro, os aliados nas alas, e a cavalaria nas alas afastadas (cavalaria romana, *F*; auxiliar, *A* e *G*). A legião divide-se em três linhas e cada linha, em dez manípulos: primeiro, os *hastati* (romanos, *C* e *D*; auxiliares, *B* e *E*); depois os *principes* (romanos, *I* e *K*; auxiliares, *H* e *L*); em terceiro lugar, os *triarii* (romanos, *O* e *Q*; auxiliares, *M* e *S*). Os *velites* (*T*) eram tropas de escaramuças que precediam a legião. Os dois cônsules, os doze tribunos militares e as águias das legiões (*P*) ficam entre os *triarii* e os *principes*.

Armas de mão

Armas de projéteis

Defesas
• acampamento fortificado

Vestuário

Guerreiros
• *hastati*
• *principes*
• *triarii*
• *velites*

Conceitos e táticas
• formação "em cabeça de javali"
• formação em *testudo*
• formação manipular

Construções e transportes

Roma em guerra, *509 a.C.-476 d.C.*

Evolução da legião

Em 509 a.C., o último rei etrusco de Roma foi deposto e substituído por um conselho aristocrático ("senado") e dois cônsules, cujo dever principal era liderar o exército. No século IV a.C., Roma travou guerras contra outras cidades-Estado italianas, o que unificou a península numa federação liderada pelos romanos. Nessas guerras, a legião desenvolveu a típica formação em três linhas (*pp. 44-5*). Cada linha se dividia em dez manípulos. A reforma de Caio Mário, por volta de 100 a.C., substituiu as três linhas por uma divisão mais simples, em dez coortes, organizadas de uma a quatro linhas.

Ver também
A legião romana, *pp. 44-5*
Espadas, *pp. 280-1*
Armas de alcance, *pp. 284-5*
Blindagem corporal, *pp. 302-3*

Hastati

A primeira linha da legião (os *hastati*) estava armada com dois *pila* (dardo pesado), espadas curtas e grandes escudos ovais. O escudo mostrado aqui só entrou em uso no início do século I da era cristã. Eles abriam a batalha com uma carga, arremessando os dardos e a seguir atacando com as espadas.

Principes

A segunda linha (os *principes*) estava armada exatamente como a primeira. (O escudo republicano da figura está correto.) Se a carga dos *hastati* não pusesse em fuga o inimigo, os *principes* avançavam e repetiam a manobra. A terceira linha, os *triarii*, composta de soldados mais velhos, estava armada com longas lanças e formava uma reserva estável.

Comandante

Durante a república, as legiões eram em geral comandadas por um cônsul ou pretor. Sob o principado, o sistema monárquico estabelecido por César Augusto em 27 a.C., o comandante era às vezes o imperador (mostrado aqui), um membro de sua família ou um legado apontado por ele.

Armas de mão
- espada curta
- *pilum*

Armas de projéteis

Defesas
- escudo

Vestuário
- couraça de placas segmentadas
- pele de urso

Guerreiros
- comandante
- *hastati*
- legionário da coorte
- *principes*
- *triarii*
- *signifer*

Conceitos e táticas
- formação manipular

Construções e transportes

Signifer

Cada um dos trinta manípulos e, depois da reforma de Mário, cada coorte, tinha seu próprio *signum* (estandarte), carregado por um *signifer* que vestia uma pele de urso.

Legionário da coorte

Depois das reformas de Mário, todos os legionários foram armados de modo similar, com *pilum* e espada. Cada coorte tinha 480 homens, totalizando 4.800 na legião. A couraça de cota de malha ou placas metálicas foi substituída por volta de 40 d.C. por uma de placas segmentadas, a *lorica segmentata*, mostrada aqui.

Oficiais

A figura mais à direita é um tribuno militar. Seis deles, em geral jovens aristocratas, estavam ligados a cada legião, e dois partilhavam o comando em todos os momentos. Atrás dele está um centurião, oficial não comissionado. Havia sessenta deles em cada legião. À esquerda vê-se o *vexillum* (bandeira da legião), carregado pelo *vexillarius*.

Roma em guerra

Evolução da legião

O exército romano original era uma força de cidadãos, mas no último século a.C. tornou-se um exército profissional de voluntários. A república romana foi dilacerada pela guerra civil, enquanto as grandes famílias do senado lutavam pela hegemonia. Uma dessas famílias, a Casa de César, venceu, e seu chefe, que assumiu o título honorífico de Augusto, instaurou a monarquia de modo disfarçado: as instituições republicanas continuaram, mas o Estado era controlado dos bastidores por Augusto. Ele evitou títulos reais e chamava a si mesmo de *princeps*, "primeiro cidadão"; os historiadores chamam esse sistema de principado. Mais tarde, o governante recebeu o título informal de *imperator cæsar*: *imperator*, na origem um título dado a generais vitoriosos, foi restrito à família reinante, e o nome Cæsar tornou-se um título.

Ver também
Os inimigos de Roma, *pp. 70-1*

Defesa das fronteiras
Sob o principado, as legiões reduziram para cerca de trinta e foram estabelecidas em acampamentos permanentes, perto das fronteiras, em especial no Reno e no Danúbio, na Grã-Bretanha e ao longo das bordas do deserto na Ásia e na África. O império deixou de se expandir. Nestas imagens de pedras tumulares, cavaleiros romanos pisoteiam bárbaros germânicos.

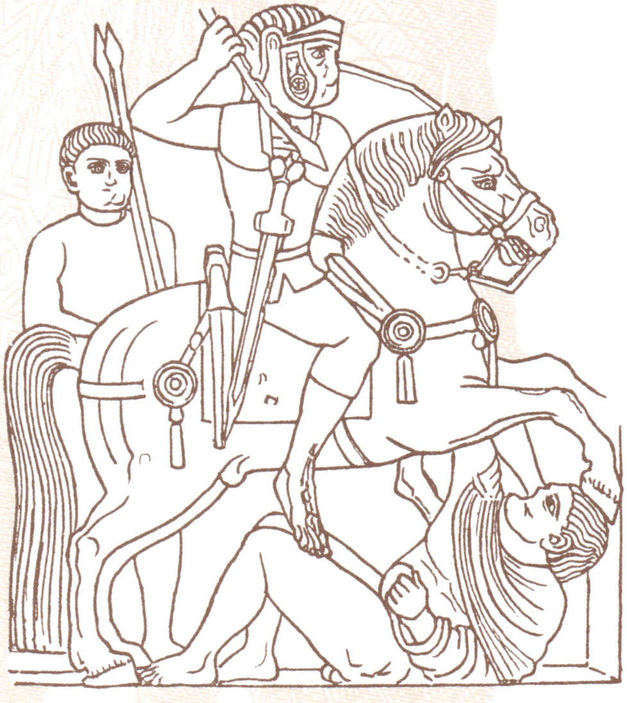

Soldados romanos, século I a.C. ao século V d.C.
O primeiro (*no alto, à esquerda*) é um legionário da república (*hastati* ou *principes*), seguido por um tribuno militar, um *vexillarius*, um *aquilifer* (portador da águia), um centurião do principado em *lorica segmentata*, um auxiliar, um legionário da coorte, cavaleiros auxiliares, um legado, um governante da fase final do império junto a três gladiadores e, por fim, o general Aécio (século V), chamado "o último dos romanos": em sua época, o velho sistema militar e o equipamento romanos estavam quase obsoletos.

Armas de mão

Armas de projéteis

Defesas

Vestuário
- *lorica segmentata*

Guerreiros
- cavalaria
- centurião
- legionários

Conceitos e táticas
- exército profissional de voluntários

Construções e transportes

Roma em guerra

Estandartes romanos

Houve de início cinco distintos estandartes de legião: águia, cavalo, touro, javali e lobo. Nas reformas de Mário, em c. 100 a.C., a imagem da águia (*aquila*), ave sagrada do deus Júpiter, tornou-se o símbolo padrão: cada legião tinha sua águia. Cada coorte também possuía seu próprio estandarte. Na origem, todos os portadores de estandartes eram chamados de *signiferi*. Com as reformas, o oficial que portava a águia da legião foi chamado de *aquilifer* (portador da águia), sendo considerado o principal *signifer* – posição muito importante. O *aquilifer* era graduado logo abaixo do centurião e recebia o dobro do pagamento do legionário comum. Era, em geral, representado de cabeça descoberta, mas provavelmente colocava um elmo se participasse da luta.

Vexillarius
Cada legião tinha sua bandeira (*vexillum*), transportada por um *vexillarius*, mostrado aqui.

Vexillum
O *vexillum* era decorado com o nome e a insígnia da legião. Essa bandeira jamais deixava a legião, mas, quando era necessário destacar uma unidade especial, esta recebia seu próprio *vexillum*, chamado então de *vexillio*. Sob o principado, quando as legiões se estabeleceram em acampamentos fixos e perderam mobilidade, o uso dos *vexilliones* tornou-se comum.

Armas de mão

Armas de projéteis

Defesas

Vestuário
• pele de urso

Guerreiros
• *aquilifer*
• *draconarius*
• *imagnifer*
• *signifer*

Conceitos e táticas
• reformas de Mário

Construções e transportes

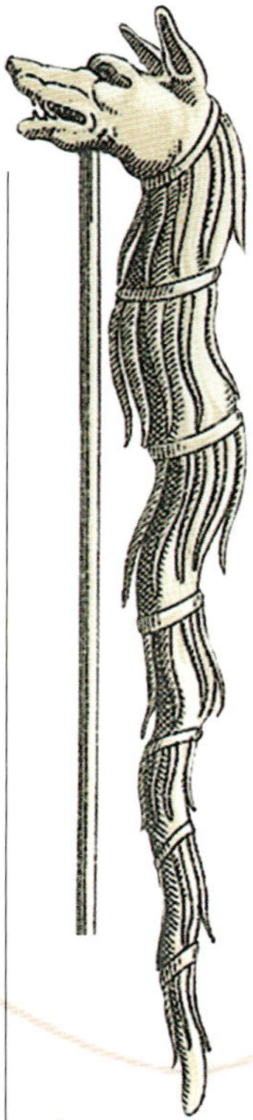

Signa

Cada manípulo e, depois da reorganização de Mário, cada coorte, tinha seu próprio estandarte, ou *signum*, levado por um *signifer*, que vestia uma pele de urso. O *signum* era uma haste com uma mão aberta ou com uma ponta de lança no alto e trazia decorações (como ornamentos esféricos, as *phaleræ*, além de guirlandas comemorativas) para distingui-lo de outros estandartes de coortes.

Imagines

As legiões costumavam portar retratos do imperador ou de membros da família imperial. A imagem era levada por um *imagnifer*, que vestia uma pele de urso.

Dracones e outros animais

O *draco* (dragão) foi incorporado dos sármatas e tornou-se um estandarte comum da cavalaria no século IV. Levado pelo *draconarius*, era como uma biruta de aeroporto: no vento, drapejava na horizontal e às vezes produzia um som forte. A legião também podia portar estandartes com símbolos astrológicos, como os signos do zodíaco, para marcar o dia de sua formação.

Aquilae

De início, as águias eram de prata, depois foram douradas. As asas erguidas estavam rodeadas por uma guirlanda de loureiro, símbolo da vitória. Era venerada e, no acampamento, ficava em um relicário. Sua perda era uma desgraça terrível para a legião.

O soldado romano

A formação da coorte

Por volta de 100 a.C., o cônsul Caio Mário iniciou as reformas que no decorrer das décadas seguintes transformaram a legião de exército de cidadãos em exército profissional. A formação em três linhas foi substituída por uma divisão mais simples em dez coortes, todas armadas do mesmo modo, com *pilum* e espada, e organizadas de uma a quatro linhas. Cada coorte tinha 480 homens, o que dava à legião a força total de 4.800. A partir daí não houve mudança fundamental na organização do exército até o século III.

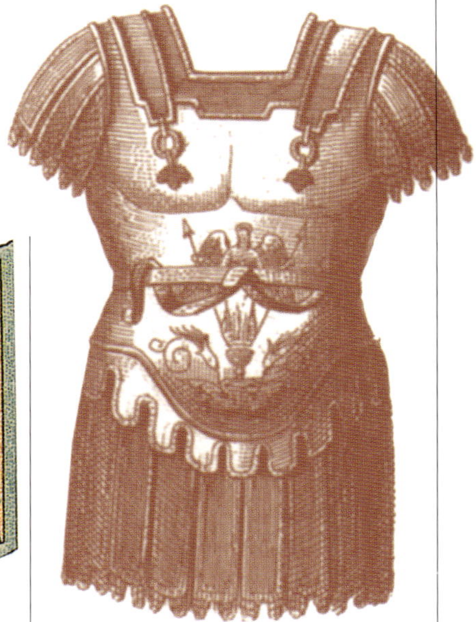

Couraça

A couraça de cota de malha do exército republicano foi substituída pela *lorica segmentata*, feita de placas segmentadas (*no alto, à esquerda*). A couraça musculosa (*no alto, à direita, e acima*) era dispendiosa, usada por oficiais mais graduados e membros da família imperial. Já a couraça de escamas, de baixo preço, era de pequenas peças redondas de metal costuradas numa túnica de couro.

Escudos

O *scutum* era o escudo das legiões republicanas. Oval, tinha em geral 60 x 112 centímetros, feito de pranchas coladas umas sobre as outras, com bordas e saliência arredondada de metal (os escudos costumavam ser mais alongados do que nestas imagens). Sob o principado, esse tipo era usado apenas pela guarda pretoriana, a milícia pessoal de César; os legionários usavam um escudo mais curto, com a parte superior e a inferior cortadas. A cavalaria usava um escudo hexagonal de origem germânica.

Ver também
Espadas, *pp. 280-1*
Blindagem corporal, *pp. 302-3*
Escudos, *pp. 306-7*

Elmos da Coluna de Trajano, século II
Elmo padrão de um legionário do principado (*à direita*). Por essa época as cristas não eram mais usadas, exceto em paradas. No centro vê-se um elmo leve do tipo usado pela infantaria ligeira auxiliar. O elmo do tipo ítalo-coríntio (*à esquerda*) é um modelo arcaico, provavelmente usado nesse período apenas por tropas auxiliares. O elmo coríntio original (*p. 27*) cobria toda a cabeça, mas a versão itálica era usada no alto da cabeça e as fendas para os olhos haviam se tornado puramente decorativas.

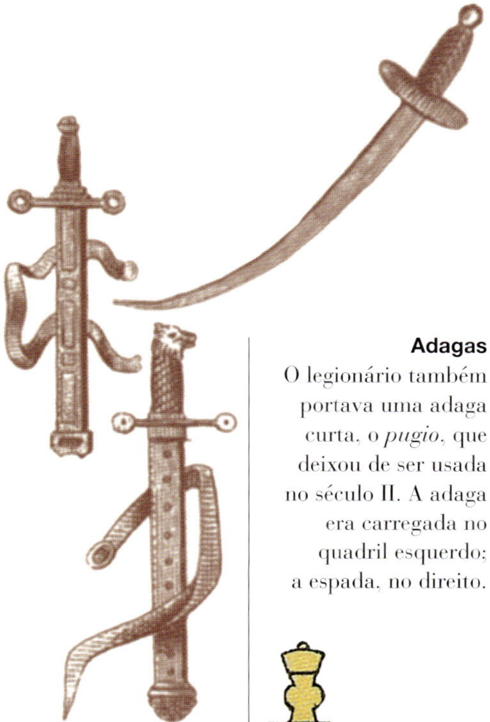

Espadas
A espada padrão do legionário era chamada de *gladius hispanicus* por ter sido adotada na Espanha no século III a.C. No alto, à direita: ilustração vitoriana de uma *falcata*, espada curta em forma de alfanje com uma borda cortante (a borda inferior).

Adagas
O legionário também portava uma adaga curta, o *pugio*, que deixou de ser usada no século II. A adaga era carregada no quadril esquerdo; a espada, no direito.

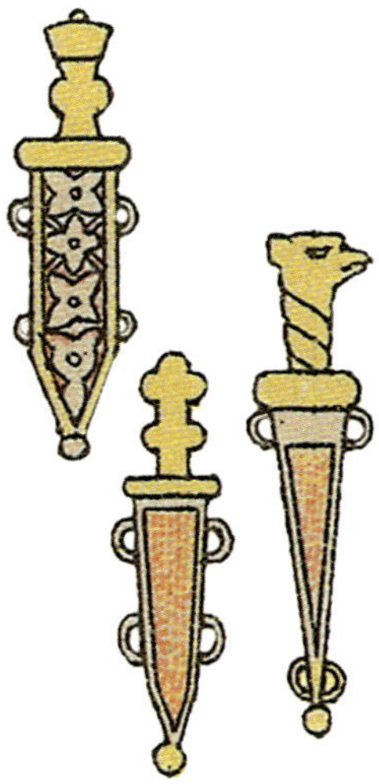

Elmos variados
Os dois elmos de baixo são versões alternativas do elmo padrão dos legionários. Os dois de cima deviam ser usados por tropas auxiliares: o superior era talvez um elmo de infantaria ligeira, e abaixo dele está a versão do arcaico elmo frígio.

Armas de mão
• *falcata*
• *gladius hispanicus*
• *pilum*
• *pugio*

Armas de projéteis

Defesas
• *scutum*

Vestuário
• couraça
• couraça de escamas
• elmo frígio
• elmo ítalo-coríntio
• *lorica segmentata*

Guerreiros

Conceitos e táticas
• reformas de Mário

Construções e transportes

O soldado romano

Cavalaria, arqueiros e auxiliares

No período republicano, costumava-se recrutar os auxiliares nas tribos bárbaras das áreas em que as legiões estavam em campanha; eles eram em geral usados em escaramuças. No início do principado, auxiliares regulares foram instruídos, equipados e pagos pelo Estado. Organizados em coortes de tamanho variável, usavam couraça de malha ou de escamas e estavam armados com lança e espada. Seus métodos de luta não diferiam muito daqueles das legiões, mas os auxiliares forneciam a cavalaria e a infantaria ligeiras, pois depois das reformas de Mário esses serviços não faziam mais parte da legião. O latim era a língua do comando. Como o legionário, o auxiliar se alistava por 25 anos e recebia a cidadania romana ao dar baixa.

Infantaria ligeira
Arqueiros e fundibulários (que lançavam pedras com fundas) eram recrutados entre os povos bárbaros, como os arqueiros árabes mostrados acima.

Ver também
Guerreiros sármatas, *pp. 30-1*
Os inimigos de Roma, *pp. 66-7*

Auxiliares atacam elefante de guerra
Os elefantes foram usados por inimigos de Roma na fase republicana – entre eles gregos, cartagineses e númidas –, e por vezes pelos persas sob o principado, mas não pelos romanos. Nesta imagem, um elefante é atacado pela infantaria e pela cavalaria. Com frequência, ele usava blindagem e levava arqueiros num palanquim, mas a arma principal era o próprio animal. Os elefantes não eram muito efetivos porque podiam enlouquecer facilmente com os projéteis e atacar suas próprias tropas. O carro de guerra da imagem é um anacronismo da ilustração.

Cavalaria
Sob o principado, o exército romano fez uso crescente da cavalaria auxiliar. No início desse período, as tropas eram basicamente celtas. Na cena abaixo, cavaleiros investem passando por um *aquilifer*. No século II, um tipo de cavalaria muito pesada (os catafractos, com o cavaleiro e a montaria de blindagem completa) foi copiado dos sármatas das estepes (*pp. 30-1*).

Armas de mão

Armas de projéteis
- arco
- funda

Defesas

Vestuário
- couraça de escamas
- couraça de malha

Guerreiros
- cartagineses
- celtas
- gregos
- númidas
- persas
- sármatas

Conceitos e táticas
- auxiliares
- cavalaria pesada

Construções e transportes
- cavalo
- elefante

Tecnologia romana

Guerra de assédio

No mundo helenístico, as táticas de sítio foram desenvolvidas por engenheiros profissionais, que muitas vezes eram mercenários. Os romanos da república eram atrasados em operações de sítio, mas as legiões do principado sempre incluíam engenheiros treinados que adotavam todas as invenções gregas. Durante o assédio, aríetes rompiam as fortificações da cidade, a artilharia disparava dardos e pedras contra os defensores, e as torres de sítio possibilitavam aos atacantes alcançar os muros. Para quebrar o moral dos defensores, prisioneiros eram crucificados diante deles e a artilharia lançava cabeças dentro da cidade. Se a rendição não viesse antes de o primeiro aríete tocar a muralha, a cidade sofria um saque terrível.

Máquinas de sítio
Nesta reconstrução do século XIX, cidades são atacadas com aríetes, torres e catapultas. No centro está uma balista (*pp. 58-9*). Houve muitos experimentos com engenhos sobre os quais conhecemos pouco. A catapulta lançadora de dardos (*plano inferior à direita*) parece implausível.

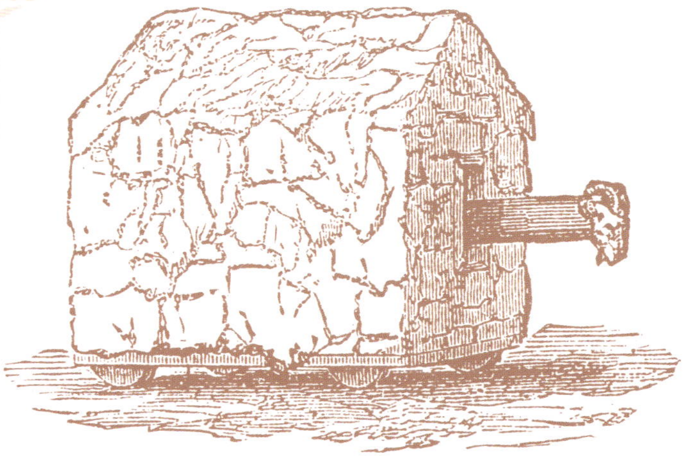

O aríete
O aríete pouco mudou desde os assírios: uma trave de madeira de até 30 metros com uma cabeça de carneiro esculpida na ponta. Pendia de uma armação, e os soldados o empurravam. Para protegê-los, o aríete era posto sobre rodas em um galpão de madeira coberto de couro ou argila à prova de fogo.

Catapulta

Nesta cena, a catapulta é do tipo romano tardio chamado de "onagro" (*pp. 62-3*). A combinação de torre de sítio e aríete por trás dela parece altamente improvável.

Ver também

Anatomia de uma balista, *pp. 58-9*

Anatomia de um onagro, *pp. 62-3*

Anatomia de um sítio romano, *pp. 68-9*

Máquinas de sítio, *pp. 294-5*

Escudos, *pp. 306-7*

Formação em *testudo*

Esta formação, feita por legionários que erguiam escudos sobrepostos para formar uma cobertura como um casco de tartaruga, permitia que, no sítio, os soldados se aproximassem das muralhas inimigas.

Anatomia de uma balista

A catapulta de torção, com duas alavancas acionadas por molas de torção (cordas de meada de crina ou tendão torcidas), foi inventada no início do século IV a.C. pelos gregos e adotada pelos romanos nas Guerras Púnicas do século III a.C. Os romanos chamaram de *ballista* (do grego *baino*, "arremessar") a máquina lançadora de pedras e de catapulta (do grego *katapeltes*, "perfuradora de escudos") a arremessadora de dardos. Mas depois do ano 100 todas as catapultas, de diversos tamanhos, eram chamadas de *ballistæ*. Algumas eram pequenas o suficiente para uso manual e pareciam pesadas bestas. Duas balistas de tamanho médio são mostradas aqui.

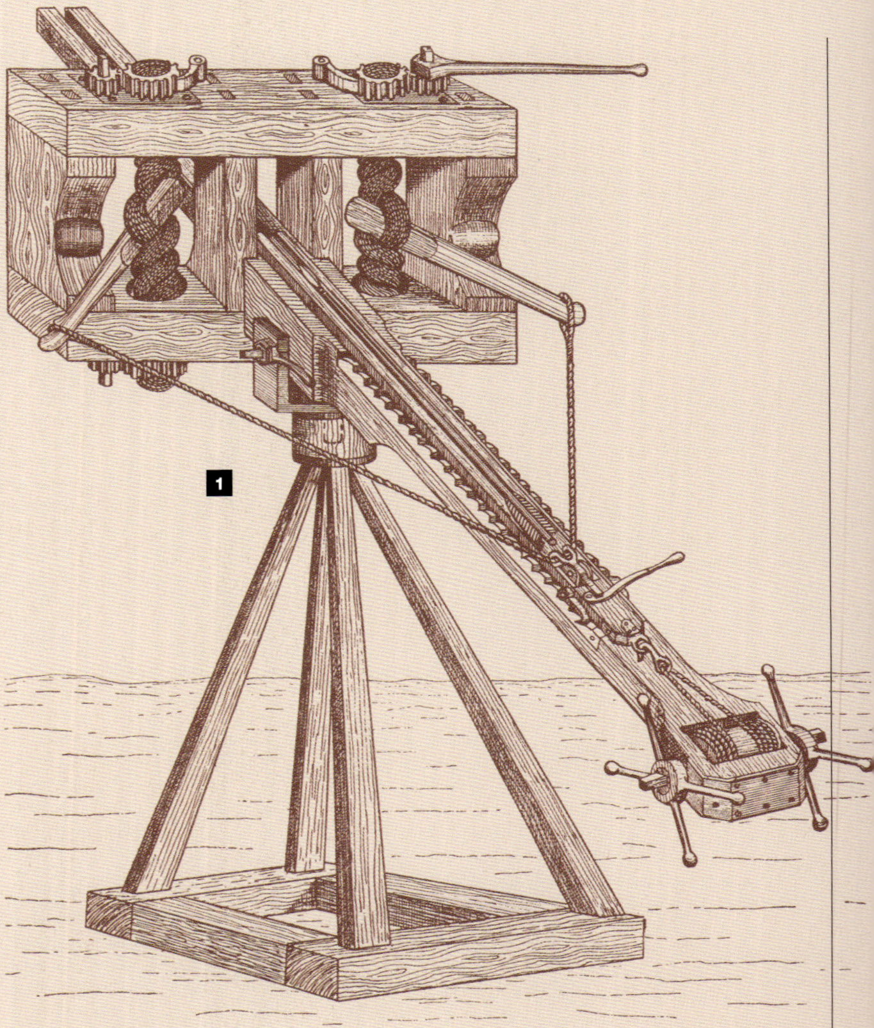

1

2

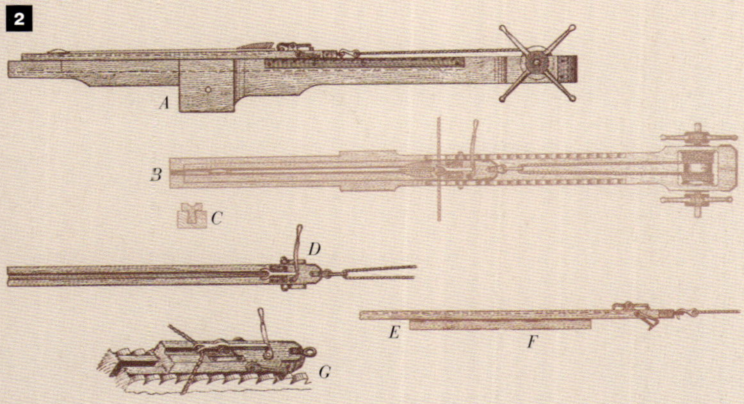

1 Uma balista de 2 metros de altura era usada para lançar flechas pesadas ou dardos. Nesta imagem, a corda do arco está puxada ao máximo. O dardo está num canal pouco profundo aberto ao longo do suporte de madeira.

2 Mecanismo do suporte. *A*: vista lateral do canal. *B* e *D*: vistas de superfície. *C*: vista de frente. *E*: vista lateral mostrando a quilha (*F*). *G*: fim do canal que mostra o prendedor da corda do arco.

3

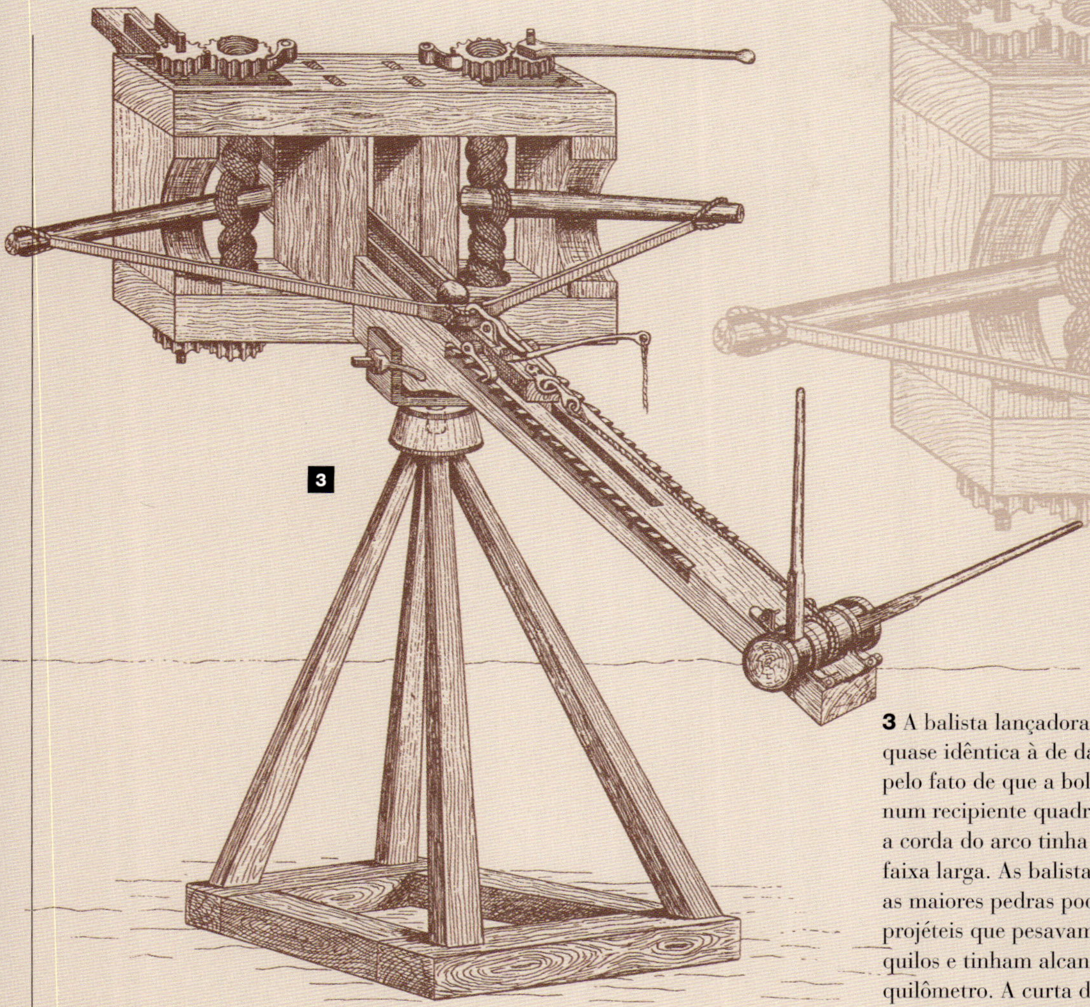

4

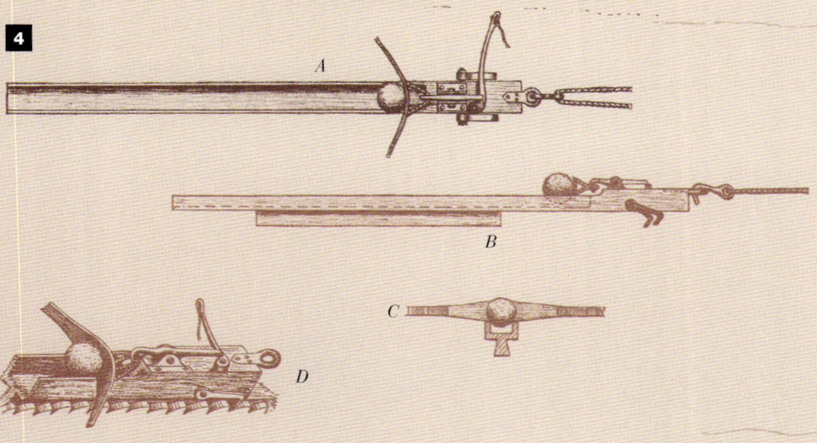

3 A balista lançadora de pedras era quase idêntica à de dardos, a não ser pelo fato de que a bola de pedra ficava num recipiente quadrado de madeira e a corda do arco tinha a forma de uma faixa larga. As balistas que lançavam as maiores pedras podiam arremessar projéteis que pesavam centenas de quilos e tinham alcance de cerca de meio quilômetro. A curta distância, eram precisas o suficiente para derrubar um soldado isolado de pé sobre uma muralha.

4 Mecanismo do suporte. *A*: vista de superfície do canal. *B* e *D*: vistas laterais. *C*: vista frontal.

Tecnologia romana

O mundo num anel

Quando conduziam um sítio, os exércitos romanos faziam acampamentos permanentes, cópias dos *castra* originais (*p. 44*). No início do século II, o império deixou de se expandir e as legiões, então cerca de trinta, foram aquarteladas em acampamentos desse tipo ao longo das fronteiras, em especial no Reno e no Danúbio, na Europa, e na beira do deserto, na Ásia e na África. Em 143, num discurso em louvor da fundação de Roma, o retórico grego Aélio Aristides comparou o império a uma cidade murada: "Um exército acampado como um bastião rodeia num anel o mundo civilizado".

Ver também

O acampamento romano, *p. 44*

Anatomia de um sítio romano, *pp. 68-9*

Máquinas de sítio, *pp. 294-5*

Sítio de Marselha

O último grande sítio romano ocorreu em 49 a.C., quando Caio Trebônio, a mando de César, executou o engenhoso assédio de Massilia (Marselha). Os romanos estavam protegidos das *ballistæ* dos defensores por uma torre de seis andares, com paredes de tijolos de 1,5 metro de espessura e uma galeria de madeira de 18 metros, que ia da torre à muralha da cidade. Eles a usaram para chegar aos muros e miná-los sob o solo. Nesta imagem, a torre está à esquerda e a galeria, erroneamente, não chega à muralha.

Forte romano

Esta imagem mostra o típico acampamento permanente. Esses fortes eram cópias bem próximas dos *castra*, mas no século I foram reconstruídos com paredes de pedra em vez de defesas de terra e com cabanas no lugar de tendas. Na Inglaterra, nomes de cidades com "chester" ou "cester" indicam lugares de acampamentos das legiões romanas (Colchester, Leicester, Chester, por exemplo).

Sítio de Numância

Um dos mais famosos sítios romanos foi o da fortificação celtibérica de Numância, na Espanha central, por Cipião Emiliano, em 133 a.C. Um anel de sete acampamentos fortificados foi construído ao redor da cidade. Em torno dele foi escavado um fosso e erguido um baluarte; em seguida, outro fosso, e, finalmente, um muro de pedras de 3 metros de altura e 2,4 de espessura. Esta gravura do século XVIII, de Folard, não é muito precisa, mas mostra como se imaginava na época um típico assédio romano.

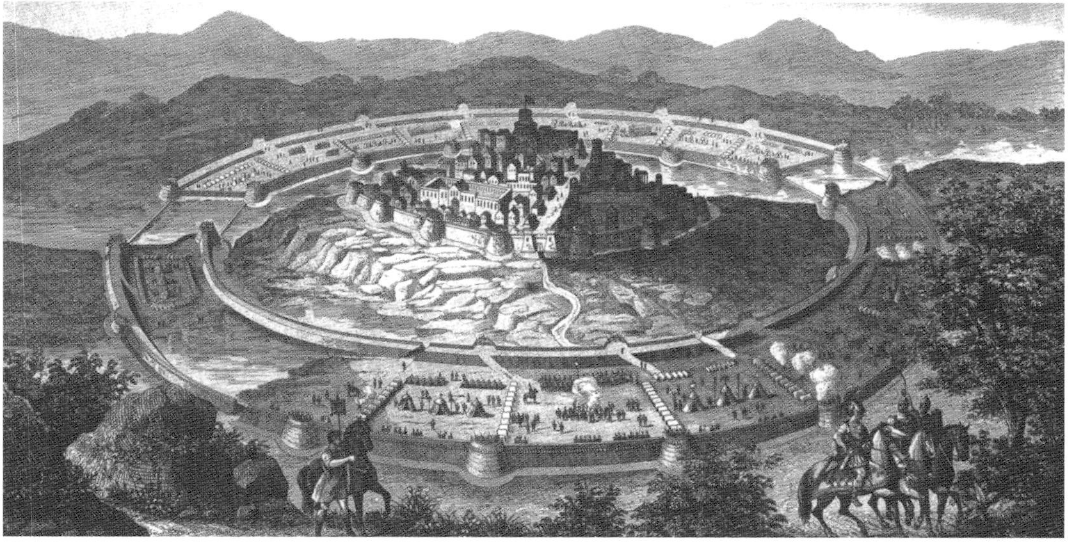

Anatomia de um onagro

No século IV d.C., as balistas de dois braços foram substituídas largamente por uma catapulta de um só braço lançadora de pedras, chamada de "onagro" (burro selvagem), por causa de seu coice violento. Mais simples e fácil de operar que a balista, uma única corda torcida era montada numa estrutura de madeira e um único braço de madeira encaixava-se na corda de modo a se erguer e se mover num arco vertical. Quatro soldados, dois de cada lado, abaixavam-no quase até o chão. Uma funda com uma pedra redonda era presa à extremidade livre do braço. Quando libertado, este se erguia e lançava a pedra. Como não havia corda de arco, um grande para-choque acolchoado com palha devia ser colocado diante da máquina para deter o braço (não aparece neste desenho).

2 Nesta vista de cima, o braço (*E*) está totalmente abaixado. As extremidades das vigas transversais (*III*, *IV*, *V*) se inserem nas vigas laterais (*II*). A meada de corda torcida (*A*) é esticada entre as grandes rodas de engrenagem (*B*). As extremidades dos eixos (*D*) giram para mover as rodas dos pinhões (*C*), que movem as grandes rodas (*B*), as quais torcem a meada (*A*).

3 Vista de superfície (*I*), vista lateral (*II*) e vistas de perspectiva (*V*) da roda de engrenagem e do cabrestante do onagro. Uma extremidade da meada é enrolada em torno da roda (*III*). Os cabrestantes geram o poder de arremesso da máquina.

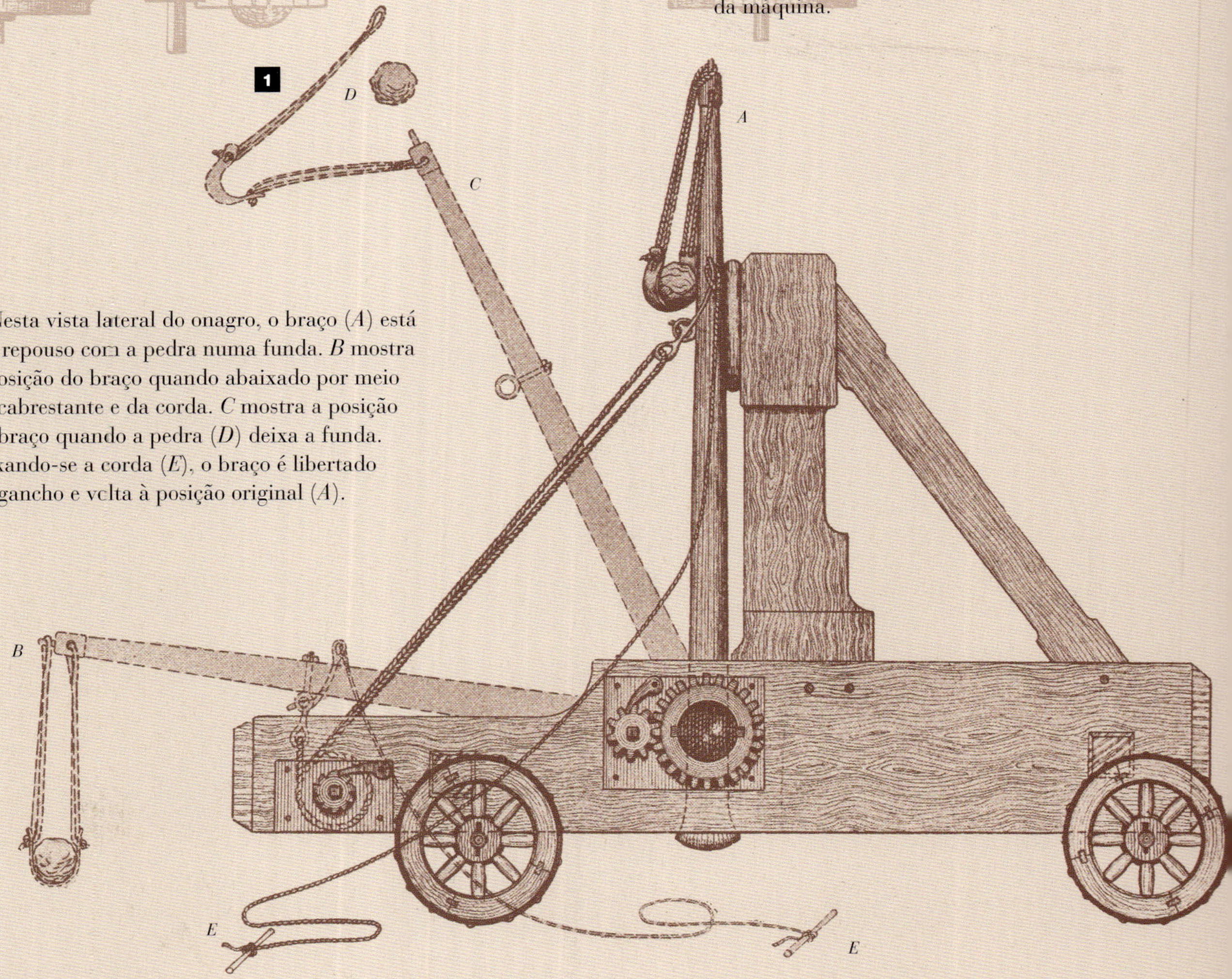

1 Nesta vista lateral do onagro, o braço (*A*) está em repouso com a pedra numa funda. *B* mostra a posição do braço quando abaixado por meio do cabrestante e da corda. *C* mostra a posição do braço quando a pedra (*D*) deixa a funda. Puxando-se a corda (*E*), o braço é libertado do gancho e volta à posição original (*A*).

2

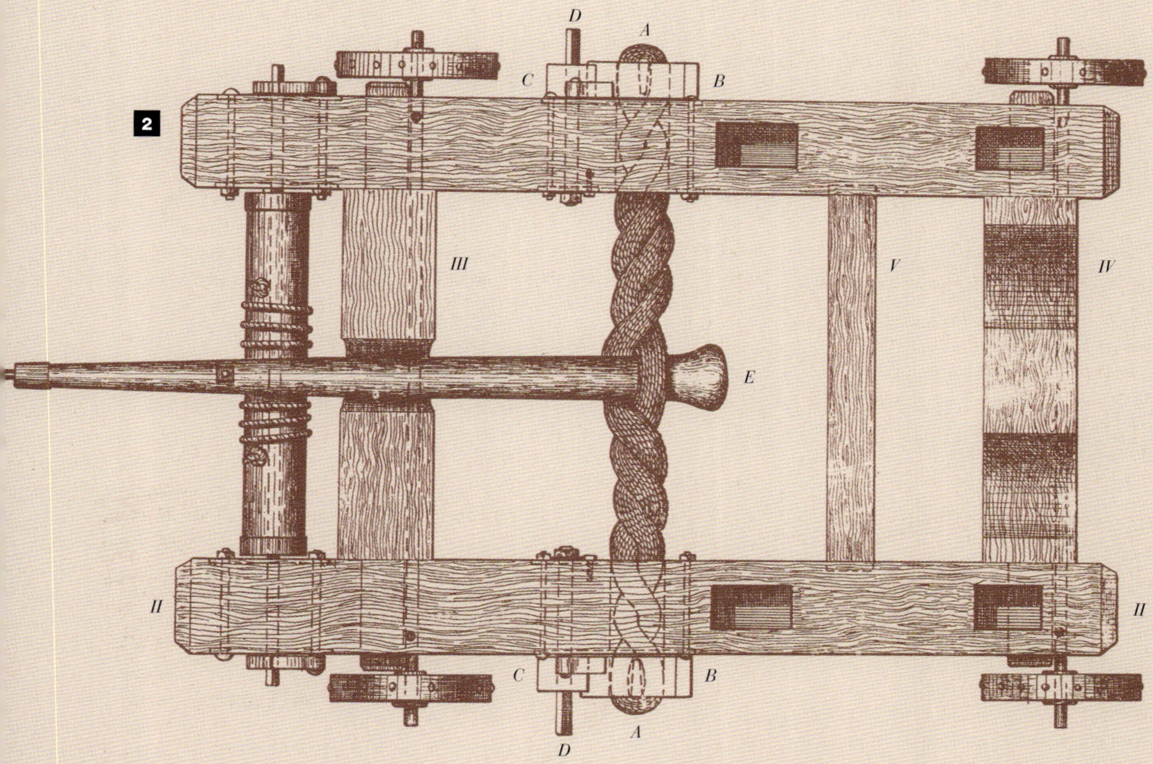

3

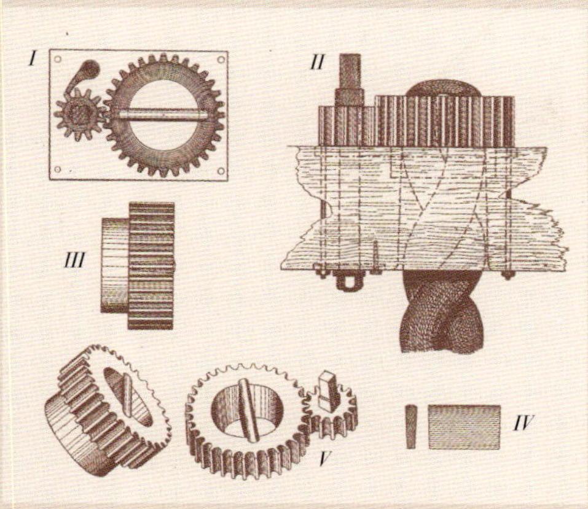

4

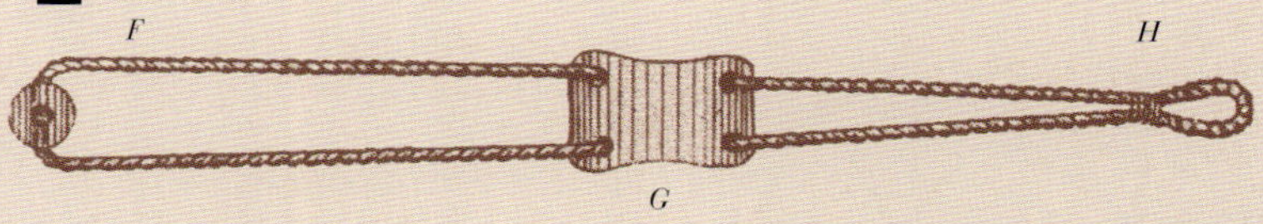

5

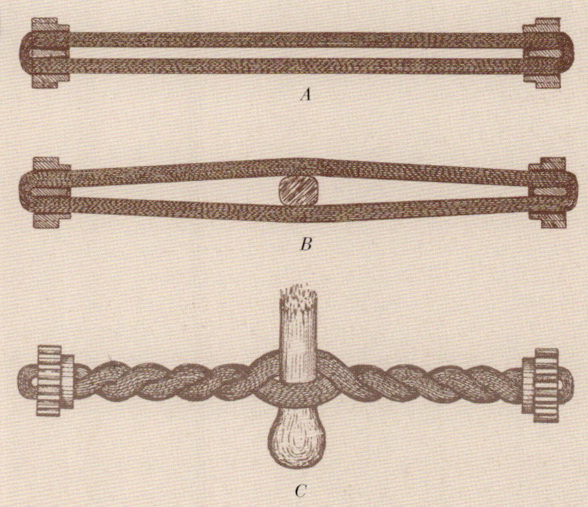

4 Uma das extremidades da funda passa por um orifício perto do alto do braço (*F*). *G* é a peça de couro que segura a pedra. A outra extremidade envolve o pino de ferro no alto do braço (*H*).

5 Enrola-se a meada de corda torcida em torno da roda de engrenagem (*A*). A extremidade do braço é colocada entre as duas metades da meada (*B*). A meada é torcida com força pelos cabrestantes (*C*).

Os inimigos de Roma

Celtas

No último milênio a.C., povos de línguas célticas habitavam a maior parte da Europa central e ocidental. Eram conhecidos pelos gregos e romanos como *celtæ* ou *galli*. Não se sabe se eles próprios usavam esses nomes, ou se as numerosas tribos tinham noção de possuir identidade cultural em comum. A arqueologia os identificou com a cultura Halstatt, da Idade do Ferro, que floresceu na Europa Central por volta de 600 a.C. Os celtas podem ter entrado na Grã-Bretanha por volta de 500 a.C. A cultura La Tène surgiu por volta de 400 a.C., e os celtas iniciaram sua mais vigorosa expansão, ocupando o norte da Itália e saqueando Roma.

Guerreiro irlandês com machado
Esta imagem é mais verossímil, pois sabe-se que os antigos guerreiros irlandeses usavam um armamento ligeiro para os padrões continentais.

Elmos
Capacetes com chifres eram puramente cerimoniais. O exemplar inferior foi achado no rio Tâmisa, em Londres.

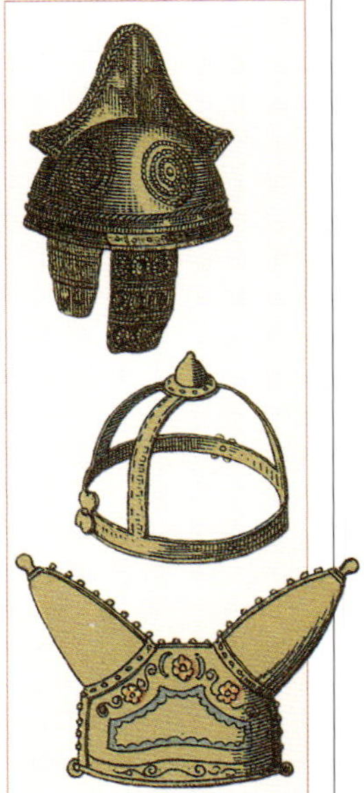

Os celtas na imaginação do século XIX
A maioria das figuras mostradas aqui baseia-se no livro *Costumes of the Original Inhabitants of the British Isles* (1815), de Meyrick e Smith, produzido quando havia pouca informação precisa sobre os primeiros celtas. As duas figuras mais à direita representam a noção que Meyrick tinha de um bretão romanizado em contraste com um celta selvagem do norte da Grã-Bretanha (este é um pouco mais preciso, pois autores romanos testemunharam que os celtas do continente, até o século III a.C., combatiam despidos. O hábito dos celtas britânicos de cobrir o corpo com tinta e tatuagens também foi bem documentado). O bretão romanizado usa uma túnica de aparência romana, mas, num anacronismo, foi envolto numa manta escocesa para parecer celta. Tanto o celta nu quanto o cavaleiro portam armas de aparência duvidosa. As duas figuras à esquerda deviam representar os primeiros irlandeses e se baseiam em desenhos do início do século XVII; o artista presumiu que os antigos irlandeses se pareciam com seus descendentes. Dar ao homem uma lança foi sua tentativa de evitar anacronismos. Mas realmente os antigos celtas usavam calças.

Guerreiros tribais

Uma tentativa fantasiosa de reconstruir os guerreiros supostamente celtas da Europa bárbara. Os primeiros combatentes realmente vestiam calças, e o capacete cônico de ferro do homem à direita parece autêntico. Contudo, a couraça é um anacronismo. Os chefes dos celtas usavam cota de malha, uma provável invenção céltica do século III a.C. Os guerreiros comuns combatiam nus até pelo menos por volta de 200 a.C.

Armas de mão
- lança
- machado

Armas de projéteis

Defesas

Vestuário
- calças
- cota de malha
- elmo cônico
- pintura corporal

Guerreiros
- guerreiros celtas

Conceitos e táticas

Construções e transportes

Os inimigos de Roma

Práticas célticas de guerra

Os celtas do norte da Itália foram conquistados por Roma no século III a.C.; os da Espanha, no século II a.C.; e Júlio César iniciou a conquista da Gália, seu principal reduto, em 58 a.C. A maior parte da Grã-Bretanha tornou-se província romana no início do principado. Por essa época, a maioria dos povos celtas estava se romanizando, mas as línguas célticas sobreviveram até hoje nas bordas norte e oeste das ilhas Britânicas. O geógrafo grego Estrabão descreveu-os assim: "Toda a raça [...] é loucamente amante da guerra e rápida para entrar em batalha, mas fora disso é direta no falar e não tem caráter ruim. Assim, quando suas emoções vêm à tona, reúnem os bandos para combate, aberta e premeditadamente, de modo que são manipulados com facilidade por quem quer enganá-los; pois em qualquer momento ou lugar [...] estarão prontos a enfrentar o perigo, mesmo se não contarem com nada exceto sua própria força e coragem".

Infantaria céltica
A sociedade era dividida em druidas (sacerdotes), guerreiros e camponeses. Havia quatro tipos de guerreiros: infantaria pesada com espadas (mostrada aqui), infantaria ligeira com dardos, cavalaria e carros de guerra.

Sinais de riqueza
Couraças metálicas, com incrustações e incisões elaboradas, eram usadas só pelos chefes tribais mais prósperos. A maioria das couraças era de cota de malha; muitos guerreiros não tinham blindagem nem elmo.

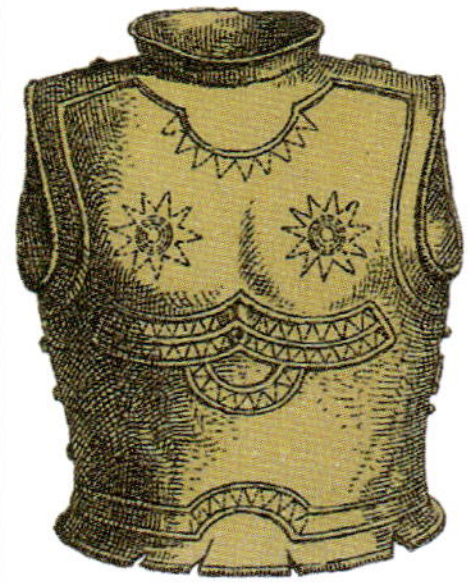

Cavalaria céltica
A cavalaria dos celtas era muito conceituada. Após a conquista da Gália, os gauleses forneceram aos romanos a maior parte de seus auxiliares montados. Os cavaleiros eram armados com longas lanças. Uma figura empunha um estandarte em forma de javali.

Ver também
Espadas, *pp. 280-1*
Escudos, *pp. 306-7*

Cavalaria e carros de guerra

Cavaleiros e condutores de carros de guerra eram recrutados entre os nobres. A cavalaria atirava os dardos e em seguida carregava com lança e espada. A cavalaria e a infantaria celtas lutavam basicamente com a espada. Carros de guerra com dois cavalos eram usados contra a cavalaria: o guerreiro atirava os dardos e descia para lutar com a espada. Os carros de guerra celtas foram usados pela última vez na Grã-Bretanha no século I d.C.

Escudos cerimoniais

Tinham diversos formatos. Os de combate eram de madeira coberta com couro; os redondos decorados, como estes, deviam ser cerimoniais.

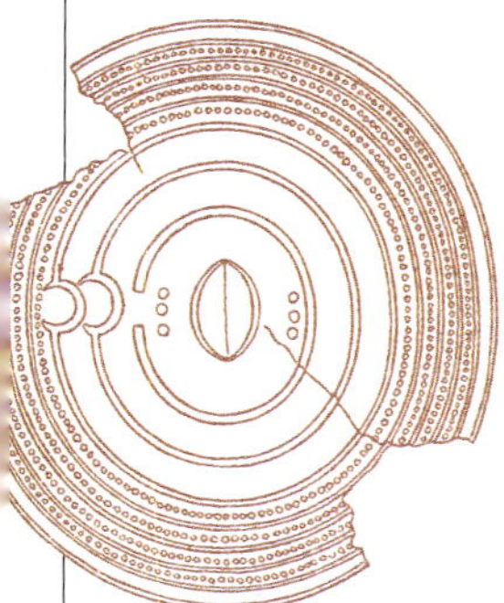

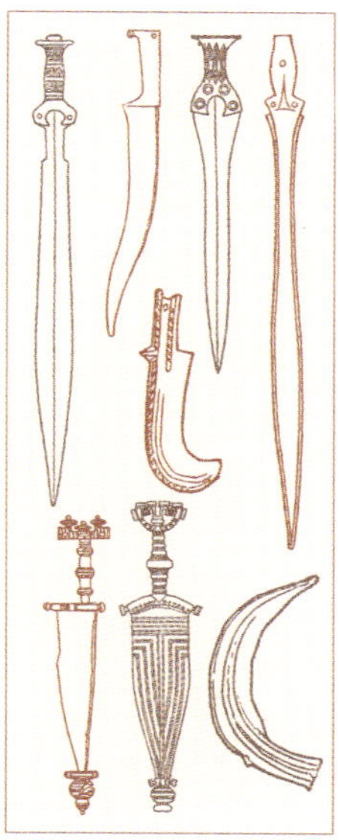

Siderurgia

Os celtas eram famosos pela habilidade nos trabalhos com o ferro e devem ter inventado a cota de malha (século III a.C.), rapidamente adotada pelos romanos. Suas longas espadas de ferro vêm dos períodos Halstatt e La Tène da Idade do Ferro céltica, a era clássica da cultura céltica, do século VII a.C. até a conquista romana.

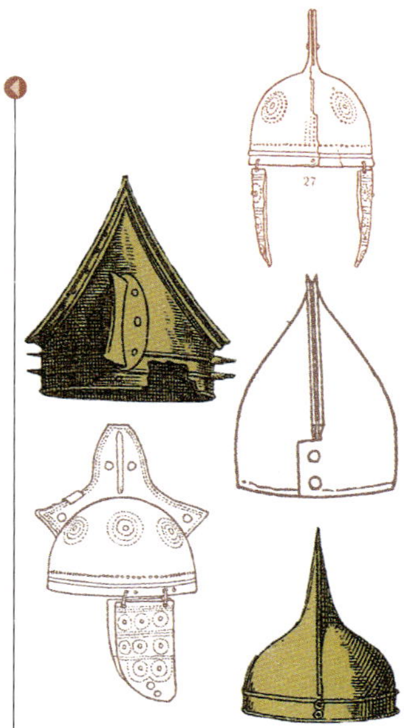

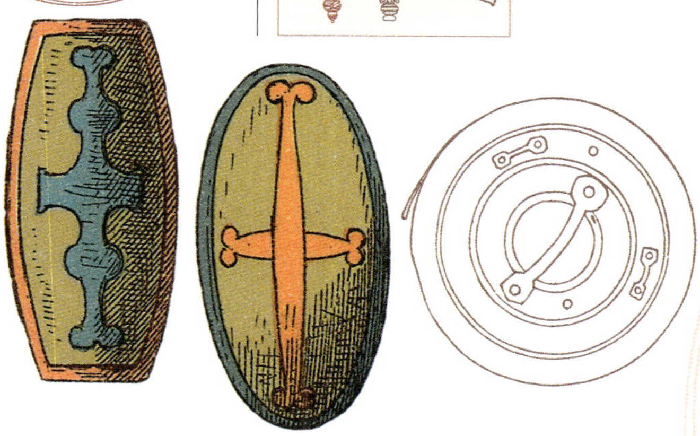

Elmos frígios

Estes elmos são do tipo chamado "frígio", muito usados no mundo helenístico e na Europa bárbara, mas não pelos celtas. O típico elmo celta tinha forma de pote e era feito de ferro. O capacete padrão usado pelo exército romano no principado se inspirou nele.

Armas de mão
- espada
- lança

Armas de projéteis
- dardo

Defesas
- escudo

Vestuário
- couraça
- cota de malha
- elmo em formato de pote
- elmo frígio

Guerreiros
- condutor de carro de guerra
- cavalaria
- infantaria ligeira
- infantaria pesada

Conceitos e táticas
- carro de guerra

Construções e transportes

Anatomia de um sítio romano

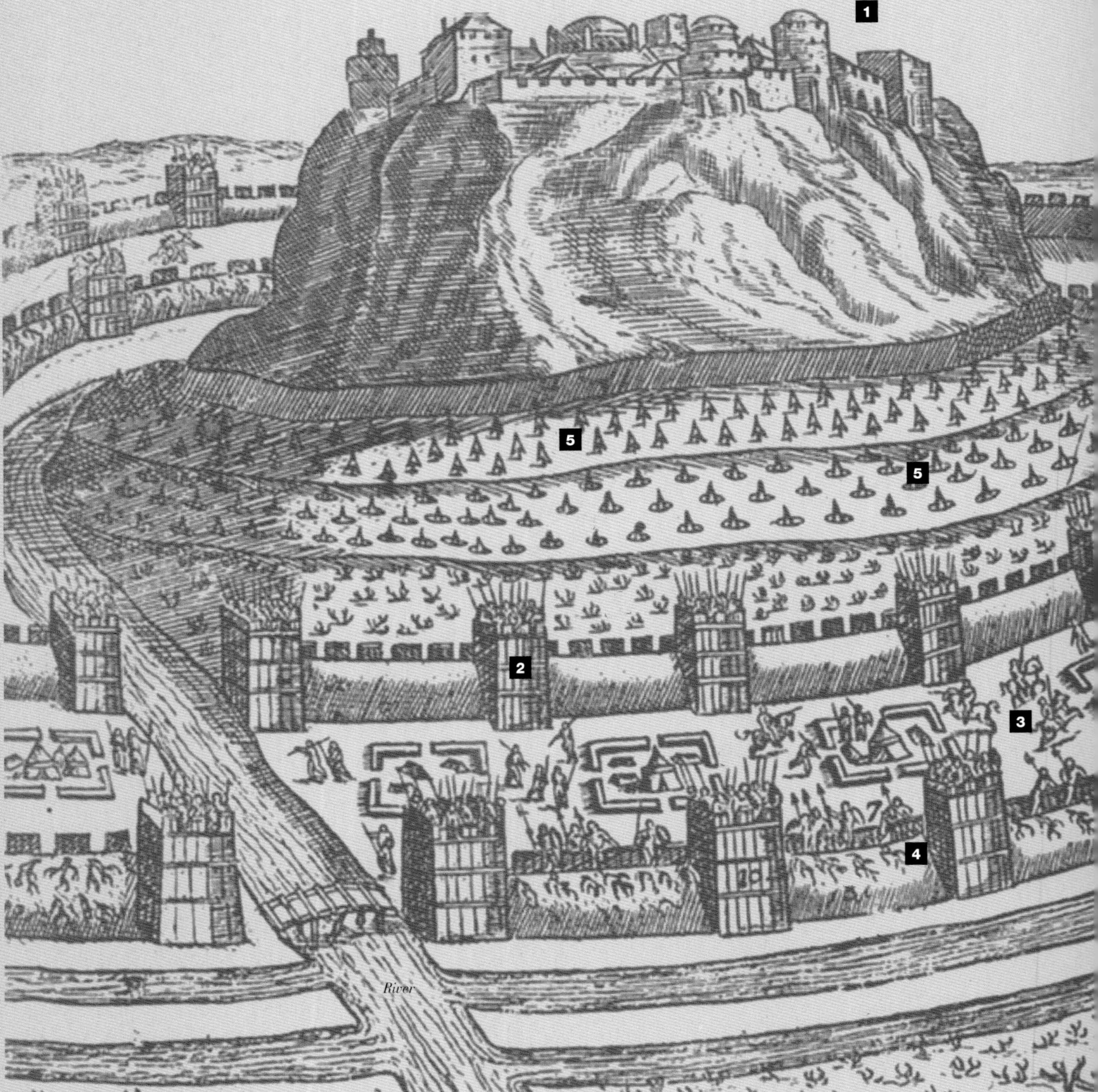

Ápice da campanha de conquista de Júlio César na Gália em 52 a.C., o sítio de Alésia demonstrou sua maestria na guerra de sítio romana. Trabalhos de terraplenagem e muros estenderam-se por 14 quilômetros em dois anéis, em torno da base do forte sobre a colina. O enorme investimento em trabalho compensou, pois isso colocou Vercingetórix de joelhos e pôs fim à resistência celta na Gália.

1 A fortaleza celta de Alésia foi erguida num planalto rochoso, o atual Mont-Auxois, 48 quilômetros a oeste de Dijon, no sudeste da França. Era a base inexpugnável de Vercingetórix, líder dos gauleses. Rodeada de três lados por escarpados vales de rios, era protegida por uma paliçada e íngremes defesas de terra.

2 Feitos de madeira, os muros interiores romanos destinavam-se a conter os celtas dentro do forte, na colina. Na frente dos muros havia um fosso de 2,5 metros de profundidade e 4,5 metros de largura. A terra da escavação do fosso foi usada para formar um longo aterro, sobre o qual havia uma estacada de madeira com torres erguidas a intervalos regulares.

3 Os acampamentos romanos dentro dos dois muros se dispunham em fileiras ordenadas, com tendas e latrinas. Uns cinquenta mil soldados de dez legiões, com auxiliares bárbaros, formavam o cerne da força que cercava o forte e podia repelir incursões de dentro ou de fora de Alésia. Mercadores e seguidores conservavam os soldados abastecidos e formavam uma minicidade dentro dos muros.

4 O anel exterior de defesa romano protegia os soldados de César dos ataques por tribos aliadas vindas em socorro dos celtas. Havia trincheiras, e algumas estavam cheias de água desviada de rios próximos. A artilharia de campo romana podia disparar das torres situadas ao longo dos muros.

5 Trincheiras e covas tinham muitas estacas, para deter os guerreiros celtas que realizassem incursões a partir do forte. A grande força das tribos celtas era a cavalaria, e César queria neutralizar suas cargas contra os legionários e as fortificações.

Os inimigos de Roma

Povos germânicos

Tribos de línguas germânicas habitavam originariamente a área em torno do mar Báltico, ao norte da zona celta. No século II a.C., quando os romanos já haviam praticamente eliminado os celtas, os germânicos começaram a seguir para o sul e entraram em contato, e às vezes em conflito, com as legiões aquarteladas ao longo do Reno e do Danúbio. Nos três séculos seguintes, as tribos germânicas incorporaram muito dos romanos, serviram no exército de Roma e se uniram em tribos maiores, mais formidáveis e mais romanizadas. Quando a administração do Império do Ocidente entrou em colapso, no século V, essas tribos entraram em massa no território romano e estabeleceram estados meio germânicos, meio romanos – que se tornaram os reinos da Europa medieval.

Ver também
A "Idade das Trevas", *pp. 74-5*
Um cavaleiro carolíngio, *p. 80*
Espadas, *pp. 280-1*
Armas de alcance, *pp. 284-5*
Clavas, maças e machados, *pp. 286-7*
Escudos, *pp. 306-7*

Armas germânicas
Coleção de armas típicas das tribos germânicas: abaixo, da esquerda para a direita, um *seax*, adagas e um machado de guerra.

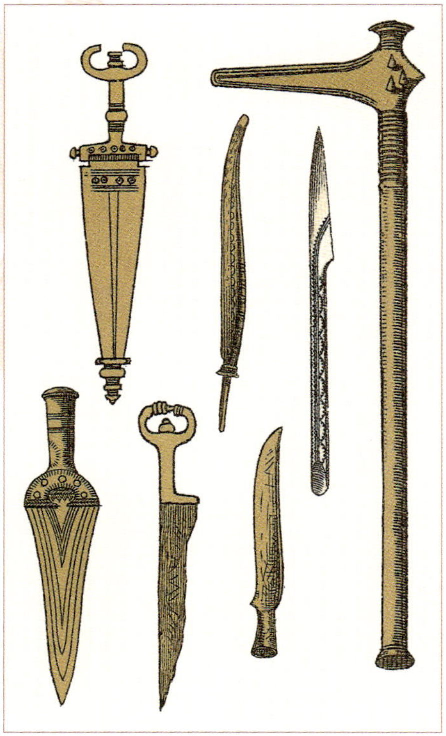

Chefe tribal germânico
Este chefe é de um período posterior, quando os líderes guerreiros germânicos costumavam usar couraças de malha adquiridas dos romanos. Ele tem uma longa espada reta, talvez derivada da espada da cavalaria romana (*spatha*), talvez da céltica. Seu escudo de madeira é coberto de couro: este é redondo, mas os germânicos usavam muitos tipos de escudo. No século IV, havia pouca diferença entre germânicos e romanos em tecnologia e táticas, mas os germânicos conservavam algumas armas peculiares.

Moda teutônica

Quando os romanos os encontraram pela primeira vez, os germânicos não tinham couraça, e muitas vezes lutavam de peito nu. A arma básica consistia em uma lança de lâmina curta, a *framea*, usada para arremesso e no combate corpo a corpo. A única tática era um assalto feroz, chamado pelos romanos de *furor teutonicus*. Muitos guerreiros prendiam o cabelo num rabo de cavalo.

Armas dos francos

O machado franco de arremesso, ou *francisca* (*1*), tinha a lâmina arqueada. Seu nome era o mesmo da grande federação tribal dos francos do Reno inferior, e a arma também era usada por muitas outras tribos germânicas, entre elas os anglo-saxões. Os francos iniciavam a batalha lançando inúmeros desses machados mortíferos. O dardo pesado, ou *angon* (*2*), parece ter se inspirado no *pilum* romano: tinha ponta de ferro com farpas e uma longa haste de ferro presa a um punho de madeira. A longa faca, chamada de *seax* ou *scramasax* (*3*, *4*, *5*, *6*, *7*), foi usada em todo o norte da Europa. A palavra "saxão" pode ter derivado dela. Outras armas germânicas usuais eram a espada longa (*8*), o elmo frígio (*9*) e o elmo Spangenhelm (*10*).

Armas de mão
• espada longa
• *framea*
• *seax*
• *spatha*

Armas de projéteis
• *angon*
• *francisca*

Defesas
• escudo

Vestuário
• elmo frígio
• elmo Spangenhelm
• espada longa

Guerreiros

Conceitos e táticas
• *furor teutonicus*

Construções e transportes

Práticas da guerra medieval
500-1500

As sociedades medievais dedicaram muito tempo e energia para aperfeiçoar a tecnologia das armas e couraças, das fortificações e da logística, em especial nas Cruzadas, quando a habilidade no mar era indispensável. Com efeito, não raro se esquece o importante papel da guerra naval no mundo medieval.

Muito se perdeu do período entre 1000 e 1500, mas restou o suficiente para nos ajudar a entendê-lo, em especial os muros de pedra dos muitos castelos que pontilham a paisagem tanto da Europa, onde se originaram, quanto da Terra Santa, onde foram erguidos para proteger as conquistas dos cruzados.

Outra glória do período foi a evolução do estilo de vida cavalheiresco, com a heráldica e os torneios.

Das simples túnicas de malha, desenvolveu-se uma blindagem corporal mais sofisticada, culminando nas armaduras de placas para o corpo inteiro do fim do século XV. Não que os cavaleiros dominassem tudo; a infantaria equipada com armas de golpear e perfurar, além do arco longo e da besta, poderosos o suficiente para derrubar um cavaleiro montado, também marcou com frequência sua presença.

Além disso, nos sítios, que eram a forma predominante de ação bélica, os engenheiros e outros especialistas se tornaram cruciais para a execução bem-sucedida da estratégia e das campanhas.

O desenvolvimento de uma artilharia de sítio efetiva e de outras máquinas de guerra são outros exemplos do engenho medieval. Catapultas e torres eram usadas desde a Antiguidade, mas o poderoso *trebuchet*, desenvolvido em meados do século XII, teve papel crucial na derrubada de muros defensivos. A introdução da pólvora em meados do século XIV soou o dobre de finados para os castelos de muralhas altas mas finas, pois foram desenvolvidas armas que podiam destruí-las.

Finalmente, lembre-se o heroísmo dessa época, de que são emblemas líderes guerreiros como Ricardo Coração de Leão, rei da Inglaterra, um gigante das Cruzadas, cujo nome atravessou os séculos como herói militar.

Alta Idade Média, *500-1066*

A "Idade das Trevas"

A expressão "Idade das Trevas" é muitas vezes aplicada à Alta Idade Média (séculos V ao X), mas só a parte inicial desse período careceu de civilização: os dois séculos após a queda do Império Romano do Ocidente, em 476. No século VIII, os reinos bárbaros da Europa Ocidental tinham se estabilizado e o reino franco despontou como poder dominante. Os francos eram cristãos católicos, não hereges arianos como a maioria das tribos germânicas, e beneficiaram-se do apoio da Igreja. No final do século VIII, seu rei, Carlos Magno (Carlos, o Grande), uniu a maior parte da Europa Ocidental, e no dia de Natal do ano 800 foi coroado "imperador romano" pelo papa. No século V, a maior parte da Grã-Bretanha era ocupada por tribos germânicas da costa do mar do Norte (anglos, saxões e jutos). No século VII, esses povos adotaram o cristianismo, estabelecendo vários reinos, e no século VIII eram parte integral da cultura cristã unificada em formação na Europa Ocidental; eles deram importante contribuição à retomada do aprendizado do latim por Carlos Magno (o "Renascimento Carolíngio"). O estilo de guerra inglês era bem similar ao da Europa continental.

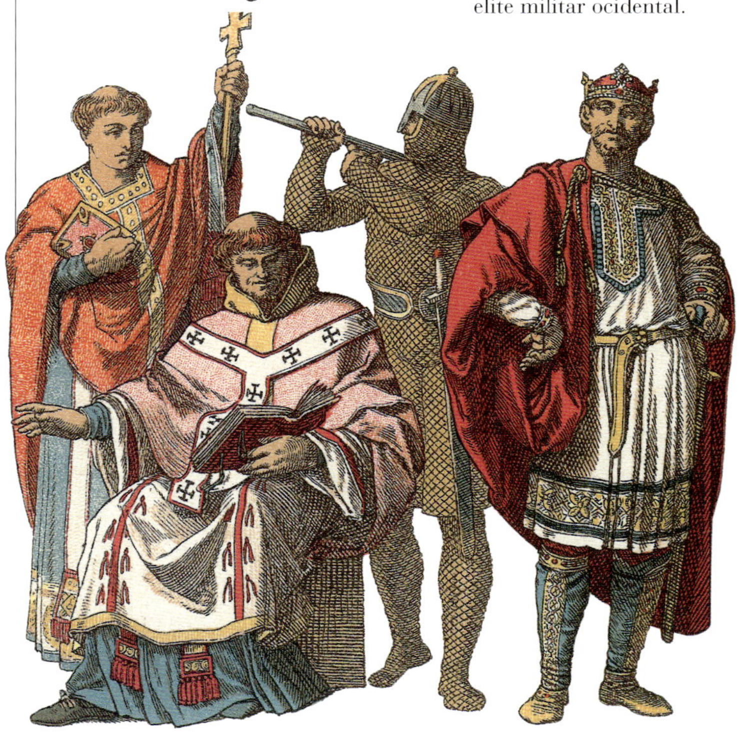

A sociedade medieval
Os pensadores medievais dividiam a sociedade em três estratos funcionais: os que rezam, os que lutam e os que trabalham. O primeiro estrato social é representado aqui por um bispo e um padre (*abaixo, à esquerda*); o segundo, por um cavaleiro anglo-saxão de couraça e um rei (*abaixo, à direita*); o último, por camponeses (*à esquerda*). O cavaleiro tem capacete cônico de ferro e túnica de malha (a qual, porém, não teria coberto seus braços e pernas), que no século IX se tornava o equipamento padrão da elite militar ocidental.

Cavaleiros carolíngios

Na época carolíngia, o combatente de couraça e montado (mais tarde chamado "cavaleiro") estava se tornando um guerreiro de elite. Era o início da organização feudal, na qual os vassalos forneciam serviço militar a seus senhores. Mas a cavalaria pesada ainda não se mostrava tão efetiva: os estribos ainda não haviam sido adotados pelos francos. Eles seguravam a lança por cima do ombro e golpeavam. Muitas vezes cavalgavam até o campo de batalha, mas desmontavam para lutar a pé.

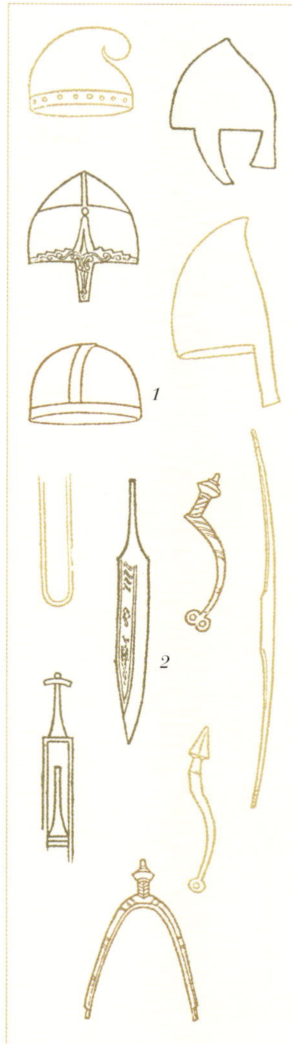

Infantaria carolíngia

As legiões romanas estavam esquecidas havia muito, mas os exércitos de Carlos Magno ainda eram na essência exércitos de infantaria. A maioria tinha só escudo e lança. Os soldados de posses mostrados aqui usam couraça de escamas; os nobres ricos podem ter vestido cota de malha, usada em Bizâncio e nos exércitos árabes. Muitos manejavam arcos simples (*no alto, à esquerda*) e talvez até bestas (*embaixo, à direita*), embora essa arma só tenha se difundido no século XI.

Elmos e armas

Muitos elmos do período eram do tipo Spangenhelm ("elmo de tiras"), um capacete cônico de ferro (*1*). Os mais adornados, mostrados aqui, podem ter se inspirado nos manuscritos com iluminuras, e não no uso real. O *seax* ainda era empregado (*2*), mas estava sendo substituído pela espada longa.

Armas de mão
- espada
- lança
- *seax*

Armas de projéteis
- arco simples
- besta

Defesas
- escudo

Vestuário
- capacete de ferro
- couraça de escamas
- couraça de malha
- elmo Spangenhelm

Guerreiros
- cavaleiro com couraça

Conceitos e táticas
- sociedade feudal

Construções e transportes

Ver também
Espadas, *pp. 280-1*
Blindagem corporal, *pp. 302-3*
Escudos, *pp. 306-7*

Alta Idade Média

Invasores vikings

No fim do século VIII, quando os europeus ocidentais emergiam da "Idade das Trevas", foram golpeados por nova onda de invasores bárbaros, mais destruidora que qualquer outra anterior. Vinham da Escandinávia, uma terra tão remota que os cristãos não tinham nome para eles e só os chamavam de "homens do norte" (nórdicos, normandos). Eles se autodenominavam, com orgulho, de "vikings" (piratas). Seu advento foi marcado pelo saque do grande mosteiro de Lindisfarne, no norte inglês, em 793. Nos anos seguintes, assaltaram repetidas vezes o litoral das ilhas Britânicas e o império carolíngio. No fim do século IX, ocuparam territórios em caráter permanente e fundaram os reinos vikings de York, de Dublin e da Normandia.

Arte viking
Estas placas ornamentais eram presas ao cinto do rei, provavelmente representando guerreiros que lutavam com peles de ursos ou de lobos e que supostamente às vezes transformavam-se nesses animais no frenesi da batalha. Um guerreiro usa um elmo de cabeça de javali, e outro, um elmo com chifres. Apesar da crença popular, não há evidência de que os vikings usassem elmos com chifres.

Ver também
Os vikings: snekkes e drakkar, *pp. 256-7*
Espadas, *pp. 280-1*
Blindagem corporal, *pp. 302-3*

Trajes nórdicos
O homem mais à esquerda veste túnica curta de malha e capacete de ferro e tem escudo redondo, espada longa, lança e dardo – o equipamento padrão de um viking rico. O homem no centro tem um elmo cerimonial com a figura de um javali. Elmos assim aparecem na arte nórdica.

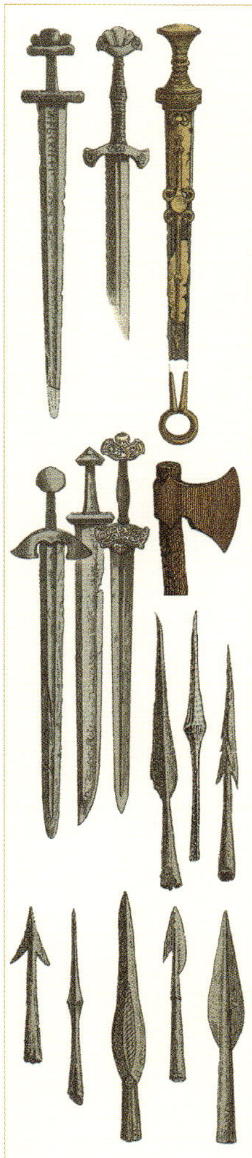

Nórdicos posteriores

As imagens mostram um cavaleiro escandinavo do século XI e um soldado comum. Por essa época, os reinos da Dinamarca, da Noruega e da Suécia estavam cristianizados e a era dos vikings havia terminado. O cavaleiro tem um escudo do tipo normando, em forma de pipa de papel, e não o escudo redondo de seus ancestrais.

Armas vikings

A espada de 1 metro era a arma predileta no combate corpo a corpo. Também usavam lanças e dardos para arremesso e na luta corpo a corpo. A Escandinávia era rica em madeira e ferro, e a metalurgia nórdica se tornou tão famosa como a construção naval.

O navio longo viking

A era viking tornou-se possível graças à invenção do navio longo, a primeira embarcação oceânica eficiente. Movidos por velas e remos, esses barcos podiam ter mais de 30 metros de comprimento. O padrão era terem quarenta remos. O remo comprido na popa servia para mudar de direção, e o calado reduzido permitia subir rios. Navios assim levaram os vikings à Islândia, à Groenlândia e à América do Norte.

Atrocidades vikings

Este bordado de uma igreja sueca representa o massacre dos inocentes em Belém. O rei Herodes diz *Occidite omnes* ("Matem todos [as crianças]"). A Escandinávia era cristã quando as imagens foram criadas, mas as cenas retratam o que acontecia não muito antes, quando os vikings saqueavam uma cidade.

Armas de mão
- espada longa
- lança

Armas de projéteis
- dardo

Defesas
- escudo com forma de pipa de papel
- escudo redondo

Vestuário
- capacete de ferro
- peles de animais
- túnica de malha

Guerreiros
- com pele de urso ou de lobo

Conceitos e táticas
- incursões costeiras

Construções e transportes
- navio longo

Alta Idade Média

Os normandos

De origem viking, os normandos foram os mais famosos guerreiros medievais. Eram dinamarqueses que haviam invadido o norte da França liderados por Hrolf, a quem o rei francês concedeu terras em 911. Gradualmente adotaram a língua, a religião, os costumes e o estilo de luta dos franceses, sem abrir mão de suas tradições navais. Em meados do século XI, eram os principais expoentes da cavalaria e da guerra de castelos. Quando, em 1066, o duque Guilherme II reivindicou o trono inglês, organizou uma poderosa frota de navios longos e barcos para os cavalos e invadiu a Inglaterra. Ao desembarcar no Sussex, desafiou o rei Haroldo para a batalha logo ao norte de Hastings, em 14 de outubro. Após um dia de luta árdua, Guilherme venceu o confronto.

Cavaleiro normando

Este cavaleiro normando está plenamente armado para a guerra. O pendão na lança proclama seu *status*, mas é cedo demais para a heráldica. A cota de malha, uma túnica fendida, é mostrada como anéis costurados em couro, mas na verdade devia ser malha metálica. Ele também devia ter um escudeiro, apoio essencial ao guerreiro com mais de um cavalo para cuidar.

Ver também

O navio longo viking, *p. 77*

A invasão normanda da Inglaterra, *p. 257*

Espadas, *pp. 280-1*

Clavas, maças e machados, *pp. 286-7*

Blindagem corporal, *pp. 302-3*

Cavaleiro de meados do século XII

O elmo pontudo inclinado para a frente é do chamado estilo frígio, popular na época. A espada na bainha, profusamente decorada, pende do cinto, símbolo de sua condição de cavaleiro. Os leões no escudo, uma das primeiras armas heráldicas de uma casa real, indicam que a figura foi tirada da placa funerária de Geoffrey de Anjou, o Belo (morto em 1152), pai de Henrique II da Inglaterra.

Cena de batalha da Tapeçaria de Bayeux

Veem-se cavaleiros normandos carregando com as lanças em riste contra ingleses que lutam a pé numa muralha de escudos, com lanças e machados longos e apoiados por um único arqueiro.

O duque Guilherme e seu porta-estandarte

Aqui, vê-se o duque Guilherme da Normandia, acompanhado do porta-estandarte, no momento crucial da Batalha de Hastings, quando ergueu seu elmo para acabar com o rumor de que havia sido morto. Ele porta o bastão de comando, parecido com uma maça de guerra.

Conde d'Eu

A Tapeçaria de Bayeux mostra o conde d'Eu com um machado dinamarquês de cabo longo, símbolo de *status*. Seu longo casaco e o *hauberk* de escamas metálicas também denotam sua riqueza. Vassalo do duque Guilherme, ele usa o cabelo curto e raspado atrás, no estilo normando.

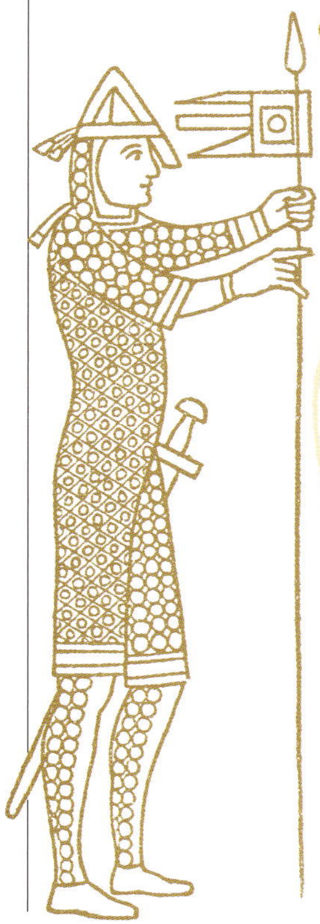

Escudos normandos

Estas armas tinham formato de lágrima ou pipa de papel. A Tapeçaria de Bayeux muitas vezes os mostra decorados com dragões. A protuberância central não raro era cercada por cabeças de cravo, que também serviam para prender a longa correia de apoio (guige) atrás do escudo.

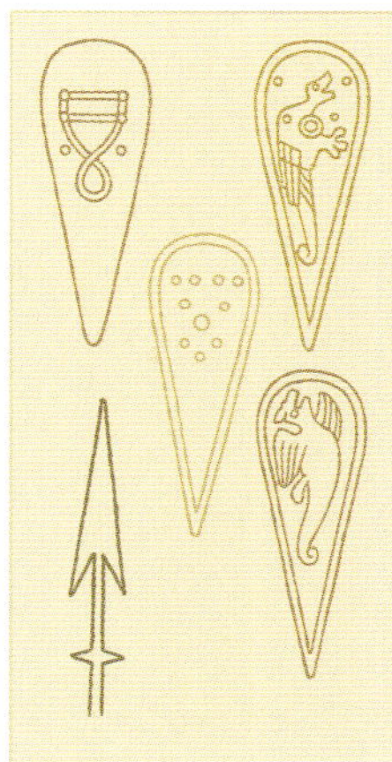

O navio do duque Guilherme

Nesta imagem da Tapeçaria de Bayeux, o *Mora* do duque Guilherme, um navio longo clássico, lidera a frota da invasão em 1066. Ele cruzou o canal à noite, com uma lanterna no mastro, mostrada aqui. A figura da popa, a estátua dourada de um menino com uma lança tocando corneta, é descrita em fontes da época.

O duque Guilherme da Normandia segundo a Tapeçaria de Bayeux

O duque veste um *hauberk*, túnica de malha de mangas compridas. As perneiras de malha que ele usa eram privilégio dos muito ricos em meados do século XI. A espada mostra que é um cavaleiro; sua condição de nobre é proclamada pela bandeira na lança e pelas fitas que caem por trás do elmo e de seu pescoço.

Armas de mão
- lança
- machado longo

Armas de projéteis
- arco

Defesas
- escudo em forma de pipa de papel

Vestuário
- cota e perneiras de malha
- elmo pontudo
- *hauberk* de escamas metálicas

Guerreiros
- cavaleiros normandos

Conceitos e táticas
- guerra de castelos

Construções e transportes
- navio longo

O cavaleiro medieval, *800-1500*

Origens e evolução

O cavaleiro medieval é uma figura icônica, em geral representada na armadura de placas completa do final do século XV. Decorreram séculos para atingir essa forma acabada, a partir de tipos muito mais simples de proteção, diferentes armas e métodos de cavalgar. No tempo de Carlos Magno (c. 800), cavaleiros de couraça montavam sem estribos e tinham escudos redondos, como a cavalaria romana de séculos antes. Com a introdução dos estribos, no século X, mudou o estilo de luta: os cavaleiros passaram a fazer carga com lanças, praticando com as justas nos torneios.

Justa de dois cavaleiros, c. 1180
Para a carga, a sela alta com cabeçote e parte traseira alta que envolviam a cintura do cavaleiro era presa com firmeza por um cinturão duplo e uma faixa peitoral. Para suportar o choque do impacto, as pernas são esticadas para fora e o torso empurrado para a frente, numa figura em forma de "V" apoiada contra a sela.

Cavaleiros, final do século XII
Na época, a couraça de malha para braços e pernas havia se tornado usual, enquanto o escudo em forma de lágrima mostrado aqui se adaptava com conforto ao corpo, propiciando melhor proteção a cavalo ou a pé. A figura à esquerda tem elmo cilíndrico de topo chato, que protegia mais, porém restringia a visão em comparação ao elmo de protetor nasal. O machado longo de cabeça dupla serve para a luta a pé.

Cavaleiro carolíngio, século IX
Aqui, a armadura de escamas parece um pouco desajeitada, e o escudo redondo deveria ter o dobro do tamanho. O elmo de duas partes, inspirado num modelo romano tardio, aparece em manuscritos da época – mas isso pode ter sido um equívoco de artistas francos.

Armas de mão
• lança
• machado de cabeça dupla

Armas de projéteis

Defesas
• escudo em forma de lágrima

Vestuário
• armadura de placas completa
• couraça de escamas metálicas
• vestuário heráldico

Guerreiros

Conceitos e táticas

Construções e transportes
• cavalgar com estribos

Cerimônia de investidura
Esta representação da cerimônia de investidura do cavaleiro em meados do século XIII mostra os símbolos da cavalaria. O rei prende o cinto da espada, enquanto servos colocam esporas douradas nos pés do jovem.

Heráldica na roupa
Dois jovens preparam-se para um torneio, na segunda metade do século XIII. A figura de pé veste um manto forrado de pele, enquanto o sobretudo do outro homem é decorado com o símbolo heráldico dos transportadores de água. Os protetores dos ombros chamam-se *ailettes*.

Cavaleiro, final do século XIV
A cota de armas identifica Bertran de Guesclin, condestável da França e herói da guerra contra os ingleses. Ele usa a "armadura branca" (sem decoração) de placas completa e um elmo bacinete com visor "focinho de cachorro".

Ver também
Heráldica e torneios, *pp. 82-3*
Anatomia de um cavaleiro, *pp. 88-9*
Espadas, *pp. 280-1*
Armas de alcance, *pp. 284-5*

Cavaleiro, final do século XV
O cavaleiro desta ilustração – talvez rei da Polônia – usa o suprassumo da armadura de placas medieval, com proteção para cada parte do corpo. É uma peça de luxo, e o cinto do qual pendem a espada e a adaga está incrustado de joias.

O cavaleiro medieval

Heráldica e torneios

Os torneios eram ocasiões esportivas em que os cavaleiros praticavam habilidades especializadas de manejo do cavalo e da lança. Tinham origem nos tempos carolíngios e mesmo romanos, mas por volta de 1050 assumiram a forma da justa, mantida por quinhentos anos. Na época da conquista normanda, embora a Tapeçaria de Bayeux mostre escudos decorados, os guerreiros não possuíam cota de armas pessoal. A heráldica surgiu na década de 1130, pela necessidade de reconhecer os soldados na batalha e como indicação de *status*. Inicialmente restrita aos reis e aos grandes senhores, tornou-se intimamente associada ao fausto dos torneios. A heráldica desenvolveu linguagem própria e regras estritas de uso; as disputas sobre o uso dos símbolos eram resolvidas em cortes de cavalaria especiais.

O vencedor

Esta ilustração do *Manuscrito Manesse*, de meados do século XIII, que registrou em detalhe justas famosas, mostra o vencedor de um torneio. Ela captura a cor e a vivacidade do que era na verdade um evento esportivo. Os espectadores são belas mulheres que o guerreiro tenta impressionar, e uma delas entrega uma guirlanda ao campeão. Também aparecem músicos e acrobatas. O cavaleiro tem uma grande equipe de apoio: um escudeiro carrega sua lança; outro servidor, o seu elmo; um terceiro segura um martelo para consertar as couraças danificadas no combate de exibição.

Cavaleiros num torneio, c. 1500

Em comparação com a armadura de guerra, a de torneio tinha, em geral, proteção fixa para a perna e elmo com viseira de grades, que permitia melhor visão e não tinha de proteger contra projéteis como na guerra. Estes cavaleiros lutam com espadas embotadas.

Identificação pessoal
Estes cavaleiros do final do século XII usam símbolos distintivos nos elmos e um escudo brasonado. As máscaras de rosto claramente tornavam impossível identificar um cavaleiro de qualquer outro modo. Símbolos sobre os elmos não eram funcionais em batalha, pois a arma de um oponente podia se prender neles, de modo que eram mais usados em torneios.

Ver também
Armas de alcance, *pp. 284-5*

Nobres oponentes
O duque da Bretanha (*à esquerda, usando arminho*) e o irmão do rei da França (*à direita, com flores de lis*) se enfrentam usando cota de armas armorial e couraça para cavalos. A imagem é inspirada no *Livro de torneios de René d'Anjou*, ricamente ilustrado.

Para desmontar o oponente
Esta imagem de dois cavaleiros de meados do século XIII numa justa mostra a violência até de um confronto não letal. O vencedor (*à direita*) quebrou a lança contra o escudo do vencido, repelindo homem e montaria. Os justadores eram classificados de acordo com o número de lanças que conseguiam despedaçar; o melhor resultado era derrubar um oponente e lançá-lo "a um comprimento de lança" de seu cavalo.

Armas de mão
• espadas embotadas
• lança

Armas de projéteis

Defesas
• escudo brasonado

Vestuário
• elmo de viseira de grades

Guerreiros

Conceitos e táticas
• chavalaria
• esporte

Construções e transportes

O cavaleiro medieval

As armas do cavaleiro

O cavaleiro medieval tinha de ser especialista no manejo de diversas armas. Para tanto, praticava desde os sete anos, chegando ao nível de cavaleiro entre os quinze e os dezoito. A arma primordial era a espada, símbolo da cavalaria, que ele recebia no momento da investidura. A lança media 3-3,5 metros e exigia força e habilidade. Quando os cavaleiros lutavam a pé – o que faziam bastante, apesar do mito de que estavam sempre carregando contra a cavalaria –, cortavam a lança ao meio para manejo mais fácil. No século XV, surgiu uma arma de especialista, a *poll-axe*, machado semelhante à alabarda. Seu uso efetivo exigia treinamento em artes marciais.

Ver também
Cerimônia de investidura, *p. 81*
Anatomia de um cavaleiro, *pp. 88-9*
Clavas, maças e machados, *pp. 286-7*

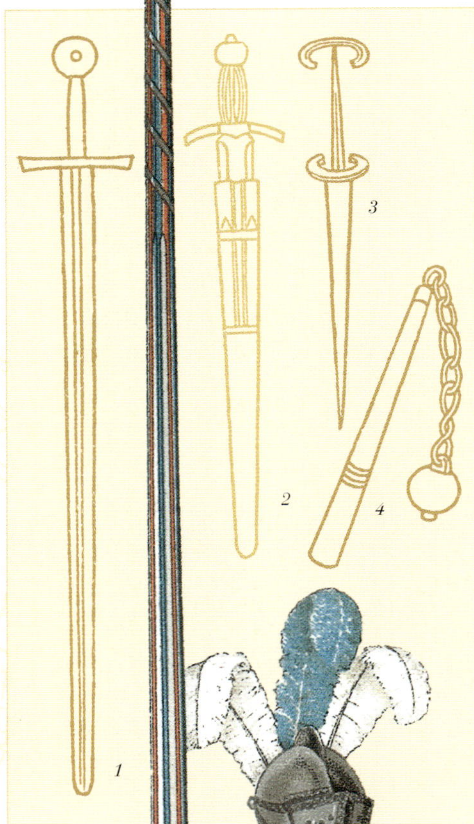

Armas de mão
A grande espada clássica medieval era uma arma de lâmina dupla e ponta redonda (*1*), usada primordialmente para desferir cutiladas. Muito pesada, podia cortar membros ou rachar ao meio uma cabeça desprotegida. A espada mais curta (*2*) servia para espetar; a adaga (*3*) é do tipo *rondel* (o nome se baseia no formato redondo da guarda), em geral usada para matar um inimigo caído através das fendas para os olhos em seu elmo. O mangual de guerra (*4*) foi projetado para esmagar couraças, em especial o elmo, amassando o metal de modo a provocar impacto no cérebro da vítima, aturdindo-a ou matando-a.

Lança e espada
Este lanceiro do século XVI é um provável membro dos Gens d'Armes, cavalaria pesada de elite de Francisco I da França. Ele traz um escudo redondo pequeno, pois também devia lutar a pé. Embora essas tropas estivessem ultrapassadas – como demonstrou a derrota em Pavia diante dos arcabuzeiros espanhóis, em 1525 –, ainda tinham seu papel como cavalaria de impacto.

Métodos para prender a espada

(*1*) Espada presa a cinto duplo, século XIV. (*2*) Cinto único de cavaleiro, século XII. (*3*) Método de meados do século XIII para prender uma espada de cavaleiro. (*4*) Espada presa a cinto único, século XV. (*5*) Espada presa horizontalmente, método usado para armas mais curtas.

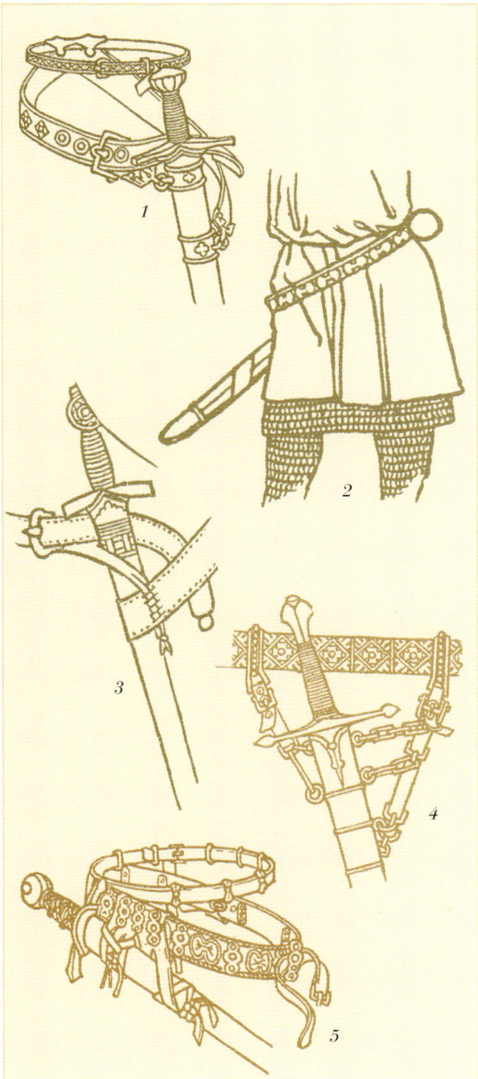

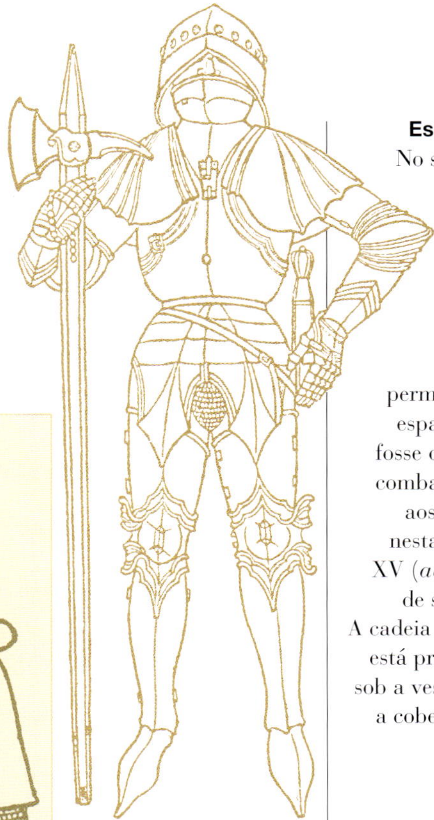

Espadas acorrentadas

No século XIV, tornou-se normal prender a espada e a adaga à armadura do cavaleiro por correntes, as cadeias de guarda. Sua principal função era permitir a recuperação da espada caso ela caísse ou fosse derrubada da mão no combate. As cadeias presas aos protetores das coxas nesta armadura do século XV (*abaixo*) são as cadeias de suspensão da bainha. A cadeia de guarda da espada está presa ao peitoral usado sob a veste acolchoada, que é a cobertura externa visível.

Arma mortal

Este cavaleiro usa armadura de estilo alemão (c. 1480), com uma *poll-axe*. Os cavaleiros estavam totalmente encouraçados nessa época, de modo que a arma, com sua ponta, lâmina e cabeça de martelo, agia como uma espécie de abridor de lata. Usá-la com eficácia exigia treinamento prolongado.

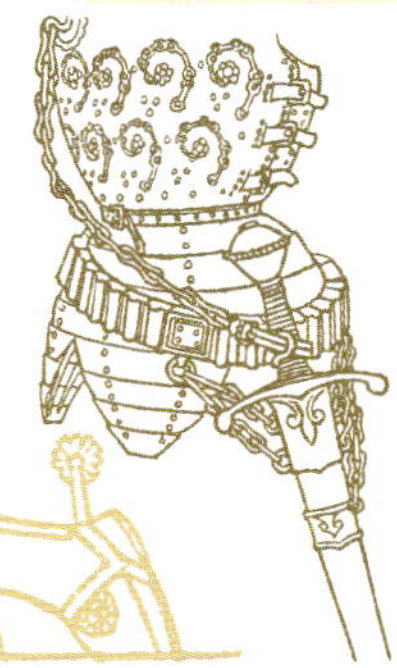

Armas de mão
- adaga *rondel*
- espada curta
- espada longa
- lança
- mangual (maça de bola e corrente)
- *poll-axe*

Armas de projéteis

Defesas
- escudo redondo pequeno

Vestuário
- armadura de corpo inteiro

Guerreiros
- Gens d'Armes

Conceitos e táticas
- treinamento de armas

Construções e transportes

O cavaleiro medieval

A armadura do cavaleiro

Em armadura completa, o cavaleiro estava protegido da maioria das armas de seu tempo. A malha propiciava defesa segura contra espadas e armas de acutilar, embora pudesse ser penetrada por uma ponta de lança. Na metade do século XIII, passou-se a reforçar a blindagem, primeiro com peças acolchoadas, depois com couro endurecido e, desde meados do século XIV, com placas adicionais de metal. Cada peça de armadura tinha um nome técnico, relacionado à parte do corpo que devia cobrir. Em resposta à introdução dos arcos longos e das bestas, as armaduras de placas passaram a ser forjadas em superfícies aptas a desviar os projéteis mortais.

Desenvolvimento do grande elmo
O elmo de topo quadrado com máscara de rosto (*no alto*) começou a ser usado na década de 1180, aparecendo na Terceira Cruzada (1189-92). O de topo abaulado com visor em forma de cruz (*no centro e embaixo*) é típico dos anos 1290.

Cavaleiros, século XII
Os elmos em ponta são anteriores aos de topo quadrado ou abaulado. O ilustrador tentou mostrar diferentes couraças, mas não compreendeu as imagens da época, pois a maioria dos cavaleiros, se não todos, deveria estar com malha convencional.

Elmos do século XV
Bacinete com visor móvel, de c. 1400 (*no alto*). Bacinete de meados do século XIV com visor móvel e *bevor* (protetor de garganta) fixo, usado por Gottfried von Eppstein (*no centro*). Correia e fivela prendendo um bacinete por trás, de c. 1400 (*embaixo*).

Coifas
A proteção sob o elmo era importante. A princípio um simples gorro acolchoado (*no alto*), a coifa logo tornou-se uma defesa de malha (*no centro*) e, por volta de 1300, assumiu a mesma forma do grande elmo sobre ela (*embaixo*). Em 1400, evoluíra para uma *cervellière* (guarda do cérebro), posta sob o bacinete.

Cavaleiro, c. 1320
Armadura mista de malha e placas. Tem joelheiras de metal; já as guardas do ombro (espaldar) e do antebraço (antebraçal) eram com frequência de couro. O camal de malha rodeando o rosto tem uma peça que se prende ao elmo para proteção nasal.

Armadura, século XV
As figuras mostram as armaduras de placas em sua plenitude, no século XV. Note-se a introdução de placas para cobrir a virilha e as coxas (faldas e coxotes), com placas horizontais e, mais tarde, placas adicionais (*tassets*) presas a elas.

Cavaleiro, meados do século XIV
Este cavaleiro usa uma cota com quatro grandes placas – peitorais e dorsais – cobertas por tecido com sua cota de armas. As joelheiras, cotoveleiras e espaldares são de metal. Braços e pernas são protegidos por couraça de tiras de metal fixadas a uma base de couro. Os pés são protegidos por escarpes de escamas metálicas (Gunther von Schwarzburg, com base em seu túmulo na catedral de Frankfurt, 1349).

Ver também
Anatomia de um cavaleiro, *pp. 88-9*
Blindagem, *p. 301*
Elmos, *pp. 304-5*

Anatomia de um cavaleiro

Esta magnífica representação de armadura de malha, de meados do século XII, resume o guerreiro cavalheiresco da época. A cavalaria era então um conceito relativamente novo, com seu código de etiqueta, amor cortês e uma cultura do campo de batalha que permitia ao nobre pagar resgate em vez de ser morto caso fosse derrotado. A figura representa o conde Rolando, um dos doze pares de Carlos Magno, cujas proezas lendárias foram celebradas na *Chanson de Roland* depois de ele ser morto combatendo os sarracenos na Espanha, em 798. No comando da retaguarda e atacado no desfiladeiro de Roncesvalles, ele tinha uma trompa, que se recusou a tocar para chamar seu rei, pois considerou desonroso receber auxílio.

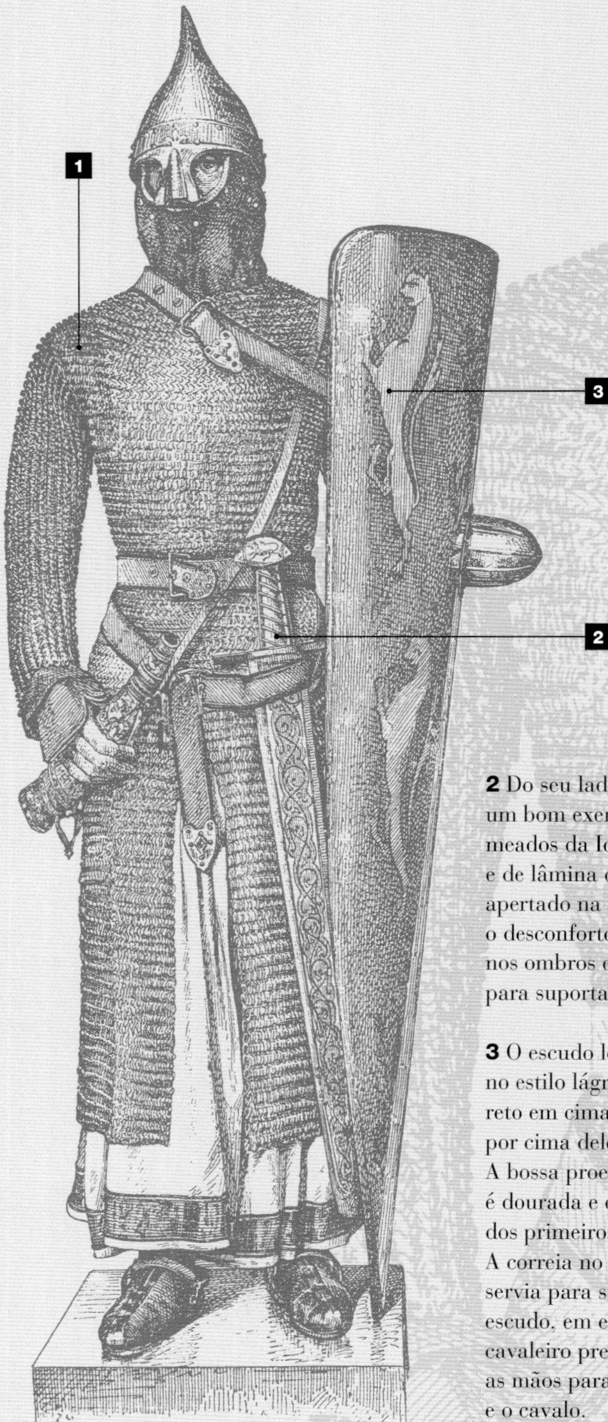

1 Na figura, o cavaleiro usa uma longa cota de malha, fendida na frente e atrás para montar mais facilmente. De mangas longas, com frequência havia protetores de mãos, enrolados para trás quando desnecessários. Bem escondidos pela longa túnica, o cavaleiro também estaria usando meiões de malha para proteger as pernas.

2 Do seu lado esquerdo está um bom exemplo de espada de meados da Idade Média, larga e de lâmina dupla. O cinto é apertado na cintura para reduzir o desconforto da cota de malha nos ombros e há uma correia para suportar o peso da espada.

3 O escudo longo baseia-se no estilo lágrima do século XI, reto em cima para permitir olhar por cima dele durante a justa. A bossa proeminente em geral é dourada e os leões são um dos primeiros signos heráldicos. A correia no ombro, ou *guigue*, servia para suportar o peso do escudo, em especial quando o cavaleiro precisava de ambas as mãos para manejar a lança e o cavalo.

Este tipo de armadura de placas pertenceu a Carlos, o Temerário, duque da Borgonha (1467-77), que sem dúvida teria aprovado esta representação um tanto romantizada. A imagem que tinha de si próprio era a do perfeito cavaleiro – e, na verdade, ele era quase o último de sua espécie. Quando sucedeu ao pai Filipe, o Bom, em 1467, era um dos príncipes mais ricos da Europa – não um rei, mas seus feudos se estendiam da Flandres ao sul da França, ao longo dos rios Reno e Ródano, com algumas das mais populosas e ricas terras da região. Infelizmente, o sonho de tornar-se imperador do Sacro Império Romano-Germânico o encorajou a atacar os cantões suíços em 1476. Derrotado em três batalhas, foi morto na última, e suas terras passaram para Carlos V de Habsburgo.

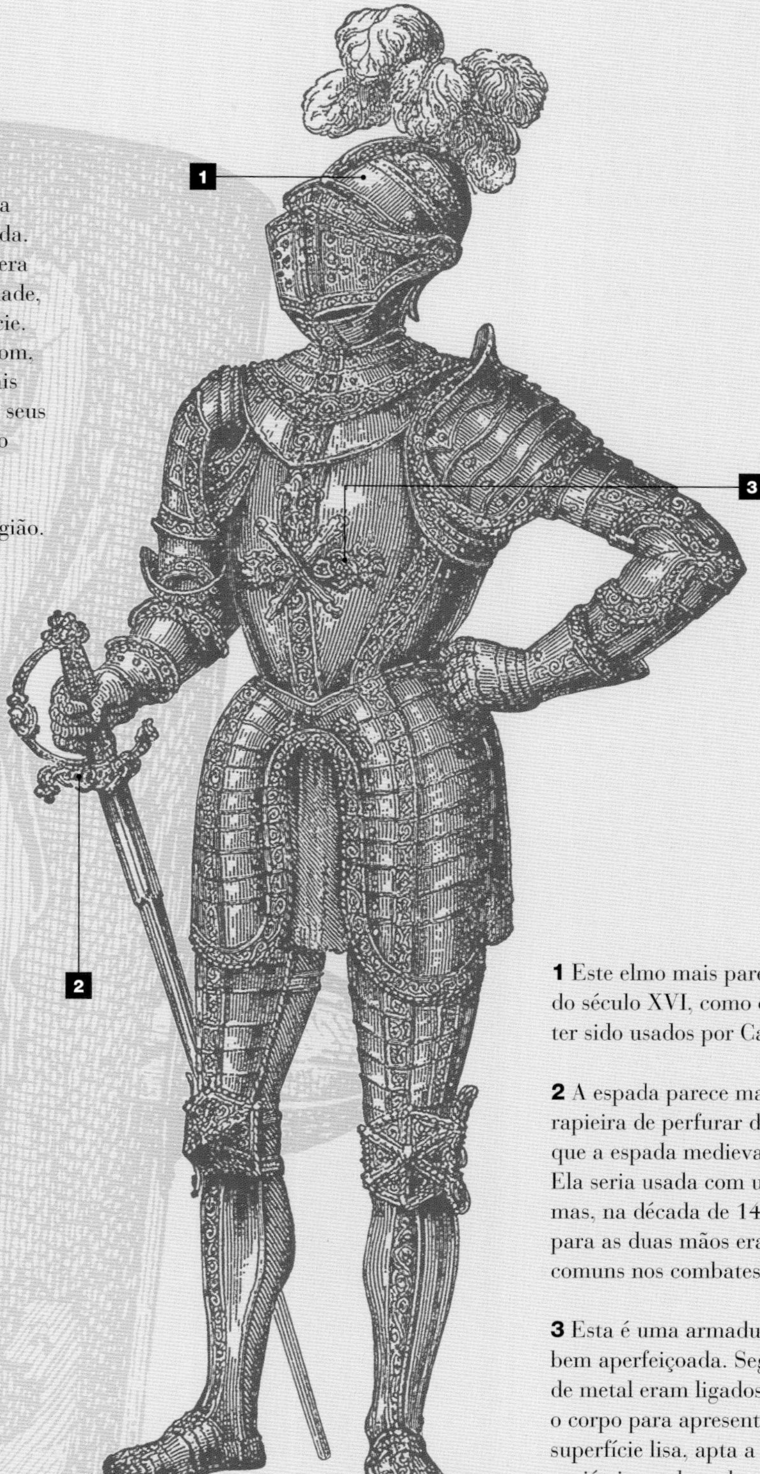

1 Este elmo mais parece um modelo do século XVI, como os que podem ter sido usados por Carlos V.

2 A espada parece mais uma rapieira de perfurar do século XVI que a espada medieval de acutilar. Ela seria usada com uma das mãos, mas, na década de 1470, espadas para as duas mãos eram mais comuns nos combates a pé.

3 Esta é uma armadura de placas bem aperfeiçoada. Segmentos de metal eram ligados sobre todo o corpo para apresentar uma superfície lisa, apta a desviar projéteis e golpes de espada.

O cavaleiro medieval

O cavalo e a blindagem do cavalo

Os bens mais apreciados do cavaleiro eram seus cavalos de batalha, e ele costumava levar mais de um em campanha. O cavalo de guerra era um animal altamente treinado, e as técnicas que ele aprendia a executar em batalha são usadas até hoje, no adestramento moderno. Os primeiros cruzados logo verificaram que cavalos desprotegidos eram muito vulneráveis aos arqueiros turcos, que miravam mais na montaria que no cavaleiro. Como resultado, os cavalos ganharam blindagens a partir de meados do século XII. Mais tarde, em resposta ao arco longo e à besta, foram criadas couraças de placas para todo o corpo. Assim, o desenvolvimento da armadura do cavalo acompanhou a do cavaleiro.

Coberto de metal
Cavalo de guerra totalmente couraçado, década de 1170. O cabeçote da sela, porém, está incorreto, pois devia voltar-se para trás, a fim de prender a cintura do cavaleiro.

A carga do cavaleiro
Esta magnífica representação de um cavaleiro em carga é de meados do século XIII. A couraça da montaria exibe com grande efeito a heráldica do cavaleiro.

Cavalaria vistosa
Este trio de cavaleiros espanhóis do final do século XIII exibe seus brasões em todos os aspectos de seus equipamentos e nos das montarias.

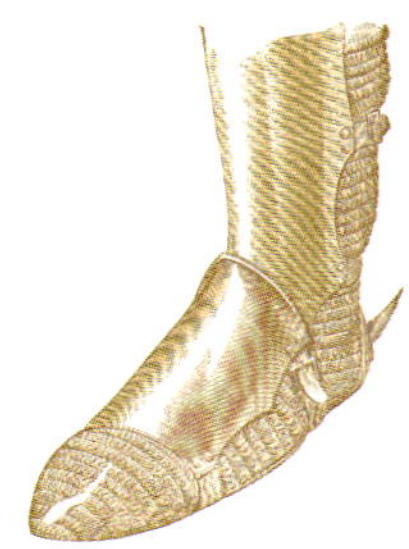

Couraça para o pé
Couraça combinada para o pé, com espora, de meados do século XIV.

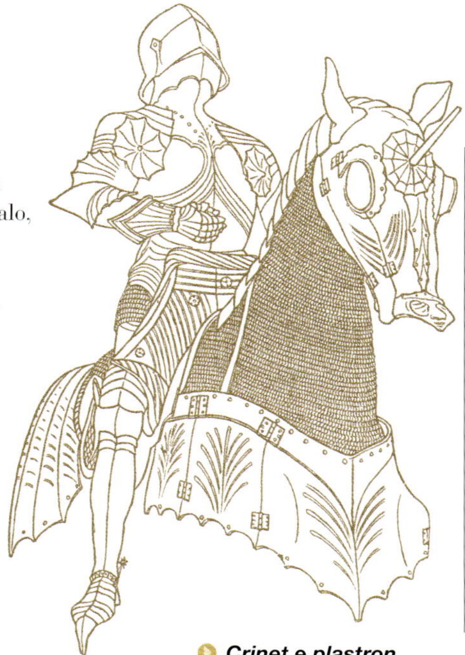

Arquitetura gótica
Armadura completa gótica ou germânica para homem e cavalo, de c. 1480. Placas de metal cobrem a cabeça, o pescoço, o peito e o traseiro do animal.

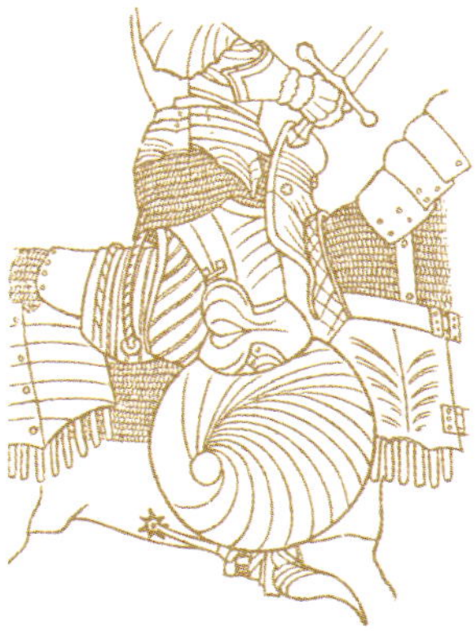

Guarda de flanco
Armadura de torneio do final do século XV, com guarda circular para a perna.

Esporas em ação
Com as pernas esticadas para a frente durante a carga com lança, o cavaleiro precisava de esporas longas para atingir os flancos do animal.

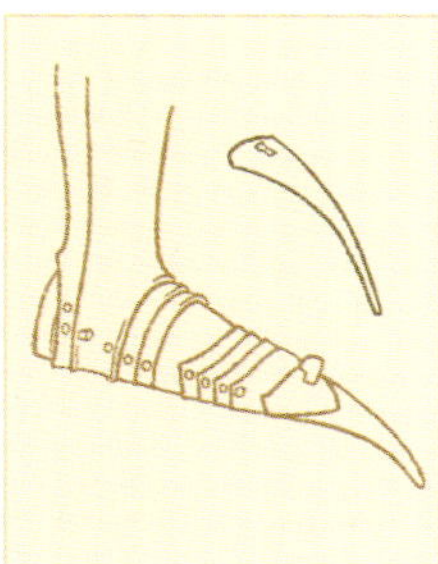

O sapato blindado do cavaleiro (*sabaton*)
No século XV, era moda usar sapatos bem compridos, estilo também presente na armadura, com os escarpes ou *sabatons*. Desmontado, o cavaleiro podia remover a projeção adicional. Na luta a pé, era normal descartar totalmente o *sabaton*.

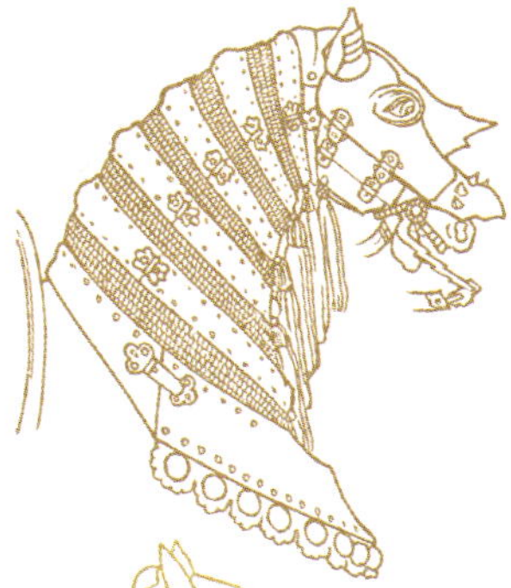

Crinet* e *plastron
Couraça completa para cabeça, pescoço e peitoral do cavalo, de c. 1500.

O cavalo bem equipado
(*1*) Proteção da cauda decorada com franjas. (*2*, *3*) Sela de torneio, vistas frontal e lateral. As coxas do cavaleiro recebiam proteção extra das guardas da perna. Esta forma especial de sela não tem patilha: o cavaleiro senta-se nas barras na parte de trás da sela, o que torna o assento mais seguro. (*4*) Ferradura. (*5*) Couraça para uma pata de cavalo.

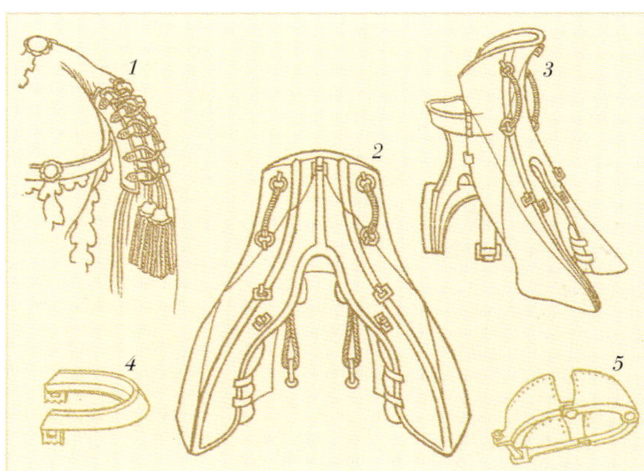

Armas de mão

Armas de projéteis

Defesas

Vestuário
• armadura do corpo inteiro
• blindagem do cavalo

Guerreiros
• arqueiros turcos
• primeiros cruzados

Conceitos e táticas

Construções e transportes
• cavalos couraçados

Ver também
Heráldica e torneios, *pp. 82-3*

O cavaleiro medieval

O cavaleiro em batalha

A batalha é um tema notoriamente difícil de retratar na arte, pois diz respeito a movimento tático e energia cinética, ambos impossíveis de mostrar em uma figura estática. Com a invenção da imprensa, no final do século XV, tornou-se possível registrar os estágios de uma batalha numa série de gravuras, mas, no caso da arte medieval e dos que a copiavam, na maioria dos casos há apenas um simples cenário com os atores principais. As ilustrações dos manuscritos medievais também tendem a se concentrar nas atividades dos cavaleiros, por sua condição nobre, de modo que podem criar uma falsa impressão do desenvolvimento real do combate representado.

Batalha de Ampfing, 1322

Os cavalos são mostrados sem couraça, mas nessa época muitos teriam pelo menos uma proteção de feltro. O artista representou os diferentes protagonistas com elmos distintos: bacinetes de rosto aberto à direita, elmos fechados para o rei e seus companheiros no centro e, por trás, os *chapeaux-de-fer* (capacetes de ferro dos sargentos, plebeus montados auxiliares dos cavaleiros). Há um besteiro a cavalo na extrema esquerda. Essas tropas existiam desde c. 1200, mas eram mais empregadas em escaramuças, pois com suas couraças ligeiras demais teriam sido presa fácil dos cavaleiros nesses combates.

Armas de mão
• alabarda
• lança
• maça

Armas de projéteis
• arco longo

Defesas

Vestuário
• bacinete de rosto aberto
• *chapel-de-fer*
• elmo fechado

Guerreiros

Conceitos e táticas
• emboscada

Construções e transportes

Agincourt no teatro
Esta gravura do início do século XIX, de uma batalha medieval imaginada, é o tipo de desenho que teria sido usado para divulgar a peça *Henrique V* de Shakespeare nessa época. Mostra cavaleiros lutando a pé com diferentes armas: lanças, alabardas e maças. À esquerda, outro cavaleiro desmonta para se juntar ao confronto, o que derruba o mito de que combatentes cavalheirescos só podiam lutar a cavalo – prática comum durante a Guerra dos Cem Anos (1338-1453) e a Guerra das Duas Rosas (1455-85).

Sítio de Thérouanne
Esta gravura traz a Batalha das Esporas, entre Henrique VIII da Inglaterra e Francisco I da França, diante de Thérouanne, sitiada pelos ingleses, em 1513. É mostrada como um confronto cavalheiresco; o único arqueiro dispara a cavalo, o que seria improvável. Na verdade, os ingleses venceram porque postaram arqueiros a pé em emboscada no flanco dos franceses que avançavam. Surpreendidos pelas flechas, os franceses cravaram as esporas nos cavalos e fugiram – daí o nome da batalha. Essa região do norte da França é bem plana, de modo que as montanhas ao fundo são uma representação romântica.

O soldado medieval, *1000-1500*

Infantaria e homens de armas

Embora seja comum representar os campos de batalha da Idade Média dominados pelos cavaleiros, isso foi verdade apenas em parte. De 1300 em diante, a infantaria cresceu em importância. Em 1302, em Courtrai, habitantes dos burgos flamengos derrotaram a pé a flor da cavalaria francesa. Após vencer os austríacos em Mortgarten (1351) e em Sempach (1386), forças suíças tornaram-se mercenárias. Os galeses, com seus arcos longos, provaram ser um componente vital dos exércitos ingleses, contribuindo para as vitórias sobre os franceses em Crécy (1346), Poitiers (1356) e Agincourt (1415). A partir de 1419, na Boêmia, Jan Ziska ensinou aos tchecos um modo de lutar em vagões, com canhões e armas de fogo manuais que dominaram as cavalarias oponentes.

Dois tocadores de trompa suíços
Estes músicos tinham papel crucial, transmitindo ordens na batalha, mantendo os piqueiros alinhados e elevando seu moral enquanto baixavam o do inimigo.

Soldados da infantaria suíça, c. 1500
São na maioria piqueiros: os que lutam na fileira da frente usam couraça; os outros, não. O besteiro, que operava fora do bloco de piques em escaramuças, também está sem couraça. Já o soldado com arma de fogo manual ostenta armadura completa. Homens manejando uma arma tão lenta para recarregar sem dúvida deveriam usar alguma couraça, mas em geral eram protegidos por um grande escudo, o pavê.

Espadas e escudos
A mobilidade dessas tropas armadas com espadas e pequenos escudos redondos as tornava úteis na batalha, embora não pudessem fazer frente a lanceiros couraçados. À medida que a infantaria começou a adotar piques, em meados do século XV, e a manobrar em formações volumosas, os homens com espadas e escudos formaram elos cruciais entre os blocos de piqueiros.

Armas da infantaria
Tinham muitos formatos: (*1*) pique com lâminas complementares; (*2*) alabarda; (*3*) maça estrela da manhã; (*4*) glaivo; (*5*) mangual de guerra.

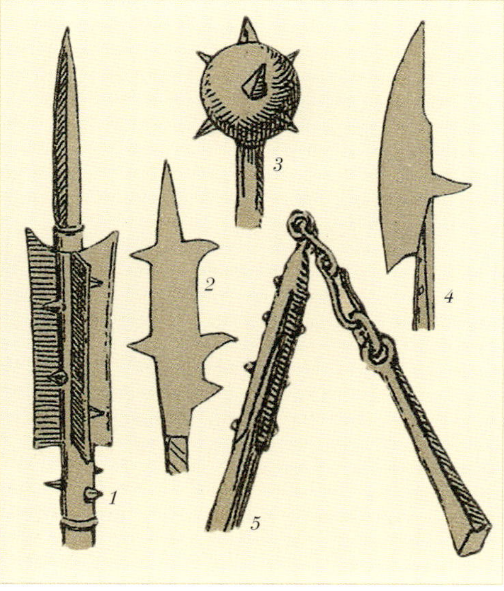

Soldado de infantaria, meados do século XIV
Este soldado representa as tropas de escaramuça cada vez mais comuns nos campos de batalha europeus da época. Sem couraça, ele confia em sua mobilidade para sobreviver e fustigar o inimigo. Chamados de *ribauds* e *bidauts*, esses soldados com frequência provinham de zonas montanhosas como os Pireneus. Na luta, deslizavam sob a barriga do cavalo para atacar o cavaleiro.

Ver também
Espadas, *pp. 280-1*
Clavas, maças e machados, *pp. 286-7*

Armas de mão
• alabardas e armas semelhantes
• pique

Armas de projéteis

Defesas
• pequeno escudo redondo

Vestuário

Guerreiros
• *bidaut*
• galês com arco longo
• habitante dos burgos flamengos
• homem com espada e escudo

Conceitos e táticas
• música para o moral

Construções e transportes

O soldado medieval

Táticas de infantaria e tecnologia

Numa sociedade em que a habilidade militar se ligava à nobreza, era difícil para o soldado sem berço nobre se afirmar no campo de batalha. Ele nem era considerado propriamente um guerreiro, mas um arrivista. Por isso, era desprezado e odiado por seus oponentes cavaleiros, que não raro o matavam quando capturado, em contraste com a atitude cortês que tinham com os inimigos nobres. Assim, ele devia exibir um tipo especial de bravura em combate. Entre os cavaleiros, de um lado, e os camponeses e os burgueses, de outro, havia uma classe de combatentes plebeus a cavalo, chamados *hobilars* (Grã-Bretanha), *valets* (França) ou *genitores* (Espanha). Lutando a pé ou a cavalo, qualquer guerreiro plenamente equipado podia ser chamado de "homem de armas".

Cavaleiros suíços
Embora pareçam da cavalaria – pois têm cavalos e alabardas – e seu líder empunhe um machado, é mais provável que sejam soldados da infantaria que tiveram a sorte de conseguir montarias para a marcha.

Soldado a pé, final do século XIV
Este membro da milícia de Paris está bem equipado em comparação com a maioria da infantaria do período, e pode ter sido um burguês próspero. Ele usa o elmo *chapel-de-fer*, que combinava proteção e boa visibilidade. Sua lança devia ser mais longa que a mostrada aqui. No combate, teria atuado basicamente na defensiva, por trás do grande escudo.

Armas de mão
• alabarda
• alfanje
• armas de alcance
• *goedendag*
• lanças
• machado

Armas de projéteis
• dardo

Defesas
• escudo

Vestuário
• elmo *chapel-de-fer*

Guerreiros
• *genitores*
• *hobilar*
• homens de armas
• milícia de Ghent
• *valet*

Conceitos e táticas

Construções e transportes

A milícia de Ghent, c. 1350

Buscando independência dos senhores feudais franceses, os flamengos marchavam sob as bandeiras de suas cidades e guildas, o que lhes dava um forte senso de identidade e, com o som das cornetas, desempenhavam papel crucial para elevar o moral e manter a ordem no campo de batalha. Não raro estavam equipados apenas com armas de alcance ou maças. Aqui, o corpo principal atrás da bandeira leva diversos tipos de lanças, que podiam ser apoiadas contra o solo para deter a cavalaria, e também *goedendags* ("bom-dia", em flamengo) – um nome irônico para um pesado porrete de madeira com cerca de 1,2 metro de comprimento, que tinha no topo uma faixa de ferro e um prego, servindo para perfurar e esmagar couraças. Os portadores de bestas observam dos muros da cidade, prontos para abater com seus dardos pesados as montarias dos cavaleiros.

Ver também
Armas de alcance, *pp. 284-5*

Genitores

Os *genitores* formavam um tipo de cavalaria ligeira na Espanha e usavam táticas aprendidas dos mouros. Seus descendentes, os conquistadores, empregaram-nas mais tarde na América com grande impacto. Aqui, eles empunham temíveis alfanjes, mas também usavam lanças e dardos.

O soldado medieval

O arco longo e a besta

Os lançadores de projéteis tornaram-se cada vez mais importantes na Idade Média. A princípio uma arma de caça, o arco longo foi muito usado na Inglaterra, e a prática compulsória nos torneios de arqueiros foi instaurada em meados do século XIV. Com uns 200 metros de alcance e grande poder de penetração a 45 metros, esse arco tornou os exércitos ingleses temidos em toda a Europa. Os besteiros também eram um inimigo perigoso para os cavaleiros, embora sua arma fosse mais lenta. Com mecanismo de cinto e garra para recarregar, podiam disparar oito vezes por minuto, bem menos que as de doze a vinte do arco longo. Os modelos mais pesados só disparavam dois dardos, por isso seus usuários se abrigavam atrás de grandes escudos, os paveses.

Para carregar a besta
Um besteiro de meados do século XV coloca uma seta (quadrelo) no arco armado. Ele guarda várias setas numa bolsa junto ao quadril direito.

Besteiro polonês, meados do século XV
As bestas eram importantes armas na guerra contra os otomanos, pois suas setas pesadas acuavam os arqueiros turcos a cavalo.

Lançadores de projéteis
Disparadores de projéteis das companhias de ordenanças (forças regulares) do rei da França, em meados do século XV. Para essa prática, os franceses em geral recrutavam estrangeiros: besteiros da Itália, em especial de Gênova, e arqueiros da Escócia, aliada da França.

Veja também
Anatomia de uma besta, *pp. 100-1*
Armas de lançamento, *pp. 288-9*
Arcos, *pp. 290-1*
Bestas, *pp. 292-3*
Blindagem corporal, *pp. 302-3*

Para armar uma besta
Estes besteiros do final do século XV a serviço do rei da França usam couraça na parte superior do corpo e, no caso da figura à direita, proteção de placas para o braço. Eles precisavam usar couraça porque armar as bestas exigia muito tempo. Ambos têm um dispositivo de armar, o molinete.

Guerreiro do arco longo
O equipamento deste arqueiro couraçado do final do século XV o identifica como membro da guarda escocesa do rei da França, formada por nobres. Em batalha, ela servia como cavalaria pesada.

Flecha de guerra
Tinha cerca de 75 centímetros de comprimento, com três penas, e era mais eficaz a 90 metros.

Arqueiro do século X
Este arqueiro da Alta Idade Média tem um arco recurvo. Na verdade, nessa época, na Europa Ocidental eram usados apenas arcos simples.

Fundas
Tão antiga quanto o combate entre Davi e Golias, a funda, apesar da simplicidade, jamais deixou de ser usada na guerra. O fustíbalo, funda com um bastão (*à direita*), foi muito empregada na guerra naval. Era especialmente útil para lançar potes com fogo grego (mistura inflamável à prova de água) em terra e no mar.

Pavês dos arsenais de Viena
A frente é bem decorada. O suporte de corda atrás é para ajustar sua posição quando escorado por uma estaca de madeira.

Armas de mão
• armas de alcance

Armas de projéteis
• arco curto
• arco longo
• besta
• funda

Defesas
• pavês

Vestuário
• couraça de placas

Guerreiros
• arqueiro escocês
• arqueiro turco a cavalo
• besteiros italianos
• guarda escocesa

Conceitos e táticas

Construções e transportes

Anatomia de uma besta

A besta é uma arma muito antiga: pesquisas arqueológicas revelam seu uso desde o século VI a.C. na China. O primeiro exemplo de seu emprego na Europa Ocidental ocorre na fase final do Império Romano, no século IV d.C., quando algumas tropas de escaramuças das legiões parecem tê-las usado. Mas, na verdade, esses *ballistiarii* podiam estar manejando peças maiores de artilharia e não o tipo manual. Um relevo numa pedra de c. 400 mostra de fato uma besta, mas provavelmente num contexto de caça, não de luta. As bestas não aparecem de novo na arte até o final do século X, quando são mostradas em uso pelos sitiantes de uma cidade murada. Evidências escritas de meados do século XI em diante testemunham um emprego mais difundido, em geral associado aos estados marítimos italianos e às Cruzadas.

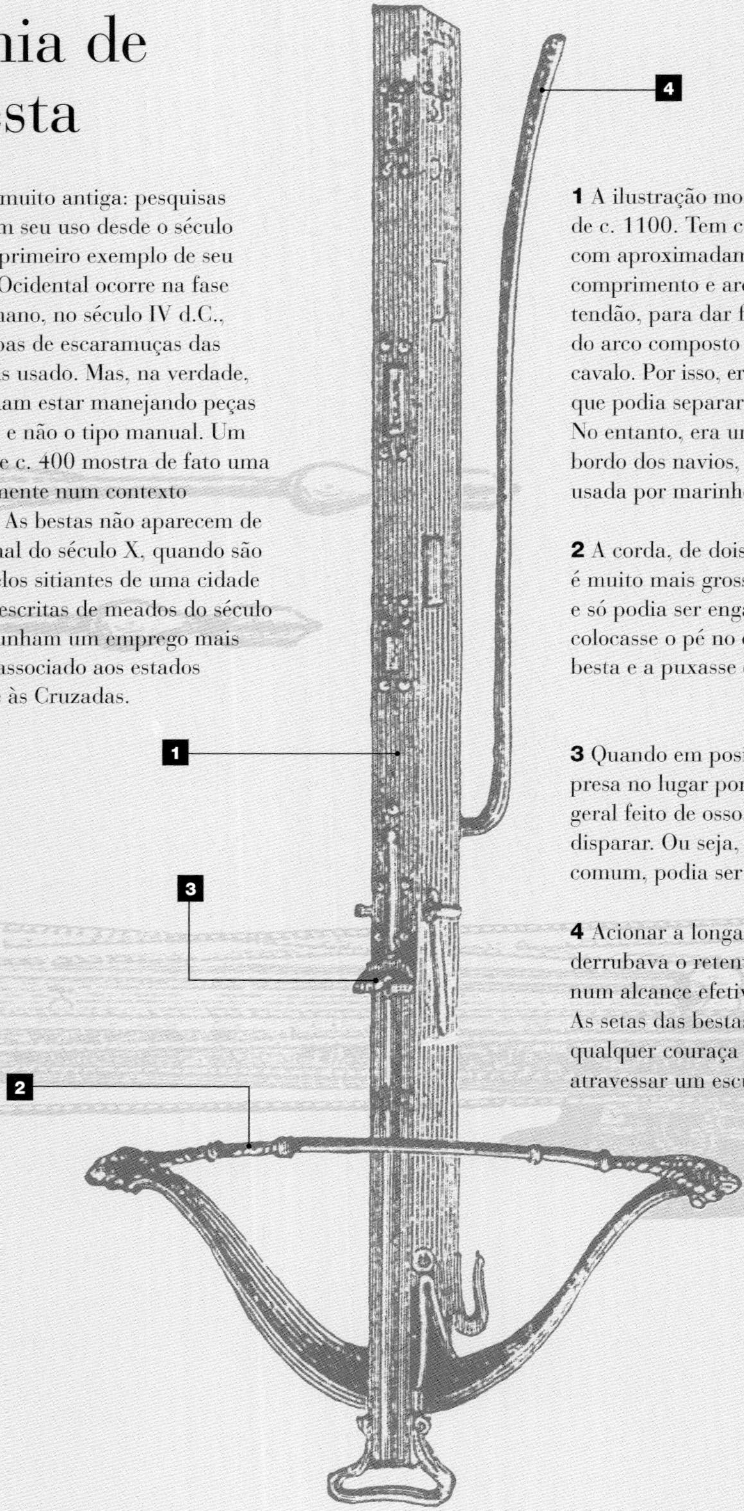

1 A ilustração mostra uma besta simples de c. 1100. Tem coronha de madeira com aproximadamente 1 metro de comprimento e arco de madeira, osso e tendão, para dar flexibilidade similar à do arco composto do arqueiro nômade a cavalo. Por isso, era suscetível à umidade, que podia separar seus componentes. No entanto, era uma arma comum a bordo dos navios, sendo bastante usada por marinheiros italianos.

2 A corda, de dois ou três fios retorcidos, é muito mais grossa que a de um arco e só podia ser engatilhada se o usuário colocasse o pé no estribo na frente da besta e a puxasse com as duas mãos.

3 Quando em posição, a seta seria presa no lugar por um retentor, em geral feito de osso, até o momento de disparar. Ou seja, ao contrário do arco comum, podia ser guardada carregada.

4 Acionar a longa alavanca do gatilho derrubava o retentor e liberava a seta num alcance efetivo de uns 180 metros. As setas das bestas podiam perfurar qualquer couraça de malha e até atravessar um escudo.

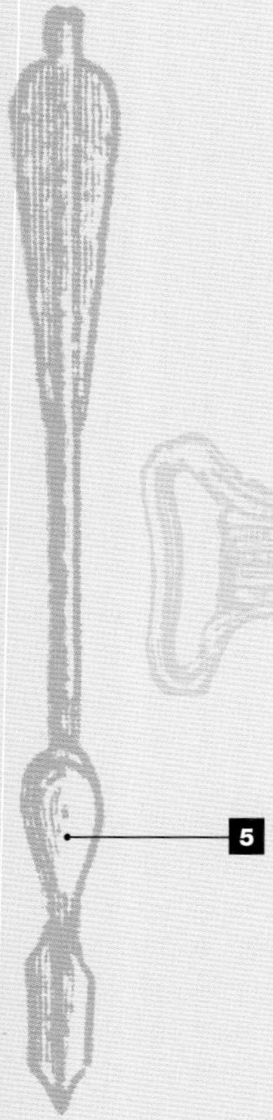

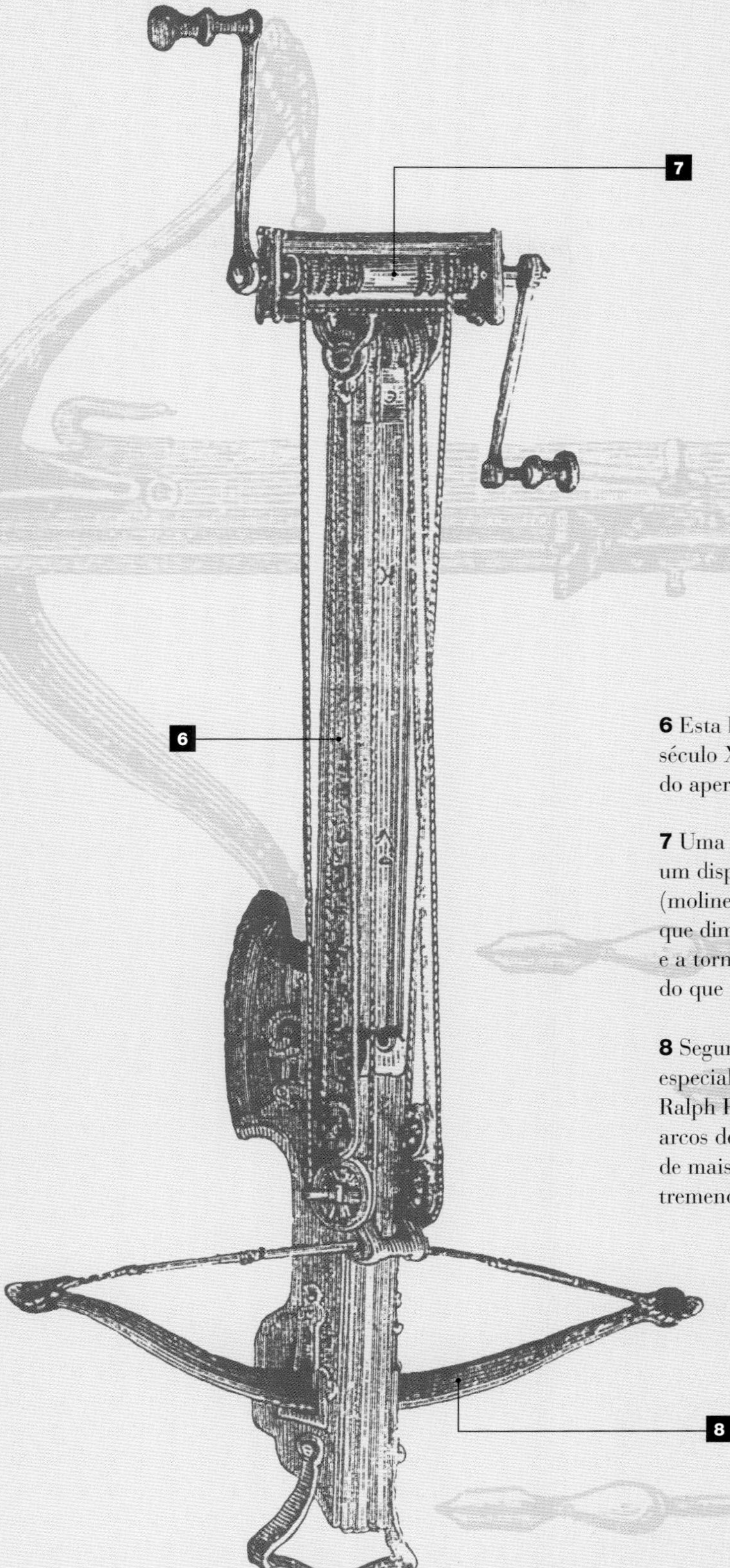

5 Com uns 30 centímetros de comprimento, o quadrelo, ou seta da besta, era muito mais curto que uma flecha. A protuberância por trás da ponta da seta sugere que ela seria usada como dispositivo incendiário.

6 Esta besta do final do século XV mostra o auge do aperfeiçoamento da arma.

7 Uma arma tão pesada exigia um dispositivo de engatilhar (molinetes, ou *cranequins*), o que diminuía o ritmo de disparo e a tornava mais útil nos sítios do que no campo de batalha.

8 Segundo pesquisas do especialista em balística Sir Ralph Payne-Gallwey, os arcos de aço tinham alcance de mais de 360 metros e eram tremendamente poderosos.

As Cruzadas, *1095-1272*

Batalha pela Terra Santa

As Cruzadas nasceram da ideia de que a Terra Santa, que estivera sob domínio muçulmano por mais de quatro séculos, devia voltar ao domínio cristão. Quando o papa Urbano II pediu voluntários, em 1095, milhares de cavaleiros e plebeus responderam ao chamado. Mesmo desconhecendo o terreno e as táticas do inimigo, os primeiros cruzados conquistaram Jerusalém em julho de 1099. Muitos voltaram para casa – e defender o território mostrou ser difícil. Surgiu então a ideia dos monges-guerreiros devotados ao serviço de Deus. A primeira ordem militar foi a dos templários; seu patrono, São Bernardo de Claraval, conseguiu o endosso papal em 1129. Houve também os hospitalários, os cavaleiros teutônicos e muitas ordens espanholas, todos empenhados em reconquistar as terras dominadas pelos mouros.

Cavaleiro cruzado
Representação clássica de um cavaleiro cruzado rezando pela vitória. Ele usa armadura de meados do século XIII.

Ver também
O Oriente Médio,
pp. 146-7

Cruzados no Egito
Esta gravura do século XVI ilustra a Sétima Cruzada, sob o rei Luís IX da França, canonizado como São Luís. Ele chegou ao Egito em 1248, em Damieta, na boca do Nilo. Esse porto fortificado tinha de ser tomado do sultão aiúbida antes de marchar para o sul com o objetivo de capturar o Cairo – que serviria de base para a reconquista de Jerusalém, perdida para os guerreiros de Khwarezm em 1244. Os costumes e equipamentos são de c. 1520, e os inimigos montados na margem mais distante são designados como turcos – nome genérico para os muçulmanos, mas preciso para a época da gravura, quando os otomanos ameaçavam a Europa.

Cavaleiros templários

Os templários usavam mantos brancos, semelhantes aos dos monges cistercianos – ordem a que pertencia seu patrono, São Bernardo de Claraval –, com uma cruz vermelha. A armadura do guerreiro montado não é fácil de datar, mas parece posterior à dissolução da ordem pelo rei francês, em 1307. O homem à esquerda é um cavaleiro teutônico de c. 1410.

Cavaleiros teutônicos

Os monges militares deviam vestir-se de modo simples, mas, à medida que as ordens enriqueceram mediante doações, seus mestres assumiram a condição de grandes príncipes. O grão-mestre (*à esquerda*), acompanhado por um irmão cavaleiro, traz a Cruz Teutônica sobre o peito e usa um cinto para a espada e, ao que parece, uma coroa. Isso porque, na década de 1220, os cavaleiros germânicos envolveram-se nas Cruzadas do Norte, ao longo da costa do Báltico. Ali, estabeleceram o Ordenstaat (Estado da Ordem Teutônica), que teve papel importante na região até sua derrota por uma força de poloneses e lituanos na Batalha de Tannenberg, em 1410.

As Cruzadas

Ricardo Coração de Leão e a Terceira Cruzada

A Terceira Cruzada foi convocada após a conquista de Jerusalém e da maioria dos territórios cristãos na Síria por Saladino, em 1187. Quando Guy de Lusignan, rei de Jerusalém – capturado na Batalha de Hattin –, foi libertado em 1189, iniciou o sítio de Acre, mas, com uma força pequena demais, apenas realizou um bloqueio. O rei Filipe II da França chegou à Terra Santa em abril de 1191 e Ricardo I da Inglaterra, no início de junho. Esses dois reis eram inimigos jurados, mas colaboraram pelo bem da cruzada. Depois de constantes ataques pelas máquinas de sítio, a cidade terminou por se render em 12 de julho, e Saladino foi humilhado: 6 mil de seus homens foram presos – um grande golpe em seu prestígio.

Ricardo Coração de Leão no sítio de Jaffa, 1192

Ricardo fracassou na tomada de Jerusalém em junho e procurou se fortificar ao longo do litoral sírio. Saladino viu nisso a oportunidade de recapturar o estratégico porto de Jaffa e lançou um pesado assalto em 27 de julho. Quando Ricardo, que estava em Acre, recebeu a notícia, reuniu uma pequena força de cinquenta cavaleiros e 2 mil homens da infantaria. Navegando junto ao litoral, chegou a Jaffa quatro dias mais tarde e desembarcou, com seu machado de batalha nas mãos. Em 4 de agosto, Saladino tentou outra vez. Em inferioridade numérica de dez para um, Ricardo dispôs a infantaria fora da cidade em equipes de um besteiro e um arqueiro atrás de uma linha de lanceiros com escudos e resistiu a todos os ataques da cavalaria muçulmana. Saladino teve de retirar-se. Esta gravura romantizada mostra Ricardo a cavalo, mas ele lutou quase apenas a pé para encorajar a infantaria.

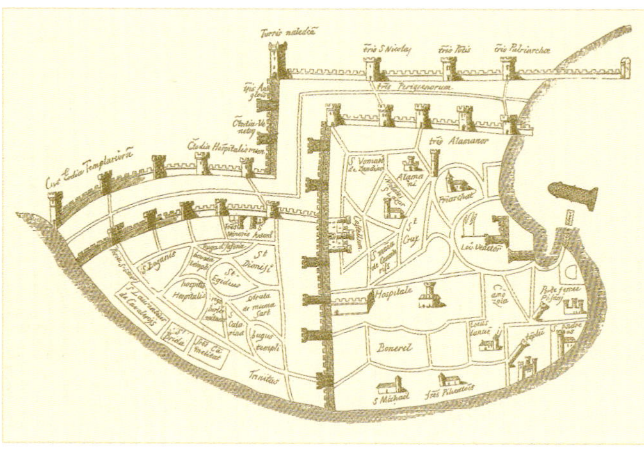

A cidade de Acre

Este mapa de Acre é do século XIV. A cidade era, na prática, a capital dos Estados Cruzados, tornando-se o porto mais rico da região, fortificado por uma linha dupla de muros altos. Ao centro, ergue-se o castelo, ou cidadela, e abaixo, à direita, a Torre dos Templários. Outra torre, no mar, era ligada às muralhas por uma corrente para impedir que navios inimigos entrassem pelo porto.

Sítio de Antioquia, 1098

Esta imagem do sítio ocorrido na Primeira Cruzada pertence a um manuscrito do século XV, quando expedições à Terra Santa não eram mais viáveis: a Europa tentava defender-se dos turcos otomanos.

Ver também
As Cruzadas, *pp. 102-3*
O Oriente Médio, *pp. 146-7*

Ricardo Coração de Leão

Tirada de seu selo real, a imagem mostra Ricardo I, "o Coração de Leão", rei da Inglaterra de 1189 a 1199, montado e equipado para a guerra. Sua espada nua simboliza valor militar. O elmo tem forma de barril com uma crista e o escudo exibe três leões. Esta é a primeira representação das armas reais inglesas: em vermelho, três leões de lado encaram o observador.

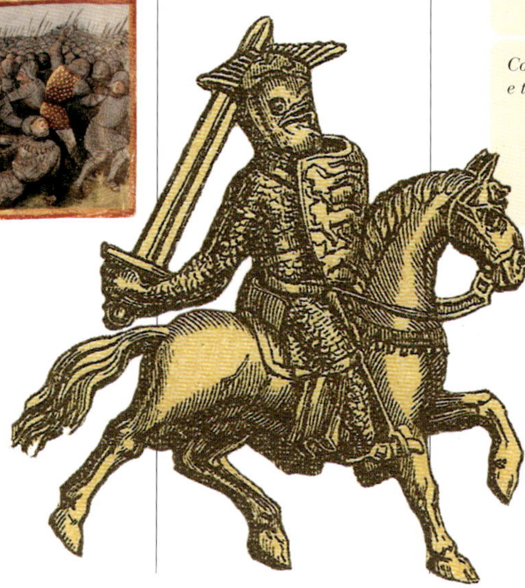

Armas de mão

Armas de projéteis

Defesas
• fortificações de cidades

Vestuário

Guerreiros
• Filipe II da França
• Guy de Lusignan
• Ricardo Coração de Leão
• Saladino

Conceitos e táticas

Construções e transportes

O castelo, *1000-1500*

Projeto e defesas do castelo

O castelo é central para a compreensão da guerra medieval. As primeiras estruturas, chamadas em inglês de *motte-and-bailey*, eram de madeira e terra. O solo, escavado e empilhado numa elevação (*motte*), tinha até 30 metros de altura, com reforço de vigas de madeira. A área em redor, protegida por uma paliçada, era o *bailey* (pátio). As primeiras torres de pedra apareceram por volta do ano 1000. Logo surgiram construções impressionantes – a Torre de Londres, erguida depois de 1066, é um bom exemplo. No século XIII, a ênfase defensiva deslocou-se para as muralhas e apareceram castelos concêntricos. Mas as armas de fogo condenaram o castelo de muros altos e finos: ele começou a ser substituído, por volta de 1500, por redutos baixos de terra e tijolos, os fortes em polígono estrelado.

Entrada com torres
Plano da entrada com duas torres. Acima há uma abertura, o *machicolation* (*A*), de onde os defensores podiam arremessar projéteis sobre os atacantes. A entrada é dividida em duas câmaras (*B*, *C*) pelo pesado portão gradeado de madeira. Seteiras nos muros interiores das torres (*D*) permitiam aos defensores disparar contra possíveis invasores.

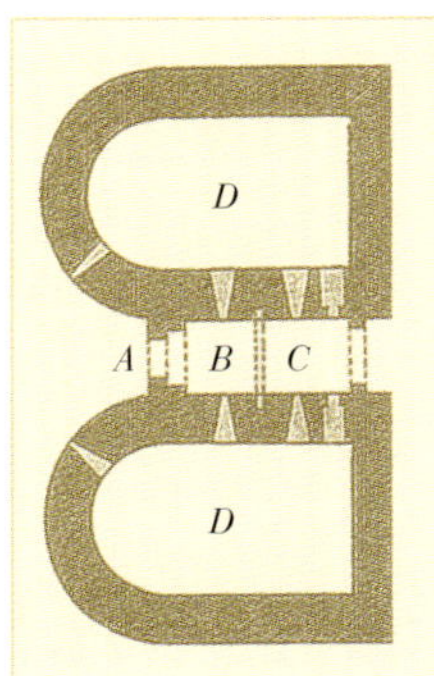

Ponte levadiça
Entrada com ponte levadiça pesadamente fortificada. Acima erguem-se torres com seteiras cobertas por um teto triangular e, entre elas, outra estrutura com o teto à direita. A ponte levadiça pode ser erguida por correntes para fechar. Uma pequena porta de saída à direita da entrada principal parece ter sua própria ponte levadiça.

Interior da ponte levadiça
Imagem da operação da ponte levadiça.

Entrada fortificada
Portão fortificado por duas torres com porta de grades para segurança extra. Uma janela de vigia é vista à direita do escudo brasonado sobre a entrada.

Armas de mão

Armas de projéteis

Defesa
- ameia
- *machicolation*
- ponte levadiça
- portão gradeado

Vestuário

Vestuário

Conceitos e táticas

Construções e transportes
- castelo
- castelos concêntricos
- *motte-and-bailey*
- torres de pedra

Torre de vigia
Esta torre quadrada tem um torreão redondo em cada canto, mais para decoração do que para eficiência militar.

Torre com ameias
Esta torre é coroada por ameias quadradas e tem aberturas na frente da muralha, permitindo aos defensores arremessar projéteis sobre os atacantes abaixo.

Ver também
Anatomia de um castelo, *pp. 108-11*
Tecnologia das máquinas de sítio, *pp. 112-3*

Abertura de reforço da janela vista de dentro do muro
Como as janelas eram pontos fracos em potencial, estruturas de reforço (as *embrasures*) eram projetadas, tornando-as tão fortes quanto os próprios muros – às vezes até mais.

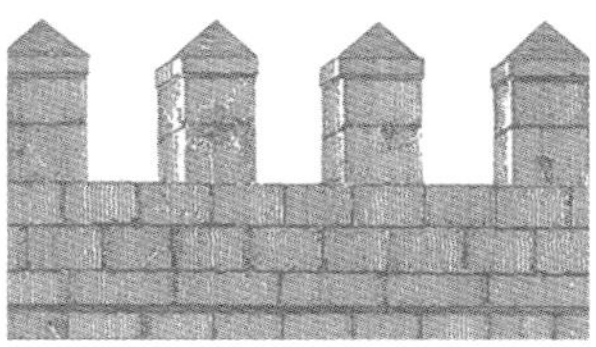

1

2

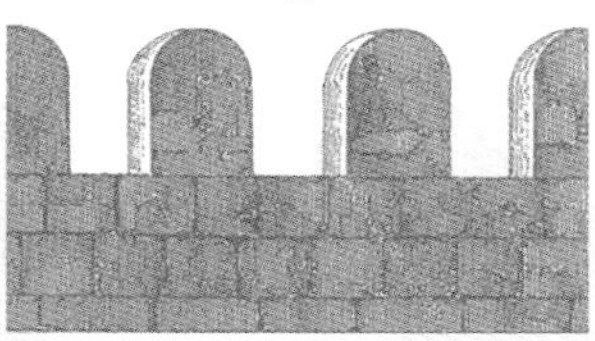

3

4

Diferentes tipos de ameias
Elas abrigavam o defensor enquanto ele recarregava a arma para disparar nos atacantes: (*1*) com topo em diamante; (*2*) em forma de "V"; (*3*) arredondadas; (*4*) quadradas. Note-se que cada ameia quadrada dispunha de uma seteira, proporcionando proteção ainda maior ao arqueiro ou besteiro que a usava.

Anatomia de um castelo

1 O Castelo Kidwelly ergue-se acima da margem oeste do rio Gwaendraeth, no limite superior da maré, no oeste de Gales. O rio não precisava de reforço por meio de defesas, e no século XII um castelo *motte-and-bailey* de madeira e terra foi edificado por trás de um fosso profundo. Ainda hoje existem as construções do século XIII ou posteriores.

2 A cabine fortificada do portão da elevação frontal (sul) de Kidwelly tem duas torres redondas flanqueando a entrada; no lado esquerdo, a torre residencial ergue-se um andar mais alto. A entrada está bem para dentro, o que permitiu a construção de um *machicolation* com três arcos para defendê-la de ataques. No alto dos muros há janelas, mas os andares inferiores têm apenas seteiras ou fendas de observação, não oferecendo ao atacante a possibilidade de penetrar por elas.

3 A vista do interior do portão de entrada mostra ruínas, mas as três janelas do salão do primeiro andar ainda denotam seu antigo esplendor.

1

4 Esta vista transversal do castelo é tomada de dentro do muro oeste. Os dois andares da cabine do portão podem ser vistos claramente, além da câmara da entrada que teria abrigado o portão de grades. São mostradas ainda as duas torres redondas a sudoeste e a noroeste da fortificação central, com as defesas secundárias do muro de cortina setentrional à direita.

Anatomia de um castelo

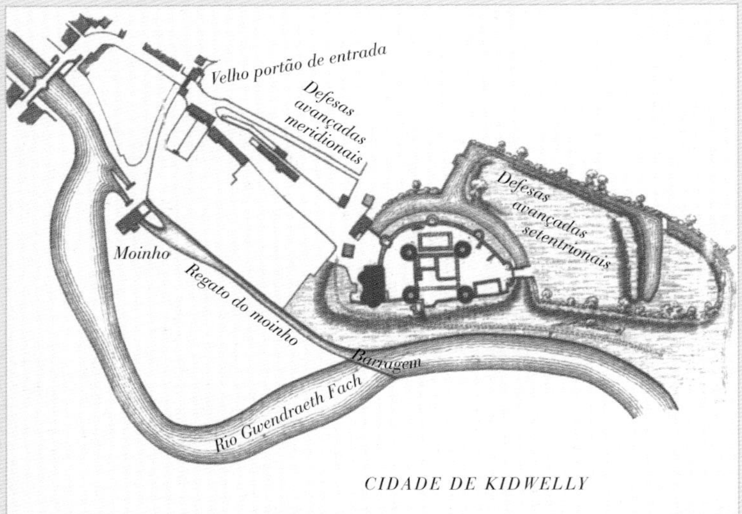

1 Este mapa representa o pátio (*bailey*) semicircular de Kidwelly, de 100 metros, com seu muro de trás acima do rio. Dois outros pátios externos ficam de cada lado. O do sul desenvolveu-se mais tarde, numa cidade com sua própria muralha, mostrando que era normal um castelo ser parte de uma fortificação defensiva mais ampla. Devido à altura acima do nível do rio, o fosso em redor estava seco.

2 Visto do sudoeste, o lado do rio, o castelo tem aspecto imponente. No lado esquerdo da gravura está a torre da cabine do portão, ligada por um muro à torre mais ao sul (a sudeste) da fortificação principal.

3 Bem à sua frente projeta-se a torre da capela, suportada, por causa do declive abrupto, por dois grandes esteios.

4 À direita dessa torre fica o grande salão da fortificação principal, que era usado pelo senhor para tudo, desde decisões judiciais e audiências formais até festas.

5 Mais à direita está a torre redonda do nordeste.

6 À extrema direita encontra-se a cabine do portão do norte. Não é tão impressionante como a entrada principal, mas também está flanqueada por duas torres redondas e conduz a uma ponte através do fosso.

7 Além desse portão fica o pátio do norte, com fortificações adicionais de terra batida.

8 Note-se que as aberturas ao nível do solo na cabine do portão e na torre da capela não eram janelas, pois isso tornaria o castelo vulnerável: serviam como latrinas. Ao contrário do que se sabe sobre os padrões de higiene da Idade Média, os habitantes das fortalezas deviam cuidar do descarte dos dejetos para evitar doenças durante um sítio.

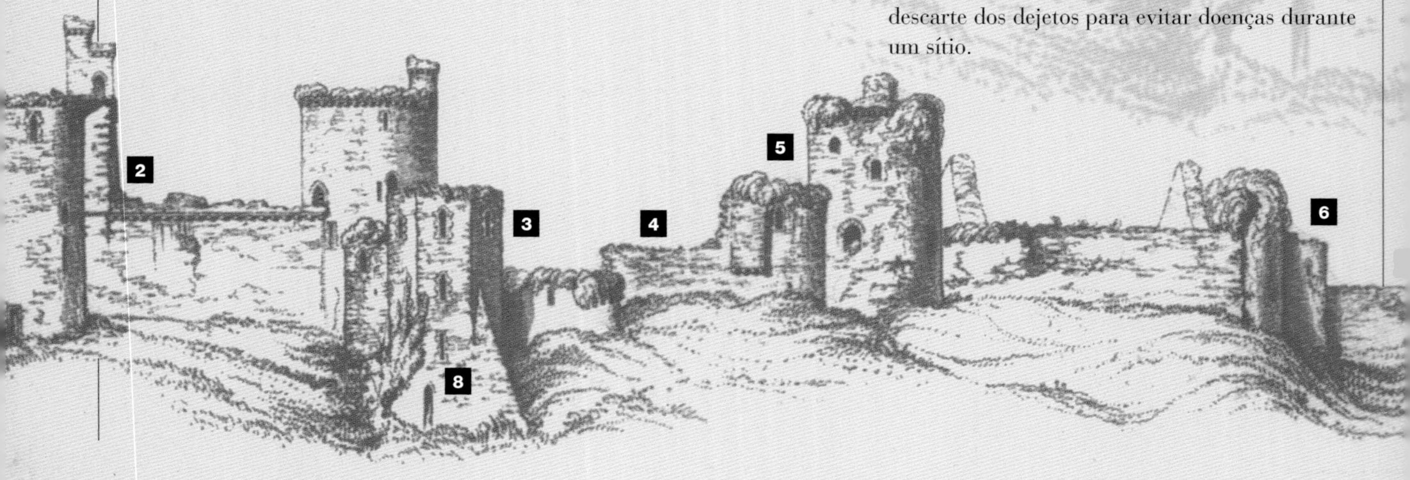

PLANOS DA CAPELA

9

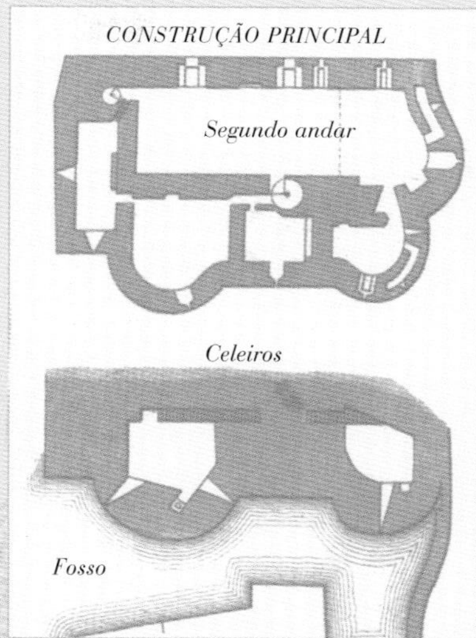

10

10 Os planos da cabine do portão mostram os celeiros, de paredes grossas com apenas três fendas para iluminação. O segundo andar, acima da porta de entrada, compreende uma única sala e câmara grande por trás das torres. O primeiro andar, que não aparece aqui, tem uma câmara, salão e cozinha no lado direito. Ficando diretamente acima da porta de entrada, seu piso é aberto em dois lugares por "buracos assassinos", para lançar projéteis na cabeça de quem atacasse o portão gradeado que guardava a entrada.

9 Estes planos da área da capela nos lembram que um castelo era também uma comunidade cristã de muitas almas, cujas necessidades espirituais eram atendidas pelo capelão do senhor feudal. A torre da capela sobressai dos muros do declive íngreme que desce até o rio. Compreende um porão e um andar superior, que é a própria capela, com uma fileira de janelas na parede do alto para deixar entrar luz. O pequeno quarto no lado sul era a sacristia, com as vestimentas e vasos sagrados para os serviços. O quarto do padre estava situado abaixo dela.

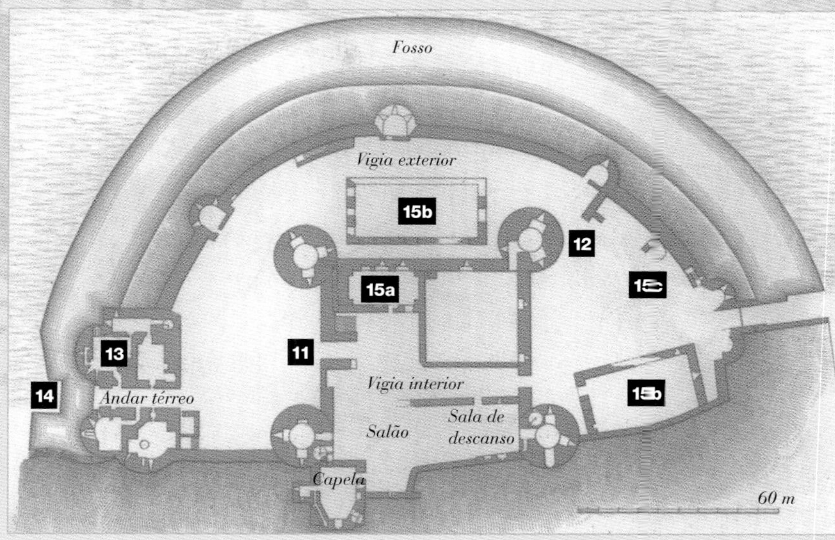

11 A torre central (torre de menagem) ou fortificação principal mede 25 metros quadrados e data de c. 1275.

12 As quatro torres redondas da fortificação principal protegem os cantos da estrutura e proporcionam linhas de fogo que se apoiam entre si de suas seteiras.

13 A grande cabine do portão sul e a muralha de cortina foram acrescidas no início do século XII, para reforçar o castelo e fornecer um símbolo de *status* mais impressionante.

14 O barbacã, muro avançado que protegia a torre da cabine do portão do lado oposto do fosso, não é mais visível.

15 No início do século XVI, no período Tudor, mais pacífico, quando as exigências de defesa tornaram-se secundárias em relação ao conforto, acrescentaram-se outras construções domésticas: (*a*) cozinha na torre central; (*b*) dois salões retangulares na vigia exterior; e (*c*) um forno dentro do muro leste

O castelo

Tecnologia das máquinas de sítio

Não é comum associar a Idade Média a rápidos avanços tecnológicos, mas muitas invenções tiveram origem nesse período, entre elas os moinhos de vento, a imprensa e, no caso da guerra, as armas de fogo. Antes da criação de canhões poderosos o suficiente para derrubar muros de pedra, usavam-se muitos outros tipos de engenhos de sítio. Alguns tinham a forma da artilharia arremessando enormes bolas de pedra. Um deles, herdado da Antiguidade, era a balista, espécie de besta gigante, amplamente substituída pelo *trebuchet* desde meados do século XII. Aríetes também derrubavam muralhas, em geral sob a proteção de barracões sobre rodas. Também foram construídas torres de sítio de madeira para permitir aos atacantes escalar fortificações inimigas.

Ponte sobre rodas
Este manuscrito do final da Idade Média (c. 1400) mostra uma torre de sítio em ação contra uma fortaleza cercada de água. Como resultado, foi necessário construir uma grande ponte projetando-se da torre à fortaleza. A ponte recebeu então uma cerca de madeira com ameias ao longo de sua extensão para proteger as tropas atacantes. É evidente que essa era uma operação muito perigosa, até porque qualquer homem que tombasse na água usando couraça pesada não tinha possibilidade de sobreviver.

Ver também
Anatomia de um *trebuchet*, *pp. 114-5*
Táticas de sítio, *pp. 116-7*
Máquinas de sítio, *pp. 294-5*

Armas de mão

Armas de projéteis
• *balista*
• máquina de lançamento
• *trebuchet*

Defesas

Vestuário

Guerreiros

Conceitos e táticas
• guerra biológica

Construções e transportes
• castelo
• torre de sítio

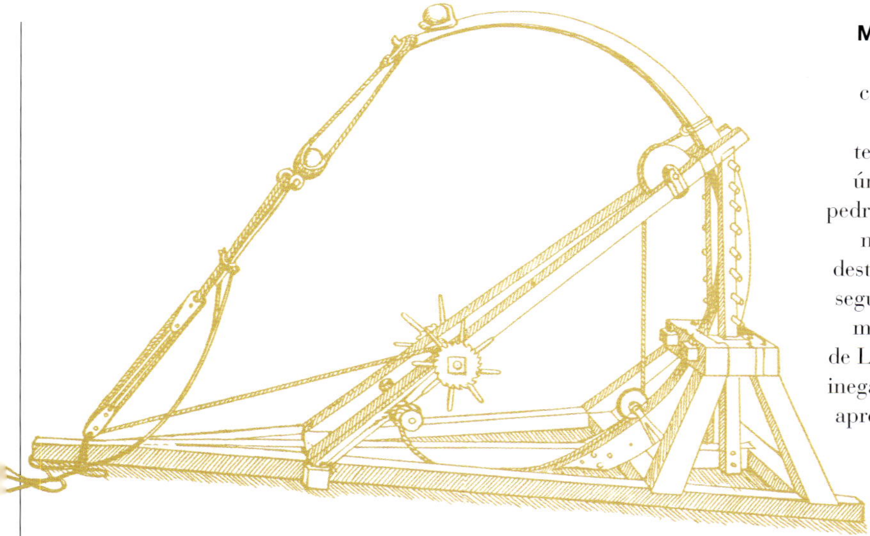

Máquina de lançamento

Este projeto é de uma catapulta capaz de atirar duas pedras ao mesmo tempo. Tensionava-se um único braço para lançar a pedra: o acréscimo da funda na extremidade do braço destinava-se a mandar uma segunda bola com o mesmo movimento. O projeto era de Leonardo da Vinci, gênio inegável, mas que, não raro, apresentava ideias criativas que não funcionavam na prática.

Guerra biológica

Esta versão de um *trebuchet* de contrapeso é um projeto de Leonardo da Vinci. Aqui, um cavalo morto vai ser lançado dentro de uma fortaleza a fim de espalhar infecções e minar resistências. No assédio ao porto genovês de Caffa, em 1346, os mongóis lançaram seus próprios mortos, abatidos por uma doença misteriosa, por sobre os muros. Após o fim do sítio, os genoveses voltaram para casa infectados pela peste negra, que matou um terço a metade da população da Europa.

Anatomia de um *trebuchet*

1 O *trebuchet* é a mais icônica e poderosa máquina de assédio da época anterior à pólvora. Seu nome vem do verbo *trebucher* ("lançar sobre"), do francês antigo, que descreve exatamente sua ação singular. À diferença do tipo de engenho de sítio mais popular da era medieval, a balista, que operava como um enorme arco no plano horizontal, o braço único do *trebuchet* deslocava-se no eixo vertical, liberando o projétil no ponto mais alto para alcance máximo.

2 A primeira referência ao uso de *trebuchets* na Europa Ocidental se liga ao ataque de tribos nômades de ávaros a Constantinopla, no século VI. Os primeiros exemplares eram operados por tração: equipes puxavam cordas para abaixar a extremidade frontal da viga. Dependendo do tamanho da arma, essas equipes variavam de alguns operadores a centenas de homens.

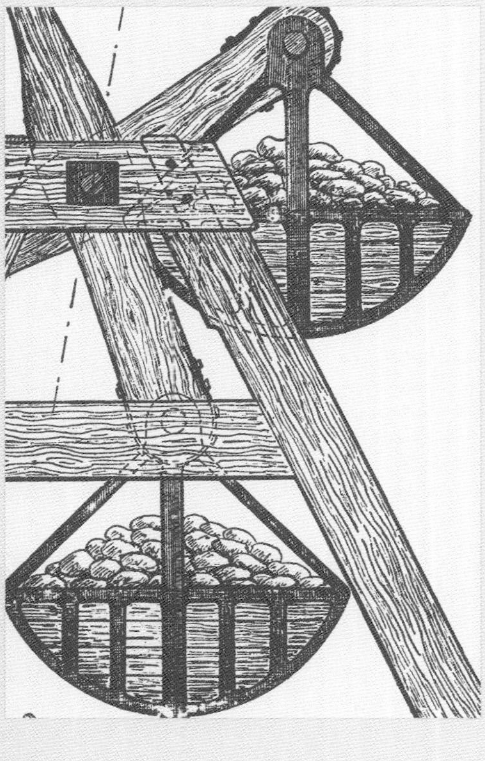

3 O maior desenvolvimento do *trebuchet* foi a arma de contrapeso desta ilustração. Ela entrou em uso em meados do século XII. A tecnologia pode ter alcançado o Ocidente por meio de manuscritos científicos árabes, mas relatos europeus a atribuem a engenheiros cristãos. Certamente eles são mencionados durante a Terceira Cruzada: Ricardo Coração de Leão utilizou dois (apelidados de "A Catapulta de Deus" e "Mau Vizinho") no ataque à cidade de Acre, em 1191.

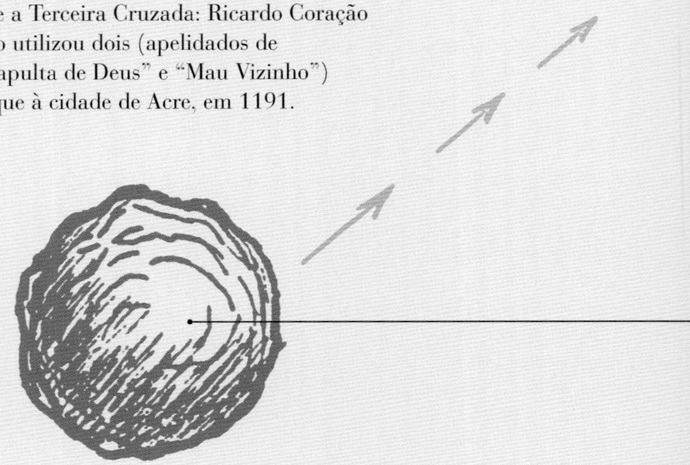

4 Alcançando 20 metros de altura, um grande *trebuchet* podia arremessar pedras a 250 metros ou mais. Reconstruções recentes demonstraram seu temível poder. No castelo de Castelnaud, na França, uma máquina experimental com 6 toneladas de contrapeso conseguiu lançar uma bola de 136 quilos a cerca de 220 metros com extraordinária precisão. Um modelo similar construído na Escócia mostrou-se capaz de fazer repetidos disparos através de uma abertura tão pequena quanto uma janela de tamanho normal.

5 A importância dessa capacidade de atingir sempre o mesmo ponto era que uma muralha ou uma torre podia ser seriamente fragilizada pelo impacto repetitivo, rompendo-a e fazendo-a cair. Em 1304, quando sitiava o castelo de Stirling, Eduardo I da Inglaterra fez construir uma máquina "Lobo da Guerra", que exigiu três meses de trabalho de cinco mestres carpinteiros e cinquenta auxiliares. A simples ameaça de seu incrível poder levou a guarnição a render-se antes de um único disparo ser feito.

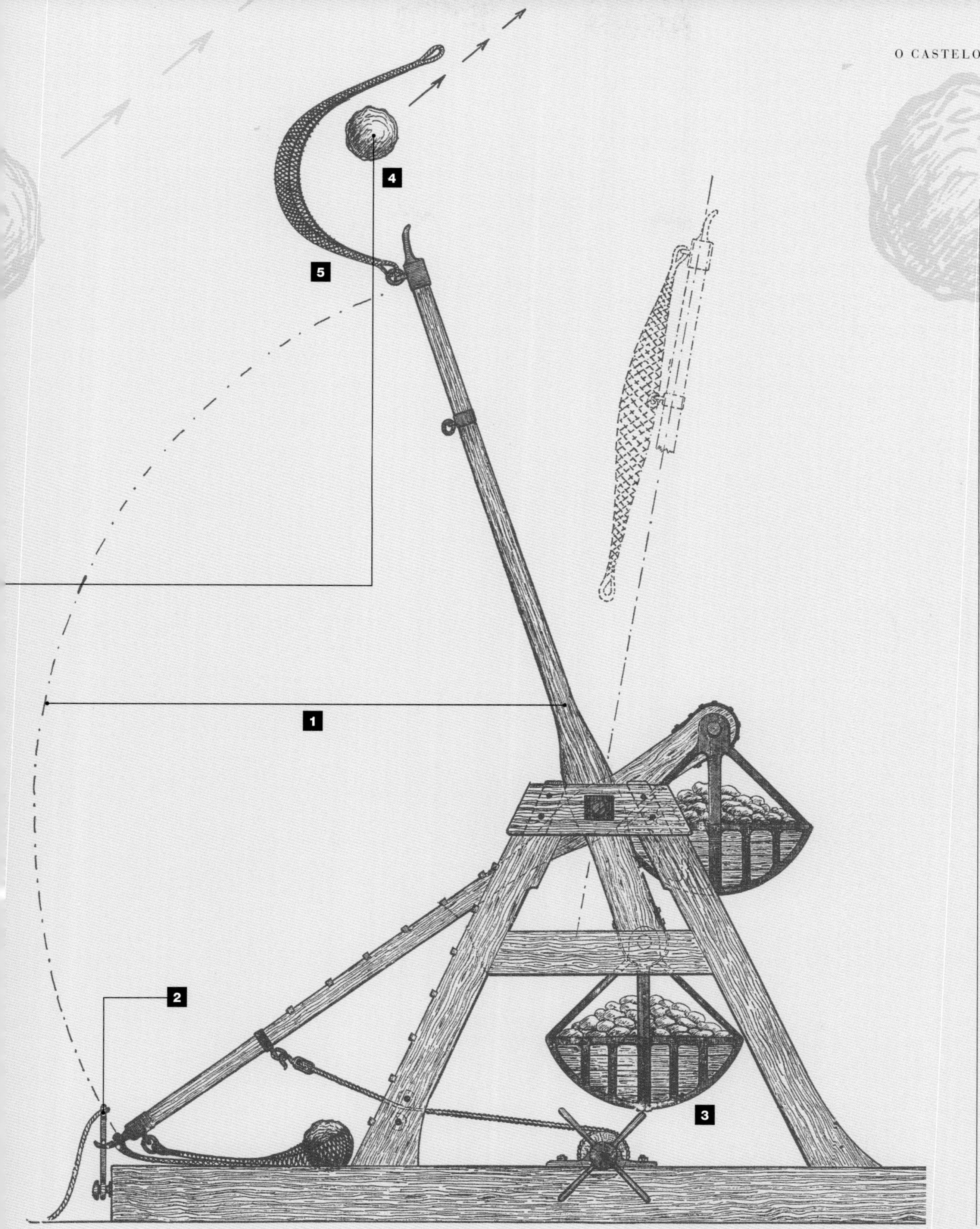

4
5
1
2
3

O castelo

Táticas de sítio

Quando enfrentavam muros de pedra altos e ferozmente defendidos, os exércitos medievais lutavam para dominá-los. A forma de assédio mais usual era o bloqueio: os atacantes tentavam cortar qualquer meio de socorro ou suprimento para os defensores se renderem pela fome. Se o terreno fosse adequado, tentavam-se operações de sapa: um túnel era aberto sob os muros e escorado com apoios de madeira. Em seguida, colocava-se combustível dentro dele e ateava-se fogo. As toras em chamas desabavam, abalando as muralhas acima e abrindo a brecha para o assalto dos atacantes.

Atacantes e defensores
Imagem de meados do século XIII, de dois *trebuchets* de contrapeso bombardeando uma torre de pedra. O único recurso aparente dos defensores é jogar pedras com a mão.

Os cruzados sitiam Jerusalém
Esta poderosa imagem, do artista do século XIX Gustave Doré, mostra os guerreiros da Primeira Cruzada atacando Jerusalém em 1099. Em primeiro plano, há um engenho de torção (*petrary*). Atrás, um *trebuchet* de contrapeso está prestes a disparar. Infelizmente, ambos são anacronismos: o *petrary* era um tipo de onagro romano e o *trebuchet* só apareceu cerca de cinquenta anos após esse sítio.

Métodos da guerra de sítio
Esta gravura, de meados do século XIX, mostra os muitos métodos de atacar um castelo. Uma torre de madeira com rodas é colocada em posição e sua ponte é abaixada para dar às tropas acesso aos muros. Arqueiros e besteiros disparam do chão contra os defensores. O canhão situa a cena no século XV, embora na verdade essas armas não pudessem estar tão próximas para disparar.

Operações combinadas
Esta ilustração, de um manuscrito de meados do século XIV, mostra o assalto a uma fortaleza por terra e por mar. Do lado de terra, os sitiantes ergueram uma torre de madeira, de onde atiram flechas, e alguns arqueiros disparam do solo. No mar há dois navios, também cheios de arqueiros, um dos quais está no cesto da gávea. Em resposta, os defensores lançam uma barragem de pedras e flechas.

Para minar os muros
Este detalhe de um manuscrito de meados do século XIII mostra a tentativa de minar os muros de um castelo. Os atacantes conduziram uma estrutura de madeira sobre rodas com um teto blindado até a base da muralha, que atacam com picaretas. Os defensores tentam interromper o progresso dos atacantes jogando pedras, água fervente e estacas afiadas, embora sem muito sucesso aparente.

Armas de mão

Armas de projéteis
- canhão
- *petrary*
- *trebuchet*

Defesas
- água fervente
- estacas afiadas
- pedras

Vestuário

Guerreiros
- arqueiro
- besteiro

Conceitos e táticas
- bloqueio
- operações de sítio
- trabalhos de sapa

Construções e transportes
- castelo
- torre de madeira com rodas
- torre de sítio

Ver também
As Cruzadas, *pp. 102-3*
Tecnologia das máquinas de sítio, *pp. 112-3*
Anatomia de um *trebuchet*, *pp. 114-5*
Os primeiros canhões, *p. 118*
Anatomia dos primeiros canhões, *pp. 120-1*
Máquinas de sítio, *pp. 294-5*

Pólvora, *1240-1500*

Os primeiros canhões

A invasão mongol da Europa em 1240-41 trouxe a tecnologia chinesa da pólvora para o Ocidente. Logo depois, o monge e cientista inglês Roger Bacon descreveu seus componentes: carvão, enxofre e salitre. Um século mais tarde, surgiram os primeiros canhões. Eram objetos em forma de vaso, com um orifício que conduzia a uma câmara, na qual a explosão era contida. Um manuscrito de 1326, de Walter de Milemete, mostra um desses canhões lançando uma pesada flecha contra uma fortaleza. Aos poucos, desenvolveram-se um fecho mais estanque e um cano mais longo e mais forte, e a eficácia também aumentou, com métodos melhores de combinar os três constituintes da pólvora. Em 1400, os canhões eram empregados com regularidade em sítios e, em 1500, uma ampla variedade de armas de fogo manuais e peças de campanha era usada em batalha.

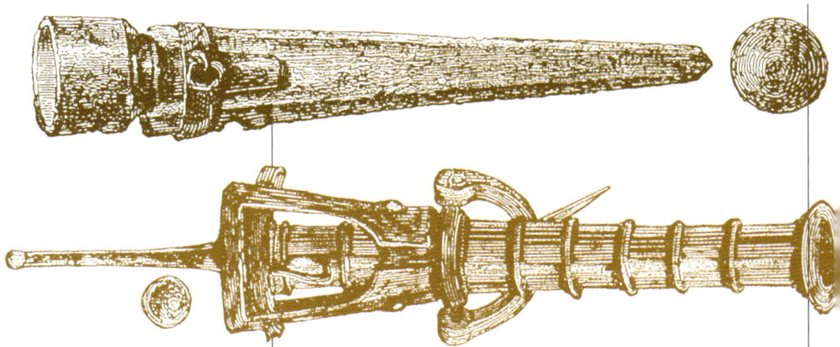

Canhões giratórios no mar
Estes dois canhões primitivos eram usados em navios de guerra. Um deles tem coronha simples e cano pequeno, sendo provavelmente uma arma de um só tiro de c. 1400. O outro é uma peça mais sofisticada, do século XVI. Era empurrado para a amurada do navio e a alça permitia que fosse elevado ou abaixado. Um aperfeiçoamento posterior foi o canhão giratório, que também podia ser deslocado lateralmente.

Canhão de sítio e proteções
Devido ao lento processo de recarga, os canhões de sítio precisavam ser protegidos do fogo dos defensores da fortaleza, e era usual serem escudados com madeira. Aqui, dois soldados fornecem proteção adicional com seus grandes escudos portáteis, os paveses.

Armas de mão

Ver também
Métodos da guerra de sítio, *p. 117*
Anatomia dos primeiros canhões, *p. 120-1*
O mundo mais amplo, *p. 125*
Artilharia e fortificações, *p. 160*
A evolução da artilharia, *p. 210-1*
Artilharia, *pp. 296-7*

Bateria de sítio em ação
Dois canhões com proteção articulada (*mantelet*), que está sendo erguida para que disparem. O da esquerda, curto e de boca larga, é do tipo antigo, chamado "bombarda". Levado numa carroça para o sítio, era preso ao solo com uma estrutura de madeira por trás para diminuir o recuo. O da direita tem cano mais longo e é provavelmente forjado em bronze; esse seria o futuro da artilharia de pólvora.

Canhão móvel de campanha
Este canhão de meados do século XVI já é totalmente móvel. Fica sobre uma carreta e tem uma alça que se conecta a um engate puxado por parelhas de cavalos. Capaz de ser facilmente movido em campanha e manobrado em batalha a essa altura, também tem um dispositivo que eleva ou abaixa o cano para disparar a diferentes distâncias.

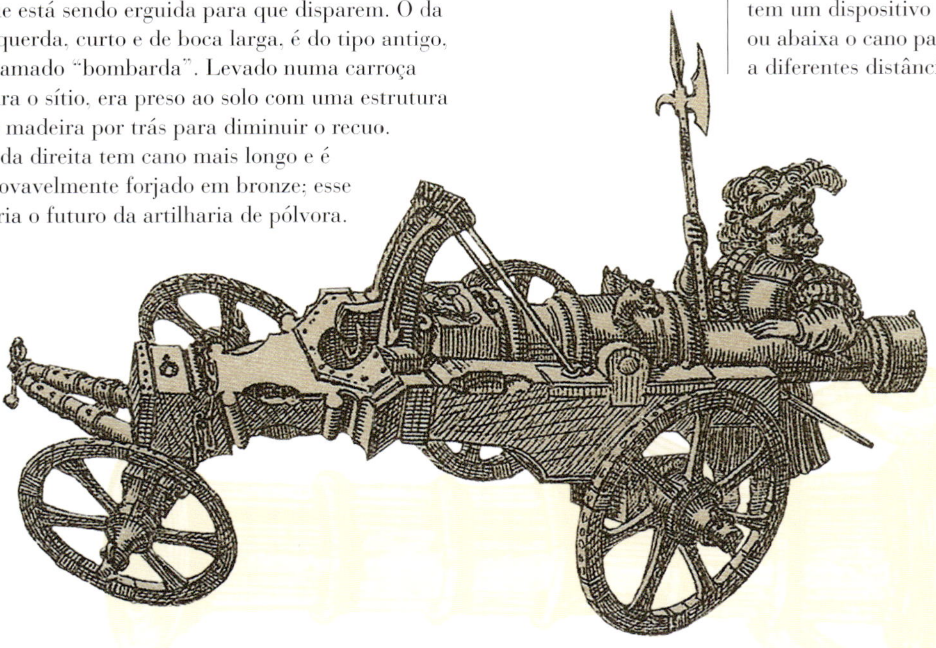

Armas de projéteis
• canhão

Defesas
• escudo
• pavês
• proteção de madeira

Vestuário

Guerreiros
• Mongóis

Conceitos e táticas
• desenvolvimento da pólvora
• operações de sítio

Construções e transportes
• carreta para transportar o canhão
• navio de guerra

Anatomia dos primeiros canhões

1 Canhão de sítio, c. 1400. Antes da introdução dos canhões de bronze, no século XV, o cano possuía longas tiras de ferro bem apertadas por faixas ao longo do comprimento. Essa técnica de construção vinha da manufatura de barris de madeira e não resultava num tubo muito estanque. Eram armas de carregar pela culatra, com a carga previamente preparada e comprimida na extremidade traseira, num processo lento e trabalhoso.

1

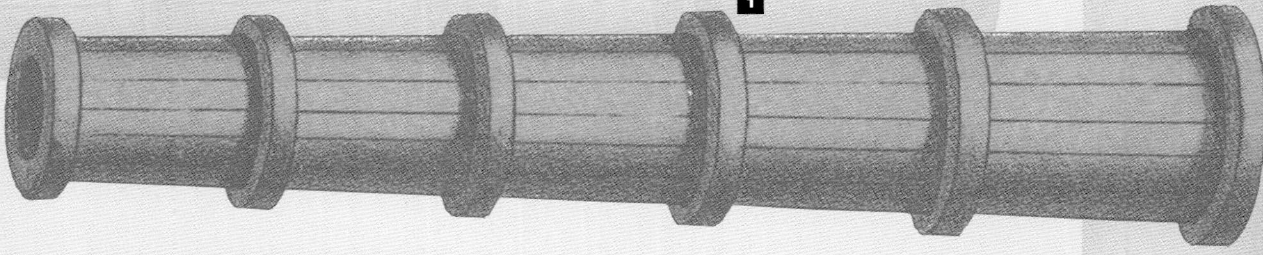

2 Quando os primeiros canhões foram usados em sítios, como não passavam de tubos simples, era normal colocá-los numa estrutura de madeira. Mas a estrutura mostrada aqui não teria suportado um canhão tão pesado, que normalmente estaria enterrado no solo.

2

3 Canhão forjado numa única peça, c. 1500. Um grande avanço tecnológico consistiu em forjar os canhões de bronze numa única peça. Isso acabou com o problema do escape da força da ignição por brechas no cano formado de tiras de metal.

3

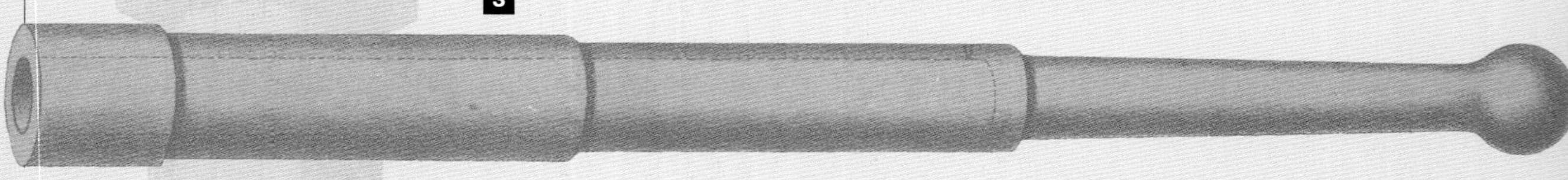

4

4 Canhão de bronze de carregar pela culatra, *c*. 1500, usado provavelmente num navio. Combinava as vantagens da forja em bronze com a flexibilidade do carregamento pela culatra. O uso de uma câmara removível para o carregamento permitia preparar antecipadamente as cargas, o que acelerava os procedimentos de disparo.

5 No final do século XV entraram em moda os *ribaldequins*, canhões de vários canos. Eram armas de um só tiro por cano, que não devem ser confundidas com as metralhadoras modernas. Ao disparar uma chuva de tiros de chumbo, eram muito práticas, por exemplo, na defesa de uma brecha no muro de uma fortaleza contra tropas de assalto.

5

6 Após a execução de Jan Hus, por heresia, no Concílio de Constança (1415), seus seguidores da Boêmia, os hussitas, lutaram por independência contra o sacro imperador romano Sigismundo. Jan Zizka, o brilhante líder rebelde, decidiu equipar com canhões a formação em vagões fortificados contra os atacantes. Esta gravura do final do século XV mostra, atrás, vagões comuns, que podiam receber tropas e, na frente, vagões de batalha cheios de soldados com canhões de mão.

6

7

7 Vagão de batalha do final do século XV. Embora lembre um tanque, o veículo não podia ser usado do mesmo modo, porque os cavalos ficariam demasiadamente vulneráveis aos projéteis. Eles em geral eram desatrelados, dispondo-se os vagões num círculo defensivo. As rodas com foices são um toque romântico e improvável do ilustrador.

Pólvora

Primeiras armas de fogo

As primeiras armas a pólvora surgiram em vários tamanhos, e as manuais apareceram quase na mesma época dos canhões maiores. Contudo, estes mostraram ser claramente difíceis de manejar, pois levavam muito tempo para carregar, tendiam a falhar na ignição, e a chuva podia torná-los inúteis. Apesar dessas óbvias desvantagens, continuaram em uso, e o avanço tecnológico aos poucos aumentou sua eficácia. Em 1500, o arcabuz, arma de carregar pela boca e disparada do ombro pela aplicação de uma mecha acesa (pedaço de corda banhado em salitre), assumiu a forma que manteria por centenas de anos.

Armas incendiárias
Esta gravura de *The Firework Book*, um tratado do século XV, mostra como armas a pólvora e bestas eram usadas para disparar projéteis incendiários durante um sítio. A intenção era incendiar os depósitos de madeira em torno das defesas do castelo e os tetos de palha das cabanas dentro das muralhas.

Ver também
Armas de fogo: origem e evolução, *p. 154-5*
Anatomia de uma arma de fecho de mecha, *pp. 158-9*
Armas de fogo manuais, *pp. 298-9*

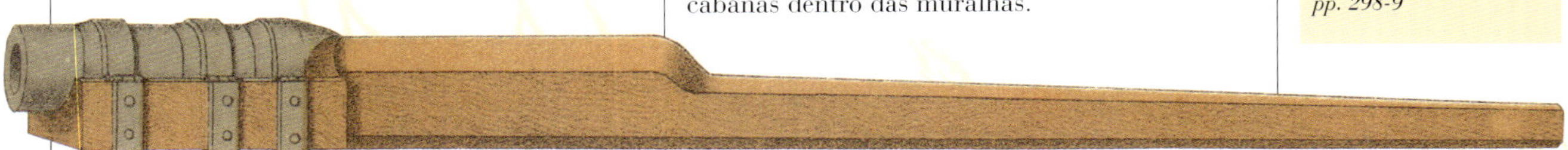

Canhão de muro, c. 1380
Esta arma de carregar pela boca tem quase 1,5 metro de comprimento e pesa quase 19 quilos, o que indica que devia ser usada dos muros do castelo. O cano curto na longa coronha de madeira é típico das primeiras formas de canhões manuais.

Canhão manual, c. 1400
Com cano curto na longa coronha de madeira, esta arma é de particular interesse porque a ponta afiada na tampa da boca podia mudar de posição e tornar a arma uma lança, numa antecipação da moderna baioneta.

Canhão manual e mosquete
Estes dois soldados com armas de fogo, do final do século XV, usam elmo, cota de malha e proteção para as pernas. Contudo, essas tropas em geral usavam couraças ligeiras. Um deles dispara um canhão manual sob o braço, enquanto o outro tem uma forma primitiva de mosquete com suporte.

Cavaleiro com canhão manual
Apesar dos problemas óbvios, não era incomum o uso de armas de fogo a cavalo. Esta figura do fim do século XV, com armadura completa de cavaleiro, demonstra isso. A coronha da arma está fixada à couraça e é estabilizada por um apoio preso ao cabeçote da sela. As rédeas passam por outro gancho no peitoral, mas isso é provavelmente uma licença artística.

Atirador de precisão
Este soldado couraçado, do final do século XV, carrega uma forma primitiva de arcabuz e tem na mão esquerda a mecha acesa que usará para inflamar a pólvora e disparar a arma. Na posição de tiro, que parece estranha, mas era normal na época, a coronha ficava sobre o ombro.

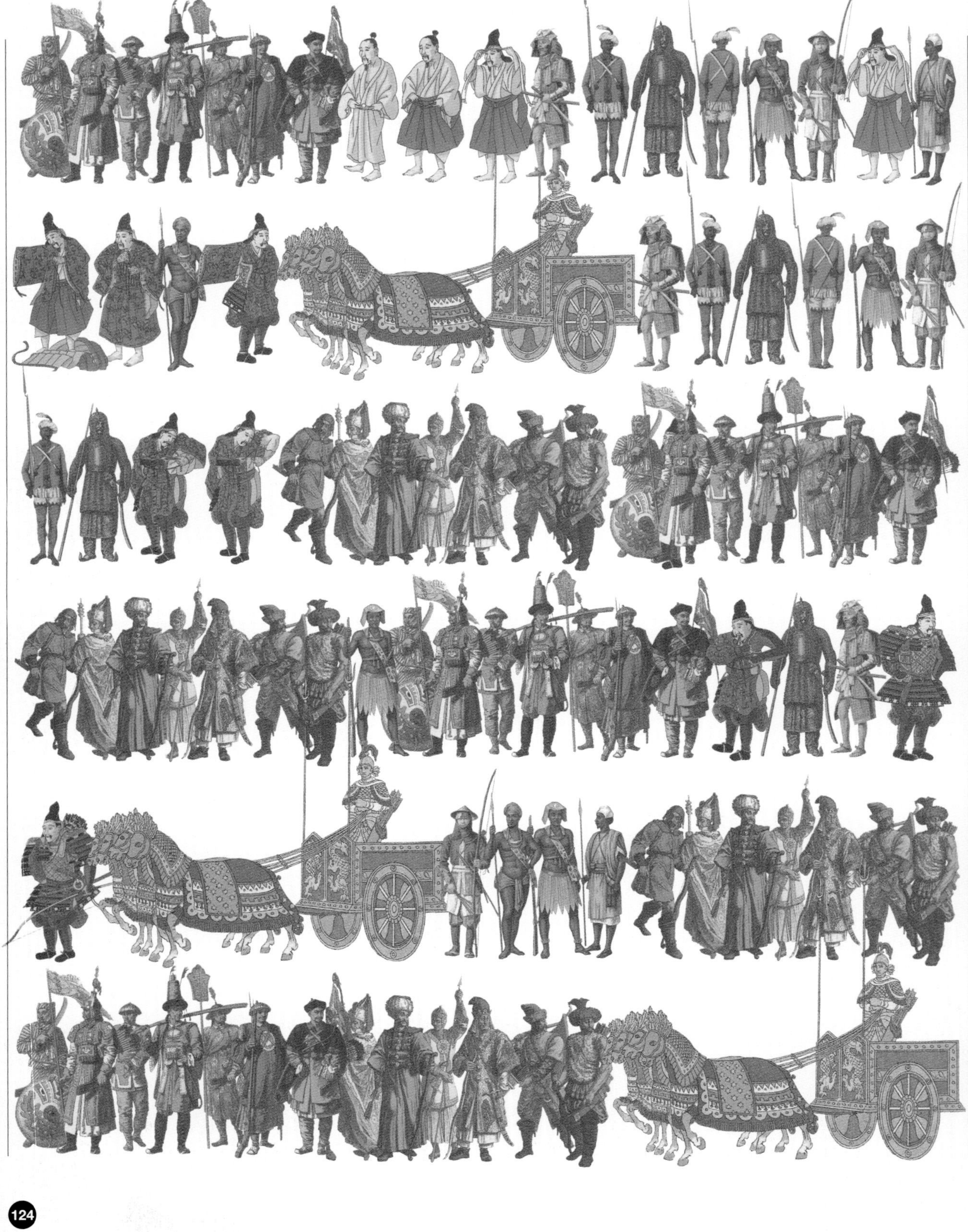

O mundo mais amplo

c. 2000 a.C.-1865 d.C.

Fora do mundo ocidental, a tecnologia da guerra evoluiu em diferentes velocidades. No século XVI, na América, os astecas lutavam com armas da Idade da Pedra. Em contraste, os chineses foram pioneiros no uso de pólvora em armas, no século XI. O mundo islâmico foi um conduto vital para a passagem da inovação militar entre leste e oeste. A lança de fogo chinesa do século XII tornou-se uma arma de fogo nas mãos dos turcos e europeus no século XIV. Da mesma forma, a tecnologia das armas de sítio uniu os árabes, os cruzados e o Extremo Oriente. É interessante notar que os mogóis da Índia tinham canhões e outras armas de fogo em seus exércitos no século XVI, mas fracassaram – como a China – em acompanhar as inovações europeias subsequentes.

Impérios ergueram-se e caíram com base na habilidade militar. No século XIII, os mongóis cavalgaram das estepes de sua terra natal para derrubar dinastias na China e no Oriente Médio. No início do século XIX, brilhantes reformas militares entre os zulus permitiram-lhes conquistar boa parte do sul da África. Mas esse não era o único talento necessário a um conquistador. O triunfo dos mongóis decorreu em parte da perícia em cavalgar e das técnicas de guerra, mas também da capacidade de Gêngis Khan de unir suas tribos numa força sem paralelo no mundo graças a sua habilidade política. De modo similar, o Império Mogol dominou por tanto tempo a Índia porque seus governantes muçulmanos recrutaram funcionários hindus; quando os britânicos ocuparam seu lugar, isso não ocorreu por vitória militar, mas por política e estratégia.

Níveis diferentes de tecnologia militar tornaram vulneráveis algumas civilizações. O Império Asteca caiu rapidamente diante das armas de fogo dos espanhóis, enquanto o Império Chinês foi superado pela tecnologia do Ocidente. O Japão dos samurais tentou manter afastados os métodos estrangeiros de guerra, mas adotou-os com rapidez quando não viu alternativa – tanto no século XVI, diante das armas de fogo dos mercadores portugueses, quanto no XIX, com a reformulação completa de suas forças armadas, baseada nos modelos britânico e alemão.

China

Senhores da guerra chineses: tática e tecnologia

A história da guerra na China é de constante tensão entre sua civilização sedentária e os guerreiros das estepes ao norte. Muralhas fortificadas foram construídas para proteção contra os bárbaros, mas por vezes as tribos de cavaleiros fixaram-se em solo chinês para criar suas próprias dinastias, como os Yuan mongóis, no século XIV, e os manchus, nos séculos XVII e XVIII. As práticas de guerra chinesas mesclaram a habilidade dos cavaleiros das estepes, como os excelentes arqueiros montados, ao talento de seus técnicos militares, que criaram as primeiras armas à base de pólvora e de assédio. As couraças iam do couro leve mas resistente – por vezes de rinoceronte ou de tubarão – a vestes com escamas de ferro.

Fortificações ao longo da Grande Muralha da China
Muralhas mais antigas foram erguidas para proteger a fronteira norte do Império Chinês, mas a Grande Muralha foi construída durante a dinastia Ming, do século XV ao XVII. Sua defesa centrava-se em torres fortificadas e guarnições postadas em pontos estratégicos; a própria muralha era usada para transferir tropas com rapidez ao longo de sua extensão.

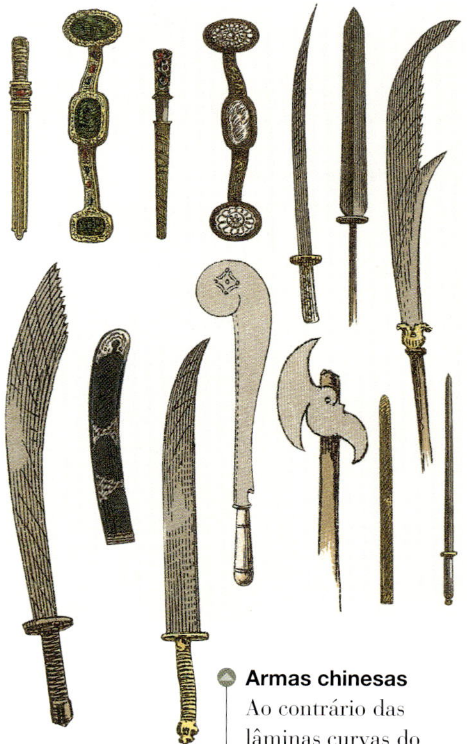

Armas chinesas
Ao contrário das lâminas curvas do Japão, as espadas chinesas em geral eram retas, com duas bordas cortantes. Às vezes com detalhes dourados, as espadas de ferro eram usadas por guerreiros de renome; a maioria deles estava equipada com lanças ou armas de alcance com lâminas derivadas de instrumentos agrícolas, como se vê aqui.

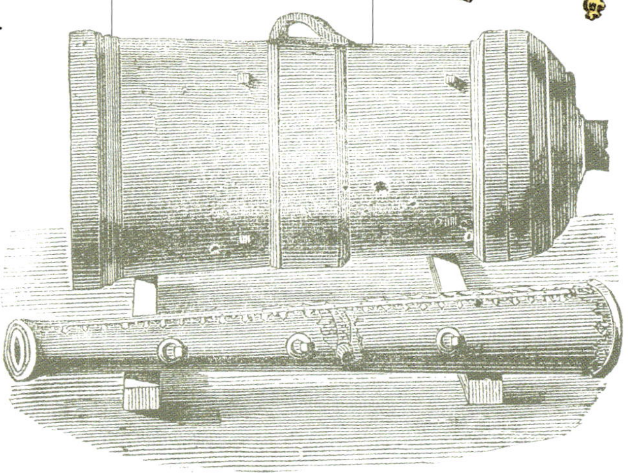

Canhão e morteiro gigante
Os chineses foram pioneiros no uso de pólvora na guerra: a primeira fórmula data do século XI, mas ela era usada basicamente sob a forma de bombas em canos de bambu. Um lançachamas à base de pólvora foi usado no século XIII e foguetes, no século XIV – a mesma época em que os canhões surgiram na China.

Conquista imperial

O imperador chinês Ch'ien Lung conduz o exército contra as tribos *gurkhas*, do Nepal, em 1791. O período da dinastia manchu Ch'ing foi de grande prosperidade, e a população chinesa cresceu rapidamente de 143 milhões para 360 milhões, entre 1741 e 1812. A expansão do império colocou-o em conflito com países e culturas distantes.

Armas de sítio chinesas

À esquerda, vê-se uma escada móvel para assaltar fortalezas, e, à direita, uma ponte móvel. Catapultas serviam para atirar pedras contra as muralhas ou para lançar potes de argila com materiais inflamáveis. O *trebuchet* de contrapeso com o seu maior alcance veio do mundo islâmico. Os muros eram protegidos desses ataques construindo-se redes de caules de arroz como barreiras.

Ver também

China: ambições imperiais, *pp. 128-9*

Máquinas de sítio, *pp. 294-5*

Carro de guerra chinês

Ilustração fantasiosa de um carro de guerra chinês com cavalos couraçados. Os carros de guerra foram usados cedo na China: há evidências de seu emprego na Idade do Bronze. A dinastia Chou desenvolveu um método para atrelar quatro cavalos, mas no século IV a.C., com o impacto dos guerreiros das estepes, esses carros foram substituídos pela cavalaria nos exércitos chineses.

Armas de mão
- armas de alcance
- espada
- lança

Armas de projéteis
- canhão
- catapulta
- morteiro

Defesas
- torres fortificadas

Vestuário
- proteção de couro
- vestes de ferro

Guerreiros
- manchus
- mongóis Yuan

Conceitos e táticas
- proteção das fronteiras

Construções e transportes
- carro de guerra
- Grande Muralha da China

China

Ambições imperiais

A lacuna tecnológica cada vez mais larga em relação à Europa tornou a China vulnerável às aventuras imperiais do Ocidente. A autoridade central do país foi muito enfraquecida pela Rebelião Taiping (1851-66), uma guerra civil que matou 25 milhões de pessoas. A incapacidade do Império Chinês de se proteger contra estrangeiros ficou patente nas derrotas diante da Grã-Bretanha e da França, e isso abriu caminho para a ocupação de Pequim por tropas ocidentais – uma humilhação que abalou profundamente a fé no antigo sistema imperial. A dinastia manchu Ch'ing governou nesse período de turbulência. Minoria étnica na população chinesa, os manchus mantiveram o controle do vasto império, reservando para si próprios metade dos postos no funcionalismo. Porém, isso provocou seu declínio, pois administradores chineses mais capazes foram mantidos longe do poder.

Tropas imperiais chinesas atacam a Rebelião Taiping, 1853

Dos muçulmanos, no oeste do país, às Tríades, no sul, numerosos grupos armados revoltaram-se contra os dominadores manchus e quase derrubaram a dinastia Ch'ing em três décadas de luta. Aventureiros ocidentais como Charles Gordon, mais tarde conhecido como Gordon de Cartum, treinaram tropas imperiais chinesas.

Guerreiros chineses, meados do século XIX

A dinastia Ch'ing originou-se das estepes setentrionais da Manchúria e recrutou guerreiros tribais manchus, tártaros e mongóis. Isso indica que a perícia com o arco era importante mesmo na era das armas de fogo. Entre estes homens, um mosqueteiro (*o segundo a partir da direita*) está junto a um arqueiro-cavaleiro tártaro.

Armas de mão
- espada
- lança
- mosquete

Armas de projéteis
- arco

Defesas
- escudo

Vestuário
- capuz com cabeça de tigre
- escudo com cabeça de tigre

Guerreiros
- arqueiro manchu
- arqueiro tártaro
- guerreiro-tigre
- mongóis
- mosqueteiro

Conceitos e táticas
- imperialismo ocidental

Construções e transportes

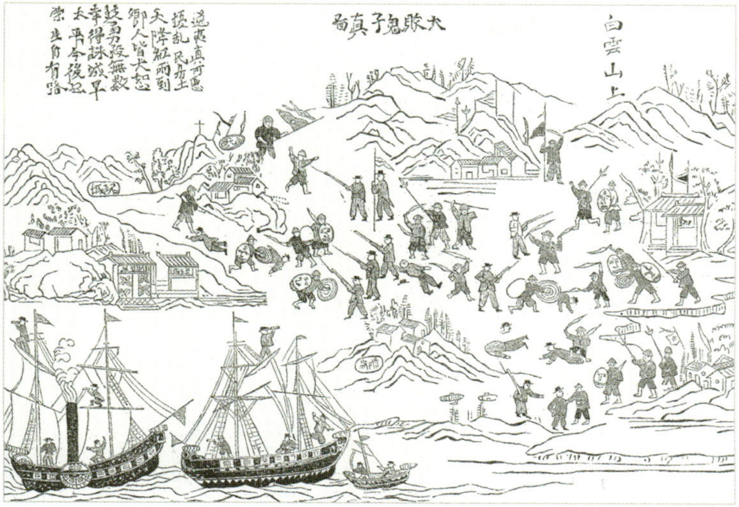

A invasão britânica do rio Cantão durante a Guerra do Ópio de 1839-42
A vitória britânica, com tropas modernas armadas de mosquetes, sobre as antiquadas forças imperiais que ainda usavam espadas, escudos e lanças (como nesta antiga ilustração), abalou a autoridade da dinastia Ch'ing e foi uma das causas da Rebelião Taiping.

Arqueiro manchu a cavalo
Esta gravura do final do século XIX baseia-se na fotografia de um cavaleiro manchu. Ele tem um arco composto – uma das mais poderosas formas de arco, que ganhava sua força da combinação de madeira, tendões de animal e chifre colados. Suas flechas podiam perfurar uma couraça a 27 metros.

Armas e couraças usadas por um guerreiro-tigre do império
Os guerreiros-tigres usavam um uniforme estranho, com capuz e escudo feito de cabeça de tigre. Seu propósito principal era assustar o inimigo com ações e gritos selvagens, reforçados pela explosão de fogos de artifício espalhados aos seus pés.

Japão

A tecnologia dos samurais

As habilidades de luta dos japoneses se refinaram numa série de guerras civis, em que os samurais, guerreiros profissionais, desafiavam a autoridade do imperador. O estabelecimento do xogunato fez dos samurais a classe dominante do país. De início, eles se destacaram como cavaleiros e arqueiros, mas no século XIII ficaram famosos pelo manejo da espada. Durante o século XVI prosseguiram as amargas guerras civis, em que clãs de samurais lutaram entre si pela supremacia, mas com a ascensão de Tokugawa Ieyasu os japoneses encontraram um político hábil e um chefe guerreiro competente. Ele estabeleceu a paz e a unidade sob a dinastia Tokugawa, que sobreviveu por dois séculos e meio a partir de 1603.

Armas e armaduras japonesas
A armadura clássica do samurai – a *haramaki* – permaneceu quase inalterada por séculos; consistia em placas de couro e metal sobrepostas e amarradas entre si. Havia também grandes guardas para os ombros e proteções em forma de caixa para a virilha e as coxas. A armadura decorada mostrada aqui, pertencente a um nobre, inclui ainda guardas para pernas e braços e máscara de rosto.

Facas japonesas
A adaga, *aikuchi*, distinguia-se das espadas curtas por não ter guarda de mão, ou *tsuba*. Em geral, era usada por samurais mais velhos, quase aposentados. As bainhas podiam ser muito decoradas com motivos naturais de insetos ou de cobras. Uma faca menor está inserida na segunda bainha a partir da direita.

Armas de mão
- *aikuchi*
- *katana*
- *wakizashi*

Armas de projéteis

Defesas

Vestuário
- elmo de guerra
- *haramaki*
- *mempo*

Guerreiros
- samurai

Conceitos e táticas
- manejo da espada

Construções e transportes

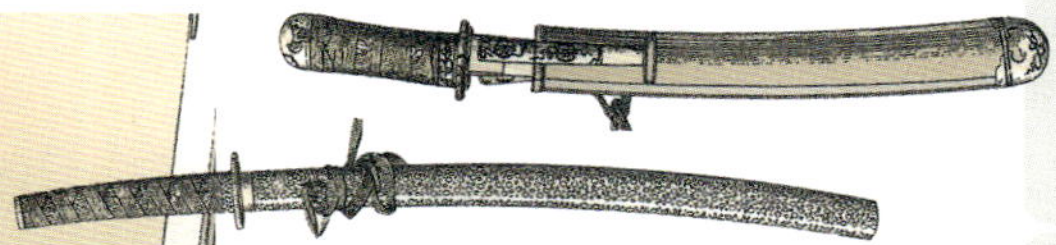

Duas espadas

Este samurai carrega sua espada longa, a *katana*, e uma espada curta, a *wakizashi*, mostrada acima. Arma de apoio, a *wakizashi* era usada dentro de casa, quando a *katana* havia sido descartada. As lâminas eram fortalecidas dobrando e martelando o aço aquecido para torná-lo resistente.

Forjador de espadas japonês

Numerosos artesãos da madeira, do couro e do metal dedicaram seu talento a todos os aspectos das armas e armaduras japonesas, mas os mais renomados eram os forjadores de espadas. Alguns estabeleceram suas próprias escolas e ficaram conhecidos por diferentes estilos de lâminas. O mais famoso era Masamune, cujo nome foi dado a uma marca de saquê.

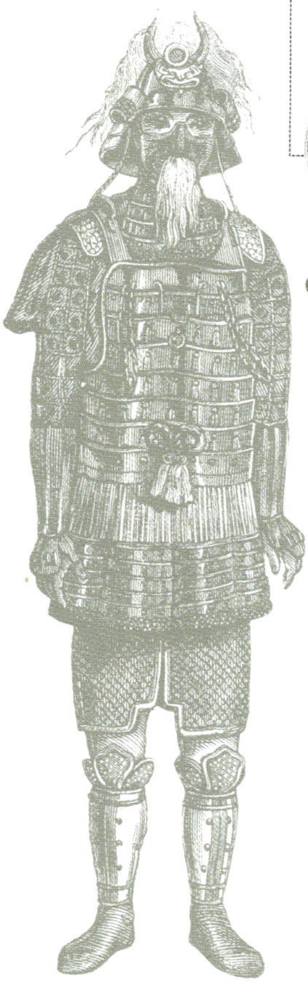

Armadura japonesa com máscaras de rosto

A máscara, *mempo*, com frequência tinha um bigode preso a ela, às vezes até dentes, o que contribuía para uma expressão feroz. Seu interior podia ser laqueado em vermelho, e a luz refletida reforçava a aparência zangada do guerreiro. No queixo havia um orifício para afastar o suor do homem coberto pela armadura.

Elmos de guerra

Os elmos japoneses eram feitos de várias placas de aço ou de couro, com uma larga guarda de pescoço. Os usados por guerreiros de renome podiam ser bem ornamentados, com cristas de couro laqueado ou dourado, em referência ao seu nome ou clã. Ao saber que seus rivais o chamavam de "A Vaca", Tokugawa Ieyasu prendeu grandes chifres a seu elmo e cobriu as placas com couro de boi.

Ver também

Anatomia de um guerreiro japonês, *pp. 134-5*

Espadas, *pp. 282-3*

Arcos, *p. 291*

Blindagem corporal, *pp. 302-3*

Elmos, *p. 305*

Japão

Os samurais: táticas

A guerra civil entre clãs rivais preocupou os senhores da guerra e seus samurais por todo o período medieval, mas por vezes os japoneses foram desafiados do exterior. No século XIII, os mongóis tentaram duas vezes invadir o país, mas em ambas as ocasiões um tufão destruiu a frota invasora. Foi o chamado "vento divino", *kamikaze* – inspiração para os pilotos suicidas do Japão na Segunda Guerra Mundial. Toyotomi Hideyoshi foi um dos maiores chefes guerreiros do Japão no século XVI, e depois de várias campanhas vitoriosas proclamou-se governante do país. Ele se lançou em aventuras no ultramar, mas suas tentativas de invadir a Coreia fracassaram. Sua morte permitiu que Tokugawa Ieyasu assumisse o poder e estabelecesse um domínio pacífico no país.

Arqueiro japonês
O arco e flecha era a principal arte marcial dos primeiros samurais e permaneceu uma habilidade valorizada pela nobreza. Os longos arcos compostos eram feitos de madeira colada e amarrada com tiras de bambu; as flechas eram feitas de bambu. Havia pontas de flecha para diferentes propósitos, entre elas as pontas em forquilha, destinadas a cortar as correias das armaduras ou incapacitar cavalos.

Prática de espada japonesa
O aprendizado do manejo da espada era essencial para o samurai, pois ela tornou-se sua arma principal. O golpe mais vigoroso era o corte *kesagiri*, que começava no ombro esquerdo e cortava diagonalmente, através de todo o corpo. A prática do *kendo* continua tradicional, e os lutadores usam espadas de bambu.

Armas de mão
• armas de alcance
• lança

Armas de projéteis
• arco composto
• mosquete de fecho de mecha

Defesas

Vestuário

Guerreiros
• *ashigaru*
• invasor mongol
• *ronin*
• senhor da guerra japonês

Conceitos e táticas
• *bushido*
• *kamikaze*
• manejo da espada

Construções e transportes

Ator japonês com arma de fogo gigante
Mercadores portugueses introduziram no Japão as primeiras armas de fogo, de fecho de mecha. Elas foram logo adotadas pelos samurais e usadas com forte impacto pela infantaria nas batalhas do final do século XVI, que resultaram no fortalecimento da armadura dos samurais.

Luta com espada e arma de alcance
Eficazes e baratas, as *naginata*, armas de alcance japonesas criadas a partir de instrumentos usados no campo, e as lanças eram utilizadas por soldados a pé para derrubar samurais a cavalo. Também foram usadas por monges-guerreiros budistas e na caça.

Soldado de infantaria japonês
Os *ashigaru* eram a infantaria de apoio nos exércitos samurais. Usavam couraças leves, arcos, lanças ou armas de fogo, e por vezes lutavam atrás de fortificações de campo. Sob a dinastia Tokugawa, o *status* dos guerreiros foi imposto com rigidez: só os samurais podiam usar as duas espadas características, e os *ashigaru* eram de casta bem inferior.

Ver também
Espadas, *pp. 282-3*
Arcos, *p. 291*

Ronin
Após a morte ou a desonra de um mestre de samurais, seus homens tornavam-se *ronins*, ficando sem um suserano. Uma história famosa, datada do século XVIII, conta o caso de 47 *ronins* que vingaram o mestre matando seu assassino, mas em seguida receberam ordem de se suicidar, e assim o fizeram. Foi uma demonstração do *bushido* – o espírito do guerreiro.

Anatomia de um guerreiro japonês

1

2

Esta sequência de ilustrações mostra um dos primeiros samurais colocando suas roupas e armadura. Normalmente ele seria ajudado por um servo, pois o processo envolvia a complicada amarração de peças individuais.

4

1 As primeiras sequências mostram o guerreiro vestindo a roupa de baixo e um traje espesso. Isso fornecia camadas de acolchoamento, essenciais quando se usava armadura, pois um golpe, mesmo se não rasgasse a couraça, poderia criar uma onda de choque que romperia os órgãos internos, caso não estivessem protegidos. O guerreiro prende suas primeiras peças da armadura, as *suneate*, às pernas, e usa sapatos de pele de urso.

3

2 Nesta sequência, o guerreiro prende mais peças acolchoadas e pequenas placas de couraça de couro aos braços. Também começa a prender as grandes placas em forma de caixa, chamadas de *kusazuri*, que o protegem abaixo da cintura.

3 O guerreiro continua a prender as peças da couraça de cintura que normalmente pendem de seu peitoral (*do*). A maior parte do peso da armadura recaía sobre os ombros. Enormes guardas de ombros, as *o-sode*, eram presas ao peitoral para cobrir as peças menores dos braços. Um traje desses em geral seria completado por um elmo.

4 O guerreiro em armadura completa porta duas espadas – indicação de seu *status* de samurai –, uma curta, a *wakizashi*, e uma longa, a *katana*. Também tem uma aljava curta em forma de caixa cheia de flechas e um longo arco composto de madeira e bambu.

As Américas

Práticas de guerra astecas

Na América do Norte, a guerra entre os astecas era movida por uma causa horrível: a demanda de prisioneiros para os sacrifícios humanos. Suas táticas e armas de pedra não eram concebidas para aniquilar o inimigo, mas subjugá-lo para ser sacrificado mais tarde. Com isso, os astecas eram altamente vulneráveis a uma cultura que não jogasse pelas mesmas regras. Quando o espanhol Hernán Cortés chegou ao México com um punhado de conquistadores em busca de ouro e prata, equipados com espadas de aço e armas de fogo, aliou-se aos inimigos dos astecas. Embora em grande inferioridade numérica, os espanhóis triunfaram sobre eles em 1521, depois de apenas dois anos.

Armas astecas
Eram armas da Idade da Pedra, com pontas de flecha feitas de obsidiana (vidro vulcânico), facas e pontas de lança de sílex ou quartzo e clavas de madeira com lâminas de obsidiana. As clavas eram as armas preferidas, pois incapacitavam os inimigos, em geral atingindo as pernas para que o resto deles pudesse ser usado mais tarde nos sacrifícios.

Guerreiro jaguar asteca
Os astecas podiam reunir grande número de camponeses para compor o essencial de suas forças, mas os guerreiros profissionais formavam uma pequena elite: o guerreiro jaguar e o guerreiro águia, designados com base nos mais formidáveis animais de seu mundo. O guerreiro jaguar vestia a pele completa do grande felino e empunhava clavas com bordas de obsidiana, lutando na vanguarda para capturar o máximo de inimigos possível.

Ver também
Espadas, *p. 280*

Guerreiros astecas armados com clavas
Também da elite militar asteca, a função básica do guerreiro águia era o reconhecimento. Suas vestes e armas exibiam penas, como se vê nesta gravura feita por um missionário espanhol. Derivava sua autoridade do deus asteca do Sol; já o guerreiro jaguar representava o deus da noite.

Montezuma
Montezuma, imperador dos astecas, visto por seu povo como um deus vivo, governava em Tenochtitlán. Ele convidou Cortés a vir à sua capital, mas emboscou os espanhóis. Depois, Cortés aprisionou Montezuma em seu próprio palácio e o executou, terminando por derrotar os astecas e fundar sua capital, a atual Cidade do México, nas proximidades.

Cortés recebe a rendição dos guerreiros astecas fora de Tenochtitlán, 1520
Os soldados espanhóis de Cortés, com mosquetes e couraças, são vistos à esquerda. Embora suas armas fossem bem superiores às dos astecas, eles eram muito menos numerosos: tiveram de recrutar tribos locais e usar seus navios – carregados de canhões e levados até o lago Texcoco, onde ficava Tenochtitlán – para capturar a capital asteca.

Guerreiros de Tlaxcala
Quando chegou ao México, Cortés derrotou os nativos de Tlaxcala e fundou a cidade de Vera Cruz. Os tlaxcaltecas então aliaram-se aos conquistadores para atacar seus inimigos, os astecas. Estavam equipados com armas similares, da Idade da Pedra, em especial a clava com borda de obsidiana e as flechas com pontas de quartzo.

Armas de mão
- clavas
- facas de sílex

Armas de projéteis
- arco e flechas de obsidiana

Defesas

Vestuário
- peles de animais
- penas

Guerreiros
- guerreiro águia
- guerreiro jaguar
- tlaxcaltecas

Conceitos e táticas
- sacrifícios humanos

Construções e transportes

As Américas

Práticas de guerra dos americanos nativos

Os indígenas dos atuais Estados Unidos e Canadá ocupavam suas terras havia séculos quando chegaram os conquistadores europeus. Contudo, travavam guerras ferozes entre si, e, quando os primeiros colonos se estabeleceram na costa leste, as tribos fizeram alianças com eles para lutar contra seus inimigos. Mas, à medida que os europeus se deslocaram para o oeste, apossando-se de mais terras, muitos povos nativos entraram em conflito com eles. A mais forte resistência veio dos índios das planícies – entre eles os sioux, os cheienes, os comanches e os *kiowas*. No entanto, mais devastador que a guerra foi o impacto das doenças ocidentais, que reduziram severamente a força dos indígenas. Some-se a isso a introdução da bebida, que resultou numa epidemia de alcoolismo entre os guerreiros nativos.

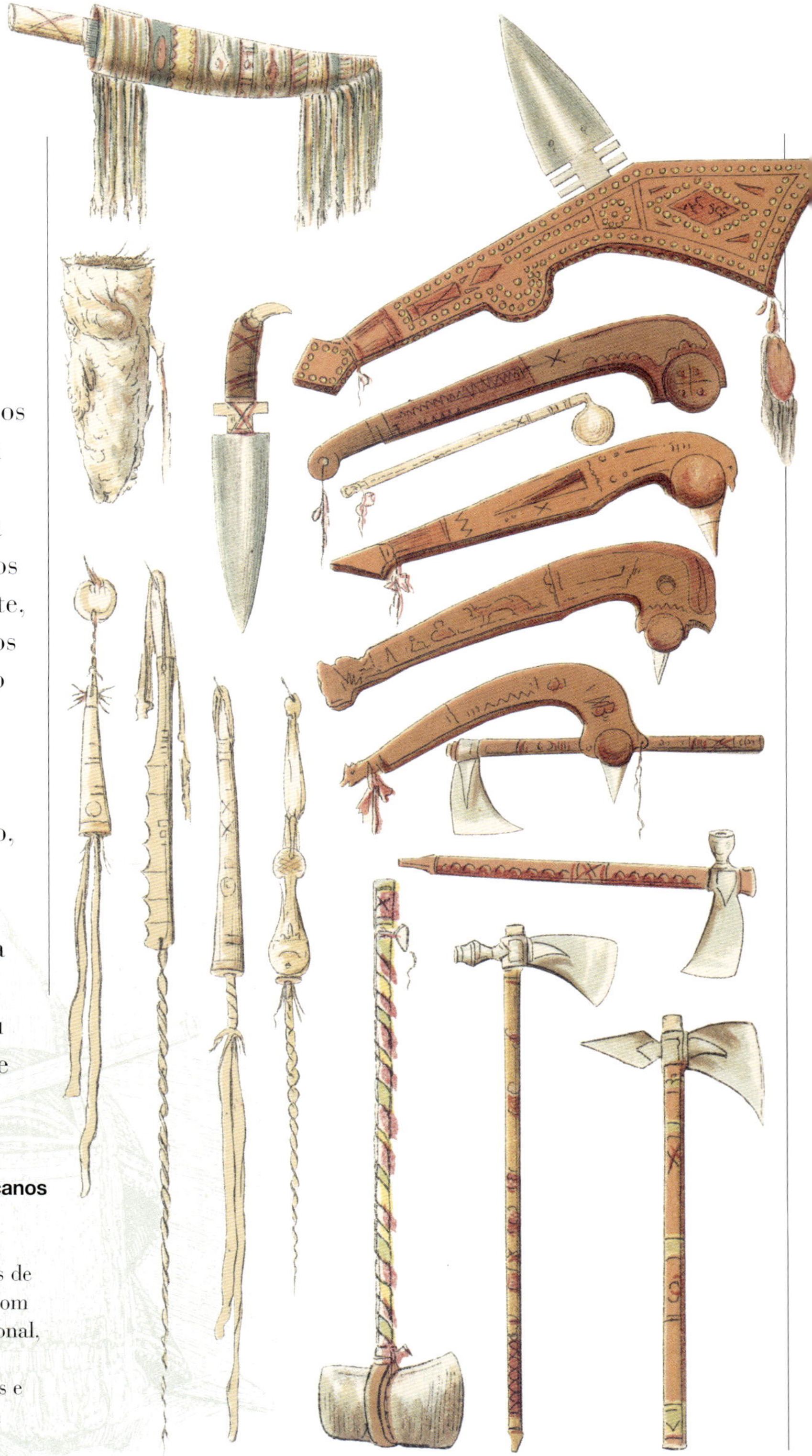

Facas, machados e clavas dos povos americanos
Milhares de facas de ferro europeias foram trocadas por peles com as tribos, sendo então decoradas no estilo local com bainhas de peles de animais cobertas de contas e franjas. Clavas com entalhes e machados eram do formato tradicional, mas o machado *tomahawk* foi uma inovação europeia adotada com entusiasmo pelos chefes e guerreiros principais da tribo, que os levavam como marca de posição social.

Armas de mão
• clava
• machado
• *tomahawk*

Armas de projéteis
• mosquete de fecho de pederneira

Defesas

Vestuário

Guerreiros
• *hidatsas*
• índios das planícies
• *mandans*
• *mohawks*
• *omahas*

Conceitos e táticas
• colonização europeia

Construções e transportes

Guerreiro *omaha*
Alce Negro, da tribo *omaha*, que migrou de Ohio para Dakota do Sul, onde manteve seu estilo de vida tradicional até a varíola reduzi-la a poucas centenas de pessoas. O rosto pintado de negro do guerreiro indica que matou um inimigo recentemente. Esta pintura, feita nos anos 1830, é de George Catlin.

Ver também
Clavas, maças e machados, *pp. 286-7*

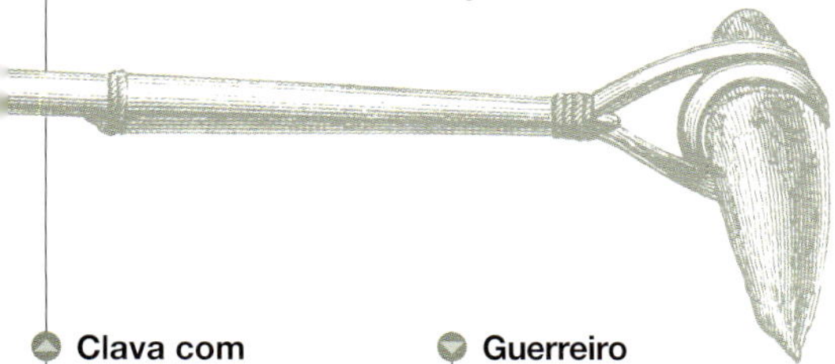

Clava com ponta de pedra
Os povos nativos viviam na América do Norte havia milhares de anos antes da chegada dos europeus. Este *tomahawk* primitivo é típico desse período e pode ter servido para matar um animal ferido durante uma caçada.

Guerreiro *mohawk*, do Canadá
Os indígenas da costa nordeste da América do Norte lutaram tanto ao lado dos britânicos como pelos franceses quando eles disputaram o controle do Canadá, no século XVIII. Este *mohawk* foi armado pelos britânicos com um mosquete de pederneira e agia como tropa de escaramuça.

Guerreiro *hidatsa*
Este guerreiro usa o traje vistoso da Sociedade do Cão – um grupo de jovens que juravam lutar com bravura. Como seus vizinhos *mandans*, os *hidatsas* viviam em construções de terra em formato de domo e cultivavam o milho. No século XVIII, eles se chocaram com os sioux e seguiram pelas planícies para se estabelecer perto do rio Missouri. Esta gravura deriva de uma pintura de Karl Bodmer dos anos 1830.

África

Guerreiros africanos

Muitos grandes reinos africanos ascenderam e caíram bem antes da colonização europeia. Boa parte de sua riqueza e poder derivava do comércio com árabes e europeus – mas isso também alimentava um negócio mais sombrio, pois as vítimas das guerras entre os reinos eram vendidas como escravos, em troca de objetos de ferro e armas de fogo. Quando os europeus se puseram a colonizar a África, esperavam vitórias fáceis, mas muitos guerreiros africanos haviam sido treinados desde a infância e eram muito eficientes na batalha. Na Etiópia, o exército do rei de Shewa adotou armas de fogo europeias e derrotou inapelavelmente os italianos. Os franceses tiveram dificuldades com a elite de mulheres guerreiras do reino do Daomé, na África Ocidental. A reputação dos masais era tão feroz que as potências coloniais evitaram conflito direto com eles.

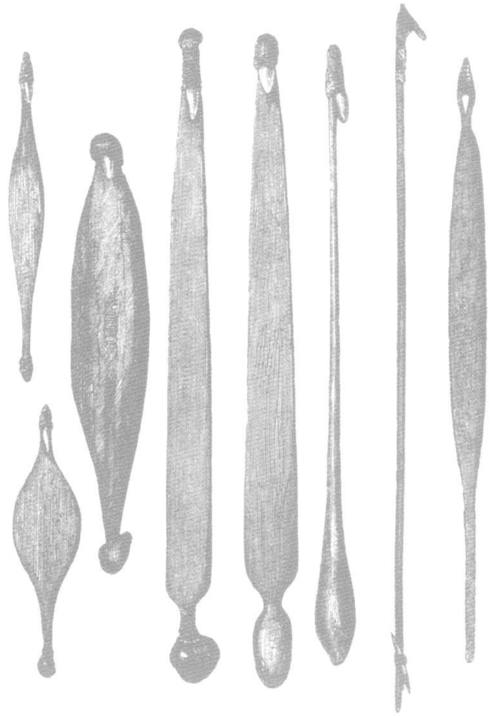

Bastões africanos de arremesso de lanças
Eram usados para dar impulso extra à arma arremessada, estendendo o braço do lançamento. A lança tinha um espaço oco na parte de trás, que se adaptava ao esporão do bastão. O guerreiro impulsionava para a frente o arremessador, liberando a lança e obtendo alcance maior para ela.

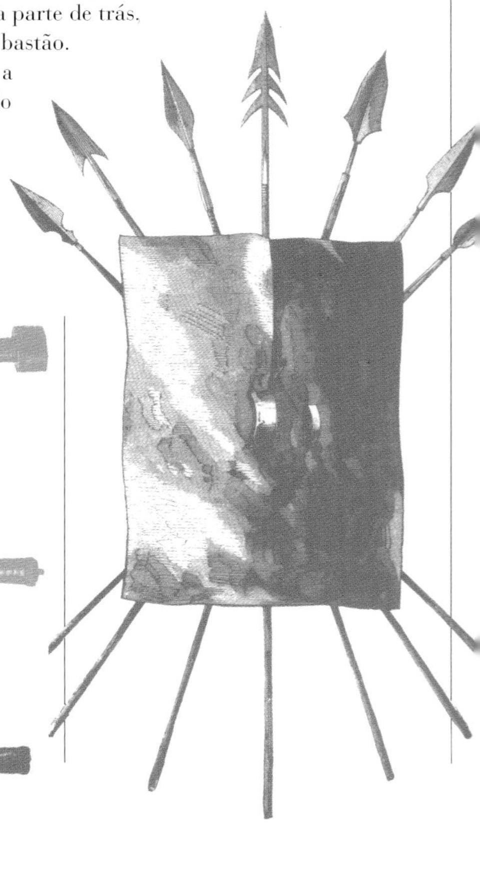

Escudo de couro de elefante com lanças
Os guerreiros africanos eram também excelentes caçadores e criavam equipamentos militares de troféus animais. Os masais lutavam com escudos de couro de búfalo-africano, que acreditavam ser forte o suficiente para resistir aos tiros dos mosquetes europeus. Não era verdade; eles aprenderam a se abaixar para evitar as rajadas.

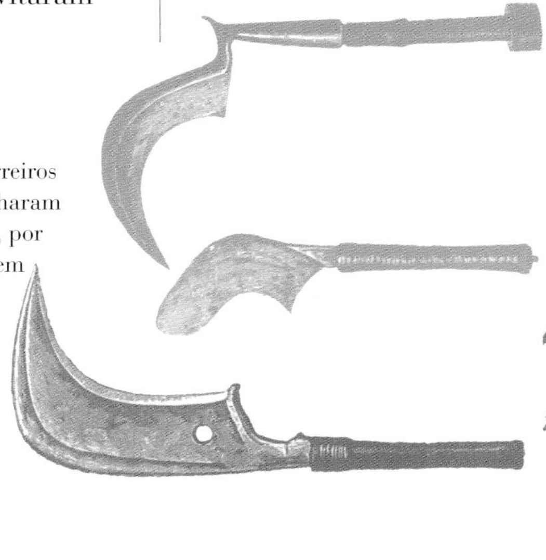

Facas de arremesso das tribos *balegga* e *wahuna*
Estas armas, típicas de muitos guerreiros do norte e do centro da África, ganharam formatos cada vez mais elaborados, por vezes assumindo formas que remetem a animais. Armas desse tipo eram sobretudo ornamentais, indicando posição social; é pouco provável que lâminas tão valiosas fossem de fato arremessadas em combate.

Forte na árvore
Quando atacados por caçadores de escravos, os gaberis, do Chade, lutavam em cima das árvores, jogando lanças e bastões dali contra os inimigos. Outras características naturais podiam ser úteis no combate. Os habitantes do Daomé escondiam-se atrás de formigueiros gigantes ao combater os franceses.

Guerreiros senegaleses do século XIX
Estes guerreiros estão equipados com lanças e mosquetes. Nos séculos XIII e XIV, os senegaleses enriqueceram em suas relações comerciais com o mundo islâmico e fundaram os poderosos reinos Mandinga e Uólofe, mas em meados do século XIX foram absorvidos pelo Império Francês e forneceram soldados a seu exército.

Veja também
Armas lançadas,
pp. 288-9

Cavalaria *kanuri*
Cavaleiros *kanuris*, do norte da Nigéria, usam couraça de algodão acolchoado como proteção para si e para seus cavalos. Quando as tropas coloniais enfrentaram esses guerreiros, eles pareciam saídos da Idade Média, em especial quando os cavaleiros do norte de Camarões vestiam cotas de malha.

Armas de mão
- lança

Armas de projéteis
- bastões de arremesso
- facas de arremesso
- mosquete

Defesas
- escudo de couro de elefante

Vestuário
- cota de malha
- couraça de algodão acolchoado

Guerreiros
- daomeanos
- etíopes
- gaberis
- *kanuris*
- masais
- senegaleses

Conceitos e táticas
- colonização europeia
- tráfico de escravos

Construções e transportes
- forte na árvore

África

Práticas de guerra zulus

Sob o governo do chefe Shak, os zulus tornaram-se a mais poderosa força tribal do sul da África no século XIX. Shaka aperfeiçoou as fortes habilidades militares desses guerreiros ao conceber e empregar um método de guerra baseado no combate a curta distância. Ele descartou os escudos leves e as lanças de arremesso, substituindo-os por lanças de acutilar de lâmina larga e um escudo maior e mais pesado. O escudo era usado para afastar a proteção do oponente, expondo-o à lâmina. Shaka combinou a nova técnica de luta com a tradicional formação zulu em chifre de búfalo, que envolvia o inimigo antes de aniquilá-lo. Assim armados, os zulus ocuparam as terras de seus vizinhos. Em 1828, Shaka foi assassinado, mas as reformas prosseguiram sob Cetchewayo, que se tornou um dos poucos chefes nativos a infligir uma grande derrota a uma potência colonial.

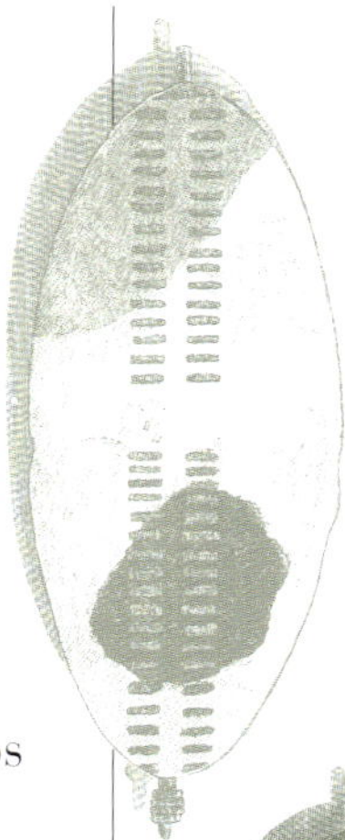

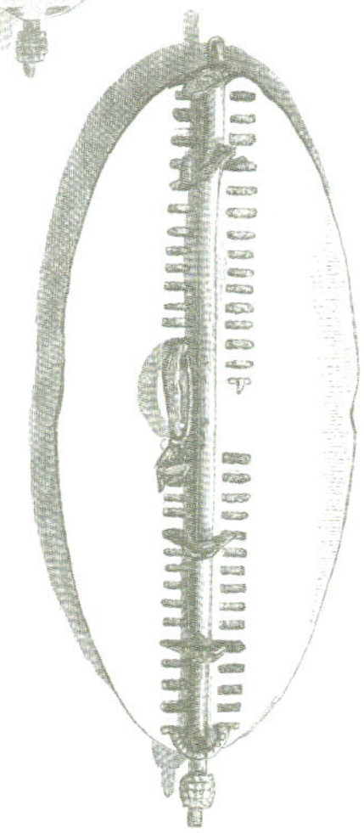

Guerreiros zulus e seus escudos
Introduzido por Shaka, o grande escudo oval era feito de couro de boi. Para reforçá-lo, tiras adicionais de couro eram enfiadas por cortes paralelos no meio. Um bastão era então empurrado através das tiras por trás do escudo e decorado com pele de animal no alto.

Guerreiro zulu, década de 1840
Desenhado pelo viajante europeu George French Angas, o guerreiro está enfeitado com fitas e contas e porta um escudo menor do que o de guerra. Isso indica que está vestido para impressionar uma mulher e não para uma batalha.

Combate a curta distância
Guerreiros zulus atacam um laager, formação defensiva dos carroções dos bôeres. O sucesso dos zulus dependia da entrada rápida em combate a curta distância com o inimigo, mas um laager bôer ou um quadrado britânico os conservava longe o suficiente para serem abatidos a tiros. Na imagem, os zulus disparam suas próprias armas de fogo.

Meninos zulus em traje de dança
O treinamento do guerreiro zulu começava cedo: os meninos aprendiam técnicas de luta e combate com bastões. Pequenos escudos eram levados em exibições de dança que os ensinavam a coordenar os movimentos dentro da formação de batalha.

Ferreiros zulus no trabalho
Os zulus manufaturam as lâminas largas das lanças projetadas por Shaka. Ele chamou a arma de *iklwa*, do som de sucção que fazia ao ser retirada de um corpo. Um dos artesãos usa um fole de couro de cabra para aumentar o calor da fornalha; o outro bate no metal quente para dar-lhe forma.

Armas de mão
- lança de acutilar

Armas de projéteis
- lança de arremesso

Defesas
- escudo leve
- grande escudo
- *laager*

Vestuário
- contas
- fitas

Guerreiros
- Cetchewayo
- Shaka

Conceitos e táticas
- combate a curta distância
- formação em chifre de búfalo

Construções e transportes

Ásia Central

Práticas de guerra mongóis

Os mongóis ascenderam à condição de potência mundial no século XIII, sob a liderança de Gêngis Khan. Ele uniu as tribos da Mongólia numa força poderosa que aterrorizou e conquistou territórios da China ao Oriente Médio e à Europa Oriental. Após a morte de Gêngis Khan, seus sucessores governaram dinastias mongóis muito bem-sucedidas, como a Horda de Ouro, na Rússia. Seu sucesso militar foi construído com base na maestria ao cavalgar e nas táticas de falsas retiradas e ataques de fustigamento – mas eles também adotaram técnicas militares dos povos conquistados, entre elas métodos chineses e árabes de guerra de sítio e seu uso de armas à base de pólvora. Contudo, os mongóis tinham domínio precário da guerra naval e fracassaram ao tentar invadir o Japão.

Subotai, um dos maiores generais de Gêngis Khan
Tendo começado como simples guarda na tenda de Gêngis Khan, Subotai acabou comandando exércitos mongóis em campanhas na China, na Pérsia, na Coreia e na Rússia. A oeste, avançou até a Hungria, mas, devido à morte repentina de Gêngis Khan, retrocedeu para leste, poupando a Europa do domínio mongol.

Ver também
Blindagem corporal, *pp. 302-3*

Retrato chinês de Gêngis Khan
Nascido por volta de 1162 nas estepes da Mongólia, Gêngis Khan teve sucesso ao derrotar e em seguida incorporar tribos belicosas num único e poderoso exército. O primeiro alvo de sua máquina de guerra foi a China. No começo ele só fazia investidas, mas acabou formando o maior império em extensão contínua da história.

Armas e couraça mongóis

Usando a tradicional blindagem de couro e malha metálica das estepes, os mongóis também adotaram armas e costumes militares dos povos que conquistaram, como a couraça para o ombro de estilo chinês e o elmo de estilo árabe vistos aqui.

Guerreiros tártaros

O nome Tartária foi dado às terras dominadas por tribos turcomanas no sul da Rússia e na Ásia Central. Elas fizeram parte da Horda de Ouro mongol, mas em outros períodos eram tribos independentes que assaltavam as cidades em redor das estepes. Os russos recrutaram muitos desses ferozes guerreiros tártaros para seus exércitos. Eles eram inimigos irredutíveis dos cossacos cristãos.

Elmo mongol

Os russos pagaram caro por seu fracasso em deter os mongóis e viveram sob o jugo da Horda de Ouro por mais de um século. Este elmo, de uma coleção russa, tem forte influência de modelos persas e turcos e reflete a ampla variedade de culturas militares da Rússia medieval.

Armas de mão

Armas de projéteis
• armas à base de pólvora

Defesas

Vestuário
• blindagem de couro e malha
• couraça de ombro
• elmo de estilo árabe
• elmo mongol

Guerreiros
• Gêngis Khan
• Horda de Ouro
• Subotai
• tártaros

Conceitos e táticas
• arte de cavalgar
• ataque de fustigamento
• falsa retirada
• guerra de sítio

Construções e transportes

O Oriente Médio

O mundo árabe

Com o lento declínio do Império Bizantino no Mediterrâneo oriental, os árabes e os turcos muçulmanos preencheram o vazio. Os árabes conquistaram o litoral norte-africano e entraram na Espanha. Ali, foram chamados de mouros e criaram uma civilização brilhante. Os turcos estabeleceram-se na Ásia Menor e terminaram por capturar a capital do Império Bizantino, Constantinopla, em 1453. A partir do século XI, os europeus realizaram expedições militares à Palestina – as Cruzadas – para reconquistar cidades santas reverenciadas pelos cristãos. Os chefes guerreiros islâmicos reagiram, e o mais famoso deles foi Saladino. Chocaram-se os métodos ocidental e oriental de guerra. Os cavaleiros europeus passaram a valorizar os arqueiros a cavalo, e os guerreiros islâmicos vieram a respeitar as ordens religiosas militares pesadamente armadas, entre elas os hospitalários e os cavaleiros templários.

Um exército árabe do século XI avança ao som dos músicos
Conhecidos como sarracenos pelos oponentes cristãos, os exércitos islâmicos em geral combinavam árabes e turcos; eram fortes na cavalaria, com lanceiros pesadamente blindados e arqueiros montados com couraças ligeiras.

Retrato de Saladino
Saladino, chefe guerreiro curdo, comandou os sarracenos durante a Terceira Cruzada e foi o inimigo implacável de Ricardo Coração de Leão. Embora derrotado por Ricardo na Batalha de Arsuf, conquistou Jerusalém. No entanto, após um tratado com os cruzados, permitiu que peregrinos cristãos visitassem a cidade.

Armas e couraças da Pérsia
Há três couraças persas ao lado: um peitoral decorado ao estilo damasceno e dois elmos com malha. As dinastias timúrida e safávida fizeram da Pérsia uma potência militar islâmica do Oriente Médio e um oponente incansável dos turcos otomanos em expansão.

Krak des Chevaliers, Síria
Este foi um dos maiores castelos do período das Cruzadas e sede dos hospitalários, uma das ordens militares religiosas de elite, cujas incursões contra os sarracenos foram uma ameaça constante. Sua tarefa era proteger as caravanas de peregrinos cristãos a Jerusalém, mas os hospitalários também saqueavam os núcleos vizinhos.

Adaga moura de três pontas
Era usada sobre um protetor de mão pelo cavaleiro e funcionava como a katar mogol – uma arma de lâmina larga concebida para perfurar a couraça inimiga. Por todo o mundo islâmico, da Espanha moura à Índia mogol, o armamento apresentava muitas similaridades.

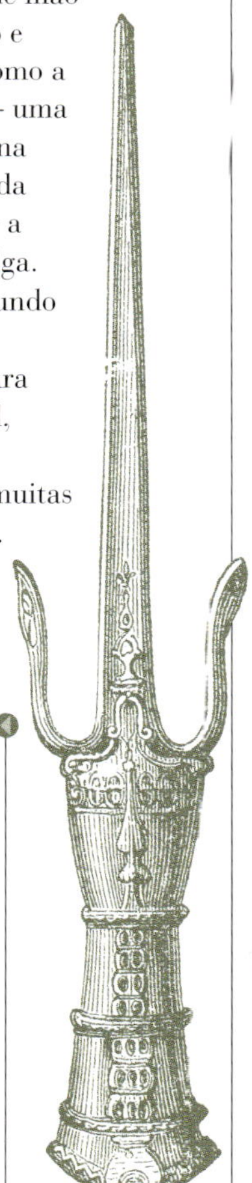

Figuras militares mouras de Alhambra, Granada, Espanha
Com guerreiros do norte da África, os mouros conservaram terras na Espanha até o final do século XV. Os assaltos frequentes em ambos os lados significavam que mouros e cristãos estavam altamente militarizados na Espanha e eram hábeis em todas as práticas de guerra, como as táticas de sítio. Os mouros incorporaram algumas técnicas militares dos bizantinos.

Armas de mão
• adaga de três pontas
• lança

Armas de projéteis
• arco

Defesas

Vestuário
• couraça persa

Guerreiros
• cavaleiros templários
• hospitalários
• mouros
• Saladino
• sarracenos

Conceitos e táticas
• arqueiros montados
• forte cavalaria

Construções e transportes
• Krak des Chevaliers

Veja também
As Cruzadas, *pp. 102-5*

Índia

O Império Mogol

Os invasores turcos muçulmanos da Ásia Central sempre fizeram investidas, no norte da Índia, governando vários sultanatos ao longo da Idade Média, mas o maior desses conquistadores chegou no século XVI. Babur, descendente do governante mongol Tamerlão, chegou à Índia vindo do Afeganistão em 1526 e estabeleceu a dinastia mogol (nome derivado de "mongol"), que dominou grande parte da Índia até ser eclipsada pelo Império Britânico, no século XVIII. Akbar, neto de Babur, foi o principal imperador dos mogóis. Seus talentos administrativos eram tão sofisticados como sua arte militar: ao recrutar príncipes hindus para altos cargos no governo, ele assegurou que sua dinastia muçulmana continuasse no poder por pelo menos mais 150 anos.

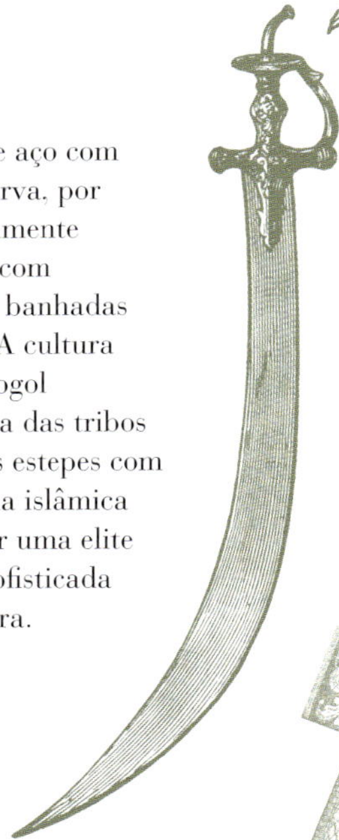

Tulwar
Espada de aço com lâmina curva, por vezes belamente decorada com inscrições banhadas em ouro. A cultura militar mogol mesclava a das tribos turcas das estepes com a da Pérsia islâmica para gerar uma elite marcial sofisticada porém dura.

Khanjar
Khanjar do século XVIII, faca com lâmina curva de 23 centímetros reforçada por uma estria central. As guardas decoradas eram de marfim de elefante ou de aço damasquinado.

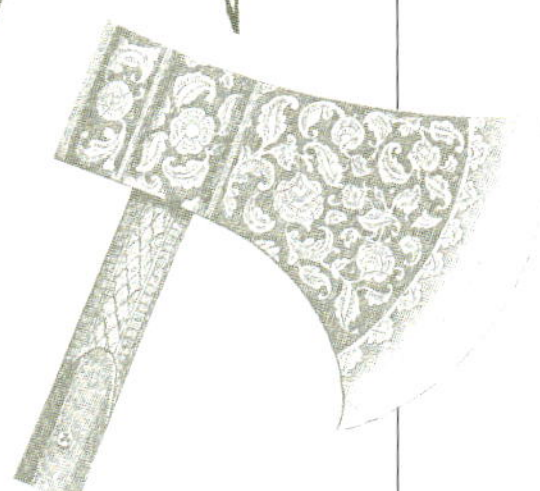

Machado de sela mogol
Tem cabeça damasquinada com desenhos florais banhados em prata. A cavalaria couraçada mogol se armava pesadamente, com arco, aljava, espada, lança e um machado para romper a couraça de malha do oponente.

Katar
Arma típica indiana, com lâmina larga para perfurar couraças e empunhaduras duplas quadradas. Algumas versões pouco usuais do *katar* tinham lâmina dupla ou até canos de pistola.

Estilo damasceno
Couraça mogol damasquinada do século XVII, feita de aço gravado com intricados padrões florais banhados em ouro – um método de decoração originário de Damasco, na Síria. Esta couraça de placas era usada sobre uma túnica de malha que ajudava a proteger das flechas.

Ver também
Práticas de guerra mogóis, *pp.150-1*
Espadas, *pp. 282-3*
Blindagem corporal, *pp. 302-3*

Babur, o conquistador da Índia

Babur, o imperador mogol (centro), conduz seu exército numa expedição militar. Ao conquistar de início as cidades da Ásia Central, Babur obteve os recursos para organizar um poderoso exército com o fim de invadir a Índia. Alguns soldados, provavelmente recrutados no Afeganistão, montam camelos-da-bactriana. Um típico exército mogol tinha mais cavalaria que infantaria.

Armas de mão
- espada
- *katar*
- *khanjar*
- lança
- machado
- *tulwar*

Armas de projéteis
- arco

Defesas

Vestuário
- cota de malha
- couraça corporal damasquinada

Guerreiros
- Akbar
- Babur

Conceitos e táticas
- cultura militar sofisticada

Construções e transportes
- camelo-da-bactriana

Índia

Práticas de guerra mogóis

Os sucessores de Akbar estenderam seu império por toda a Índia, mas no final do século XVII um novo poder se erguia no sul: os maratas hindus. Eles combateram os mogóis e limitaram seu império ao norte do subcontinente. Entre as duas potências guerreiras vieram colocar-se os mercadores europeus e seus soldados. Em meados do século XVIII, britânicos e franceses lutavam pelo controle do lucrativo comércio na região. Os mogóis logo responderam aos modernos métodos de guerra, organizando tropas com mosquetes e artilharia próprios, mas manobravam pior que seus inimigos. Os britânicos conseguiram vencer várias batalhas e ao mesmo tempo firmar tratados com os governantes indianos remanescentes. Em 1805, o período mogol terminou e seu último imperador deixou a região.

Cavaleiro couraçado mogol
Vindos da Ásia Central, os mogóis privilegiaram a cavalaria em seu exército, com uma cavalaria ligeira de arqueiros e outra pesada para combate a curta distância. Os arqueiros fustigavam e enfraqueciam o inimigo, levando-o a carregar e romper sua formação – o que permitia à cavalaria pesada esmagar e dispersar as forças remanescentes.

Veja também
Katar, *p. 148*
Adaga moura de três pontas, *p. 147*

Um príncipe indiano num elefante
Os elefantes de guerra, alguns blindados com couraças de placas e malha, formavam parte importante do exército mogol. Com os soldados em *howdahs* (cestos), os animais avançavam na frente do comandante para intimidar os cavalos inimigos, que fugiam do tamanho, dos bramidos e do odor dos elefantes. Uma escolta de soldados os guardava, impedindo que a infantaria inimiga os atacasse.

Cipaio do século XVIII
Cipaio de um batalhão de Bombaim (atual Mumbai) da Companhia das Índias Orientais, em meados do século XVIII. Os britânicos recrutaram soldados indianos e os equiparam com mosquetes e casacos vermelhos. As vitórias britânicas na Índia contra os maratas pressionaram os mogóis, que terminaram por abrir mão de seus domínios.

Acampamento militar mogol, final do século XVI
Os soldados na parte baixa da ilustração têm armas de fogo. Já familiarizados com foguetes e outras armas que usavam pólvora, os mogóis logo as adotaram, fabricando mosquetes – alguns deles com incrustações de aço damasquinado banhado a ouro.

Amostra de armamento mogol
No centro, a faca *katar* para romper couraças (*à direita*) e as garras de tigre (*à esquerda*). A arma com gancho (*à direita*) serve para controlar elefantes de guerra. O elmo da cavalaria mogol (*à esquerda*) tem guarda do nariz reta e ajustável e malha protetora do pescoço.

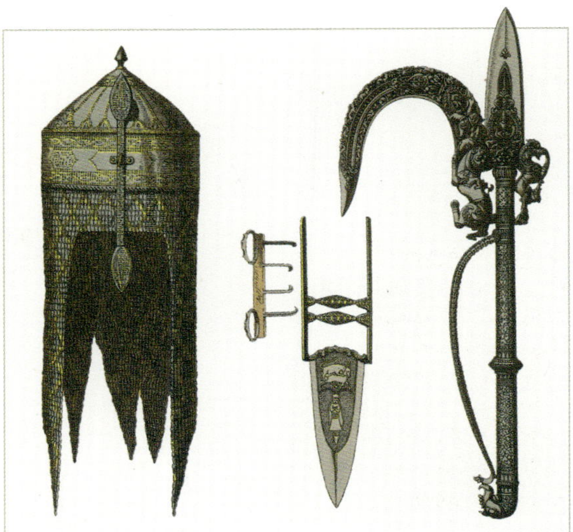

A revolução das armas de fogo

1500-1650

O uso crescente de armas à base de pólvora trouxe, com o tempo, uma transformação nas práticas de guerra e na composição dos exércitos. A maior influência da artilharia foi sentida, a início, na esfera das operações de sítio. O poder da pólvora tornou obsoleta a forma medieval do castelo, mas as primeiras armas de fogo manuais não puderam substituir as bestas e os arcos longos até o avanço tecnológico as tornar mais eficientes.

As guerras e campanhas que desfiguraram a Europa nesse período foram críticas para o desenvolvimento militar, e a influência de comandantes inovadores revelou-se crucial. Entre eles estavam Gonçalo de Córdoba, Maurício de Nassau e o rei Gustavo Adolfo da Suécia.

A evolução dos métodos de guerra não se concentrou apenas na dependência do uso crescente da pólvora. O campo de batalha não podia mais ser dominado pelo cavaleiro; vulnerável a projéteis, ele também encontrava a resistência de formações armadas de piques, ainda mais potentes quando associados a outras armas. O uso efetivo dessas formações exigia movimentos coordenados e disciplinados, feitos por grupos de guerreiros mais profissionais que as reuniões feudais de homens basicamente treinados para a habilidade individual no manejo de armas. Com base nas maciças formações de piques desenvolveram-se unidades táticas mais sutis, nas quais se integravam as armas de projéteis. A formação espanhola do *tercio* combinava blocos de piqueiros com corpos de mosqueteiros, que eram vulneráveis ao recarregar as armas. Os piqueiros protegiam os mosqueteiros e ao mesmo tempo conservavam sua capacidade ofensiva, tornando-se o elemento mais efetivo na guerra terrestre.

As táticas de cavalara também mudaram, para incorporar tropas com armas e equipamentos mais ligeiros, e portanto mais adequadas para algumas tarefas que o guerreiro couraçado. Armas de fogo portáteis proporcionaram à cavalaria seus próprios projéteis, embora a escolha por disparar uma arma de fogo de um cavalo tendesse a reduzir o poder ofensivo da cavalaria, até que os méritos da carga fossem reafirmados.

Armas de fogo

Origens e evolução

As primeiras armas de fogo portáteis eram rudimentares e operavam segundo o mesmo princípio do canhão: um cano ou tubo de metal onde era inserida pela boca uma carga propelente, com a ignição sendo obtida pela introdução de uma fagulha por um orifício no cano. As primeiras ilustrações sugerem que isso se obtinha por meio de uma vareta ou de um ferro em brasa. Contudo, a dificuldade em conservar tão quente o ferro no campo de batalha leva a crer que, em alguns casos, as varetas podiam ser suportes para alguma espécie de mecha acesa. Alguns dos primeiros canhões manuais tinham o metal do cano estendido para formar um longo cabo que facilitava o uso, e daí se desenvolveram as armas dotadas de culatra. Os primeiros canhões manuais eram pequenos, um tubo de cerca de 20 centímetros montado numa peça de madeira.

Apoios de armas de fogo portáteis
Algumas das primeiras coronhas de armas portáteis tinham a parte traseira muito curva; outras eram retas e ficavam sobre o ombro ou sob o braço. Como uma das mãos era necessária para inflamar a carga e a outra para segurar o cano, foram concebidos suportes – um descanso ou uma arma de alcance na qual podia-se apoiar o cano. Aqui, o soldado prende a coronha da arma sob o braço, operando uma serpentina com uma mão e segurando o descanso com a outra.

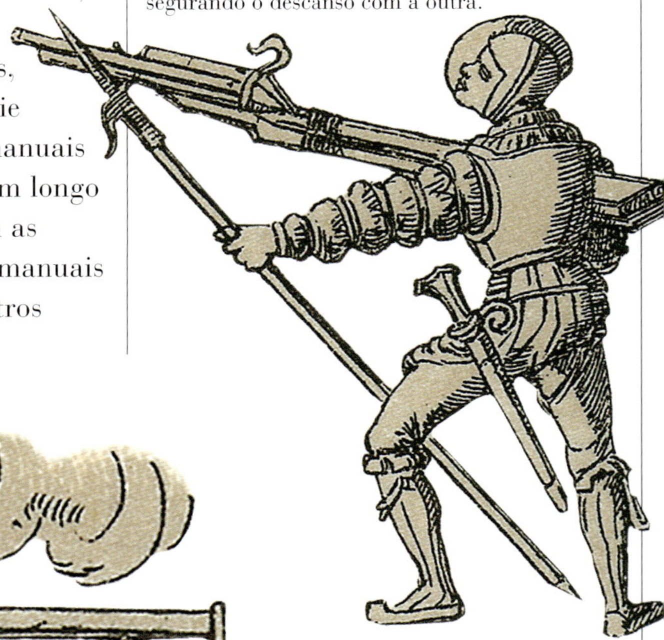

Antiga arma de fogo portátil
Esta é uma das primeiras versões de arma de fogo portátil. O cano fica apoiado enquanto o soldado inflama a carga propelente de pólvora com uma vareta ou suporte para mecha.

Ver também
Fecho de mecha e fecho de roda, *pp. 156-7*
Anatomia de uma arma de fecho de mecha, *pp. 158-9*
Armas de fogo manuais, *pp. 298-9*

"Borrifador de água benta"
Esta arma, da primeira metade do século XV, combina uma arma portátil multicanos com um "borrifador de água benta", nome algo irônico para um tipo de maça com pregos. Projetadas no final do século XIV, já no início do século XVI as armas de fogo multicanos incluíam armas montadas em carretas para produzir uma forma de artilharia ligeira – às vezes chamadas de órgãos, pela semelhança com os tubos desse instrumento – e armas portáteis.

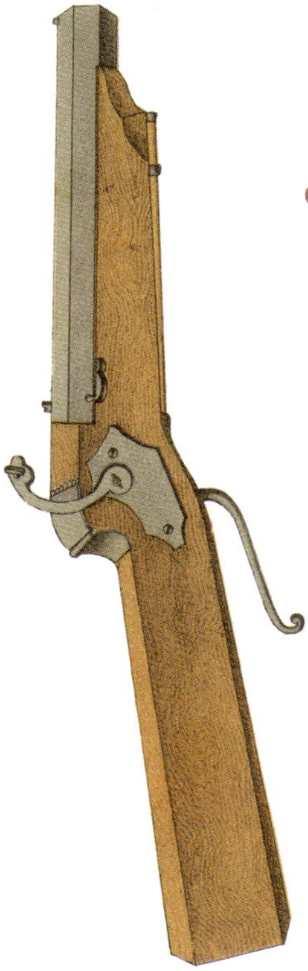

Uma das primeiras armas de fecho de mecha
A dificuldade de segurar a arma com uma das mãos e inflamar a carga com a outra levou à invenção do mecanismo de fecho de mecha. Com uma peça em forma de "S" ou "Z" – a serpentina –, o movimento da parte do gatilho dessa peça abaixava a outra extremidade com a mecha acesa na caçoleta onde estava a pólvora. Mais tarde, a serpentina de uma só peça deu origem ao gatilho e ao prendedor de mecha separados mas conectados, mostrados aqui.

Arcabuz
Os primeiros tubos simples de bronze ou ferro eram adaptados a coronhas de madeira, similares às das bestas, para permitir seu uso manual. Alguns tinham um encaixe na extremidade fechada do cano, permitindo a inserção de um cabo de madeira; outros eram presos à coronha por tiras de ferro. Este exemplar, talvez do final do século XIV, tem o cano adaptado a uma coronha de madeira.

Arcabuz, c. 1420
Muitas das primeiras armas de fogo tinham uma projeção em forma de gancho na parte de baixo para permitir seu apoio em segurança num muro e reduzir o efeito do recuo. Daí veio o nome *Hackenbüchse* (armas de gancho), que se tornou *harquebus*, ou *arquebus*, em francês, *hackbut*, ou *hagbut*, em inglês, e "arcabuz", em português. Mais tarde, o termo foi usado para todas as armas de fogo portáteis.

Armas de fogo

Fecho de mecha e fecho de roda

A mecha ardendo presa numa serpentina deu o nome ao mosquete de fecho de mecha, mas outro desenvolvimento tecnológico, projetado no início do século XVI ou talvez ainda antes, derivou do método de acender fogo usando pederneira e aço ou um material similar. Envolvia uma roda serrilhada que girava rapidamente para produzir faíscas ao bater num pedaço de pirita de ferro. Presa na lateral da arma, a roda era acionada por uma forte mola ligada ao eixo da roda por uma cadeia. Uma chave girava a roda, enrolando a cadeia em torno do eixo e comprimindo a mola; a pressão sobre um gatilho conectado ao sistema liberava a roda, que girava e produzia faíscas da pirita presa no cão. Este era articulado de modo a ser mantido contra a roda, pronto para disparar.

Carabina de fecho de roda
Esta carabina de cano curto decorada mostra o mecanismo da roda e a caçoleta com a pólvora; a caçoleta tinha uma cobertura fechada manualmente que se abria quando a roda girava. Note-se como o cão podia ser colocado ao lado do cano, permitindo o transporte seguro da arma mesmo com a roda pronta para a liberação.

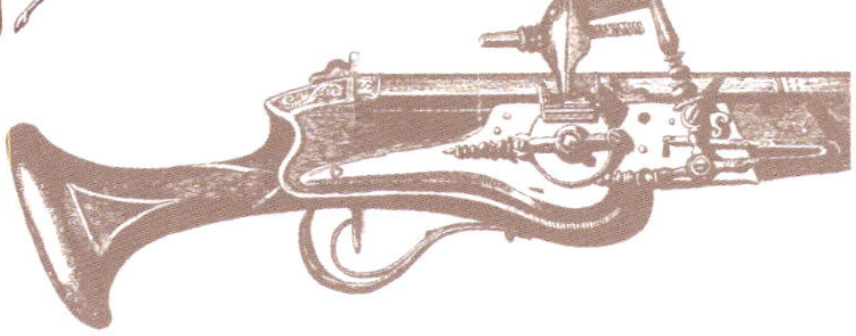

Pistola de fecho de roda de carregar pela culatra
A maioria das armas de fogo portáteis era carregada pela boca. Havia armas de carregar pela culatra com fecho de mecha e fecho de roda, mas seu uso nunca se popularizou. Este exemplar de meados do século XVI mostra o cão em posição de disparo, com os braços, que prendiam a pirita de ferro, colocados contra a roda serrilhada.

Frascos de pólvora e chaves
O cartucho – uma carga medida de pólvora e uma bala num tubo de papel – só apareceu no século XVII; antes disso, usavam-se pólvora e projéteis soltos. Os polvorinhos, frascos de pólvora que depositavam o propelente pela boca da arma, muitas vezes por um medidor, costumavam ser bastante decorados, como este exemplar com entalhes; as balas eram levadas em bolsas. Também são mostradas as chaves usadas para colocar o fecho de roda no modo de disparo.

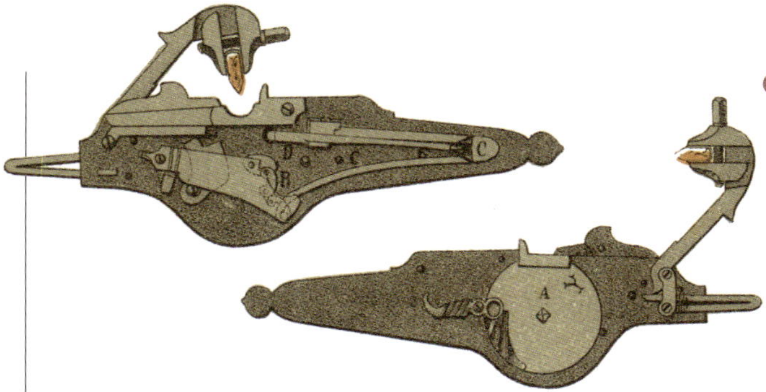

Fecho de roda

Mecanismo interno (*no alto*) e aparência externa (*embaixo*) do fecho de roda. Até o tipo mais simples de fecho de roda era bem complexo em termos mecânicos – fator refletido no preço alto em comparação com o de outros mecanismos. Em 1631, por exemplo, uma arma de fecho de pederneira custava apenas dois terços daquela com um fecho de roda. A vista interna do mecanismo mostra o cão, com um pedaço de pirita de ferro preso em seus braços, sobre a caçoleta.

Fechos de roda complexos

Os mais complicados mecanismos de fecho de roda contavam com uma cobertura automática da caçoleta, que se abria quando a roda girava. Na vista interna (*no alto*), o cão está em posição de disparo sobre a roda. Na vista externa (*embaixo*), está puxado para trás em posição de segurança. A tecnologia do fecho de roda tornava-o relativamente frágil. Fizeram-se tentativas de reduzir a possibilidade de dano fechando o mecanismo externo com uma tampa. Também se tentou combinar o fecho de roda com um fecho de mecha, ou instalar um segundo cão para manter a arma operacional mesmo se a pirita quebrasse num cão.

Mosquetes de fecho de mecha e fecho de roda

Estas ilustrações de mosquetes da primeira metade do século XVI comparam a aparência da arma de fecho de mecha (*no alto*) com a do fecho de roda (*embaixo*). O formato da coronha, em especial na parte traseira, variou consideravelmente, exigindo que o atirador a apoiasse contra o peito ou no ombro, conforme o modelo.

Ver também

Anatomia de uma arma de fecho de mecha, *pp. 158-9*

Armas de fogo manuais, *pp. 298-9*

Mosquete de fecho de roda

Mosquetes de fecho de roda em geral não eram usados para finalidades militares comuns, pois o fecho de roda era menos resistente que outros sistemas. Mas eram usados para a caça, por aqueles que podiam fazer frente à despesa considerável. Armas assim podiam ser bem decoradas, num grau que acompanhava a complexidade tecnológica do mecanismo, com relevos no metal e a coronha entalhada ou incrustada.

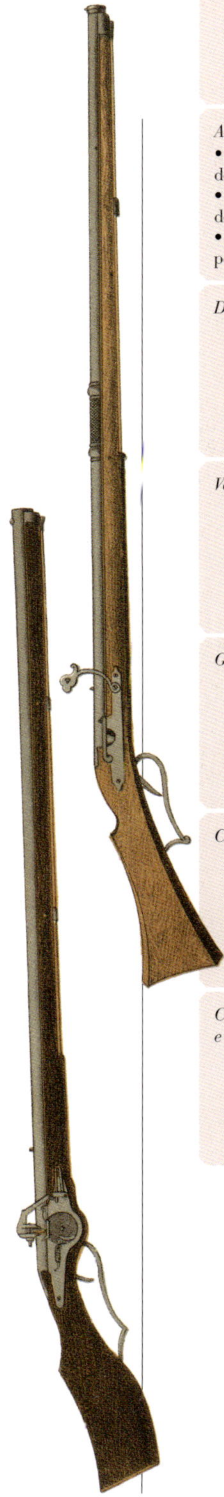

Anatomia de uma arma de fecho de mecha

1 Esta arma, uma das primeiras de fecho de mecha, mostra o prendedor da mecha ao lado do orifício no cano pelo qual a chama da pólvora na caçoleta atingia a carga propelente.

2 A arma de fecho de mecha e cano longo tornou-se conhecida como "mosquete". O termo deriva do italiano *moschetto*, "filhote de gavião", seguindo a prática de dar nomes de animal a armas. O uso inicial do termo implica que se tratava de algo mais leve que as pesadas armas de gancho (arcabuzes), mas ainda assim era uma arma pesada. O tamanho nunca foi padronizado de fato, mas no início do século XVII os mosquetes ingleses tinham um cano com 1,22 metro de comprimento – para o comprimento total de 1,57 metro –, podendo receber de dez a doze balas feitas de 1 libra de chumbo. Uma forma mais leve de mosquete foi chamada de *caliver*, termo que tem a mesma origem da palavra "calibre". Em 1630 se estabeleceram medidas para o comprimento do cano das armas de fogo inglesas: mosquete, 1,22 metro; *caliver*, 99 centímetros; arcabuz, 76 centímetros; carabina, ou *petronel*, mesmo comprimento do cano do arcabuz, mas com diâmetro menor.

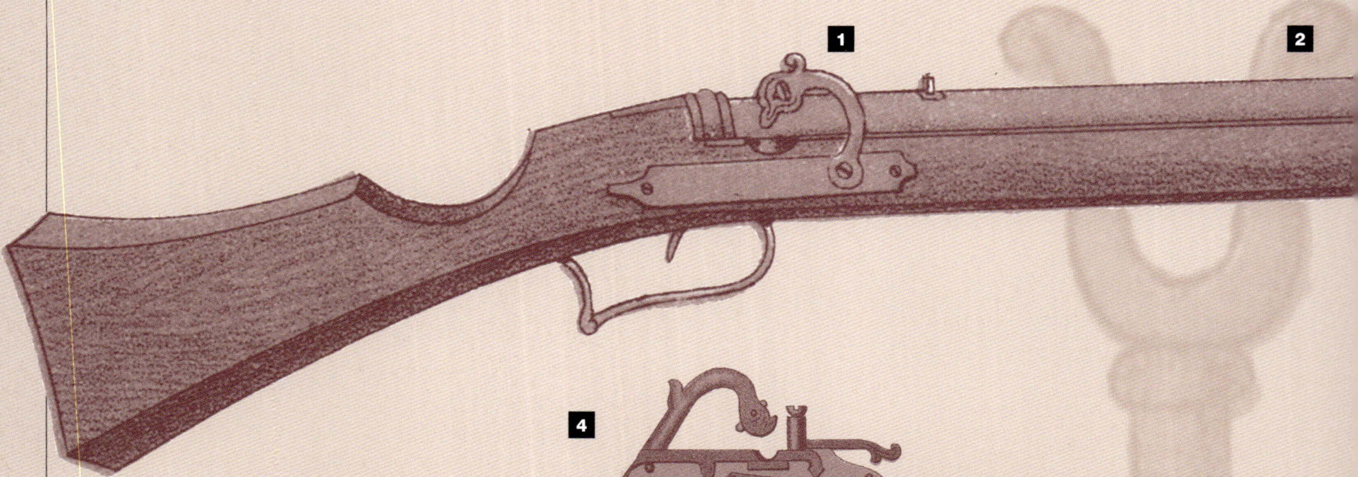

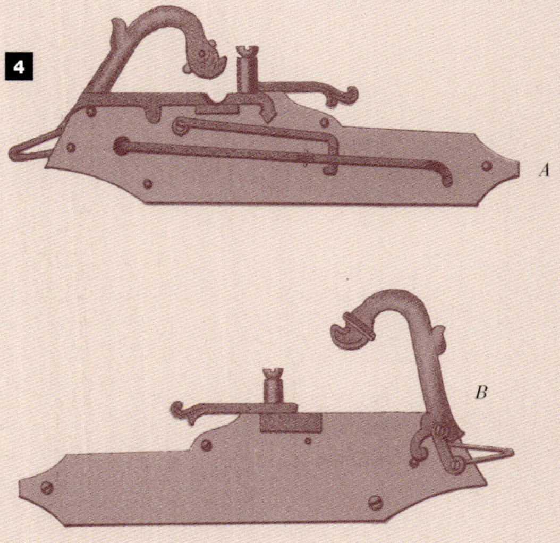

4 Vistas interna (*A*) e externa (*B*) do mecanismo de fecho de mecha. Ele se desenvolveu das primitivas serpentinas de uma só peça, que formavam o método mais básico de levar automaticamente um pedaço aceso de mecha até a pólvora na caçoleta, movendo a parte do gatilho da serpentina. A mecha ficava presa no fim da serpentina e não podia parar de arder. Em tempo úmido, os mosqueteiros levavam a mecha no bolso ou até dentro do chapéu, para conservá-la seca.

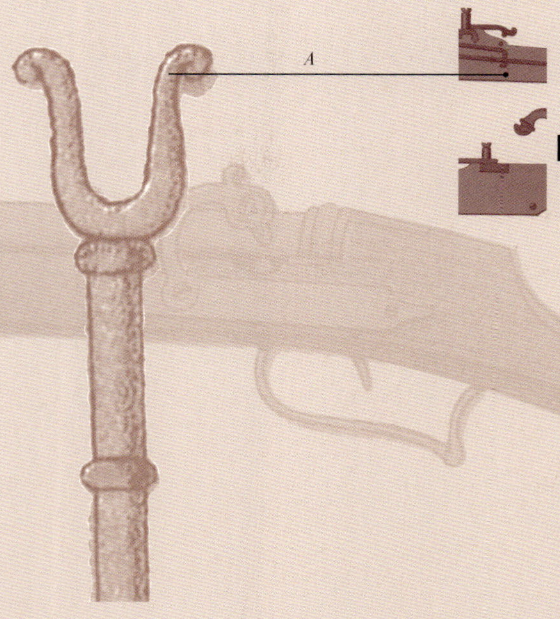

3 O mosquete requeria um apoio em forquilha para suportar o peso do cano e permitir que o mosqueteiro mirasse numa trajetória reta. O apoio tinha a parte superior em forma de "U" (*A*), na qual o cano ficava, e por vezes uma extremidade pontuda (*B*), que era cravada no solo para proporcionar uma base estável.

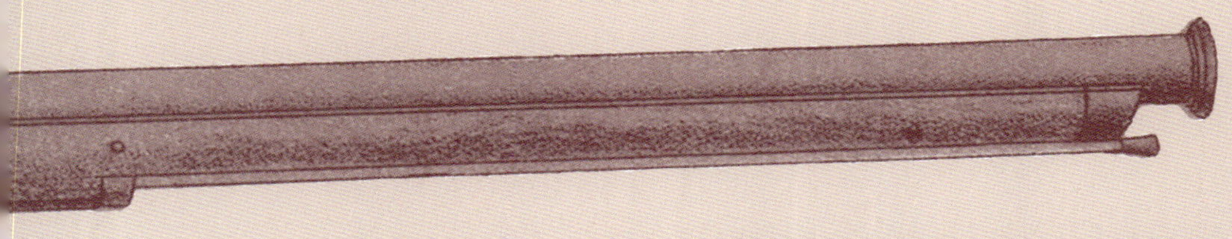

5 Estas vistas interna (*A*) e externa (*B*) de um fecho de mecha mostram a tampa da caçoleta. A mecha que ficava presa no cão se compunha de corda de cânhamo ou material similar embebido em uma mistura combustível – os ingredientes variavam, mas o salitre aparecia na maioria delas. Havia uma variação entre a mecha lenta e a rápida. A mecha continuou em uso até o século XIX como método de ignição de canhões, muito depois de o mosquete de fecho de mecha ser substituído pelo de fecho de pederneira. No início do século XIX, a mecha lenta britânica queimava à base de 90 centímetros a cada hora, e a extensão similar de mecha lenta francesa, em seis horas. Nos fechos mecânicos que se desenvolveram das primeiras serpentinas de uma só peça, o prendedor da mecha, ainda com frequência moldado em serpentina, estava ligado a uma alavanca, que se movia dentro da placa da mecha e era operada por um gatilho.

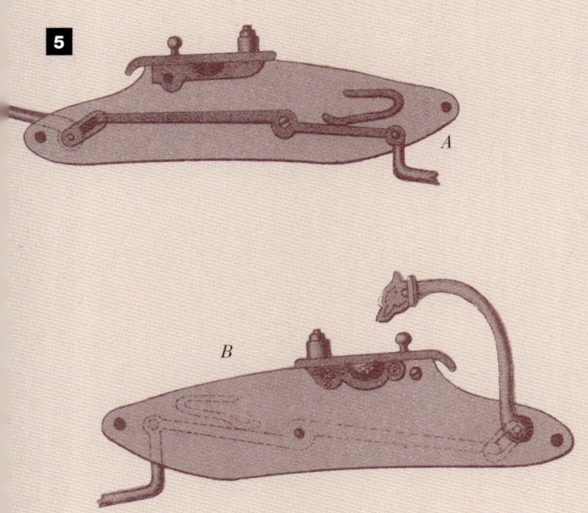

Artilharia e fortificações

Os avanços tecnológicos

Embora pouco eficaz nesse período, a artilharia formava parte significativa de um exército. A peça padrão consistia num cano ou tubo montado sobre uma carreta de duas rodas, geralmente grande, pesada e difícil de mover. Aperfeiçoamentos na forja dos canos permitiram o uso de maiores cargas e projéteis. As peças de artilharia de diferentes tamanhos em geral ganharam nomes específicos, em vez de ser designadas segundo o peso de seu projétil, como ocorreu mais tarde. Entre as armas inglesas do século XVII estavam as assim chamadas (da menor para a maior): robinete, falconete, falcão, minion, sacre, meia-colubrina, colubrina, meio-canhão, canhão e canhão real. Peças maiores que a colubrina ficavam, na maioria dos casos, restritas a sítios ou à defesa de fortalezas.

Peça antiga de artilharia
Imagem antiga de uma pequena peça de campanha montada numa carreta de duas rodas. Para elevar o cano, inseria-se uma cunha sob a extremidade fechada. Aqui, o artilheiro está prestes a disparar o canhão, aproximando a mecha em brasa do orifício do cano. O ritmo de tiro era lento, cerca de doze disparos por hora para um canhão mais leve, e oito para uma peça muito pesada.

Peça de artilharia francesa
Peça francesa do terceiro quarto do século XVI, com a típica carreta de duas rodas. O projétil padrão era uma simples bola, de ferro ou de pedra, carregada pela boca. A curta distância disparavam-se caixas com balas, projéteis soltos ou fragmentos metálicos, com efeitos temíveis para a pessoa alvejada.

Ver também
A evolução da artilharia, *pp. 210-1*
Guerra de fortificações e de sítio, *pp. 212-3*
Anatomia de um canhão, *pp. 224-5*
Artilharia, *pp. 296-7*

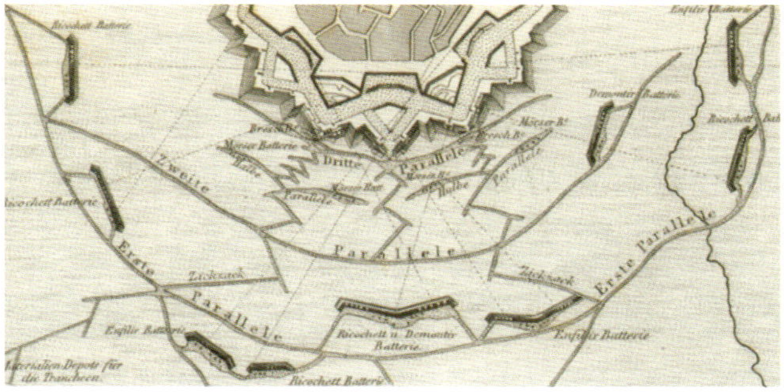

Forte em polígono estrelado
Quando a artilharia ficou poderosa o suficiente para derrubar os muros dos antigos fortes, a teoria das fortificações passou por uma completa mudança, iniciada na Itália do início do século XVI. Foram concebidos novos estilos, para resistir à artilharia ou incorporá-la, e o projeto dos fortes, como aqui se mostra, passou a seguir linhas geométricas precisas.

Fortificações
Desde o final do século XVI, os projetos das fortificações foram renovados, com ênfase na defesa em profundidade. Os fortes consistiam numa série de construções baixas rodeadas por terreno aberto, deixando o atacante sem cobertura. Fortificações adicionais estendiam-se além das defesas principais: revelins, fortes triangulares separados entre dois bastiões e obras exteriores como os hornaveques, mostrados aqui.

Operações de sítio
Em resposta ao aperfeiçoamento no projeto das fortificações, as operações de sítio alcançaram um pico de eficiência no final do século XVII. Linhas sucessivas de trincheiras, ou paralelas, avançavam rumo às defesas por meio de trabalhos de sapa em zigue-zague, com posições construídas para a artilharia, como na ilustração. Quando as trincheiras estavam perto o bastante das defesas, o assalto podia ser lançado.

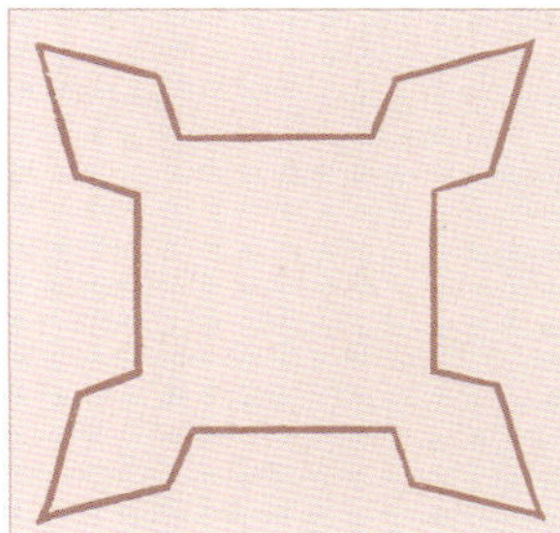

Forte com bastiões
O novo projeto de fortificação era baixo, criando uma plataforma de artilharia efetiva ao mesmo tempo em que oferecia ao inimigo o menor alvo possível. As torres dos cantos foram trocadas pelos bastiões, projeções de quatro lados a partir dos cantos do forte que abriam ao fogo cruzado todo o espaço além muros sem deixar terreno para o atacante ficar a salvo.

Cano de colubrina
Um dos canhões clássicos mais pesados era a colubrina, denominada a partir do francês *couleuvre*, cobra. Seus projéteis pesavam cerca de 6,8 quilos e o comprimento do cano podia ultrapassar 3,35 metros; acreditava-se que um cano mais longo ampliava o alcance. Os canos podiam conter decorações forjadas.

Os últimos cavaleiros, *1500-30*

A ascensão da infantaria

Na Alta Idade Média, o guerreiro montado e couraçado – em geral chamado de cavaleiro – era o combatente mais poderoso, ligado aos mais altos escalões da sociedade e à elite governante. Isso começou a mudar quando outras armas tornaram-se preeminentes: o arco longo inglês, manejado por homens de menor posição social, dizimou a cavalaria da França, e a diminuição da eficácia do cavaleiro foi acelerada pelo desenvolvimento das armas de fogo e dos piques em formação. A Batalha de Pavia (24 de fevereiro de 1525), em que o exército do rei francês Francisco I foi derrotado por uma força imperial espanhola mais equipada com armas de fogo, demonstrou que a cavalaria precisava mudar e fazer uso da nova tecnologia.

Estilos de elmo
Estilos populares do início do século XVI, a partir do alto: o *burgonet* (três figuras), que deixava a face exposta, a qual no entanto podia ser protegida por uma placa separada; o *cabasset* (três figuras), cônico e com aba rasa; o morrião de crista elevada; e o "rabo de lagosta" (uma figura), assim chamado devido à guarda do pescoço articulada.

Cavaleiro, século XVI
Cavaleiro em armadura completa, com o magnífico equipamento do início do século XVI. Além da espada, ele está armado com um martelo de guerra, usado contra couraças. Também se veem as couraças da montaria, protetoras da cabeça (*chanfron*), do pescoço (*crinet*), do peito (*poitrel*) e dos flancos (*flanchards*).

Imperador Maximiliano I
Seguindo-se ao estilo gótico de armadura, que alcançou o auge no final do século XV, o estilo canelado (com ranhuras verticais) tornou-se popular a partir de c. 1500, atingindo o apogeu por volta de 1530. Era por vezes chamado de estilo maximiliano em referência ao imperador Maximiliano I (1459-1519), mostrado aqui.

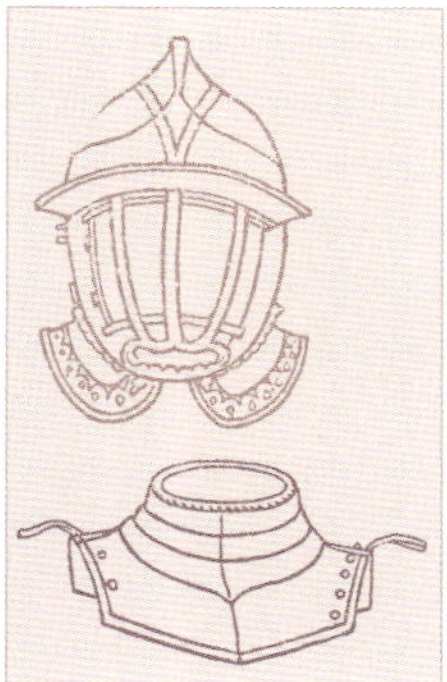

Elmo *burgonet*
Elmos como o *burgonet* e o "rabo de lagosta" podiam ser usados com uma guarda para o pescoço (*embaixo*). Também podiam ter uma guarda com barras para a face ligada ao topo do elmo ou uma barra nasal deslizante que passava pelo topo.

Espadas
O tipo de espada mais profusamente decorado no século XVI foi a rapieira, arma de lâmina reta para perfurar. Costumava ter uma guarda elaborada para proteger a mão, composta de *quillons* (barras em ângulo reto com a lâmina) e barras curvas, como na figura, ou guardas em forma de taça.

Armadura, século XVI
No século XVI surgiram alguns dos melhores exemplos da arte dos fabricantes de armaduras, entre eles peças com decorações gravadas e douradas. No final do século XVI, difundiu-se cada vez mais a meia armadura, como a mostrada aqui, em que as defesas para as pernas foram descartadas.

Guerreiros
Couraças da segunda metade do século XVI, como a meia armadura de um homem armado com um arcabuz de fecho de mecha (*extrema esquerda*), a armadura de placas lisas que sucedeu ao estilo canelado (*centro*) e uma armadura de construção muito elaborada, com elmo esculpido em estilo grotesco e uma túnica (*tonlet*) que imitava tecido (*extrema direita*).

Armas de mão
• pique
• martelo de guerra

Armas de projéteis
• arcabuz de fecho de mecha

Defesas

Vestuário
• armadura
• elmo *burgonet*
• elmo *cabasset*
• elmo "rabo de lagosta"

Guerreiros

Conceitos e táticas

Construções e transportes
• cavalo couraçado

Ver também
O cavaleiro medieval, *pp. 90-1*
Blindagem corporal, *pp. 302-3*
Elmos, *pp. 304-5*

O desenvolvimento da cavalaria

Cavalaria ligeira e armas de fogo

Desde o início do século XVI, as táticas de cavalaria ganharam mais disciplina e cresceu o uso das tropas ligeiras. A cavalaria começou a usar armas de fogo – não apenas as tropas ligeiras mas também os cavaleiros pesadamente couraçados. Na Alemanha desenvolveu-se uma forma de cavalaria, em geral composta de mercenários, os *reiters* – literalmente, "cavaleiros", embora fosse uma contração do termo *Schwartzreiter*, "cavaleiro negro", que remetia à couraça escura que se tornou popular nesse período. Além de espadas, eles usavam pistolas; as de fecho de roda eram especialmente adequadas para disparo a cavalo. A lança, uma das armas de cavalaria mais antigas, viu seu emprego diminuir e, no início do século XVII, era raramente vista, embora ainda fosse arma tradicional em certas regiões, sobretudo na Polônia.

Tropas da cavalaria
Dois estilos contrastantes de cavalaria do final do século XVI e do início do XVII. O couraceiro (*à direita*) – assim chamado por sua couraça, ou peitoral – podia carregar uma lança (além da espada) e armas de fogo. O soldado com equipamento ligeiro, protegido por um elmo e uma túnica de couro, era por vezes chamado de carabineiro, por seu mosquete leve ou carabina.

Soldado a cavalo
Integrante da cavalaria ligeira do fim do século XVI. Ele ainda usa meia armadura, que conta com couraças para o peito e os braços, além do elmo *burgonet*. Está equipado com carabina e pistolas – suas armas principais –, além da espada.

Ver também
Armas de alcance, *pp. 284-5*

Soldado da cavalaria ligeira
A partir do final do século XV, os méritos da cavalaria ligeira, usada para tarefas como escaramuça e reconhecimento, passaram a ser mais apreciados. Seu modelo eram as tropas ligeiras de origem turca, húngara e albanesa. Veneza tinha os *stradiots* e a Espanha, os genitores. Essas tropas usavam couraça reduzida e podiam se equipar com armas de fogo, como se vê aqui.

Batalha de Dreux
A cavalaria aparece em ação nesta antiga gravura da Batalha de Dreux, em 19 de dezembro de 1562. Foi um confronto do início das Guerras Religiosas na França, que ocorreram no final do século XVI entre protestantes e católicos. Corpos de piqueiros são visíveis na ilustração, um deles sendo assaltado por todos os lados pela cavalaria, enquanto lanceiros e outros cavaleiros couraçados combatem no primeiro plano.

Armas de mão
- lança
- espada

Armas de projéteis
- arcabuz
- pistola

Defesas

Vestuário
- elmo *burgonet*
- couraça
- meia armadura

Guerreiros
- arcabuzeiro
- *genitor*
- *stradiot*
- *Schwartzreiter*

Conceitos e táticas
- uso crescente de armas de fogo por tropas montadas

Construções e transportes

Infantaria

Os lansquenês

Os suíços, que não tinham cavalaria, desenvolveram uma infantaria ligeira devastadora, revolucionando as táticas da infantaria. Armados com piques de até 6,4 metros, eles marchavam em falanges maciças e disciplinadas, impenetráveis para a cavalaria e capazes de rápida ação ofensiva. Eram complementados por tropas com projéteis, que lutavam basicamente em escaramuças, e alabardeiros, mas era o pique que definia o sistema. A arma mostrou-se tão bem-sucedida que muitos piqueiros tornaram-se mercenários, com frequência a soldo da França. Para enfrentá-los, o imperador Maximiliano I criou uma força similar na Alemanha, os *Landsknechts* ("lansquenês"), organizados em regimentos com disciplina e estrutura de patentes, o que faz deles prováveis precursores dos exércitos modernos. Além de servir ao império, muitos deles se tornaram mercenários.

Vestes dos lansquenês
Os lansquenês usavam com frequência trajes chamativos, alguns com mangas bufantes e entalhes: uma camada exterior com cortes, ou entalhes, revelava uma camada interior em cor contrastante. Acessórios para a cabeça também costumavam ser muito elaborados.

Ver também
Imperador Maximiliano I, *p. 162*
Armas de alcance, *pp. 284-5*

Armas dos lansquenês
Lansquenês em trajes típicos: da esquerda para a direita, um arcabuzeiro portando bandoleira com tubos de pólvora, um pífaro, um homem com arma de alcance e a típica espada curta com *quillons* curvos, às vezes chamada *Katzbalger*, e um soldado com espada para as duas mãos.

Soldados franceses
Esta imagem de tropas a serviço da França na primeira metade do século XVI mostra roupas no estilo de cores contrastantes da época, vestidas por piqueiros suíços e um lansquenê armado com a característica espada para as duas mãos.

Espada para as duas mãos
Projetada para golpes cortantes, esta espada foi uma arma popular de infantaria. Havia também a espada "de mão e meia", arma de lâmina longa empunhada com uma ou com as duas mãos.

Guerreiros, século XVI
O imperador Rodolfo II (*à esquerda*) veste meia armadura com gravações e douramentos. No centro, um oficial subalterno com couraça de piqueiro – peitoral e guardas para as coxas (*tassets*) – e a espada para as duas mãos tão apreciada pelos lansquenês. À direita, soldado de infantaria com alabarda, arma muito útil para enfrentar a cavalaria

Infantaria

Ordem-unida da infantaria

As mudanças táticas exigiram mais disciplina do que até então fora necessário. Devido à sua extensão, o pique devia coordenar os movimentos com os dos outros soldados, para não haver confusão. Os suíços estiveram entre os primeiros a atingir esse nível de disciplina e foram treinados a adotar diversas formações adequadas. De modo similar, o fogo de mosquete era mais efetivo ao ser realizado sistematicamente, em especial quando sucessivas fileiras eram levadas a disparar em sequência, o que resultava num estilo mais formalizado de ordem-unida de tiro. Além da rajada em massa, havia outros métodos, como o avanço das fileiras de trás por entre as dianteiras, disparando ao alcançar a frente da formação.

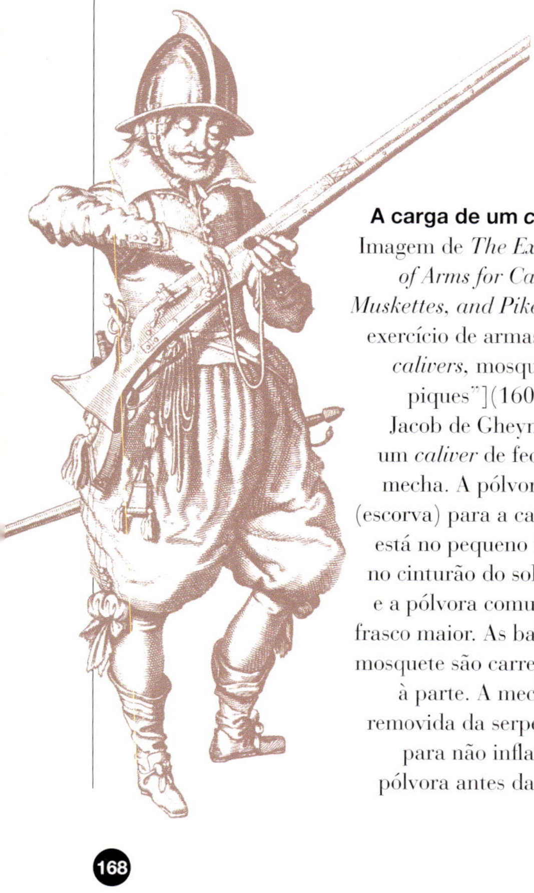

A carga de um *caliver*
Imagem de *The Exercise of Arms for Calivres, Muskettes, and Pikes* ["O exercício de armas para *calivers*, mosquetes e piques"](1607), de Jacob de Gheyn, com um *caliver* de fecho de mecha. A pólvora fina (escorva) para a caçoleta está no pequeno frasco no cinturão do soldado, e a pólvora comum, no frasco maior. As balas de mosquete são carregadas à parte. A mecha foi removida da serpentina para não inflamar a pólvora antes da hora.

Treinamento para pique
Guias ilustrados foram produzidos no século XVII para mostrar a ordem-unida para piques e armas de fogo. Este treinamento mostra como a arma era transferida da posição do ombro na marcha (*XXIX, XXX, XXXIV*) para a posição de carga (*XXXV*), na qual era nivelada para a ação. Na figura *XLI* e na maior à esquerda, o pique está postado contra a cavalaria, inclinado de modo que a ponta fique na altura do peito do cavalo.

Armas de mão
• pique

Armas de projéteis
• *caliver*
• mosquete

Defesas

Vestuário

Guerreiros
• infantaria suíça

Conceitos e táticas
• ordem-unida
e formação

Construções
e transportes

Ver também
Anatomia de uma arma de fecho de mecha, *pp. 158-9*
Armas de alcance, *pp. 284-5*
Armas de fogo manuais, *pp. 298-9*

Treinamento para armas de fogo
Este complicado exercício para carregar e disparar foi extraído de um dos manuais de estudos militares de Johann Jacobi von Wallhausen. Mostra o *caliver*, o mosquete mais leve, que não exigia apoio. Começando pelo mosquete carregado, o soldado prepara a mecha, dispara (*12*) e recarrega, primeiro colocando a escorva na caçoleta e depois a carga de pólvora comum e a bala pela boca da arma, com o uso da vareta (*23-30*).

Guerra na Europa, *1618-51*

A Guerra dos Trinta Anos

A Guerra dos Trinta Anos (1618-48) foi provavelmente o maior e mais destrutivo conflito na Europa antes da era contemporânea. Iniciou-se como um confronto entre príncipes protestantes e católicos alemães, representados a princípio pela União Evangélica Protestante (formada em maio de 1608) e pela Liga Católica (1609), respectivamente. Embora fosse uma guerra religiosa, assumiu a dimensão, cada vez mais política, de conflito entre, de um lado, o Sacro Império Romano-Germânico (dos Habsburgos sediados na Áustria), com o apoio da Espanha e dos príncipes católicos alemães, e, de outro, os que desejavam barrar o poder imperial – os príncipes protestantes da Alemanha, os reinos luteranos da Suécia e da Dinamarca e a França católica.

Oficial de piqueiros, início do século XVII
A couraça dos piqueiros em geral consistia em: elmo alto (*morrião*) ou elmo cônico *cabasset*; placas peitoral e dorsal e lamelares (couraça de lâminas sobrepostas, que eram pequenas placas similares às da armadura de escamas); guardas das coxas (*tassets*) e por vezes um gorjal para o pescoço. A couraça para o corpo também se chamava *corselet*.

Ver também
Fecho de mecha e fecho de roda, *pp. 156-7*
Anatomia de uma arma de fecho de mecha, *pp. 158-9*
Armas de alcance, *pp. 284-5*
Armas de fogo manuais, *pp. 298-9*

Piques e mosquetes
A combinação de piques e mosquetes dominou a teoria tática no período: a proporção de piques diminuiu conforme aumentava a importância das armas de fogo. Uma formação comum devia ter os mosqueteiros dispostos em dois corpos iguais de cada lado de um corpo de piqueiros; outros mosqueteiros podiam ser postados como tropas de escaramuças na frente do corpo principal.

Trajes militares

Os trajes de meados do século XVII usados por oficiais e outros incluíam mantos longos. À esquerda, um piqueiro realiza a parte do treinamento chamada "avance o seu pique"; junto a ele está um oficial subalterno dos piqueiros, com a faixa por vezes usada como marca de graduação e de *status*.

Mosqueteiros

A segunda figura à esquerda e a segunda à direita usam uma novidade: bandoleiras com medidas de pólvora para um tiro. Contudo, os mosqueteiros ainda portavam frascos para carregar os mosquetes quando os tubos se esvaziavam. O soldado na extrema direita coloca pólvora do frasco na caçoleta, mantendo a mecha afastada.

Espadas

Usada por homens como os envolvidos aqui em combate corpo a corpo, a espada permaneceu arma universal. A rapieira clássica, espada de lâmina reta para perfurar, tinha em geral uma guarda elaborada. Espadas menos sofisticadas, com guarda mais simples, eram muito comuns. O homem na extrema esquerda é um mosqueteiro, o que se evidencia pela bandoleira de tubos de pólvora.

Armas de mão
- pique
- rapieira

Armas de projéteis
- mosquete

Defesas
- guardas de mão

Vestuário
- *cabasset*
- *corselet*
- faixa
- gorjal
- lamelar
- *tasset*

Guerreiros
- mosqueteiro
- piqueiro

Conceitos e táticas
- ideologias políticas e guerra religiosa

Construções e transportes

Guerra na Europa

A Guerra dos Trinta Anos

A terrível Guerra dos Trinta Anos devastou boa parte da Europa; cidades foram destruídas ou saqueadas e populações, dizimadas. Os métodos militares se refinaram, pelas necessidades da guerra, os exércitos tornaram-se realmente profissionais, empregando muitos mercenários, e os conflitos contínuos levaram a avanços tecnológicos e táticos. A guerra produziu comandantes notáveis, como o flamengo Johann Tserclaes, conde de Tilly, general do império conhecido pela lealdade; Albrecht von Wallenstein, general movido pela ambição, cuja devoção à causa imperial era um tanto ambígua e que exerceu poderes quase independentes até ser assassinado por seus próprios oficiais; Gottfried, Graf zu Pappenheim, comandante de cavalaria mercenária de renomada capacidade; e um dos maiores chefes militares, o rei sueco Gustavo Adolfo, cujas inovações táticas tiveram enorme importância.

Oficiais
Duas versões do uniforme de cavalaria dos oficiais superiores. Um deles tem o equipamento de proteção limitado a uma túnica de couro sem mangas e peitoral; o elmo fechado com visor podia ser usado com esse equipamento limitado. O outro porta blindagem de couraceiro completa, exceto nas pernas, muitas vezes protegidas por resistentes botas de couro.

Trajes típicos, início do século XVII
Esta imagem mostra um mosqueteiro com uma arma pesada o suficiente para exigir o apoio de dois piqueiros de couraça, dois oficiais e um homem com um *caliver* mais leve. O segundo da direita é um cavaleiro com equipamento de arcabuzeiro, com elmo "rabo de lagosta" e bandoleira de tubos de pólvora. Embora os mosqueteiros em geral portassem espadas, há quem diga que a coronha do mosquete usada como porrete era mais efetiva.

Ver também
Fecho de mecha e fecho de roda, *pp. 156-7*
A Guerra dos Trinta Anos, *pp. 170-1*
Túnica de couro, *p. 181*
Armas de fogo manuais, *pp. 298-9*

Armas de fogo da cavalaria

As armas de fogo eram parte importante do equipamento da cavalaria: as tropas mais pesadas traziam pistolas e os arcabuzeiros, mosquetes. A figura montada tem o mosquete preso ao cinturão do ombro por segurança. O soldado abaixo usa meia armadura e elmo "rabo de lagosta" com barra nasal deslizante. Ele puxa para trás o cão da pistola de fecho de roda.

Oficiais com túnicas de couro

Oficiais de meados do século XVII vestiam com frequência túnica de couro. Essa peça de couro espesso era forte o bastante para desviar uma cutilada e muitas vezes era cortada sobre a coxa, na altura do topo das botas. Podia ser usada sozinha ou sob a couraça.

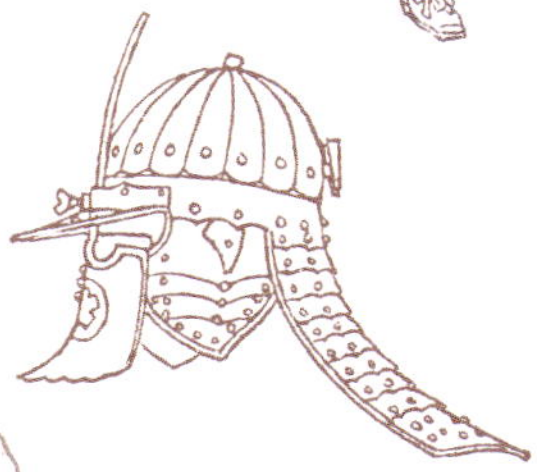

Arcabuzeiro

Esta imagem, das *Militarie Instructions for the Cavallerie* ["Instruções militares para a cavalaria"] (1632), de John Cruso, manual inglês pioneiro, mostra o equipamento do arcabuzeiro: placas peitoral e dorsal provavelmente usadas sobre túnica de couro, elmo *burgonet* e arcabuz leve ou carabina carregado num cinto no ombro, com mecanismo de fecho de pederneira, mais fácil de usar a cavalo.

Anatomia de um exército

No início do século XVI, os exércitos não eram mais o bando de homens de armas típico da Idade Média, e sim corpos disciplinados e formados com mais precisão, compostos de contingentes com deveres específicos. O serviço militar mais profissional foi exemplificado pela publicação de muitos manuais e livros de instrução, por vezes enriquecidos com gravuras detalhadas. Cobriam quase todos os aspectos do serviço militar, entre eles o manejo de armas, o treinamento com pique e mosquete, a artilharia e as fortificações, a equitação, as formações táticas e os métodos de manobrar tropas no campo de batalha.

Esta visão bem detalhada da disposição militar derivou da obra de Ludovico Melzo, cujos escritos foram traduzidos para várias línguas europeias. Uma edição italiana, *Regnole militari sopra il governo e servitio particolare della cavalleria* [“Regras militares sobre o governo e o serviço particular da cavalaria”], foi publicada em 1611. A edição inglesa de 1632 chama-se *Military Rules for the Cavalry* [“Regras militares para a cavalaria”].

1 As características centrais do modo de disposição mostrado aqui são os contingentes de infantaria, três grandes divisões de piqueiros apoiados por mosqueteiros. Um regimento podia ser dividido em três divisões, cada uma de piqueiros com mosqueteiros nos flancos. Mais tarde eles podiam ser reunidos em seis ou oito fileiras, conforme o oficial comandante preferisse as teorias holandesas ou as suecas.

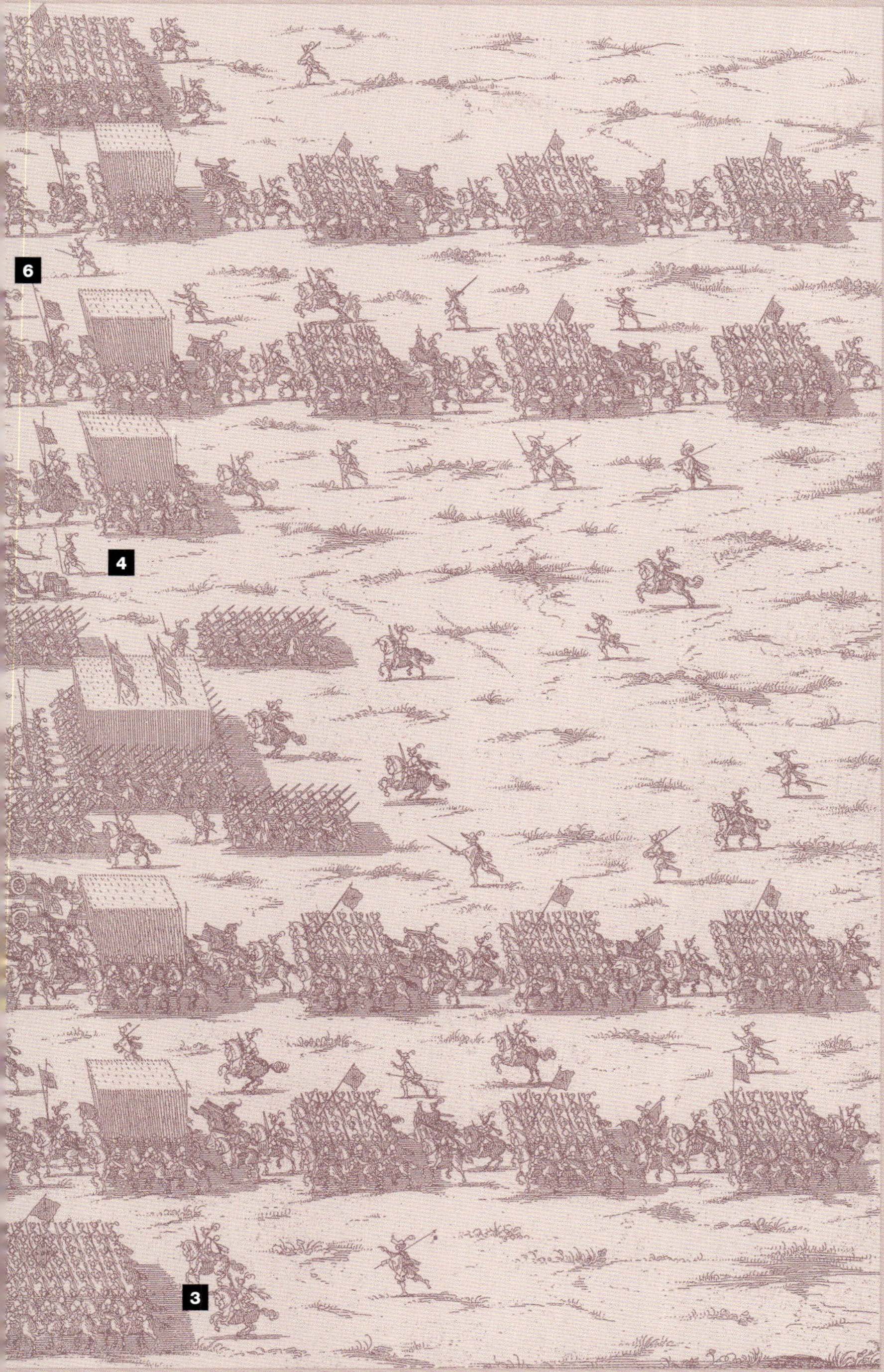

2 As fileiras podiam ter 1 metro entre si, dando a cada homem espaço para manejar as armas com facilidade, embora a distância pudesse ser muito menor ou ainda maior. Na formação ilustrada, cada núcleo de piqueiros forma o centro de uma unidade, com mosqueteiros na frente e em cada canto.

3 As tropas de cavalaria dispõem-se nos flancos da infantaria e, em sua maioria, têm armas de fogo, mas entre elas há corpos armados com lanças.

4 A artilharia está postada diante da infantaria para dar aos canhões um campo de tiro irrestrito; algumas peças ficam em reserva.

5 Grupos de cavaleiros, enviados na frente como tropas de escaramuças, disparam as pistolas na direção do inimigo.

6 Note-se o grande número de bandeiras. Cada companhia de infantaria podia ter sua própria cor ou bandeira, e cada tropa de cavalaria, seu próprio estandarte, transportado por um oficial subalterno diante da tropa armada com lanças, mas dentro das fileiras de outras formações de cavalaria. As bandeiras da infantaria iam no centro de cada núcleo de piques.

Guerra na Europa

O desenvolvimento da cavalaria

Apesar do emprego crescente das armas de fogo, táticas e armamentos de cavalaria mais antigos permaneceram em uso. O manual de 1632 de John Cruso explicou por que o lanceiro couraçado foi introduzido – "para golpear e dividir um grande corpo, o que requer força e velocidade para o choque" – e por que a lança havia caído em desuso. Segundo ele, isso ocorreu em parte pela dificuldade de conseguir cavalos de qualidade na quantidade requerida, mas principalmente por causa do treinamento necessário para produzir um lanceiro hábil, "coisa de muito trabalho para aprender". Assim, ele dava a entender que era bem mais fácil treinar um cavaleiro para lutar com pistolas e espadas. Os manuais de instrução da época mostram que, além do manejo das armas, exigia-se um grau considerável de disciplina para unidades com lanças.

Ver também
Arcabuzeiro, *p. 173*
Táticas de cavalaria, *pp. 178-9*
Armas de alcance, *pp. 284-5*

Arcabuzeiro
Cruso sustentava que os arcabuzeiros montados deviam seguir a mais recente prática holandesa: usar elmo, placas peitoral e dorsal e túnica de couro, e levar armas de 76 centímetros. No início do século XVII surgiram os dragões, infantaria que usava cavalos apenas para chegar ao local da ação e desmontava para lutar a pé; nesse estágio inicial de desenvolvimento, recomendava-se que alguns portassem piques e outros, mosquetes.

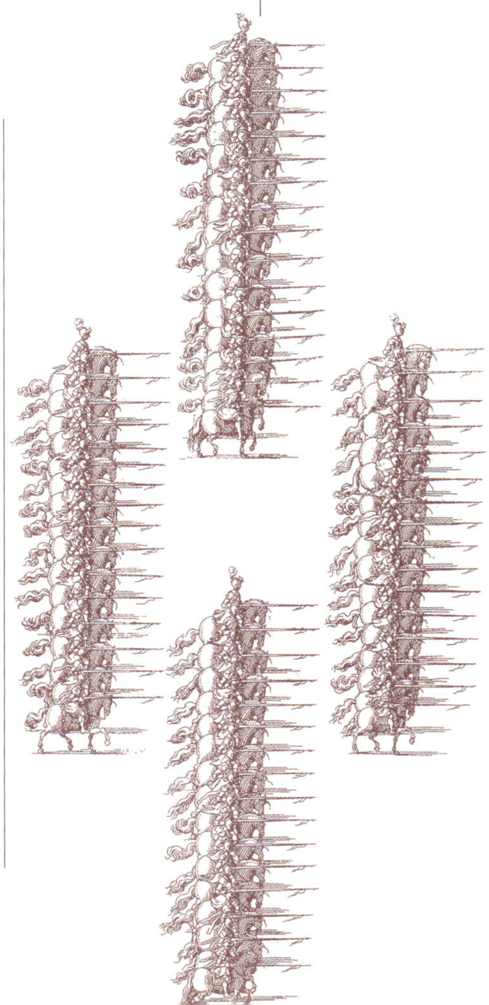

Lanceiros em formação alternativa
Aqui, vê-se uma formação de cavalaria pesada provavelmente mais flexível que a organizada em fileiras (*página seguinte*). Com esse sistema, seria mais fácil cada fileira girar para o lado do que se as linhas estivessem uma atrás da outra.

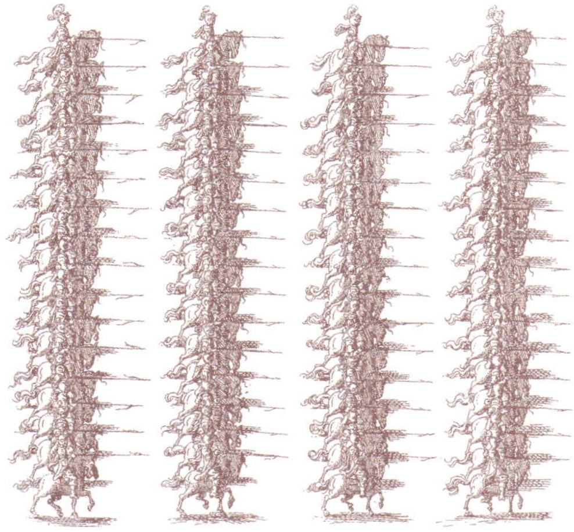

Lanceiros em formação em fileiras
Nesta ilustração tática, *De militia equestri antique et nova ad regnem Phillipum IV* ["Sobre a antiga e nova milícia equestre no reinado de Filipe IV"] (1630), de Hermanus Hugo, uma tropa de cavalaria pesada porta lanças e está disposta em quatro fileiras. Na prática, a formação poderia ser mais bem-sucedida em combate se houvesse mais espaço entre as fileiras.

Lanceiros atacam o inimigo
A ilustração mostra um método de cercar e atacar uma formação inimiga. Uma firme defesa por um corpo de piqueiros, apoiados pelo fogo de mosqueteiros protegidos pelos piques, tornaria a tarefa dos cavaleiros muito difícil, a menos que eles usassem suas próprias armas de fogo para enfraquecer as fileiras inimigas antes do ataque com as lanças.

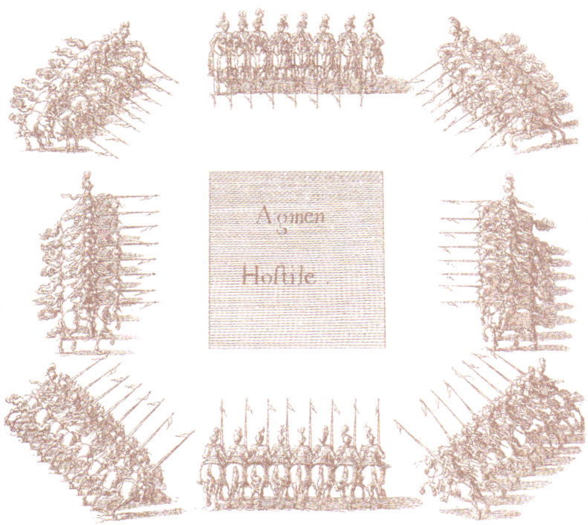

Cavalaria em postura defensiva
Neste diagrama, um corpo de lanceiros forma fileiras e volta-se para fora em postura defensiva. Essa formação poderia repelir um ataque de cavalaria, mas seria vulnerável a armas de fogo.

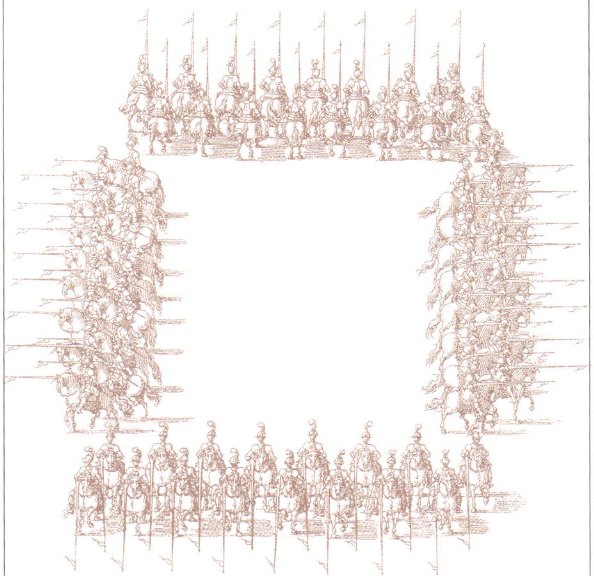

Piqueiro
A defesa mais segura contra a cavalaria era uma barreira de piques. Aqui, o pique está em ângulo e apoiado no pé do soldado. A ilustração provém de *The Principles of the Art Militarie; Practised in the Warres of the United Netherlands* ["Os princípios da arte militar; praticada nas guerras dos Países Baixos Unidos"] (1637), de Henry Hexham. Muitas inovações militares originaram-se nas longas guerras entre espanhóis e holandeses nos séculos XVI e XVII, sendo copiadas em outros lugares.

Armas de mão
• lança
• pique

Armas de projéteis
• arcabuz
• mosquete

Defesas

Vestuário
• elmo
• placas peitoral e dorsal
• túnica de couro

Guerreiros
• arcabuzeiro
• cavalaria
• lanceiro
• piqueiro

Conceitos e táticas
• formação de cavalaria

Construções e transportes

Guerra na Europa

Táticas da cavalaria

A tática mais dependente das armas de fogo da cavalaria, que predominou por um período, foi a dos *reiters* alemães: o caracol. A cavalaria avançava a trote num corpo compacto, com várias fileiras de profundidade. Ao chegar perto do inimigo, a fileira da frente disparava as pistolas, debandava em direção aos flancos e reagrupava-se na retaguarda da coluna para recarregar. Cada fileira repetia a manobra, até a formação inimiga ficar enfraquecida o bastante para estar vulnerável a uma carga. O caracol rejeitava a capacidade da cavalaria de lançar um ataque rápido e era difícil executá-lo com precisão, pois exigia muita disciplina. No entanto, foi praticado por algum tempo e levou à demanda de mercenários *reiters* alemães adestrados nessa tática. Deixou de ser usado quando a tradicional carga com a espada se reafirmou como tática efetiva de cavalaria.

Couraceiro disparando
Um couraceiro dispara a pistola – como podia fazer durante a manobra do caracol (*pág. ao lado*). A longa faixa na ilustração não era apenas decorativa; no período anterior à adoção de uniformes nacionais reconhecíveis, os chamados sinais de campo tinham de ser usados para distinguir amigos de inimigos em meio à confusão do campo de batalha. A cor da faixa era um desses sinais.

Couraceiro carrega a arma
O caracol dependia da capacidade do cavaleiro de recarregar a arma a cavalo. Nesta imagem, extraída do manual de Cruso (*p. 176*), o couraceiro enfiou pelo cano o projétil e a pólvora e está pronto para disparar outra vez.

Piqueiro
Piqueiro na pose "carregue com o seu pique", imagem baseada no manual de Hexham (*p. 177*). Embora a barreira de piques pudesse repelir um ataque da cavalaria, era vulnerável à fuzilaria do caracol. Isso enfatizava a vantagem de ter os piqueiros apoiados por mosqueteiros, que podiam retrucar aos tiros dos cavaleiros em caracol.

Ver também
Arcabuzeiro, *p. 173*
Anatomia de um exército, *pp. 174-5*
O desenvolvimento da cavalaria, *pp. 176-7*

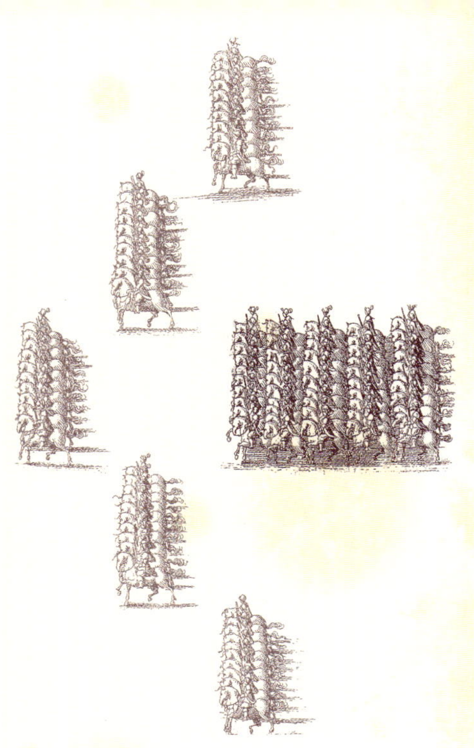

Formações de cavalaria

A cavalaria em formações ofensiva e defensiva: na primeira, em fileiras escalonadas nos dois lados da tropa principal, cujo ataque podia ser reforçado por ondas sucessivas; para a defesa, num corpo compacto. A ênfase em armas de fogo da tática dos *reiters* foi trocada pela retomada da carga rápida, em especial no sistema sueco de Gustavo Adolfo, com a cavalaria apoiada por mosqueteiros.

Cavalaria em oposição

São mostrados aqui os corpos opostos da cavalaria, todos armados com mosquetes leves ou carabinas; os espaços entre as fileiras permitem maior margem para manobras.

O caracol

Ilustração do caracol, aqui aparentemente executado do flanco de uma formação de cavalaria. Os cavaleiros avançam em fileiras, disparam contra o inimigo e se afastam para recarregar, enquanto cada fileira repete sucessivamente o procedimento.

Armas de mão
• espada
• pique

Armas de projéteis
• carabina
• mosquete

Defesas

Vestuário
• faixa

Guerreiros
• couraceiro
• mosqueteiro
• piqueiro
• *reiter*

Conceitos e táticas
• caracol

Construções e transportes

Guerra na Europa

A Guerra Civil Inglesa

A Guerra Civil Inglesa foi um evento decisivo na história das ilhas Britânicas. Seus efeitos foram sentidos amplamente, pois envolveu em igual medida a Escócia, o País de Gales e a Irlanda. A guerra começou como uma luta pela supremacia no governo entre o rei Carlos I e o Parlamento, embora outros fatores entrassem em cena à medida que o conflito se desenvolvia. No início, em 1642, todas as tropas envolvidas eram basicamente amadoras e não havia exército permanente. Os únicos indivíduos com alguma experiência militar eram os que tinham servido no exterior ou em bandos treinados – a milícia local que tinha alguma experiência no manejo de armas e em exercícios mas não em combate efetivo. As campanhas de 1642-45, 1648 e 1650-51 elevaram em muito o nível de profissionalismo militar, envolvendo o uso de táticas e métodos aperfeiçoados na Europa continental.

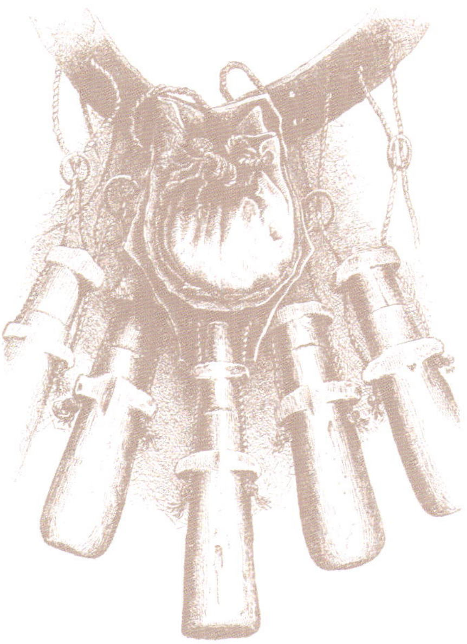

Bandoleira de mosqueteiro
Esta bandoleira tem tubos de pólvora, bolsa para balas e um frasco de pólvora fina para a caçoleta. Era por vezes chamada "bandoleira dos Doze Apóstolos", pelo número de tubos que em geral carregava. Muito usada no século XVII, só foi suplantada pela introdução dos cartuchos – tubos de papel contendo a pólvora e o projétil para um disparo.

Piqueiro
A couraça completa usada a princípio pelos piqueiros consistia em placas peitoral e dorsal, elmo, gorjal e *tassets*, mas durante a Guerra Civil Inglesa os dois últimos itens foram descartados, como se não valesse a pena suportar seu peso. Proteções adicionais eram uma grande luva de couro na mão esquerda e uma luva comum sobre a mão e o pulso direitos, mais adequada para manejar a espada.

Túnica de couro
Imagem do casaco de couro supostamente usado por Thomas Fairfax na Batalha de Naseby, em 1645. Veste robusta, de uso muito difundido no século XVII, até sob a forma de traje civil, podia ter mangas de couro mais delgado ou mais flexível para facilitar os movimentos.

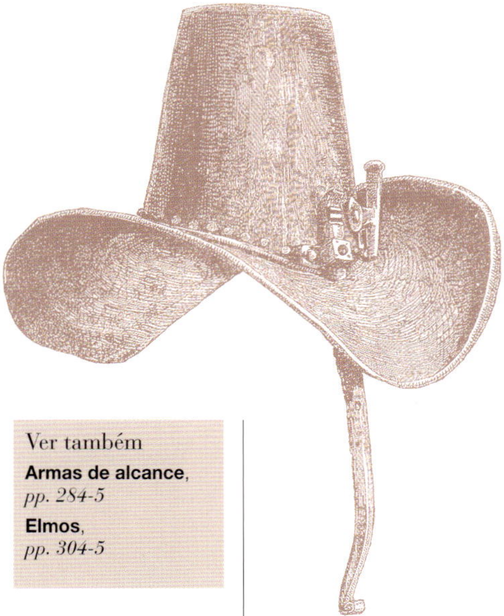

Ver também
Armas de alcance, *pp. 284-5*
Elmos, *pp. 304-5*

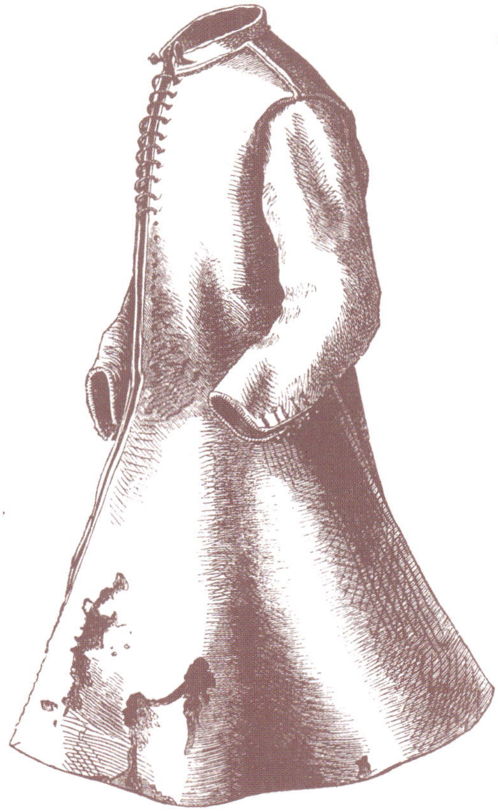

Chapéu de ferro
Copiado de um estilo civil de chapéu, este acessório para a cabeça, feito de ferro, combina o formato moderno com um protetor nasal deslizante, ou com barras para o rosto, como os de muitos elmos da cavalaria. O uso de elmos diminuiu durante a Guerra Civil Inglesa; os osqueteiros os descartaram no início do século XVII.

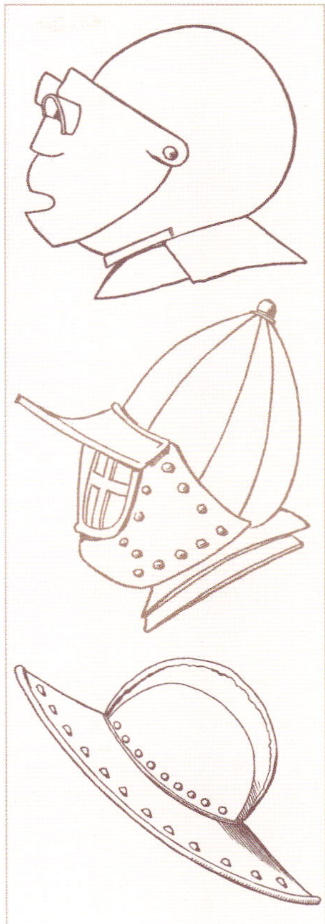

Elmos, do início a meados do século XVII
No alto, elmo fechado com visor articulado. No centro, elmo com máscara de rosto com barras e topo similar ao de um *burgonet*; na Guerra Civil Inglesa foi mais comum o elmo "rabo de lagosta", com barras móveis para o rosto e protetores de orelha. Abaixo, o estilo de elmo de piqueiro que se desenvolveu do morrião, um tipo alto, com crista e aba larga, usado comumente na guerra civil.

Armas de mão
• espada
• pique

Armas de projéteis
• mosquete com bandoleira

Defesas

Vestuário
• chapéu de ferro
• elmo
• gorjal
• luvas
• placas peitoral e dorsal
• túnica de couro

Guerreiros
• mosqueteiro
• piqueiro

Conceitos e táticas
• profissionalismo militar

Construções e transportes

Guerra na Europa

A Guerra Civil Inglesa

A capacidade militar de ambos os lados na Guerra Civil Inglesa intensificou-se conforme os exércitos e seus líderes se tornavam mais experientes. Do lado do Parlamento estavam Thomas, barão Fairfax, soldado experiente e hábil organizador, e o notável Oliver Cromwell. A início, Cromwell foi um líder de cavalaria amador, mas entre seus parceiros, os "Ironsides", estavam algumas das mais conhecidas forças do Parlamento. Ele se tornou não apenas seu comandante, mas também o líder do governo depois da execução do rei. Do lado dos realistas estava o sobrinho do rei, o príncipe Rupert do Reno, hábil comandante de cavalaria, que conquistara muita experiência na Europa e se tornou um líder notável. O "Exército de Novo Tipo" de Fairfax, formado em 1645, criou uma força profissional muito efetiva nos anos finais do conflito.

Trajes militares da Guerra Civil Inglesa
Soldados da Guerra Civil Inglesa e do período republicano, entre eles (*à esquerda*) marinheiros, cavaleiros (note-se o arcabuzeiro com o mosquete nas costas) e infantes (*à direita*). O mosqueteiro tem uma arma de fecho de mecha e um apoio, embora estivesse entrando em uso uma nova versão, de fecho de pederneira, que dominaria as ações de guerra até meados do século XIX.

Ver também
Táticas da cavalaria, *pp. 178-9*

Primeira Batalha de Newbury, 20 de setembro de 1643
A blindagem completa de couraceiro foi usada na guerra civil, mas esteve restrita a alguns oficiais e a duas unidades do Parlamento. Fora disso, a proteção da cavalaria em geral consistia em placas peitoral e dorsal e, por vezes, em uma luva couraçada e um elmo. A ilustração mostra a morte do secretário de Estado, lorde Falkland; notem-se os chapéus civis que muitos preferiam aos elmos.

Armas de mão

Armas de projéteis
• arma de fecho de mecha
• arma de fecho de pederneira
• mosquete

Defesas

Vestuário
• elmo
• luva couraçada
• placas peitoral e dorsal
• túnica de couro

Guerreiros
• arcabuzeiro
• cavalaria
• *cavalier*
• infante
• marinheiro
• mosqueteiro

Conceitos e táticas
• "Exército de Novo Tipo"

Construções e transportes

Batalha de Naseby, 14 de junho de 1645
Feita em época posterior, esta ilustração de combate corpo a corpo pretendia mostrar a Batalha de Naseby, em que o exército do rei Carlos I foi derrotado decisivamente pelas forças de Sir Thomas Fairfax. A cavalaria de Cromwell desempenhou um papel importante na vitória.

Trajes militares, década de 1650
A ilustração mostra trajes do final da Guerra Civil Inglesa. Da esquerda para a direita: um *cavalier* (partidário do rei) nas vestes civis de cavalheiro, com placas (peitoral e dorsal) sobre a curta túnica de couro; um mosqueteiro de casaco comprido, equipado com a "bandoleira dos Doze Apóstolos"; e um oficial usando couraça peitoral e dorsal sobre a túnica de couro com projeções nos ombros e laços de renda nas mangas, adereços em moda na época.

Fecho de pederneira

1650-1815

O período do final do século XVII ao início do século XIX poderia ser chamado "era do fecho de pederneira". Nesse tempo, a Europa estava convulsionada por uma sucessão de conflitos que aceleraram a evolução da teoria militar. Rivalidades dinásticas, disputas territoriais e a manutenção de esferas de influência deram origem à maioria dos grandes confrontos, entre eles a Guerra da Grande Aliança (1688-97), a Guerra da Sucessão Espanhola (1701-14), a Guerra da Sucessão Austríaca (1740-48) e a Guerra dos Sete Anos (1756-63), que se estendeu até as colônias ultramarinas das principais nações europeias. No final do século XVIII, a Revolução Francesa desdobrou-se no maior e mais prolongado conflito dessa era, as Guerras Revolucionárias Francesas e as Guerras Napoleônicas, de 1792 a 1815. Alguns dos maiores comandantes da história estiveram em atividade entre meados do século XVII e o início do século XIX, como o francês visconde de Turenne, o inglês duque de Marlborough, o general imperial Eugênio de Savoia, o rei da Prússia, Frederico II, o Grande, e, no fim do período, o imperador francês Napoleão Bonaparte (talvez o maior de todos) e sua nêmesis, Arthur Wellesley, duque de Wellington.

Os avanços tecnológicos levaram a evoluções táticas. O ritmo de tiro mais intenso do fecho de pederneira permitiu reduzir a profundidade das unidades de infantaria; assim, formações lineares tornaram-se comuns. O pique caiu em desuso quando a baioneta possibilitou ao soldado tornar seu mosquete no que era, com efeito, um pique curto. A artilharia ficou cada vez mais potente e móvel, enquanto a cavalaria evoluiu para uma força de combate bem adaptada a explorar uma ruptura ou a realizar uma perseguição. Durante o século XVII, a fortificação tornou-se uma ciência cada vez mais sofisticada; o maior teórico e construtor de fortalezas era Sébastian de Vauban, engenheiro francês do século XVII.

Na era do fecho de pederneira, e antes da evolução do "exército de cidadãos" do período revolucionário francês, os exércitos se profissionalizaram, organizados de modo permanente e regular e abrangendo uma base social mais ampla.

Fecho de pederneira

A arma que definiu uma era

Desenvolvido como arma esportiva no início do século XVII, o mosquete de fecho de pederneira foi cada vez mais usado como arma militar na segunda metade desse século. Embora mais leve e mais fácil de usar que o de fecho de mecha, era de produção mais cara, e sua adoção ressentiu-se do conservadorismo das autoridades militares, satisfeitas com o desempenho do fecho de mecha. O fecho de pederneira consistia num cão, ou martelo, segurando um pedaço de pederneira em seus braços, ligado ao gatilho. Este, quando pressionado, fazia a pederneira gerar uma faísca contra uma placa de aço articulada, que era levada para trás, expondo uma pequena quantidade de pólvora fina (escorva) na caçoleta. Ela era inflamada pela fagulha e a chama resultante comunicava-se ao cano por um orifício, queimando a carga propelente, que disparava o projétil.

Para fixar baionetas
Esta ilustração de 1798, de um dos Oxford Loyal Volunteers, corpo britânico de voluntários, mostra como a baioneta era presa na extremidade do cano do mosquete por meia torção no suporte.

"Ombro Arma"
A ordem-unida – chamada na Grã-Bretanha "exercício do manual" – baseava-se no manejo do mosquete; o de fecho de pederneira era mais fácil de manejar do que o antigo, de fecho de mecha. Esta era a posição "Ombro Arma", que mostra o uniforme da infantaria britânica em meados dos anos 1790.

Pistola com coronha para o ombro
Apesar do alcance restrito, a pistola de fecho de pederneira equipou virtualmente toda a cavalaria. Mais tarde foi fornecida uma coronha destacável para o ombro, permitindo o disparo com mais firmeza, como neste exemplar do início do século XIX.

Baioneta de encaixe
Surgida no final do século XVI, tendo seu nome derivado da cidade francesa de Bayonne, famosa pela manufatura de cutelaria, a baioneta deu ao mosquete um dos atributos do pique. De início era uma simples espécie de adaga que podia ser encaixada no cano – o mosquete não podia disparar enquanto a baioneta estivesse em posição. Este é um típico exemplar inglês em forma de adaga, datado de 1686.

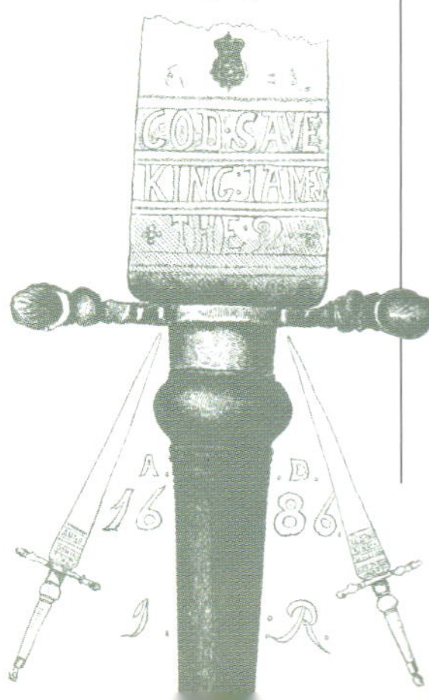

Armas de mão
• baioneta

Armas de projéteis
• arma de fecho de mecha
• arma de fecho de pederneira
• mosquete
• pistola

Defesas

Vestuário
• uniforme da infantaria britânica

Guerreiros
• Oxford Loyal Volunteers

Conceitos e táticas

Construções e transportes

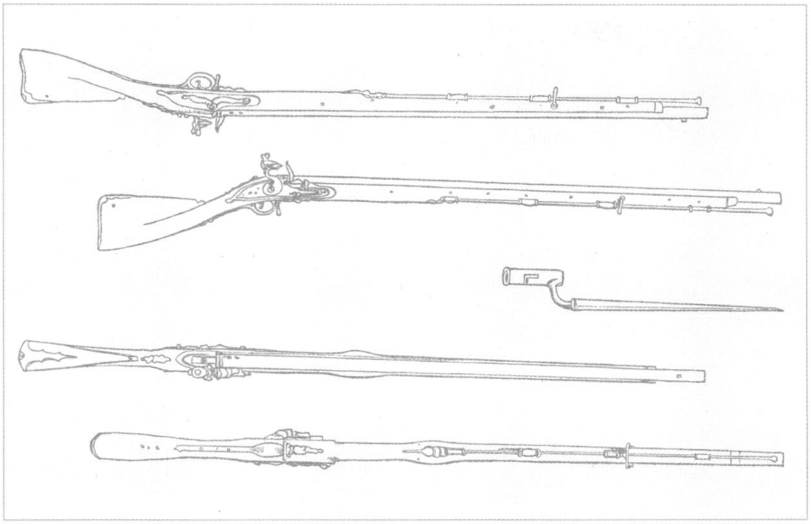

Mosquete de fecho de pederneira "Brown Bess"
Muitos consideram o britânico "Brown Bess" o mais famoso dos mosquetes de fecho de pederneira. O nome era um termo carinhoso, provavelmente derivado do alemão Büchse, "arma", e de *brown*, a substância acastanhada aplicada ao cano para eliminar o brilho. O nome foi dado, não oficialmente, a numerosos modelos desde o início do século XVIII, até o fecho de pederneira ser substituído pelo de percussão, no final dos anos 1830. Pelo padrão, o fecho ficava no lado direito da coronha.

Fechos de pederneira e de mecha combinados
Um fecho incomum de meados do século XVII combinava o novo mecanismo de fecho de pederneira com o de mecha. À esquerda está o fecho de pederneira, com a pederneira presa nos braços do cão, e no centro a placa de aço com a tampa da caçoleta; à direita vê-se a serpentina prendedora da mecha em seu fecho. A cobertura era perfurada para permitir que a mecha inflamasse a pólvora na caçoleta.

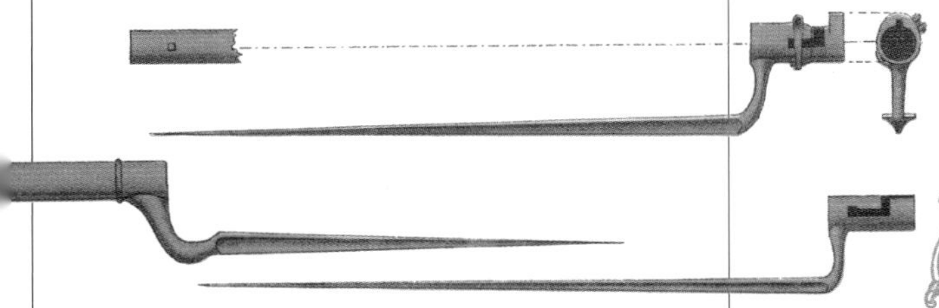

Baioneta francesa de alvado com anel
Para permitir o disparo do mosquete com a baioneta colocada, uma solução inicial foi fixá-la no cano da arma por meio de anéis. Contudo, isso era muito precário. A evolução seguinte foi a baioneta de alvado, que consistia num tubo que deslizava pela extremidade do cano, com uma lâmina na lateral do tubo, como se vê aqui, num dos primeiros modelos franceses.

Veja também
Anatomia do fecho de pederneira, *pp. 188-9*
O mosquete, *p. 193*
Armas de fogo manuais, *pp. 298-9*

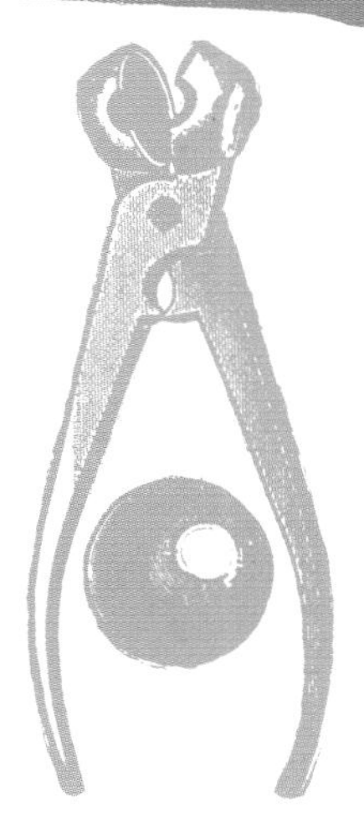

Molde para um projétil
Até depois das Guerras Napoleônicas, o projétil usado em todas as armas de fogo militares era uma simples bala esférica de chumbo. Podia ser manufaturada em campanha meramente derretendo o chumbo e derramando-o num molde articulado de aço. Apesar de simples, a bala podia infligir terríveis ferimentos.

Anatomia do fecho de pederneira

Embora as características do mosquete determinassem a tática em medida considerável, ele era, em certo sentido, uma arma muito ineficaz. Seu alcance máximo era bem maior que o alcance efetivo: admitia-se em geral que no campo de batalha o alcance máximo prático era de cerca de 275 metros, mas com frequência era disparado a 90 metros ou menos. Mesmo a essa distância o mosquete era muito impreciso; um escritor britânico do período afirmou que nenhum homem era morto a 180 metros pela pessoa que mirou nele. No entanto, devido ao sistema tático que então prevalecia, não era necessário atingir uma figura isolada, mas simplesmente acertar em algum ponto os grandes blocos de tropas com que os exércitos manobravam.

1 Mecanismo de fecho e gatilho de um mosquete, c. 1800. O cão está puxado para trás na posição engatilhada, mas a caçoleta está aberta. O fecho de pederneira era sujeito a falhas: a pederneira gastava-se depois de alguns tiros e deixava de gerar a fagulha, ou o orifício ficava entupido com pólvora queimada, de modo que a fagulha não conseguia atingir a carga no cano, produzindo apenas "fogo de palha".

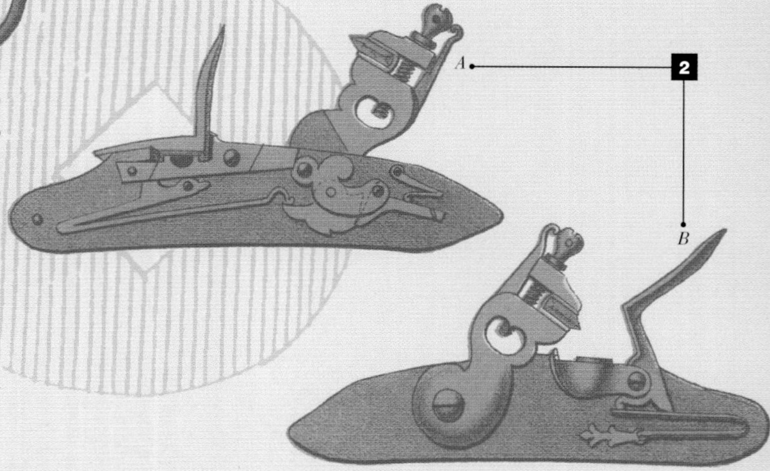

2 Versão inicial do fecho de pederneira: um fecho francês de c. 1648. A vista interna (*A*), mostrando o mecanismo relativamente simples, apresenta o cão puxado ao máximo para trás, pronto para ser liberado pela pressão sobre o gatilho; a placa de aço está erguida, com a base cobrindo a escorva na caçoleta. Na vista externa (*B*), o gatilho foi puxado e a pederneira no cão gera faíscas contra a placa de aço, que, forçada para trás, expôs a pólvora na caçoleta sobre a qual caíram as fagulhas. Tal ação do cão deu origem ao antigo termo "fecho *snaphaunce*", derivado do holandês *snaphaan*, "galinha mordida".

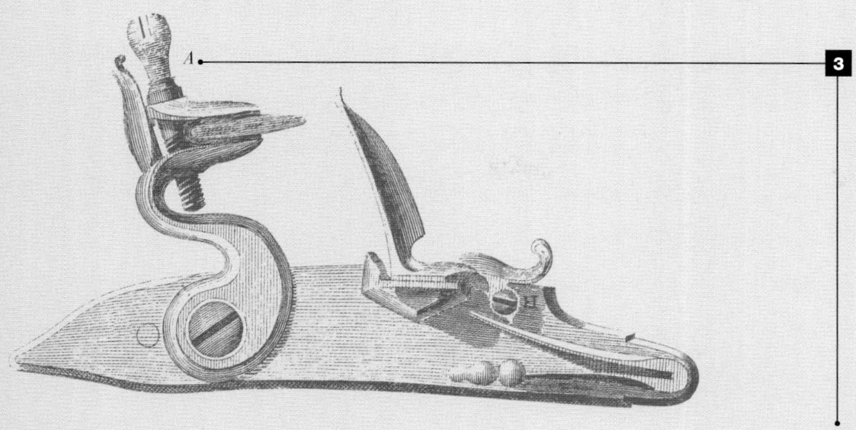

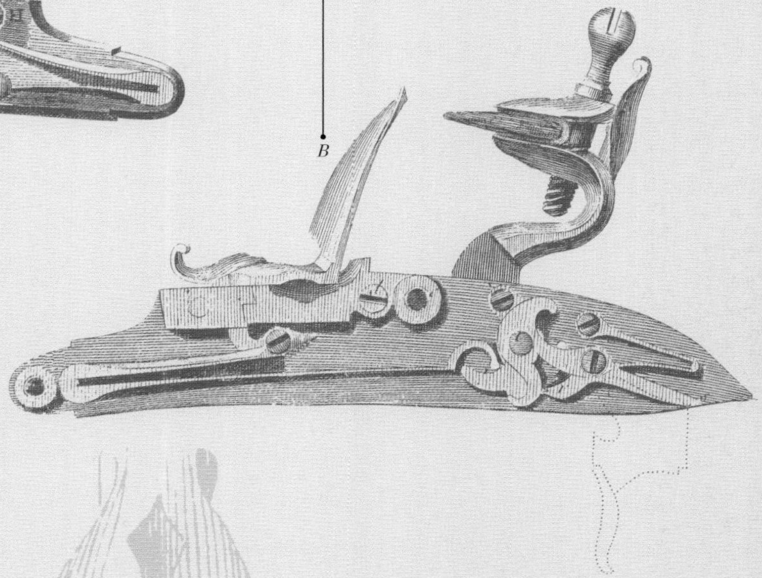

3 Ilustrações das vistas externa (*A*) e interna (*B*) de um padrão posterior de fecho de pederneira, tiradas da *Enciclopédia* de 1751 (*Encyclopédie, ou dictionnaire raisonné des sciences, des arts, et des métiers*), de Denis Diderot. Para permitir que o mosquete fosse levado em segurança quando carregado, a caçoleta podia ser fechada, como aqui, sem que o cão estivesse plenamente puxado para trás; ele é mantido em posição intermediária, pré-engatilhada, na qual a pressão sobre o gatilho não o libera.

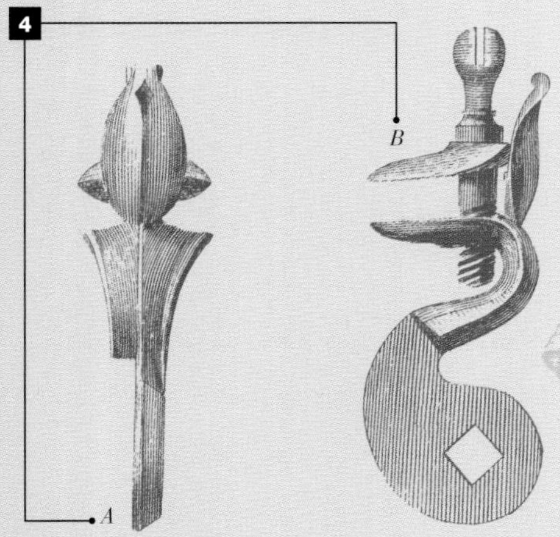

4 A ilustração de Diderot do cão de um fecho de pederneira mostra a visão traseira (*A*) e interna (*B*). Este cão é do estilo em forma de "S"; o outro projeto principal, mostrado no exemplo anterior (2), foi reforçado e é mais robusto. A pederneira é segura nos braços do cão, operados por pressão, em geral com acolchoamento de couro ou chumbo para prendê-la mais firmemente.

5 A ilustração de Diderot mostra as vistas lateral (*A*) e frontal (*B*) da placa de aço; a parte traseira é perfeitamente plana, para facilitar a produção de fagulhas quando golpeada pela pederneira. A tampa da caçoleta é o segmento em ângulo reto com a placa.

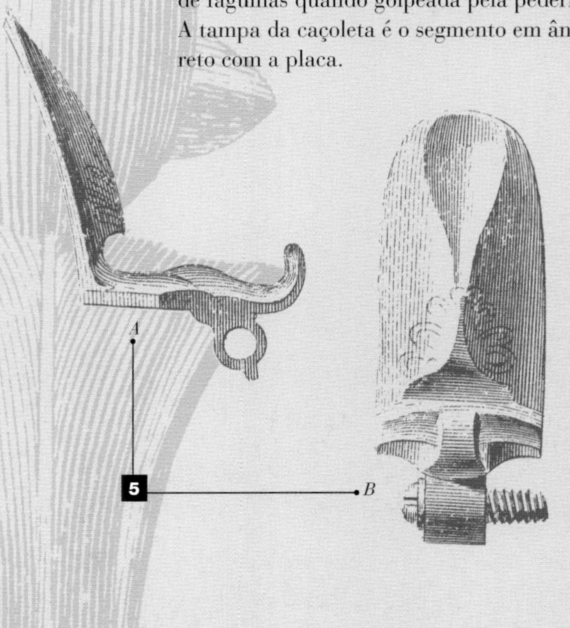

Fecho de pederneira

Ordem-unida com armas

As táticas dos séculos XVIII e XIX basearam-se, talvez em grau maior que antes, em treinamentos e manobras precisos. O treinamento fundamental da infantaria era o exercício de ordem-unida com armas, que alcançou a maior complexidade no século XVIII e continuou pelo século XIX. Os vários movimentos, coreografados numa sequência inculcada no soldado pela prática contínua, incorporara todos os aspectos do manejo de armas que deviam ser executados em combate, além de alguns mais usados em ocasiões cerimoniais. Certos movimentos talvez parecessem desnecessários para a realidade do campo de batalha, mas ajudavam a inculcar o senso de disciplina necessário para um batalhão agir a partir da ordem de comando, mesmo nas terríveis condições do combate a curta distância. Cada nação tinha seu próprio treinamento – às vezes com variações regimentais até ser introduzido um treinamento universal, regulamentado –, mas todos cobriam os movimentos básicos destinados a produzir uma unidade eficiente.

Veja também
Táticas do campo de batalha, *pp. 192-3*
Táticas e tecnologia, *pp. 198-9*

fig.. 18 *fig. 19* *fig. 20* *fig. 21* *fig. 22*

fig. 23 *fig. 24* *fig. 25* *fig. 26*

fig. 27 *fig. 28* *fig. 29*

fig. 30 *fig. 31* *fig. 32*

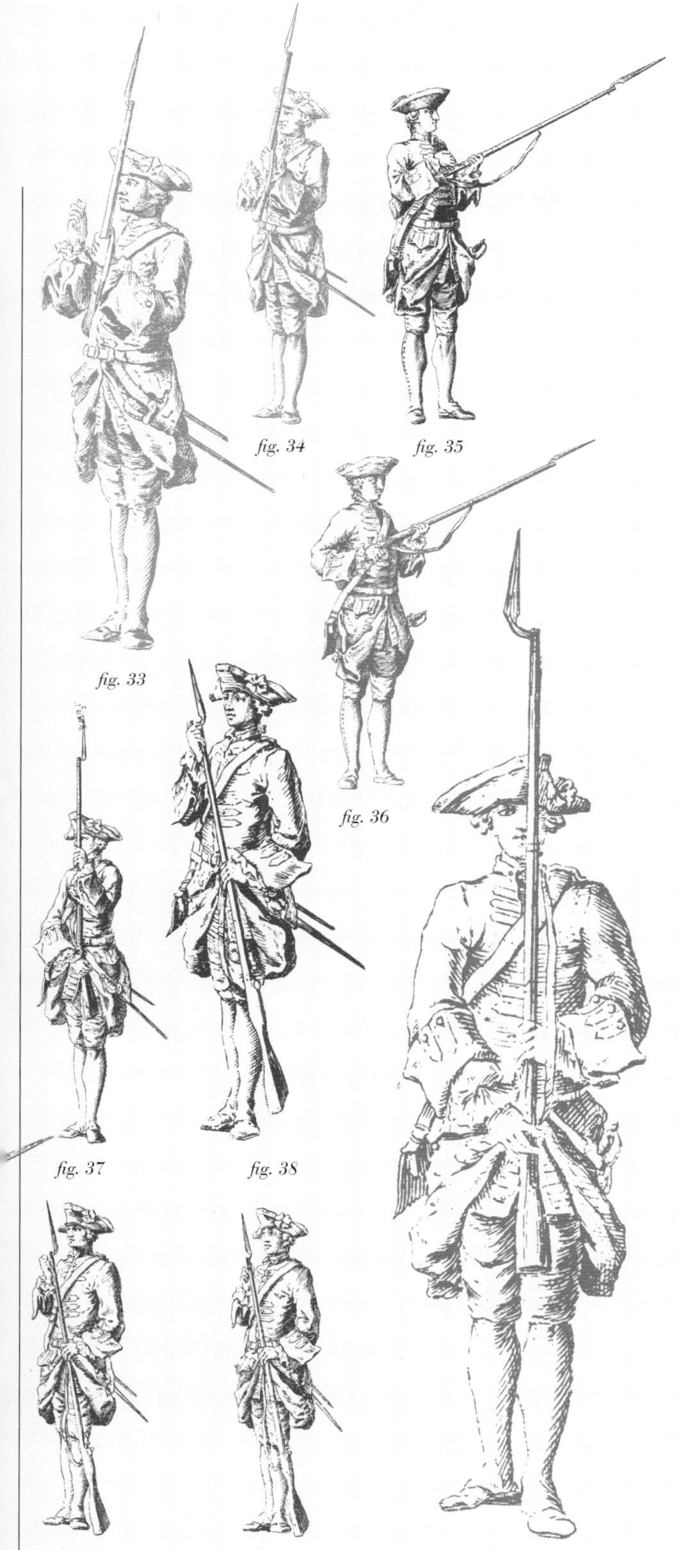

fig. 33 *fig. 34* *fig. 35* *fig. 36* *fig. 37* *fig. 38* *fig. 39* *fig. 40* *fig. 41*

Exercício de ordem-unida com armas: vinte e quatro figuras

Esta síntese da ordem-unida da infantaria francesa está na *Enciclopédia* de Diderot e mostra membros das Gardes Françaises, a infantaria de elite da guarda real, que se distinguia da infantaria comum de casacos brancos por usar casacos azuis com destaques vermelhos e renda branca. O início do exercício que precedia os movimentos incluía o encaixe da baioneta e o sacar e embainhar a espada – uma das partes menos importantes do exercício em termos de efetividade no combate, pois a espada era usada raras vezes. As partes do exercício ilustradas aqui, identificadas por números, são estas: *18-20* ombro arma; *21-4* direita volver (vistas de frente e por trás); *25* sustentar arma; *26-8* preparar arma, posições para a primeira e a terceira fileiras respectivamente (isso prepara para o tiro, o cão do fecho do mosquete sendo puxado para trás ao máximo); *29* é a posição de tiro, mostrando como três fileiras podiam disparar juntas, a da frente ajoelhando-se e a terceira ou da retaguarda disparando nos intervalos da segunda. Vinha, então, a sequência de recarregar: o soldado *30-1* coloca o cão na posição intermediária, pré-engatilhada; *32* pega um cartucho na bolsa de munição no cinturão do ombro; *33-4* morde a extremidade do cartucho (o que explica a grande sede em geral sentida pelas tropas em combate, pois um pouco de pólvora podia entrar na boca); *35* derrama um pouco de pólvora do cartucho na caçoleta; *36* fecha a tampa da caçoleta; *37-40* bate com a coronha do mosquete no chão e enfia pelo cano a pólvora remanescente, a bala do mosquete e o cartucho de papel, pegando a vareta e usando-a para empurrar o cartucho até o fundo do cano; *41* apresentar arma.

Fecho de pederneira

Táticas do campo de batalha

No campo de batalha, as tropas manobravam em blocos sólidos e fileiras cerradas; toda a operação de um exército desse período dependia de formações que permanecessem firmes. A disciplina era essencial, pois apenas se mantivessem suas formações e alinhamentos as unidades podiam operar efetivamente e mover-se em marchas e contramarchas; depois de rompida, com a formação perdida, uma unidade não podia lutar de verdade nem resistir ao assalto inimigo. Ordem-unida e manobras eram inculcadas no soldado pelo treinamento contínuo, de modo que ele podia marchar, carregar a arma e disparar quase como um autômato, e tornou-se tão acostumado a manter a posição nas fileiras que podia executar esses deveres sem hesitar em meio à fumaça, ao barulho, à confusão e ao perigo da batalha.

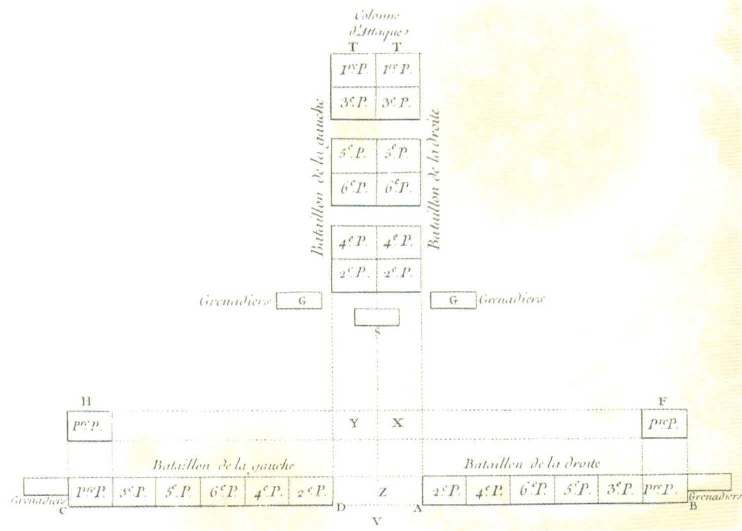

Linha e coluna

O elemento básico de manobra da infantaria era o batalhão, composto por diversas companhias. Este diagrama, da *Enciclopédia* de Diderot, representa dois batalhões franceses, cada um com seis companhias de linha, identificadas como pelotões, e uma companhia de granadeiros, a elite do batalhão. Na formação *A-B*, elas estão dispostas em linha e mudam a formação para uma coluna de ataque. A primeira companhia de cada batalhão, identificada aqui como Pre(mier) P(eloton), avança e toma posição no centro da linha *Y-X*. As outras seguem, e a formação avança em três corpos, cada um de quatro companhias, com dois grupos de granadeiros na reserva. Isso era típico do método de manobras empregado no período.

Veja também
Fecho de pederneira, *pp. 186-7*
Anatomia do fecho de pederneira, *pp. 188-9*
Ordem-unida com armas, *pp. 190-1*
Guerra na Europa, 1688-1763, *pp. 194-5*

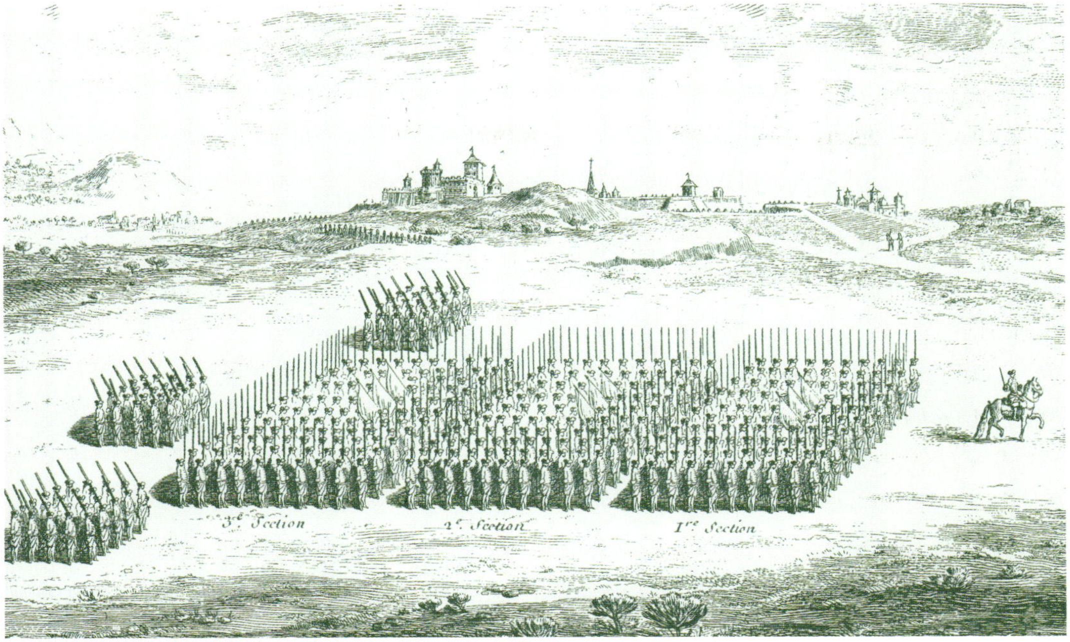

Ilustração das táticas de linha e coluna

A coluna de ataque do diagrama de Diderot, mostrada aqui, demonstra a natureza compacta das formações de infantaria. Isso reflete sua disciplina, fator essencial nas manobras do período, pois essa coluna podia mover-se com coesão bem maior que a de tropas em linha. Os regulamentos franceses de 1755 estipulavam linhas de três ou quatro fileiras de profundidade, linhas duplas de seis ou oito fileiras e coluna em ordem cerrada.

A infantaria ligeira e os atiradores de precisão, usados em período anterior, haviam perdido importância. No entanto, algumas autoridades ainda valorizavam essas tropas e fizeram uso delas na Guerra da Sucessão Austríaca. Experimentos anteriores à Guerra dos Sete Anos foram postos em prática depois, introduzindo elementos táticos da infantaria ligeira e os tiros precisos dos *tirailleurs*, atiradores de escol, bem diferentes das rajadas de fogo maciço das tropas em formação cerrada.

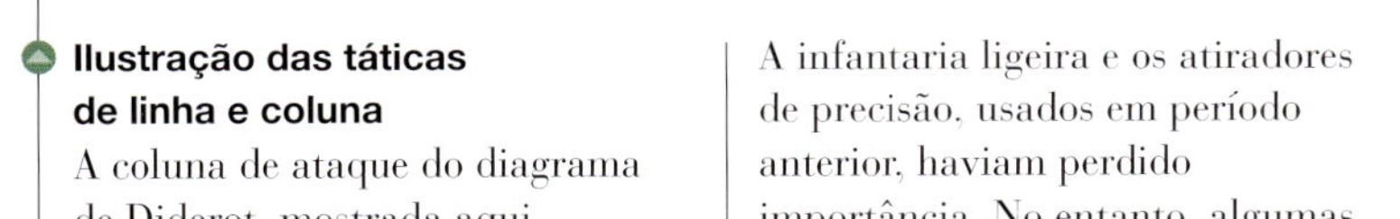

O mosquete

O mosquete de fecho de pederneira, fundamento da tática militar, está representado aqui pelo modelo francês de 1777, do qual se desenvolveu o usado nas Guerras Napoleônicas. Os mosquetes eram na maioria de cano liso e de carregar pela boca; havia os de carregar pela culatra (retrocarga), mas quase não foram usados militarmente. Este tinha comprimento de 1,52 metro e cano com diâmetro de 1,75 centímetro, disparando um projétil de cerca de 650 gramas; era um pouco menor que o mosquete britânico equivalente, que disparava um projétil de 454 gramas. Alguns autores do período julgavam que o projétil mais pesado era mais eficaz, mas a diferença não pode ter sido tão significativa.

Guerra na Europa, *1688-1763*

O soldado do século XVIII

O equipamento e as táticas militares, sempre inter-relacionados, continuaram a se desenvolver do final do século XVII para o XVIII. O pique caiu em desuso quase totalmente, sobrevivendo na forma do *spontoon*, o pique curto dos sargentos da infantaria britânica até 1830. Os blocos compactos e a disciplina precisa que as tropas manobravam podiam inibir a velocidade de movimento no campo de batalha, mas os aperfeiçoamentos prosseguiram. O rei da Prússia, Frederico, o Grande, comandante mais influente do período, embora enfatizasse a importância crucial de uma ordem-unida rigorosa, acrescentou-lhe dimensão extra com a velocidade e a capacidade de manobra ampliadas. Criou desse modo uma força formidável, emulada por toda a Europa. A infantaria tendia a dominar o campo de batalha; a cavalaria e a artilharia, embora importantes, não raro agiam mais como apoio da infantaria.

Tropas francesas, 1724
Da esquerda para a direita: companhia da Polícia Militar da Marechaussée (*gendarmerie*) da Île-de-France; Marechaussée; Polícia Militar; oficial de infantaria com o casaco branco da infantaria francesa do século XVIII; sargento granadeiro do Régiment du Dauphin com uma *fourche à croc*, um tipo arcaico de alabarda levado como tradição regimental; quartel-mestre (oficial de suprimentos) da cavalaria do Régiment Colonel Général; *maréchal de France*, o mais alto posto militar; e um tambor do Régiment de Linck.

Tropas do início do século XVIII
O traje militar da primeira metade do século XVIII era um aperfeiçoamento do usado em anos anteriores e refletia os estilos civis predominantes. Da esquerda para a direita: oficial superior em uniforme do final do século XVII, que incluía couraça e casaco decorado, carregando um bastão que indicava seu posto; um tambor; oficial subalterno usando gorjal para proteger a garganta e armado de pique curto; e soldados de meados do século, com os chapéus bicornes e os fraques de uso bem difundido na Europa.

Veja também
Táticas do campo de batalha, *pp. 192-3*
Guerra na Europa, *pp. 196-7*
Táticas e tecnologia, *pp. 198-9*

Armas de mão
- *fourche à croc*
- *spontoon*

Armas de projéteis
- carabina

Defesas

Vestuário
- chapéu bicorne
- couraça
- fraque
- gorjal
- tabardo

Guerreiros
- artilharia
- cavalaria
- infantaria

Conceitos e táticas

Construções e transportes

Batalha de Culloden

A Batalha de Culloden, de 16 de abril de 1746, representada aqui numa gravura do mesmo ano, foi o confronto decisivo da Rebelião Jacobita de 1745-46. Aqui, o exército do príncipe Carlos Eduardo Stuart, cujo pai era pretendente ao trono britânico, foi vencido pelas forças do rei Jorge II, comandadas por Guilherme Augusto, duque de Cumberland. Vê-se um estilo comum de disposição de tropas, com a infantaria em linhas, a artilharia na linha de frente e a cavalaria nos flancos ou na reserva.

Equipamento e uniformes de cavalaria do exército francês no reinado de Luís XIV

Da esquerda para a direita: soldado do Real Regimento de Carabineiros, 1724, mostrando como a carabina era levada suspensa de um cinturão no ombro; coronel dos carabineiros, 1724; soldado da cavalaria ligeira da Maison du Roi, a guarda real, 1745; um dragão de 1724, época em que essas tropas atuavam como cavalaria e também no seu papel original de infantaria montada; membro da 2ª Companhia de Mosqueteiros (*Mousquetaires*) da Maison du Roi, 1745, usando o característico tabardo decorado com uma cruz desse corpo; e um oficial dos Gendarmes (literalmente, "homens armados") cavalaria de elite cujo *status* se equiparava ao da Maison du Roi, em 1724.

Guerra na Europa

O início do século XVIII

O sistema de táticas e armamento do início do século XVIII formou a base para a condução de operações até os desenvolvimentos tecnológicos de meados do século XIX. As tropas continuaram a manobrar em formações compactas e a disparar sob ordem; só a partir de meados do século XVIII houve o reconhecimento efetivo dos méritos de unidades projetadas para tarefas específicas. Entre elas estavam a infantaria ligeira, hábil nas escaramuças; a cavalaria, dividida em unidades pesadas, adequada para ações de choque no campo de batalha; e as tropas ligeiras para reconhecimento, perseguição e raides – embora os dragões, infantaria montada na origem, tivessem surgido no século XVII. Entre os primeiros corpos notáveis de especialistas estavam as tropas ligeiras austro-húngaras recrutadas nos territórios vizinhos ao Império Otomano, e os hussardos húngaros, a cavalaria ligeira mais eficiente do período.

Veja também

Táticas do campo de batalha, *pp. 192-3*

Guerra na Europa, 1688-1763, *pp. 194-5*

Táticas e tecnologia, *pp. 198-9*

Blenheim

O primeiro grande conflito do século XVIII foi a Guerra de Sucessão Espanhola, resultante das reivindicações antagônicas francesas e austríacas ao trono espanhol. Dois dos maiores generais da época colaboraram no comando das forças imperiais e anglo-holandesas em Blenheim: o inglês duque de Marlborough e o general imperial Eugênio de Savoia. Esta interpretação da Batalha de Blenheim dá uma boa ideia das tropas do período, que são mostradas na marcha de aproximação antes de tomar posições para o combate.

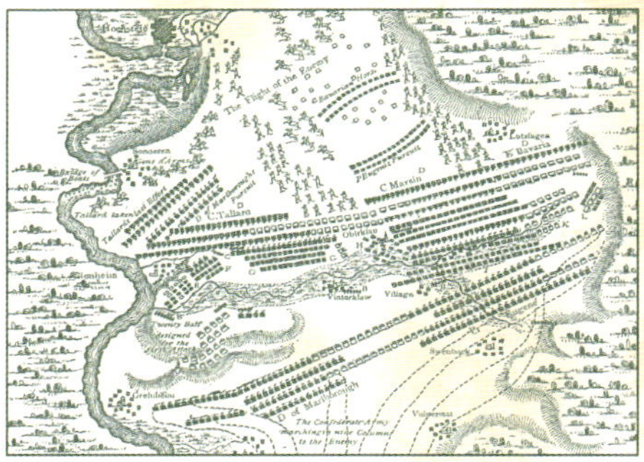

Batalha de Blenheim

A Batalha de Blenheim culminou na audaciosa marcha dos Países Baixos ao Danúbio realizada pelo exército de Marlborough, composto de britânicos, holandeses e outros aliados, que se uniram às forças imperiais de Eugênio de Savoia. Em 13 de agosto de 1704, eles esmagaram as forças franco-bávaras dos marechais franceses Tallard e Marsin e do eleitor da Baviera. Este mapa ilustra as formações lineares de uso generalizado na época.

Armas de mão
- sabre

Armas de projéteis
- carabina
- mosquete
- pistola

Defesas
- fortificações temporárias

Vestuário
- botas longas
- casaco longo
- chapéu bicorne

Guerreiros
- dragão
- hussardo húngaro
- tropas ligeiras austro-húngaras

Conceitos e táticas
- assalto ao flanco do inimigo
- formação linear

Construções e transportes

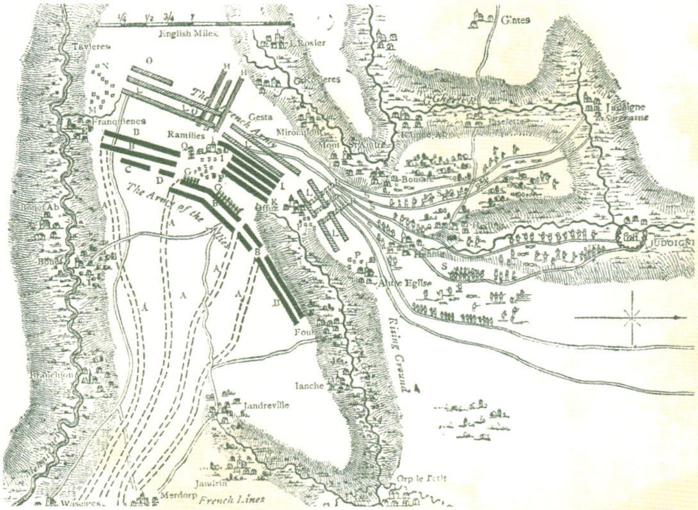

Ramillies
A segunda grande vitória de Marlborough ocorreu contra o marechal francês Villeroy em Ramillies, entre Bruxelas e Namur, em 23 de maio de 1706. Este mapa ilustra a marcha de aproximação de Marlborough em direção aos franceses, dispostos defensivamente em terreno elevado, antes da batalha. Marlborough fez uma finta contra a esquerda, atraindo as reservas francesas, antes de lançar o ataque principal contra a direita enfraquecida. O ataque dominou a oposição, exemplificando a eficácia da tática do assalto ao flanco inimigo.

John Churchill, 1º duque de Marlborough, 1650-1722
Marlborough foi um dos maiores comandantes da época. Além da habilidade diplomática, possuía dois atributos essenciais a líderes guerreiros bem-sucedidos: talento militar e capacidade de motivar os subordinados. Seu apelido, "cabo John", indica a afeição que sentiam por ele.

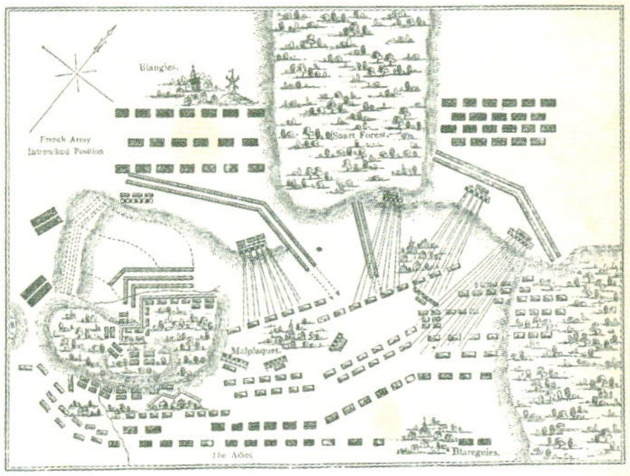

Malplaquet
Em Malplaquet, em 11 de setembro de 1709, Marlborough e Eugênio enfrentaram os franceses, que tinham fortificações temporárias. Primeiro Marlborough atacou os flancos e depois lançou o assalto principal no centro. Sua vitória custou caro e os franceses retiraram-se em boa ordem.

Cavaleiro, meados do século XVIII
Militar britânico com chapéu bicorne, casaco longo e botas longas comuns nos exércitos europeus. Está armado não apenas de sabre, principal arma da cavalaria, mas também com uma carabina e pistolas escondidas por baixo das bolsas decoradas na frente da sela.

Guerra na Europa

Táticas e tecnologia

No início do século XVIII, muitos exércitos haviam se tornado formações pequenas mas profissionais de natureza permanente, corpos que continuavam a existir em tempo de paz e que forneciam um núcleo de tropas treinadas, o qual podia ser aumentado pelo recrutamento vigoroso em caso de hostilidade. Em certa medida, eram formações quase mercenárias, por vezes demonstrando pouco entusiasmo pelas causas dinásticas em favor das quais lutavam, embora em alguns países isso fosse mudar no final do século XVIII. Os postos superiores estavam com frequência ocupados por membros da aristocracia e da pequena nobreza, mas houve também o despontar do que poderia ser descrito como uma classe profissional de oficiais, embora isso fosse mais evidente em determinados exércitos.

Granadeiro do 1º Regimento de Guardas de Infantaria britânico
Esta imagem pertence a um livro de exercícios de 1735. A granada, uma esfera de ferro cheia de pólvora, foi introduzida pelo exército britânico em 1677 e popularizou-se do final do século XVII a meados do século XVIII. Aqui, o granadeiro tem uma mecha em fogo baixo na mão esquerda para acender o fuso da granada. Ele a segura com o braço estendido para evitar a ignição prematura.

Infantaria francesa, final do século XVII
O equipamento mostrado aqui reflete as mudanças do período. O uso de piques foi reduzido no último terço do século XVII e abolido em 1703, e os últimos mosquetes de fecho de mecha foram substituídos pelos de fecho de pederneira em 1699. Uma inovação importante foi o cartucho, um tubo com carga medida de pólvora e projétil de mosquete, que substituiu os incômodos tubos de pólvora como os do segundo homem a contar da esquerda. O granadeiro é o segundo a partir da direita.

Veja também
Guerra na Europa, 1688-1763, *pp. 194-5*

Armas de mão
• baioneta
• espada
• pique

Armas de projéteis
• carabina e cartucho
• granada e pistola
• mosquete de fecho de mecha
• mosquete de fecho de pederneira

Defesas

Vestuário
• boné sem abas
• casaco azul
• faixa
• gorjal

Guerreiros
• cavalaria
• granadeiro
• infantaria
• Royal Horse Guards

Conceitos e táticas
• exércitos profissionais permanentes

Construções e transportes

Soldado de infantaria britânico, início do século XVIII
O equipamento é típico do período, com espada e baioneta presas no cinto e um cinturão de couro sobre o ombro suportando a grande caixa ou bolsa de cartuchos, onde era levada a munição. A pose faz parte da ordem-unida de mosquete *Club your firelock* (algo como "seu mosquete como clava"), em que a arma podia ficar sobre o ombro com a coronha para cima.

Uniformes europeus, início do século XVIII
Entre os trajes mostrados aqui estão o de um tocador de timbales da cavalaria (*atrás, à esquerda*) e o de um general a cavalo com o seu bastão (*à direita*). Os granadeiros de elite (*extrema direita*) usam altos bonés sem abas, adotados porque a aba podia atrapalhar o braço ao atirar a granada.

Membro dos Royal Horse Guards britânicos, 1742
A cavalaria muitas vezes era armada de carabinas (mosquetes de cano curto) e de pistolas. Os Royal Horse Guards se formaram em 1661 e tornaram-se parte da Household Cavalry (elite da cavalaria) em 1820. Eram o único regimento a vestir casacos azuis, conhecido como The Blues ("Os Azuis").

Oficial da infantaria britânica
Esta imagem, de um dos primeiros manuais britânicos de ordem-unida, de 1759, *A Plan of Discipline Composed for the Use of the Militia of the County of Norfolk* ("Plano de disciplina composto para o uso da milícia do condado de Norfolk"), mostra um uniforme típico do período e exemplifica a prática adotada por alguns oficiais de levar mosquetes leves com a caixa de cartuchos presa na cintura. A faixa sobre o ombro e o gorjal na garganta, último vestígio de couraça, indicavam o posto.

A Guerra de Independência dos EUA, *1775-83*

As colônias em revolta

Rebelião contra o colonialismo britânico na América do Norte, a Guerra de Independência (1775-83) forjou os Estados Unidos. Foi um conflito de tipo pouco usual, por envolver, do lado britânico, uma força regular operando em certa medida no isolamento, separada da Grã-Bretanha pelo Atlântico (ainda que com o apoio de forças lealistas locais) e, do lado "rebelde", um exército que cresceu da milícia existente e mais tarde teve a significativa assistência da França. Embora as forças americanas estivessem basicamente organizadas e equipadas segundo linhas convencionais europeias, ocorreu boa dose de guerra irregular, o que incluía tropas armadas com mosquetes estriados, de considerável perícia de tiro. Os britânicos responderam desenvolvendo táticas efetivas de infantaria ligeira.

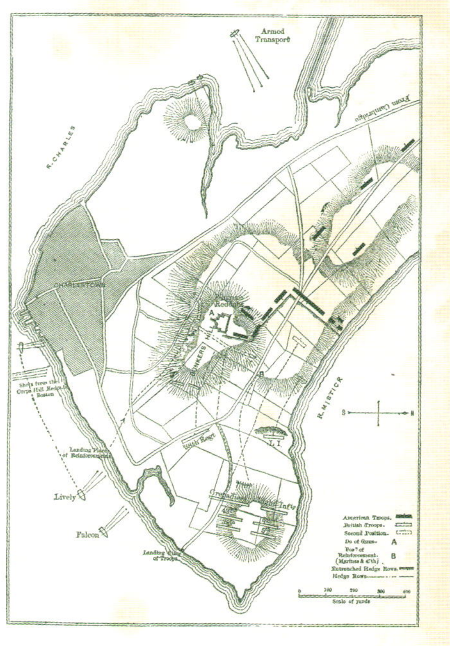

Batalha de Bunker's Hill
Em 17 de junho de 1775, numa das primeiras batalhas da guerra, uma força britânica expulsou um corpo da milícia rebelde de suas trincheiras perto de Boston. O ataque foi conduzido no estilo europeu convencional, com os britânicos dispostos em três linhas, liderados por batalhões mistos de granadeiros e infantaria ligeira. Os britânicos sofreram perdas severas e foram repelidos duas vezes antes do terceiro e vitorioso ataque.

Batalha de Bennington, 16 de agosto de 1777
A Grã-Bretanha completou suas forças com mercenários alemães. Em Bennington, um destacamento composto basicamente de mercenários de Brunswick e de tropas provinciais foi derrotado pela milícia americana, um notável êxito contra soldados profissionais. Houve luta corpo a corpo assim que acabou a munição dos alemães, logo terminada quando seu comandante foi mortalmente ferido.

Soldado da infantaria ligeira britânica
A infantaria ligeira do exército britânico foi formada na América do Norte durante a Guerra dos Sete Anos, e a partir de 1770 cada batalhão tinha a sua. Seu uniforme e seu equipamento foram modificados para se adaptar a escaramuças, com túnicas curtas e acessórios de cabeça práticos. Os americanos usavam mosquetes estriados; já as tropas britânicas só adotaram o fuzil nas Guerras Napoleônicas.

Charles Cornwallis, 1º marquês Cornwallis
Cornwallis foi um dos comandantes britânicos mais preeminentes na guerra na América; sua rendição em Yorktown virtualmente pôs fim ao conflito. Nesta imagem, vê-se um uniforme característico do período, com um casaco longo. Feitos alguns ajustes, produziu-se um traje de campanha mais prático na América.

Dragão ligeiro britânico
Desde meados do século XVIII houve uso crescente de tropas ligeiras treinadas para escaramuças e reconhecimento. Essas táticas eram muito úteis na América do Norte, onde os britânicos as desenvolveram. Tropas ligeiras foram acrescentadas aos regimentos de cavalaria desde 1756, e regimentos de dragões ligeiros se formaram a partir de 1759. Seus elmos em crista contrastavam com o usual chapéu tricorne. Dois desses regimentos, o 16º e o 17º de Dragões Ligeiros, serviram na guerra americana.

Tenente-coronel Banastre Tarleton
Alguns exércitos do século XVIII formaram unidades de especialistas. Entre os corpos provinciais criados pelos britânicos na América estava a Legião Britânica, unidade de cavalaria ligeira e infantaria que usava uniformes verdes em vez dos tradicionais vermelhos. Seu comandante, o tenente-coronel Tarleton, era um hábil líder de cavalaria, com reputação de ser inflexível. Aqui, ele usa o elmo de couro com crista de pelo que receberia seu nome.

Veja também
Táticas do campo de batalha, *pp. 192-3*

Armas de mão

Armas de projéteis
- mosquete estriado

Defesas

Vestuário
- casaco longo
- chapéu tricorne
- elmo com crista
- túnica curta

Guerreiros
- granadeiro
- infantaria ligeira
- Legião Britânica
- mercenário de Brunswick
- milícia americana

Conceitos e táticas
- escaramuça
- reconhecimento

Construções e transportes

As Guerras Revolucionárias Francesas, *1792-1802*

O exército de cidadãos

As guerras para combater a Revolução Francesa de 1789 envolveram toda a Europa por um quarto de século e acarretaram mudanças consideráveis na composição e nas táticas dos exércitos. Na França, a convulsão social praticamente destruiu o antigo exército real, substituindo-o por um exército de "cidadãos", recrutado por conscrição e em geral inspirado por motivos patrióticos. Isso levou a algumas mudanças táticas essenciais. Como havia pouco tempo para treinar os novos recrutas, além do básico no manejo de armas e manobras, ocorreu a simplificação das táticas. Elas incluíram o ataque em coluna, precedido por hordas de tropas de escaramuças, cujos tiros perturbavam o inimigo e ao mesmo tempo ocultavam parcialmente da vista o avanço do corpo principal, aumentando desse modo o significado das táticas de infantaria ligeira. Isso se mostrou extremamente eficaz contra as manobras mais formalizadas ainda empregadas pelos oponentes dos franceses.

Thionville, 16 de outubro de 1792
No início das Guerras Revolucionárias, os franceses combinaram com eficácia a disciplina das unidades mais experientes com o fervor dos novos batalhões. Nesta ilustração da ação em Thionville, a infantaria austríaca (*à direita*) é derrotada pela combinação de uma carga francesa (*à esquerda*) com as rajadas disciplinadas de uma unidade francesa em linha.

Balão de observação francês
O primeiro voo orientado de balão havia ocorrido em novembro de 1783, e a tecnologia foi utilizada pelos militares franceses no início das Guerras Revolucionárias. O mais famoso uso de um balão de reconhecimento na época ocorreu na Batalha de Fleurus, em 26 de junho de 1794, em que a informação fornecida por observadores no balão teve efeito significativo no resultado. Os franceses formaram um corpo com quatro balões, mas a unidade foi dissolvida por Napoleão, o que retardou a observação aérea militar por cerca de setenta anos.

Cavalaria francesa
A cavalaria francesa abrangia regimentos pesados e ligeiros, estes últimos representados (*acima*) por Chasseurs à Cheval ("caçadores a cavalo") e hussardos. Apesar da convulsão revolucionária, alguns regimentos conservaram vestígios de sua prévia identidade. O oficial (*no centro*) usa o uniforme clássico de hussardo: túnica trançada, ou dólmã, por baixo de uma jaqueta com borda de pelo, ou peliça, e barretina cilíndrica. Um dos soldados dispara do cavalo sua carabina curta, um tipo de escaramuça no qual os regimentos ligeiros eram excelentes. Na extrema direita está um oficial dos dragões, com a túnica verde e o elmo de metal associados a essas tropas nesse período.

Infantaria francesa
O exército francês sofreu profundamente no início do período revolucionário com a emigração ou o afastamento de muitos oficiais, cujas origens aristocráticas eram inaceitáveis. A infantaria foi reorganizada em meias-brigadas, e a túnica branca foi substituída pelo azul republicano. São vistos aqui um oficial a cavalo e um granadeiro (*quinto a partir da esquerda*); cada batalhão tinha uma companhia dessas tropas de elite. Na extrema direita está um sapador, e a seu lado o condutor da banda. A nova bandeira nacional tricolor é mostrada à esquerda.

Armas de mão

Armas de projéteis
• carabina

Defesas

Vestuário
• barretina cilíndrica
• dólmã
• peliça

Guerreiros
• cavalaria
• Chasseurs à Cheval
• dragão
• granadeiro
• hussardos
• infantaria ligeira

Conceitos e táticas
• ataque em coluna
• escaramuça
• exército de "cidadãos"

Construções e transportes
• balão de ar

Veja também
Cavalaria: táticas e tecnologia, *pp. 204-5*
Infantaria: coluna e linha, *pp. 206-7*
Infantaria ligeira, *pp. 208-9*

As Guerras Napoleônicas, *1803-15*

Cavalaria: táticas e tecnologia

Apesar de não constituir a parte maior dos exércitos, em que a infantaria era mais numerosa, a cavalaria teve papel vital nas Guerras Napoleônicas. Era classificada em geral como pesada ou ligeira, mas a distinção com frequência se obscurecia. Os regimentos mais pesados eram os dos couraceiros, equipados com blindagem peitoral e dorsal, embora esse equipamento não fosse universal – por exemplo, durante boa parte do período os couraceiros prussianos e russos não usaram couraça. Treinada para executar cargas no campo de batalha, a cavalaria mais pesada não era adequada para escaramuças; tais deveres eram executados melhor pelos regimentos mais ligeiros – caçadores a cavalo, hussardos, dragões ligeiros e lanceiros –, que também eram muito úteis em reconhecimentos e perseguições. Os dragões, não raro classificados como cavalaria pesada, eram geralmente versáteis e capazes de executar todas as táticas da cavalaria.

Veja também
Infantaria ligeira, *pp. 208-9*

Uniformes militares franceses, 1811
Três categorias da cavalaria dos exércitos de Napoleão estão ilustradas aqui. Da esquerda para a direita: um membro dos Carabiniers, dois regimentos pesados equipados em estilo couraceiro com elmos de crista e couraça; um hussardo com o uniforme clássico derivado dos primeiros hussardos húngaros; e um couraceiro. Junto a ele estão dois soldados da infantaria, incluindo um granadeiro da Guarda Imperial com sua barretina de pele de urso.

O grande reduto em Borodino
Às vezes, Napoleão usava a cavalaria como principal arma ofensiva em vez de explorar com ela os esforços da infantaria e da artilharia. São exemplos dessa tática as grandes cargas de cavalaria em Eylau (8 de fevereiro de 1807) e Waterloo (18 de junho de 1815). Esta ilustração é do ataque por couraceiros franceses ao "grande reduto" russo de Borodino, em 7 de setembro de 1812.

Sabres de cavalaria
Representação da luta corpo a corpo entre um couraceiro francês (*à esquerda*) e o capitão britânico Edward Kelly do 1o Life Guards, em Waterloo. As opiniões sobre qual sabre era mais efetivo divergiam. Alguns sustentavam que a estocada de lâmina reta era mais letal; outros preferiam uma lâmina mais larga para um golpe cortante.

Hussardo espanhol do Regimento Maria Luisa

A cavalaria pesada em geral estava equipada com sabres de lâmina reta, ao passo que a ligeira costumava usar sabres curvos, como aqui, projetados basicamente para cortar e não para perfurar. O regimento de hussardos espanhóis Maria Luisa usava um uniforme típico de hussardo, incluindo dólmã trançado e calças com laços.

Chasseurs à Cheval da Guarda Imperial francesa

Entre os mais preeminentes regimentos de cavalaria ligeira estavam os Chasseurs à Cheval de Napoleão, representados aqui com uniforme em estilo hussardo (*à direita*) e com uma túnica menos formal (*à esquerda*), usada em campanha. Napoleão costumava vestir o uniforme do regimento que fornecia sua escolta pessoal.

Batalha de Albuera

Arma tradicional polonesa, a lança já caíra em desuso, mas foi adotada nas Guerras Napoleônicas, em especial por tropas polonesas no exército francês. Podia ser devastadora contra a infantaria. Durante a Guerra Peninsular, na Batalha de Ibuera, em maio de 1811, lanceiros franceses aniquilaram uma brigada britânica antes que ela formasse um quadrado para se proteger.

Oficial couraceiro francês

Em 1802-03, Napoleão converteu a cavalaria pesada em doze regimentos de couraceiros, depois quinze. Eles tinham placas de ferro peitoral e dorsal e elmos (como o usado na imagem pelo oficial) que protegiam de cortes de espada e, a distância maior, de tiros de mosquete. Mas não era fácil encontrar cavalos fortes o bastante para suportar o peso do soldado couraçado.

Armas de mão
- lança
- machado
- sabre de cavalaria

Armas de projéteis

Defesas
- formação em quadrado

Vestuário
- barretina de pele de urso
- calças com laços
- dólmã trançado
- elmo com crista

Guerreiros
- Carabiniers
- Chasseurs à Cheval
- couraceiro
- hussardo
- lanceiro
- Regimento Maria Luisa

Conceitos e táticas
- cavalaria como principal arma ofensiva

Construções e transportes

As Guerras Napoleônicas

Infantaria: coluna e linha

Embora a ordem-unida e as manobras da infantaria continuassem a ser extremamente complexas, usavam-se duas formações principais no campo de batalha: coluna e linha. As colunas serviam para manobras, como a melhor formação para manter a ordem e a coesão necessárias à operação bélica. Na coluna, porém, só as duas ou três primeiras fileiras podiam disparar, enquanto tropas dispostas em duas ou três linhas podiam usar todos os mosquetes. Em consequência, tendo avançado em coluna, as unidades costumavam tentar se colocar em linha antes do contato com o inimigo, embora em alguns casos os franceses usassem a coluna como aríete, sem mudar a formação. Essa tática fracassou, na Guerra Peninsular, contra as disciplinadas rajadas dos britânicos, cujas linhas podiam concentrar volume de fogo muito maior.

Gendarme d'Élite e sapador dos Grenadiers à Pied da Guarda Imperial
Todos os exércitos tinham engenheiros para as tarefas, mais especializadas, de construção e de fortificação. Os batalhões de infantaria costumavam incluir uma pequena seção de pioneiros, que os franceses chamavam de *sapeurs* ("sapadores"). O sapador (*à direita*) dos Grenadiers à Pied da Guarda Imperial usa barba e carrega o machado, o avental e a insígnia na manga com machados cruzados que os distinguiam. O cavaleiro pertence à Gendarmerie d'Élite da guarda, uma unidade de escolta e polícia.

Infantaria austríaca
O Império Austro-Húngaro se opôs a Napoleão, em especial nas campanhas de 1805, 1809 e 1813-14. Esta ilustração é pouco posterior, mas o uniforme dos granadeiros (*no centro*), de túnicas brancas e barretinas altas de pelo, não havia mudado muito. Os regimentos austríacos usavam calças brancas até o joelho e os austríacos, pantalonas azul-claras.

Veja também
Infantaria ligeira, *pp. 208-9*

Tropas britânicas, 1812, em uniformes usados na Guerra Peninsular
Da esquerda para a direita: soldado do 4º Regimento (King's Own), com a barretina de 1800 conhecida como *stovepipe* ("chaminé de fogão") e o clássico casaco vermelho britânico; um homem do 1º (Royal) Dragoons em uniforme típico da cavalaria pesada; e um sargento em uniforme da infantaria das Terras Altas escocesas, com boné de penas e *kilt* (saiote), armado com a espada larga dos sargentos.

Fuzileiro-granadeiro da Guarda Imperial
A partir de 1806, Napoleão ampliou as unidades da Guarda Imperial (Velha Guarda), com a Média e a Jovem Guardas. Os Fusiliers foram associados aos Grenadiers e aos Chasseurs à Pied; este fuzileiro-granadeiro usa uma versão do uniforme e do equipamento clássicos da infantaria francesa.

Grenadier à Pied, Guarda Imperial francesa
Talvez a mais famosa unidade militar do período, a Guarda Imperial de Napoleão tornou-se a elite do exército francês. Suas unidades mais graduadas de infantaria eram os Grenadiers e os Chasseurs à Pied, cujas barretinas de pele de urso tornaram-se símbolos icônicos. O granadeiro veste o típico uniforme de campanha, em que a praticidade tinha precedência sobre o adorno.

Dragão da Guarda Imperial francesa
Formados em 1806, os Dragões da Guarda Imperial de Napoleão usavam uma versão do uniforme dos dragões, incluindo túnica verde e elmo de metal. Embora fossem da cavalaria, conservaram a capacidade de lutar a pé e estavam equipados com o mosquete dos dragões, arma bem mais efetiva que a carabina curta usada por outras unidades de cavalaria.

Armas de mão
- espada larga
- machado

Armas de projéteis
- carabina
- mosquete
- mosquete dos dragões

Defesas

Vestuário
- avental
- barretina de pele de urso
- elmo de metal
- *kilt* e pantalonas
- *stovepipe*

Guerreiros
- 1º (Royal) Dragoons
- 4º Regimento (King's Own)
- Guarda Imperial francesa
- infantaria das Terras Altas

Conceitos e táticas
- manobras em coluna e em linha

Construções e transportes

As Guerras Napoleônicas

Infantaria ligeira

Embora a maioria das manobras fosse conduzida em formações compactas, a infantaria ligeira teve papel cada vez mais importante, alcançando o auge da eficiência nas forças francesas e britânicas. Muitos exércitos formaram regimentos inteiros de infantaria ligeira, e cada unidade comum de infantaria continha em geral tropas ligeiras treinadas em escaramuças, que lutavam em ordem aberta e não em formação cerrada. Elas se dispersavam para tirar vantagem da cobertura natural e faziam mira em vez de disparar rajadas. As tropas ligeiras precediam o avanço, castigando o inimigo antes de o corpo principal entrar em ação, e cobriam retiradas. A maioria das tropas ligeiras usava mosquetes convencionais de alma lisa, porém mosquetes estriados, mais precisos, equipavam unidades como o 95º Regimento de Fuzis, os batalhões de fuzis do 60º Regimento (Royal American) e vários corpos Jäger austríacos e prussianos.

Avanço em coluna típico francês
Este é um exemplo da natureza de uma coluna de combate. Uma coluna de divisões francesa, segundo a fixação de seis companhias por batalhão usada a partir de 1808, compreendia duas companhias lado a lado em três ondas, de modo que, se cada companhia reunisse 120 homens em três fileiras, uma coluna teria a frente com oitenta homens e nove fileiras de profundidade.

Bergen-op-Zoom
Esta gravura do ataque britânico a Bergen-op-Zoom, em março de 1814, ilustra as bandeiras de um regimento: elas serviam não apenas como símbolo de orgulho e identidade da unidade, mas também como ponto de agrupamento em meio à fumaça e à confusão da batalha. A captura de uma bandeira era um grande triunfo; e sua perda, o mais forte golpe no orgulho e no moral.

Batalha de Maida
O efeito da baioneta era em boa medida psicológico: raras vezes lutas de baioneta ocorriam em campo aberto. As cargas eram em geral contra tropas já enfraquecidas, que quase sempre fugiam antes do cruzar das baionetas. Aqui, tropas francesas estão prestes a debandar diante da carga britânica na Batalha de Maida, na Calábria, em 4 de julho de 1806.

Guarda Consular francesa em Marengo, junho de 1800
A proteção da infantaria ao ataque da cavalaria era o quadrado, formação retangular com várias fileiras de profundidade. Aqui, a Guarda Consular francesa usa essa formação, com uma barreira impenetrável de baionetas em todos os lados. Quando a cavalaria se aproximava, as fileiras externas se ajoelhavam, com a ponta da baioneta na altura do peito do cavalo.

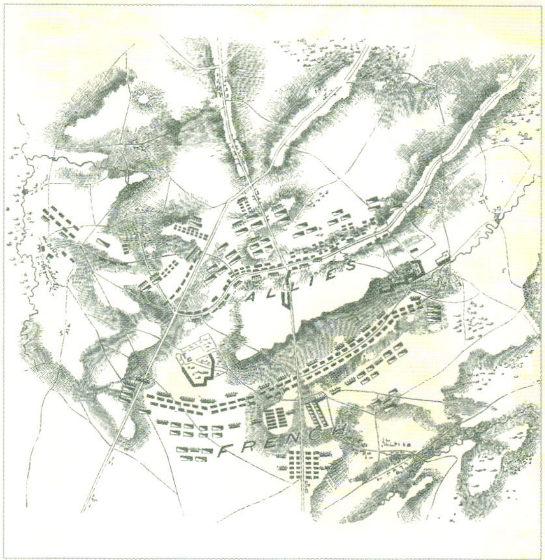

A Batalha de Waterloo
A grande batalha final das Guerras Napoleônicas, Waterloo, em 18 de junho de 1815, viu a derrota final de Napoleão diante dos britânicos, holandeses e alemães de Wellington e dos prussianos do marechal de campo Gebhardt von Blücher. Este mapa mostra a disposição linear dos exércitos, o uso de redutos fortificados para defender pontos no front de Wellington (*no alto*) e, ao longo da linha de frente de Napoleão (*embaixo*), mostra como a artilharia podia se concentrar, facilitando o bombardeio de pontos específicos da linha inimiga.

Granadeiros franceses em ação
Além dos tiros em rajada, o fogo individual podia ser utilizado à vontade. Esta cena de granadeiros mostra vários estágios dessa prática, entre eles um soldado em primeiro plano mordendo a ponta do cartucho, e também os homens nas fileiras de trás passando mosquetes carregados para os atiradores nas alas da frente.

Lanceiros franceses em Waterloo
A cavalaria tinha mais possibilidade de sucesso contra uma infantaria firme em ações coordenadas com as de outras armas. As cargas francesas contra a linha de Wellington em Waterloo (como esta, de lanceiros da Guarda Imperial de Napoleão) se realizaram quase sem apoio e fracassaram diante da defesa da infantaria e da artilharia anglo-aliadas.

Armas de mão
- baioneta

Armas de projéteis
- mosquete de alma lisa
- mosquete estriado

Defesas
- redutos fortificados

Vestuário

Guerreiros
- 60º Regimento (Royal American)
- 95º Regimento de Fuzis
- Guarda Consular
- lanceiro

Conceitos e táticas
- disparos à vontade
- escaramuça
- formação em quadrado
- luta em ordem aberta
- tiros com mira

Construções e transportes

Veja também

Fecho de pederneira, *pp. 186-7*

Infantaria: coluna e linha, *pp. 206-7*

A evolução das armas de fogo, *pp. 216-7*

As Guerras Napoleônicas

A evolução da artilharia

As peças de artilharia eram identificadas em geral pelo peso do projétil disparado: em campanha, usavam-se balas de 3 e 4 libras (armas ligeiras de apoio), 6 e 9 libras (artilharia média de campanha) e 12 libras (os mais pesados canhões de campanha). Os de 18 e 24 libras eram geralmente usados em sítios ou defesa de guarnições. As unidades de artilharia eram comumente organizadas em companhias ou baterias de seis ou oito canhões, usualmente do mesmo calibre, mas incluindo um ou dois *howitzers* (obuseiros). Nesse período, a teoria da artilharia não empregava mais peças isoladas ao longo da linha de batalha, mas sim grandes concentrações de canhões: o chamado "fogo de baterias em massa" era tido como mais eficaz que a soma de suas partes. Ao concentrar o bombardeio pesado sobre uma seção específica das posições inimigas, a função de apoio da artilharia mudou para um papel mais ofensivo.

Guarnição de artilharia
A artilharia consistia em companhias a pé, em que os artilheiros marchavam ao lado dos canhões, e artilharia montada, móvel o bastante para apoiar a cavalaria. Aqui, vê-se uma peça pesada de campanha, com carreta, parelha de cavalos e artilheiros a pé, com os elmos de couro típicos da Baviera e de outros estados alemães.

Napoleão em Montereau, 18 de fevereiro de 1814
Napoleão treinou como artilheiro e manteve a fé no poder da artilharia. Nesta imagem, em Montereau, ele usa sua antiga habilidade para disparar. A guarnição do canhão da Guarda Imperial mostra distintas ações: o artilheiro à direita de Napoleão segura o bota-fogo; o que está à extrema direita carrega a vara usada para inserir o propelente e o projétil no canhão e para lavar o cano com água.

Um canhão de campanha
Como mostra esta gravura de 1802, os canhões podiam ser movidos por artilheiros, que puxavam tiras de couro ou cordas chamadas *bricoles*.

Armas de mão

Armas de projéteis
• canhão
• *howitzer*
• morteiro
• *shrapnel*

Defesas

Vestuário
• elmo de couro

Guerreiros
• artilheiro
• Guarda Imperial

Conceitos e táticas
• bombardeio pesado

Construções e transportes
• carreta de madeira
• vagão de munição

Howitzer

Os *howitzers* (obuseiros) eram canhões de cano curto que disparavam projéteis em trajetória alta, sendo, portanto, os únicos capazes de efetivo tiro indireto, por sobre obstáculos ou tropas amigas. Em geral, eram classificados não pelo peso do projétil mas pelo diâmetro do cano – por exemplo, de 14 centímetros. É visível, na retaguarda do cano, o mecanismo de elevação, usado por todas as peças para ajustar o ângulo de tiro.

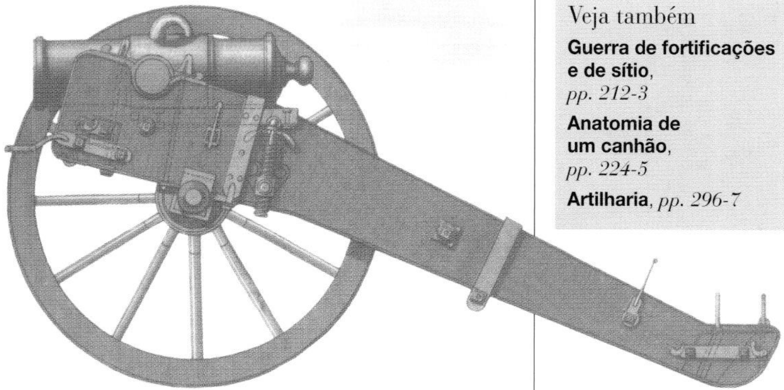

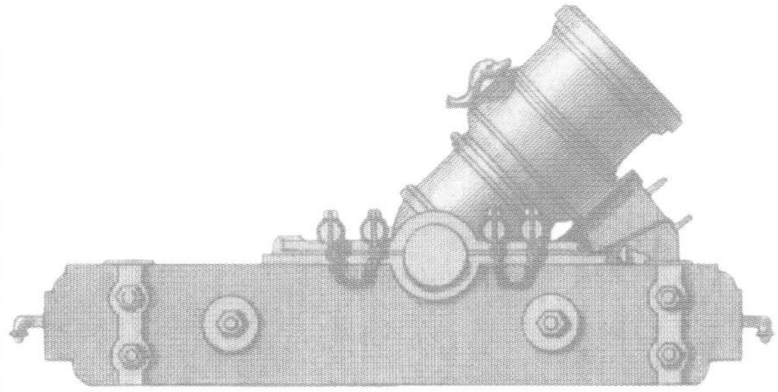

Veja também

Guerra de fortificações e de sítio, *pp. 212-3*

Anatomia de um canhão, *pp. 224-5*

Artilharia, *pp. 296-7*

Morteiro

Os morteiros assemelhavam-se aos *howitzers* por ter cano curto preso a uma base estática, a "cama"; foram usados quase apenas para disparar granadas explosivas em fortificações, em trajetória muito alta.

Vagão de munição

Cada canhão era seguido em campanha por um ou mais vagões de munição, em geral carroças de quatro rodas com cobertura articulada.

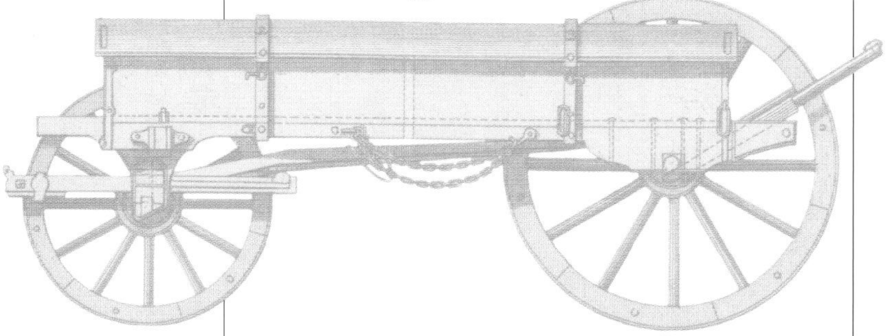

Cano de canhão

Cano de canhão típico, em que o tubo se alarga em direção à boca, com botão redondo, ou cascavel, na extremidade fechada perto do orifício de ignição, e suportes projetados, os munhões, nos lados – que suportavam a peça sobre a carreta –, além de golfinhos, alças ou cabos de erguer acima do cano.

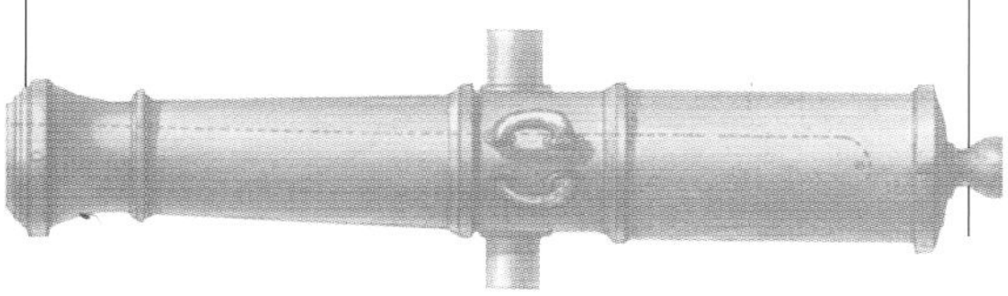

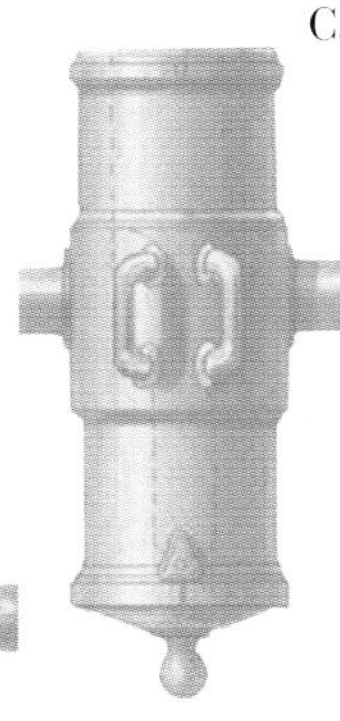

Projéteis de artilharia

Canos de *howitzer* como este disparavam, em geral, esferas de ferro cheias de pólvora. A artilharia comum atirava bolas de ferro que derrubavam tudo em sua trajetória e, de perto, aglomerados ou caixas de projéteis menores que se rompiam com o disparo, tornando o canhão uma gigantesca espingarda de caça. Os britânicos usavam o *shrapnel* – granadas cheias de balas de mosquete que explodiam no ar – numa chuva de projéteis sobre o inimigo.

As Guerras Napoleônicas

Guerra de fortificações e de sítio

Em parte como consequência do sistema de guerra preferido por Napoleão, que buscava a destruição do exército inimigo e não a mera ocupação de território, o significado das fortificações foi menor nas Guerras Napoleônicas do que no século XVIII. Contudo, fortalezas estrategicamente situadas conservaram grande importância. Por exemplo, boa parte da campanha de Napoleão na Itália em 1796-97 prendeu-se às tentativas austríacas de levantar o sítio de Mântua; as Linhas de Torres Vedras, em Portugal, durante a Guerra Peninsular, se mostraram uma barreira intransponível às tentativas francesas de atacar a base de Wellington; na mesma guerra, algumas das mais ferozes ações envolveram a posse das fortalezas de Ciudad Rodrigo e Badajoz.

Sítio de Badajoz
A fortaleza de Badajoz foi sitiada duas vezes pelas forças anglo-portuguesas de Wellington durante a Guerra Peninsular e terminou por ser tomada de assalto na noite de 6-7 de abril de 1812, num dos mais ferozes episódios da guerra. Este mapa ilustra como, no padrão das operações de sítio, linhas de trincheiras e posições de artilharia foram levadas cada vez mais perto da fortaleza até abrir uma brecha na muralha, por onde os atacantes tentaram penetrar.

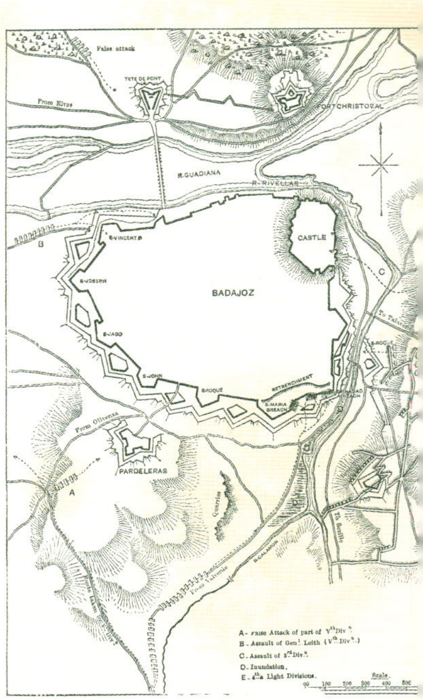

O assalto a Badajoz
Quando Badajoz foi tomada, em abril de 1812, o ataque principal foi lançado contra as brechas entre os bastiões de Santa Maria e de Trinidad, mas elas eram tão bem defendidas que não foi possível penetrar. Contudo, teve êxito o ataque diversionista, por escalada, contra os muros do castelo, mostrado aqui. Usaram-se escadas para descer ao fosso da fortaleza e escalar as muralhas.

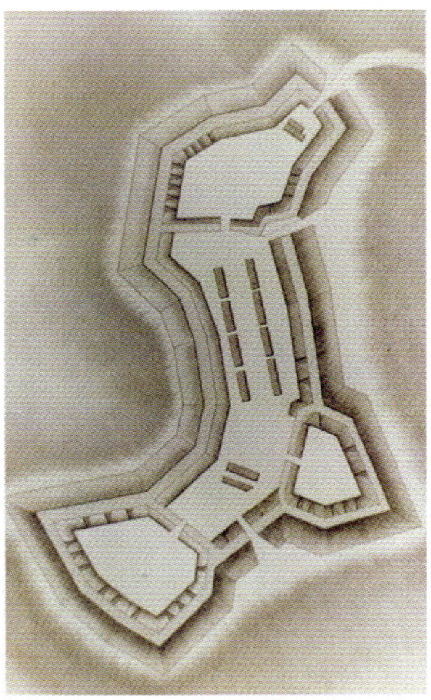

Torres Vedras
As Linhas de Torres Vedras eram fortificações em apoio recíproco construídas sob a direção de Wellington para defender a base anglo-portuguesa de Lisboa; beneficiavam-se da natureza do terreno e mostraram-se inexpugnáveis aos franceses. Este mapa da fortificação principal mostra três redutos ligados por trincheiras. Essa posição tinha 24 canhões e podia abrigar 1.720 soldados.

O assalto a uma fortificação

A construção das fortificações variava dos antigos espaços com muralha externa contínua às mais modernas fortificações com redutos, obras complexas que envolviam plantas geométricas, disposição da artilharia e depósitos protegidos. Fortificações temporárias similares eram construídas para abrigar os sitiantes, com trincheiras para permitir à tropa aproximar-se das defesas sob cobertura e canhões protegidos com sacos de areia e gabiões, cestos cheios de terra. A gravura mostra o assalto a uma brecha aberta pela bateria, com tropas lançando-se para a ruptura na muralha, enquanto uma segunda onda de infantaria se abriga atrás dos canhões.

Artilharia

Na guerra de fortificação e de sítio, a artilharia costumava ser bem diferente da usada em campanha: os canhões eram maiores, para disparar projéteis mais pesados. Os canhões das fortalezas não raro tinham carretas (*abaixo*), e entre o equipamento estavam morteiros como o mostrado à direita, com a base e o cano transportados num vagão. A quantidade de munição despendida num sítio podia ser enorme: no sítio de Badajoz foram usados mais de 35 mil projéteis, num total de cerca de 440 mil quilos de munição.

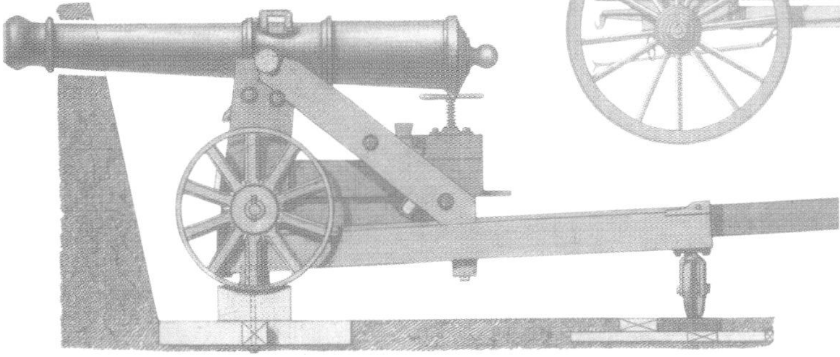

Veja também
Infantaria ligeira, *pp. 208-9*
Morteiro, *p. 211*

O assalto a Ciudad Rodrigo

O assalto a uma brecha defendida, como o mostrado aqui, em Ciudad Rodrigo, em 19 de janeiro de 1812, era uma das ações mais arriscadas da guerra, pois os defensores lançavam projéteis contra os atacantes quando estes se empenhavam em galgar o entulho do muro derrubado. John Kincaid, que sobreviveu ao massacre para escrever sobre o desesperado assalto às brechas de Badajoz, foi preciso em sua descrição: "Uma representação tão respeitável do próprio inferno quanto o fogo, a espada e os sacrifícios humanos a podem traçar".

Armas de mão

Armas de projéteis
• morteiro

Defesas
• bastiões
• muralha contínua
• trincheiras

Vestuário

Guerreiros

Conceitos e táticas
• escalada
• fortalezas estrategicamente situadas
• operações de sítio

Construções e transportes
• Linhas de Torres Vedras

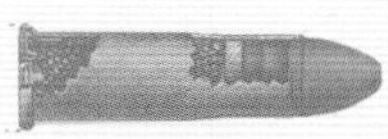
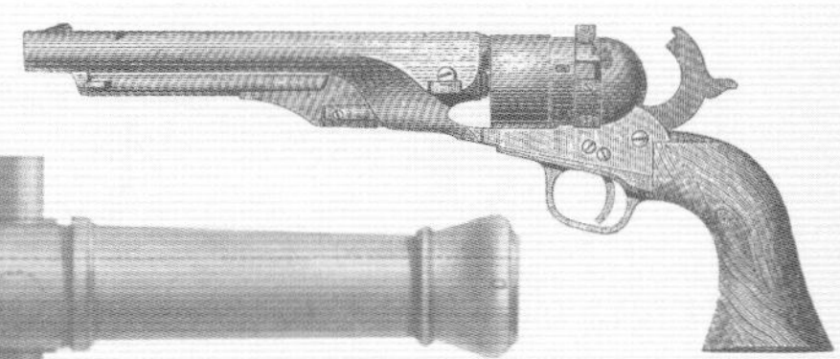
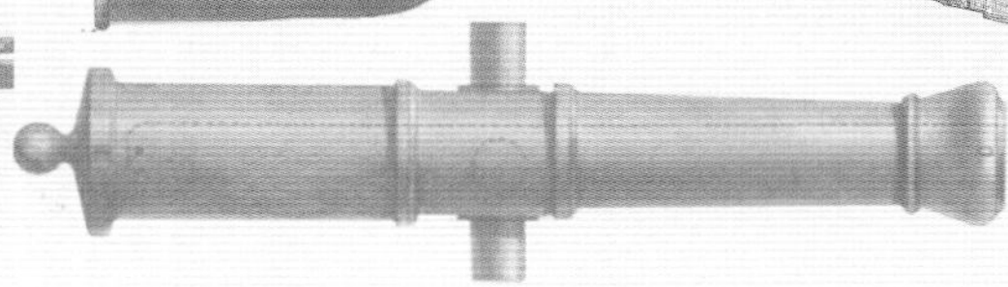

U.S.
HOSPITAL.

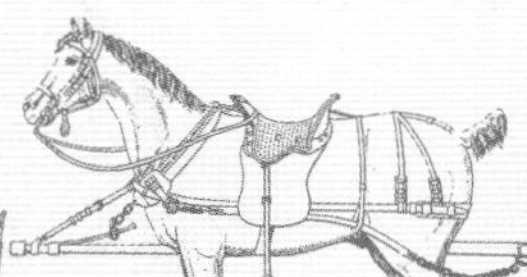

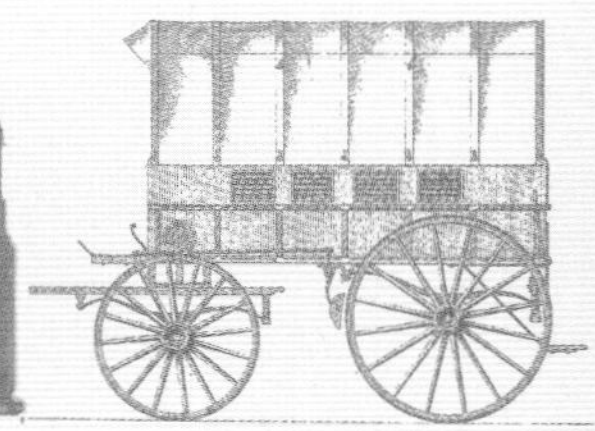

O precursor do campo de batalha moderno 1841-65

Ocorreu uma revolução no armamento e nas táticas entre 1841 e 1865. A introdução do mosquete-fuzil nos EUA em 1841 iniciou o desenvolvimento de uma série de armas de fogo portáteis que levou à produção do mosquete-fuzil Springfield em 1861. O alcance e a precisão desse novo tipo de arma tiveram efeito devastador sobre tropas dispostas na ordem cerrada exigida pelas táticas obsoletas da era napoleônica. A Guerra da Crimeia (1853-56), entre a Rússia e a aliança de Grã-Bretanha, França, Sardenha, Itália e Turquia, foi o início do fim desse estilo de batalha, conduzido em larga medida da mesma maneira e com quase os mesmos uniformes, armas e equipamentos de Waterloo, quarenta anos antes. Contudo, os avanços na ciência e na tecnologia estavam alterando a face bélica. A Guerra da Crimeia viu o primeiro uso tático do telégrafo elétrico, da ferrovia, do clorofórmio e do fogo "cego" de artilharia. A introdução da bala Minié e as estrias dentro dos canos incrementaram o alcance e a precisão das tropas de infantaria aliadas. As mortes por armas e doenças na Guerra da Crimeia causaram mais de um milhão de baixas, bem mais que os 625 mil da Guerra de Secessão dos Estados Unidos, iniciada cinco anos depois.

A Guerra de Secessão, ou Guerra Civil Americana (1861-5), foi o grande ponto de inflexão na história bélica do século XIX. Seus estágios iniciais viram cenas que recordavam a era napoleônica, mas o aperfeiçoamento das armas e o uso de fortificações de campo logo fizeram do conflito a primeira guerra moderna. O impacto mortal do mosquete-fuzil, a introdução de armas de retrocarga e a difusão do canhão estriado reduziram o papel da cavalaria a incursões e reconhecimentos, e sempre que possível os comandantes colocaram suas tropas por trás de parapeitos. Os muitos quilômetros de trincheiras e de abrigos contra bombas construídos nos sítios de Vicksburg e Petersburg anteciparam os horrores da Primeira Guerra Mundial. A Guerra de Secessão permitiu que a estratégia e a tática alcançassem e ultrapassassem a tecnologia, antecipando a guerra do século XX.

A evolução das armas de fogo

O mosquete-fuzil

Nas décadas de 1840 e 1850, o *establishment* militar entendeu que devia aperfeiçoar as armas. Em 1823, o capitão inglês John Norton desenvolveu um projétil que se expandia quando disparado, exigindo desse modo a abertura de ranhuras (estrias) no cano, e o armeiro inglês William Greener inventou um projétil similar em 1836. De início, ambos foram ignorados pelo exército britânico, que julgou demasiado complicada a fabricação. Um mosquete-fuzil calibre .54 com sistema de percussão e bala esférica foi produzido nos EUA em 1841. Em 1847, experimentos feitos na França pelo coronel Louis-Étienne de Thouvenin e pelo capitão Claude-Étienne Minié definiram o formato do projétil. Os britânicos desenvolveram seu mosquete-fuzil padrão de 1853, e em 1855 os EUA criaram um mosquete estriado calibre .58 e um fuzil mais curto, projetados para usar a bala Minié.

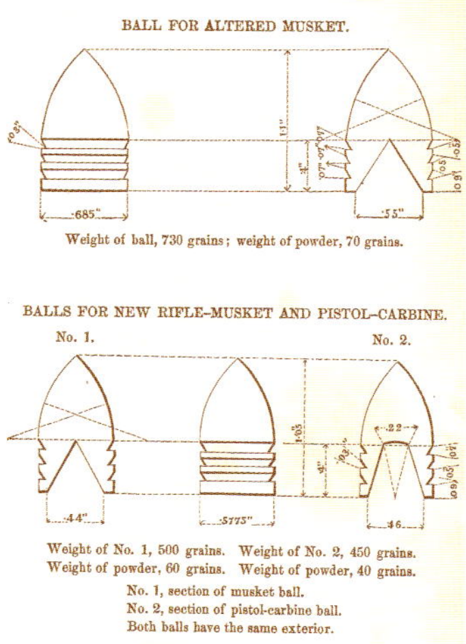

A bala Minié

Atribui-se ao capitão francês Claude-Étienne Minié a criação do projétil de mosquete cilíndrico-cônico chamado "bala Minié". As três bandas em anel se expandiam após o disparo para as ranhuras cortadas dentro do cano. Estes diagramas da publicação *Reports of Experiments with Small Arms* ["Relatórios de experimentos com armas portáteis"], de 1856, mostram tipos de projétil nesse padrão.

Claude-Étienne Minié

Claude-Étienne Minié nasceu em 1804 e serviu o exército francês na África do Norte. Como recompensa pela contribuição à indústria de armamentos, o governo concedeu-lhe 20 mil francos e o integrou à escola militar de Vincennes. Passando à reserva com a patente de coronel em 1858, mais tarde foi instrutor militar do quediva do Egito e gerente da Companhia de Armas Remington, nos EUA.

O Enfield na Crimeia

Em 1853, às vésperas da Guerra da Crimeia, o exército britânico mudava dos mosquetes de cano liso para os de cano estriado. No final daquele ano, o mosquete estriado Enfield foi aprovado pelo Departamento de Guerra e distribuído ao longo do conflito. Esta gravura da época mostra a infantaria britânica, comandada pelo general Ashe Windham, defendendo uma posição, em 1855.

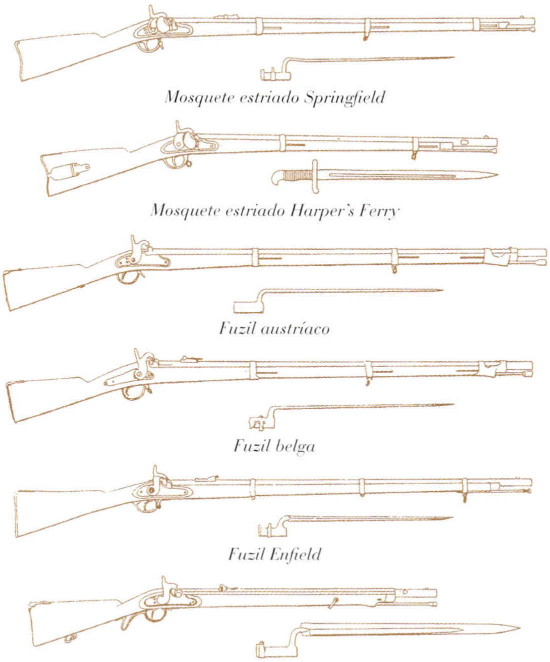

Mosquete estriado Springfield

Mosquete estriado Harper's Ferry

Fuzil austríaco

Fuzil belga

Fuzil Enfield

Fuzil Jager

Legião Britânica
A legião recrutada na Grã-Bretanha em 1860 para juntar-se a Giuseppe Garibaldi na luta pela independência italiana do domínio austríaco estava armada com o "longo Enfield (mosquete--fuzil) do padrão governamental de 1853". Baseado num desenho de Thomas Nast, este detalhe de uma gravura da *Illustrated London News* mostra a legião marchando por Nápoles, em triunfo.

Armas estriadas da Guerra de Secessão
Este detalhe de uma chapa do *Official Military Atlas of the Civil War* ["Atlas militar oficial da Guerra de Secessão"] mostra algumas das armas com estrias de maior impacto na Guerra de Secessão dos Estados Unidos. Produziram-se 265.129 mosquetes-fuzis Springfield entre 1861 e 1863. O fuzil mais curto Modelo 1855 é chamado erradamente de "mosquete estriado". As outras armas mostradas vinham da Europa; as usadas pela Confederação precisavam romper o bloqueio naval da União.

Alcance e precisão
A maioria dos soldados de infantaria em ambos os lados da Guerra de Secessão usava mosquetes-fuzis de calibre .58 ou .577. As estrias (ranhuras em espiral gravadas dentro do cano) aumentavam muito a precisão das armas, fazendo girar a bala e estabilizando-a ao ser disparada. O atirador perito treinado podia atingir seu alvo a 550 metros de distância; o atirador médio devia atingi-lo a 230 metros.

Armas de mão

Armas de projéteis
- bala Minié
- fuzil
- mosquete estriado
- mosquete-fuzil
- projétil

Defesas

Vestuário

Guerreiros
- Garibaldi
- infantaria da Guerra de Secessão dos EUA
- Legião Britânica

Conceitos e táticas
- atiradores peritos treinados

Construções e transportes

Ver também

Anatomia de um mosquete-fuzil Springfield Modelo 1863, *pp. 218-9*

A Guerra de Secessão, *pp. 226-47*

Anatomia de um mosquete--fuzil Springfield Modelo 1863

1 Em 18 de maio de 1860, os EUA adotaram um novo e aperfeiçoado mosquete-fuzil de calibre .58. O mosquete estriado Springfield Modelo 1861 foi fabricado de 1861 a 1863. Dois modelos com ligeiras modificações surgiram em 1863 e 1864. O Springfield quintuplicou a eficiência da infantaria da União durante a Guerra de Secessão. O alcance efetivo chegava a 460 metros e o ritmo de tiro era algo mais intenso, pelo desenvolvimento dos cartuchos de papel, da espoleta de percussão e da facilidade de carregamento da bala Minié, pouco menor que o diâmetro do cano.

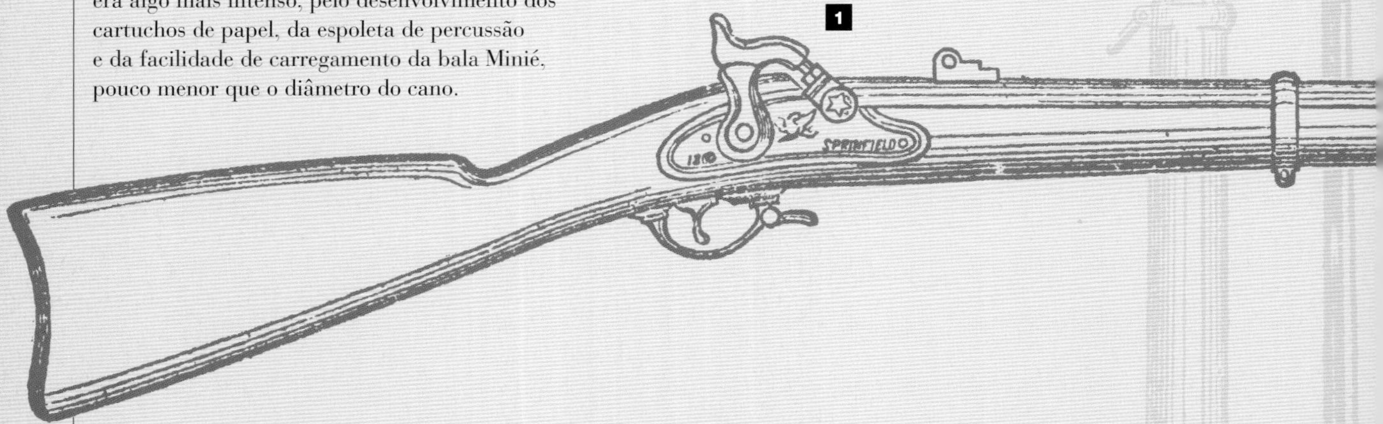

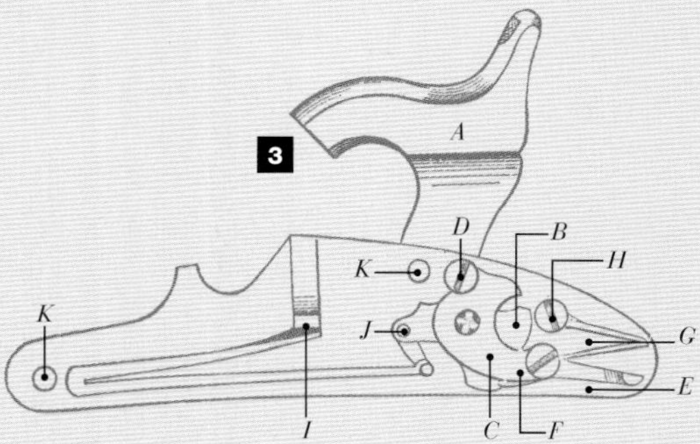

2 A placa do fecho de percussão do Springfield Modelo 1863 estava presa por três parafusos do lado oposto da coronha de nogueira negra; ela acomodava o cão, ou martelo percutor. A marca "US SPRINGFIELD", o ano do modelo e o logotipo da águia estavam sempre incluídos na placa do fecho.

3 Esta vista interna por trás da placa do fecho mostra as partes do mecanismo com o martelo pré-engatilhado. As partes destacadas são: martelo (*A*), posicionador (*B*), freio (*C*), parafuso do freio (*D*), trava (*E*), parafuso da trava (*F*), mola da trava (*G*), parafuso da mola da trava (H), mola principal (*I*), giratório (*J*) e parafusos laterais (*K*).

4 A baioneta de lâmina triangular usada no mosquete-fuzil Springfield tinha uma lâmina de 45,75 centímetros presa na boca do cano da arma por um anel de fixação (*A*) ajustado por um fecho apertado por um único parafuso (*B*).

4

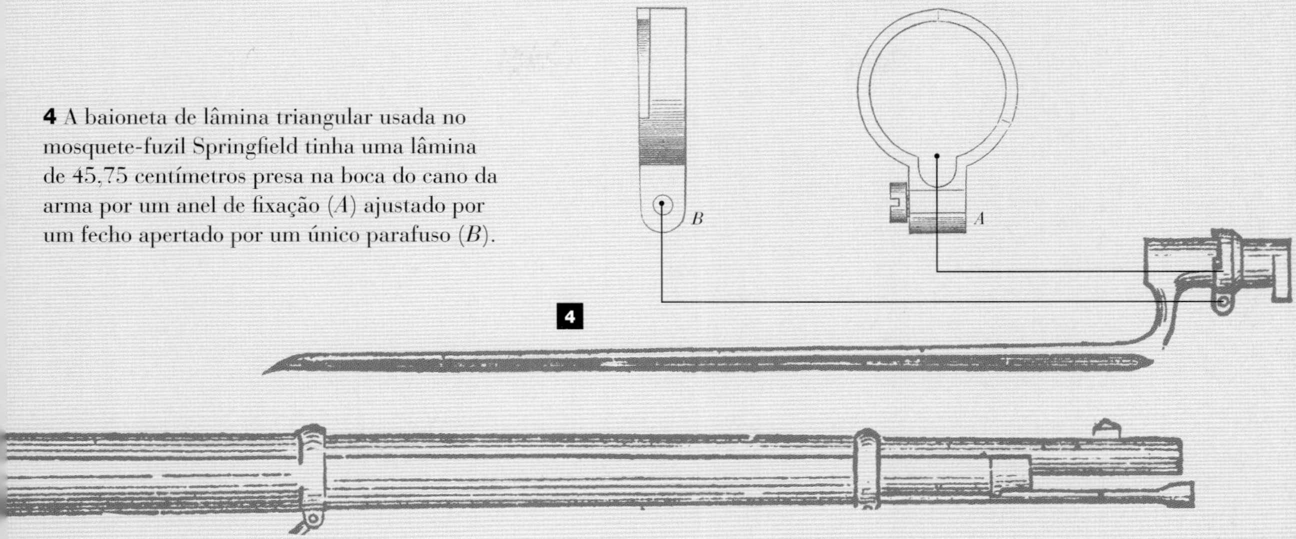

5 A mira traseira de metal do Springfield Modelo 1863 (*A*) consistia em duas alças de mira graduadas de metal que se elevavam da base e tinham entalhes para diferentes distâncias. A alça de mira mais curta era usada para alvos a cerca de 275 metros, e a mais longa para 460 metros (*B*).

5

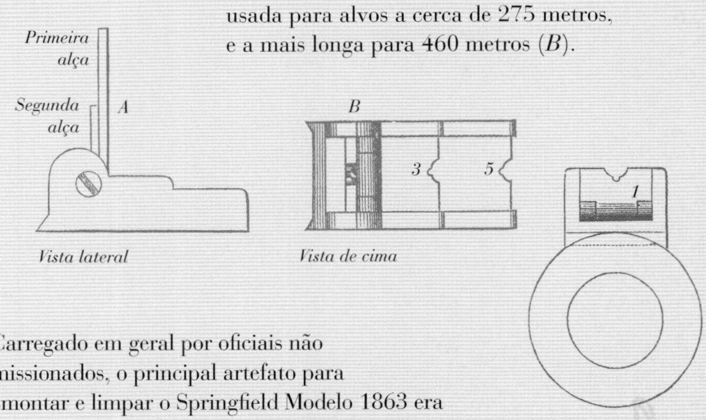

Vista frontal de seção mostrando entalhe para 100 jardas (91 metros).

6

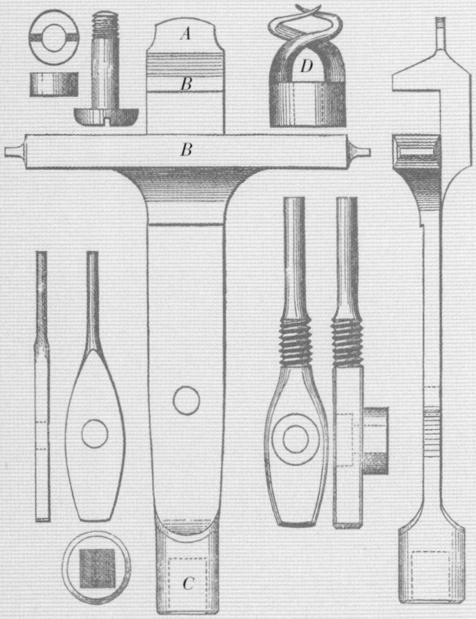

6 Carregado em geral por oficiais não comissionados, o principal artefato para desmontar e limpar o Springfield Modelo 1863 era uma ferramenta combinada que incluía: chave de fenda de ponta larga (*A*) para soltar os parafusos da culatra, das guardas e outros; torquês (*B*) para a remoção da mola principal; chave de porca (*C*) para soltar o cone de ignição; e pontas estreitas de chave de fenda para afrouxar os parafusos do fecho. Cada soldado levava apenas um limpador, um dispositivo para retirar as balas presas no cano (*D*) e uma chave de fenda.

A Guerra da Crimeia, *1853-56*

Táticas

A Guerra da Crimeia foi marcada pelo sofrimento dos soldados de todos os exércitos devido ao clima e ao solo inóspitos da Rússia. As forças da Grã-Bretanha, da França e da Turquia foram devastadas pelo cólera e pela disenteria. Tempestades, calor e invernos enregelantes também cobraram seu preço. A falência dos sistemas de suprimento levou os soldados a ficarem muitas vezes sem comida, roupa, munição e ajuda médica. Ao mesmo tempo, as táticas não seguiram as inovações tecnológicas da primeira metade do século XIX. A cavalaria continuou a ser usada no estilo das Guerras Napoleônicas, como se viu na desastrosa Carga da Brigada Ligeira. A infantaria, armada com o novo mosquete-fuzil, continuou a avançar em ordem cerrada. A artilharia entrou em ação em filas precisas, com carretas de armas e munições atrás delas, o que a tornou alvo fácil para os canhões russos.

Cossacos
Este *donskoi*, ou cossaco, veste o que um viajante chamou de uniforme "elegante e apropriado": "túnica escarlate, com o cinto cheio de cartuchos, calças largas chegando aos joelhos e chapéu largo e achatado de pelo branco ou negro de carneiro". Está armado com uma lança simples, uma espada sem guarda e um "punhado de pistolas" no cinto.

Rumo ao Vale da Morte
Ambos os lados usaram a cavalaria em larga escala na Guerra da Crimeia. A desastrosa Carga da Brigada Ligeira, liderada por lorde Cardigan na Batalha de Balaclava, em 25 de outubro de 1854, resultou em 118 homens mortos, 127 feridos e 335 cavalos perdidos em ação ou abatidos por causa de seus ferimentos.

Ver também
Cavalaria: táticas e tecnologia, *pp. 204-5*
Infantaria ligeira, *pp. 208-9*

Zuavos
Formados em 1831 pelo exército francês na África do Norte, os zuavos serviram com distinção na Crimeia, nas batalhas de Alma, Inkermann e Balaclava, e no sítio final de Sebastopol. Tidos como a melhor infantaria ligeira do mundo, usavam um colorido uniforme em estilo árabe com gorro vermelho, ou calotte, túnica curta azul e calças bufantes vermelhas, ou *serouel*.

Highlanders
Uniformes coloridos eram alvos fáceis na Crimeia. Aqui, com barretinas de pele de urso, túnicas escarlates e saiotes que combinavam fios negros e verdes, o Black Watch, ou 42º Highlanders (das Terras Altas escocesas), parte da Brigada Highland do general Colin Campbell e captura as colinas acima do rio Alma, em 20 de setembro de 1854.

Forças navais
Após a queda de Sebastopol, em setembro de 1855, soldados britânicos e marinheiros da Royal Navy vasculham os redutos russos, compostos de gabiões, cestos cheios de terra e entulho. Os russos tiveram de afundar seus próprios navios no combate, usando os canhões como artilharia adicional e as tripulações como fuzileiros navais.

Armas de mão
- espada
- lança

Armas de projéteis
- canhão
- mosquete-fuzil
- pistola

Defesas
- gabiões

Vestuário
- uniforme cossaco
- uniforme do Black Watch
- uniforme em estilo árabe

Guerreiros
- Brigada Highland
- cossacos
- zuavos

Conceitos e táticas
- táticas ultrapassadas da cavalaria, da infantaria e da artilharia

Construções e transportes

A Guerra da Crimeia

Tecnologia

A Guerra da Crimeia viu o primeiro uso tático em larga escala da guerra de trincheira, do fogo de artilharia "cego" ou indireto, do telégrafo e da ferrovia. O fogo indireto foi criado para que os canhões pudessem disparar de locais protegidos. Os balões foram usados para reconhecimento pelos exércitos revolucionários franceses em 1794, mas seu uso para localizar baterias escondidas se difundiu na Crimeia. Um cabo submarino de telégrafo elétrico foi colocado entre Varna e Balaclava, e um cabo terrestre ligou, pela primeira vez na história, um comandante no campo ao Ministério da Guerra em Londres. Repórteres usaram a nova tecnologia para noticiar o desempenho dos aliados. Em janeiro de 1855, empreiteiros civis construíram uma ferrovia sob supervisão de engenheiros militares para transportar suprimentos de Balaclava à frente de batalha.

Túneis e contratúneis
Os aliados e os russos abriram túneis e contratúneis minados durante os onze meses de sítio de Sebastopol. O Corpo de Engenheiros do exército britânico utilizou várias companhias de sapadores e mineiros hábeis em escavar túneis e destruir as posições inimigas pela ignição de cargas explosivas sob suas defesas.

Tocaias
Como resposta ao mosquete-fuzil mais preciso, aliados e russos usaram as covas conhecidas como tocaias durante o sítio de Sebastopol, em 1854-55. Em geral, consistiam num buraco aberto no solo, com pedras empilhadas diante dele, e uma abertura através da qual o ocupante podia disparar sem se expor ao fogo inimigo.

Sapadores e mineiros
Tropas britânicas no sítio de Sebastopol cavam e reparam trincheiras protegidas por gabiões, enquanto atiradores de precisão guarnecem a plataforma de terra, ou piso de disparo. Como o Corpo de Pioneiros só foi estabelecido no exército britânico na Primeira Guerra Mundial, em geral atribuía-se esse tipo de serviço a sapadores e mineiros, com o apoio de tropas não especializadas.

Cuidados de enfermagem

Conhecida como "A Dama da Lanterna", Florence Nightingale e suas 38 enfermeiras voluntárias foram pioneiras nos cuidados médicos no campo de batalha durante a Guerra da Crimeia. Em seu hospital em Scutari, o clorofórmio teve seu primeiro uso como anestésico no tratamento dos feridos. Após o conflito, compreendeu-se melhor a importância da saúde pública e da higiene, e o *status* da enfermagem como vocação feminina foi elevado.

Ver também

Balão de observação francês, *p. 202*

Envio de mensagens telegráficas, *p. 239*

Cacolets

Como suas charretes-ambulâncias eram de uso complicado no difícil terreno da Crimeia, o exército britânico ficou grato aos franceses pelo emprego dos *cacolets*, liteiras presas dos dois lados de uma forte mula. Com eles, soldados feridos podiam ser levados dos postos de primeiros socorros para o hospital em Scutari com relativa facilidade.

Correspondentes da imprensa

Enviado pelo *Times* de Londres para cobrir a Guerra da Crimeia, William H. Russell escreveu (no início sem censura) sobre as privações dos soldados e louvou a devoção e a coragem de Mary Seacole, a enfermeira jamaicana negra rejeitada por Nightingale que fundou um hospital com seus próprios recursos. As notícias eram transmitidas à Grã-Bretanha pelo novo telégrafo elétrico.

Armas de mão

Armas de projéteis
- mosquete-fuzil

Defesas
- gabiões
- tocaias

Vestuário

Guerreiros
- Corpo de Engenheiros

Conceitos e táticas
- enfermagem no campo
- fogo indireto
- guerra de trincheira
- operações de sítio
- telégrafo elétrico

Construções e transportes
- balões aéreos
- ferrovia para transporte de alimento

Anatomia de um canhão

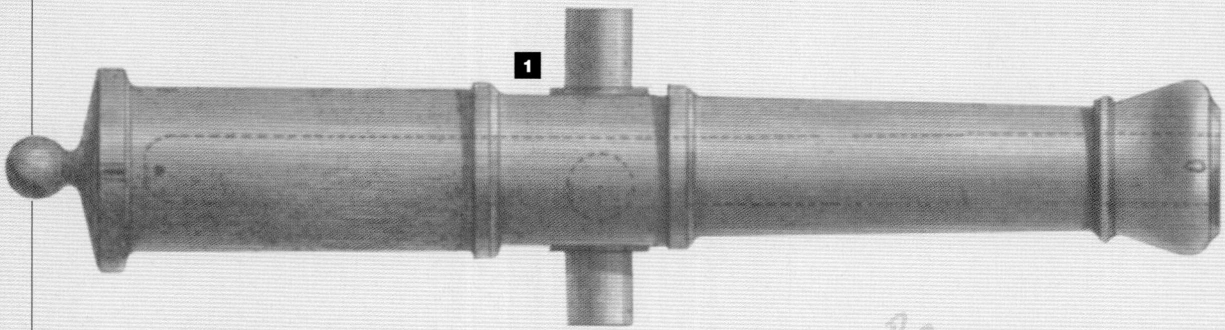

1 Parte de uma peça usada em larga escala pelos EUA na Guerra Americano-Mexicana de 1846-48, este cano de canhão de 6 libras mostra os últimos vestígios da decoração que prevalecera até o início do século XIX, como: boca arredondada, moldura e anel na garganta, e banda mais larga e moldura da culatra.

2 No início do século XIX, os artilheiros da maioria dos países ocidentais haviam estabelecido um método padrão de classificar os canhões com base no peso do projétil. Na época, todos eram esféricos e feitos de ferro, e seu peso correspondia ao diâmetro interno da peça. Assim, um canhão com 9,32 centímetros de diâmetro era chamado de 6 libras, pois disparava um projétil pesando 6 libras. Esse tamanho de canhão era em geral usado pela artilharia montada.

3 O balde de esponja ficava suspenso por baixo do canhão. Feito de uma folha de ferro, tinha tampa de madeira e um pino ligado ao topo de um cabo por dois elos e uma rotatória, que prendiam o conjunto a um orifício sob o eixo na carreta do canhão. O balde continha água, na qual se mergulhava uma esponja para lavar o interior do cano após o tiro.

4 O canhão era preso à carreta por munhões, suportes do cano. Eles permitiam que o cano da peça fosse elevado para ajustar o alcance e a trajetória do projétil disparado. Um típico Modelo 1841 de 6 libras tinha alcance de cerca de 1.390 metros.

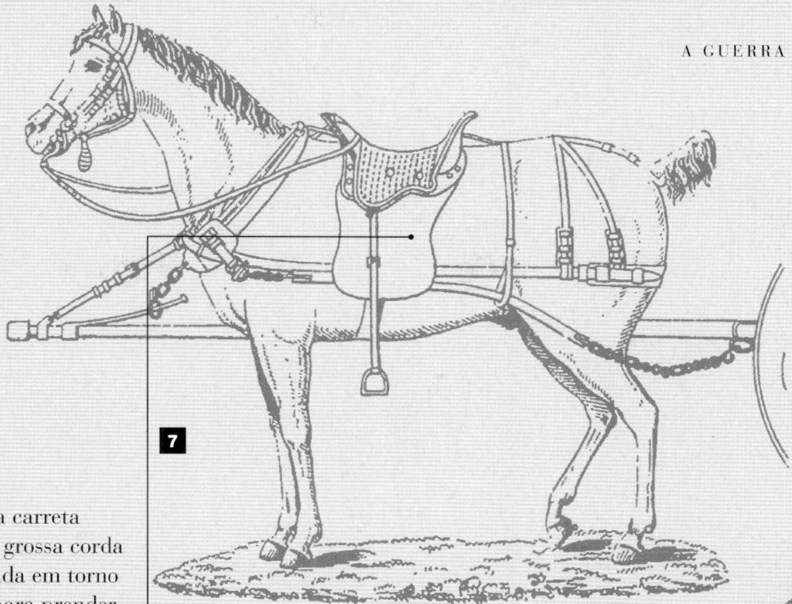

5 O canhão era engatado à frente da carreta por uma extensão de madeira. Uma grossa corda de cânhamo de uns 8 metros, enrolada em torno de ganchos na extensão, era usada para prender o canhão na carreta quando este disparava durante uma retirada ou para movê-lo para a frente sem reengatar a carreta.

6 Os cavalos eram presos à parte dianteira da carreta móvel do canhão. Ela continha uma arca com as ferramentas necessárias para disparar e fazer a manutenção da peça. Quando a bateria estava disparando, a frente da carreta era afastada do canhão, para propiciar mais segurança.

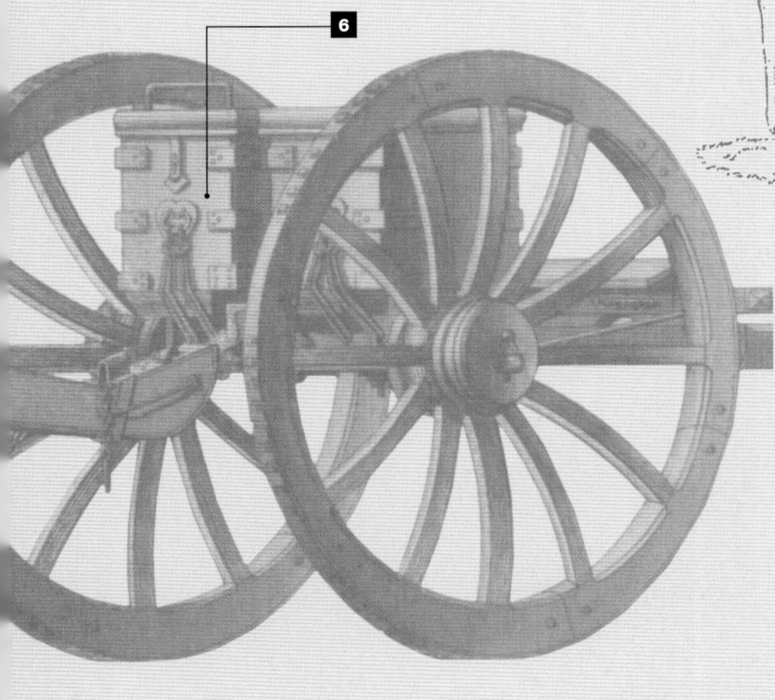

7 Durante a marcha, vários membros da guarnição do canhão sentavam-se sobre a carreta, enquanto outros serviam como condutores montados no lado esquerdo de cada parelha que puxava a arma. A munição era transportada numa caixa, que também ficava presa à frente da carreta.

A Guerra de Secessão, *1861-65*

Táticas de infantaria

O tenente-coronel William J. Hardee, que serviu no exército dos Estados Unidos de 1838 a 1861, escreveu *Hardee's Rifle and Light Infantry Tactics* ["Táticas de Hardee para infantaria ligeira e fuzileiros"] para mostrar todas as vantagens do aperfeiçoado mosquete-fuzil. O livro foi adotado pelas forças armadas dos EUA em 29 de março de 1855 e baseava-se no *L'Exercise et Maneuvres des Bataillons de Chasseurs à Pied* ["O exercício e manobras dos batalhões de caçadores a pé"], guia militar francês traduzido pelo tenente Stephen V. Benet, do Departamento de Material Bélico dos EUA. O mais conhecido manual de ordem-unida no início da Guerra de Secessão, foi substituído pelo *Infantry Tactics* ["Táticas de infantaria"], do general Silas Casey, de 1862. Nascido na Geórgia, Hardee apoiou o Sul e produziu uma versão de seu manual para a Confederação.

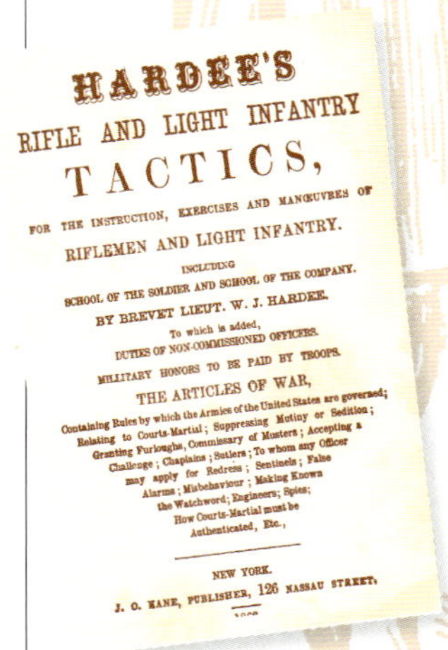
HARDEE'S
RIFLE AND LIGHT INFANTRY
TACTICS,
FOR THE INSTRUCTION, EXERCISES AND MANŒUVRES OF
RIFLEMEN AND LIGHT INFANTRY.
INCLUDING
SCHOOL OF THE SOLDIER AND SCHOOL OF THE COMPANY.
BY BREVET LIEUT. W. J. HARDEE.
To which is added,
DUTIES OF NON-COMMISSIONED OFFICERS.
MILITARY HONORS TO BE PAID BY TROOPS.
THE ARTICLES OF WAR,
Containing Rules by which the Armies of the United States are governed; Relating to Courts-Martial; Suppressing Mutiny or Sedition; Granting Furloughs, Commissary of Musters; Accepting a Challenge; Chaplains; Sutlers; To whom any Officer may apply for Redress; Sentinels; False Alarms; Misbehaviour; Making Known the Watchword; Engineers; Spies; How Courts-Martial must be Authenticated, Etc.,
NEW YORK.
J. O. KANE, PUBLISHER, 126 NASSAU STREET,

Manual de ordem-unida
Página de rosto de *Hardee's Rifle and Light Infantry Tactics*, publicado por J. O. Kane, de Nova York, em 1862.

Ombro arma
A primeira lição dizia respeito aos "Princípios de armas levadas no ombro": o soldado segura o mosquete-fuzil do lado direito com o braço quase estendido e a guarda do gatilho para a frente. Antes de passar à segunda lição, aprendiam-se as posições "olhar à direita, à esquerda e em frente, e colocar na frente".

Sustentar arma
A segunda lição continha a parte múltipla "Manual de armas". A primeira instrução era "Sustentar arma", em que o soldado transferia o mosquete-fuzil para o ombro direito e sustentava o martelo do mosquete contra o antebraço esquerdo, com a mão esquerda no peito. Assim, ele podia levar a arma para a posição "Ombro arma".

Apresentar arma
Isso envolvia trazer o mosquete-fuzil do ombro direito para a posição ereta, diante do centro do corpo, com a mão esquerda segurando a arma a meia distância entre a mira e a faixa inferior, enquanto a mão direita segurava a parte estreita da coronha contra a guarda do gatilho.

Começar a carregar

No início da operação, o soldado levava o mosquete-fuzil à altura da cintura com a mão esquerda, com a culatra abaixo do antebraço direito e a boca da arma no nível dos olhos. O martelo era pré-engatilhado com o polegar da mão direita; uma espoleta de percussão de cobre era retirada da bolsa e pressionada no niple, uma peça no alto do fecho da arma.

Ver também

Anatomia de um mosquete-fuzil Springfield Modelo 1863, *pp. 218-9*

A Guerra de Secessão: infantaria: uniformes e equipamento, *pp. 228-9*

Descansar arma

Ao comando "Descansar arma", a coronha era apoiada no solo, junto ao pé direito, com a boca a cerca de 2 polegadas do ombro, a vareta da arma na frente e o "bico" da culatra "contra, e alinhado com o dedão do pé direito, com o cano perpendicular". A ordem "Descansar" não exigia que o soldado "mantivesse silêncio e firmeza".

Fogo

Ao ouvir a ordem de "Fogo", o soldado apertava o gatilho com o dedo indicador e o mosquete-fuzil disparava a bala Minié. O soldado permanecia na posição de tiro, "sem abaixar ou voltar a cabeça", mantendo-se assim até uma nova ordem.

Carregar

O mosquete-fuzil era carregado mediante uma série de ordens. Em "Carregar", colocava-se a culatra entre os pés e pegava-se a arma com a mão esquerda, enquanto a direita trazia a caixa de cartuchos para a frente a fim de pegar um cartucho. Os demais comandos eram: "Segurar cartucho"; "Rasgar cartucho", mordendo o papel do cartucho; "Carregar cartucho", derramando pólvora e depois a bala pelo cano; "Pegar vareta"; "Empurrar cartucho", levando com a vareta a pólvora e a bala para o fim do cano, e "Guardar vareta".

Preparar... apontar

Aos comandos de "Preparar" e de "Apontar", o soldado punha o pé direito para trás, erguia a arma ao nível dos olhos e fazia pontaria usando a alça de mira no cano: o martelo era puxado para trás a fim de engatilhar a arma, com um dedo no gatilho.

A Guerra de Secessão

Infantaria: uniformes e equipamento

Os exércitos da União e da Confederação usaram uma profusão de uniformes coloridos nos primeiros meses da Guerra de Secessão; só a partir de 1862 ela realmente opôs o azul e o cinza. Ainda que o pequeno exército dos EUA tivesse usado o azul-escuro desde 1851, uniformes cinza tinham sido adotados pelas milícias de muitos estados do Norte e do Sul. Mais ainda, muitos regimentos de milícias estaduais permitiam variações no uniforme das companhias. O modelo escolhido em junho de 1861 pelo pequeno exército confederado incluía um casaco comprido em "cinza de cadete" com destaques na cor do ramo no colarinho e nos punhos. As unidades mais pitorescas foram as que adotaram uniformes semelhantes aos usados pelos zuavos do exército francês.

Cadetes Zuavos de Ellsworth
Este detalhe de uma gravura dos Cadetes Zuavos dos Estados Unidos, publicada em *Frank Leslie's Illustrated Newspaper* em julho de 1860, mostra os uniformes rebuscados de algumas companhias de milícias, influenciados pelo popular estilo dos zuavos. Organizados em Chicago, Illinois, por Elmer Ellsworth, amigo de Abraham Lincoln, os Cadetes Zuavos fizeram exibições de ordem-unida em vários estados em 1860.

Soldado de infantaria da União
Tirada de uma gravura do *Official Military Atlas of the Civil War*, este homem está uniformizado e equipado como a maioria da infantaria da União a partir de 1862: boné azul-escuro no padrão de 1859, casaco com quatro botões e calças azul-celeste. O mosquete-fuzil é um Springfield Modelo 1861 e o equipamento é uma mochila negra emborrachada padrão do exército, com um cobertor enrolado, um cantil esferoide e uma sacola escura de tela.

Mochila de milícia
Muitos regimentos das milícias estaduais levavam roupas e outros itens militares em mochilas rígidas, com uma estrutura de madeira coberta por tela pintada de negro. Utensílios de cozinha no estilo do exército britânico eram presos às tiras de fixação deste exemplar da 7ª Milícia do Estado de Nova York, renomado regimento estadual.

Chasseurs

O 14º Regimento da Milícia do Estado de Nova York, recrutado no Brooklyn, Nova York, usava uniforme de *chasseur* francês: "calças vermelhas, túnica azul-escura com duas fileiras de botões redondos e uma peça vermelha no peito, além de uma fileira de botões redondos e boné vermelho". À diferença da maioria dos regimentos do conflito, o 14º continuou a usar várias versões de uniforme de *chasseur* até a tropa ter baixa, em 1864.

Soldado de infantaria da Confederação

Os trajes e o equipamento da infantaria confederada não eram exatamente uniformes. A maioria vestia túnicas curtas e calças cinzentas ou marrons, com vários tipos de chapéu ou boné. Cobertores enrolados e correias para prender o sobretudo substituíam as mochilas. Boa parte do restante do equipamento era similar ao do Norte, embora fabricado no Sul.

Tropas da União em cinza

Um regimento nortista, o 1º de Massachusetts, usava uniformes cinza com cordão vermelho em torno do colarinho e das tiras dos ombros. Trocando-o logo depois pelo azul da União, essa unidade alistou-se por três anos, em 1861, e lutou nas principais campanhas do teatro oriental da guerra até se dissolver, em 1864.

Túnicas de caça

A maioria da infantaria confederada era de fazendeiros e matutos, que, no início da guerra, usavam uniformes pitorescos. Aqui, um voluntário do Kentucky veste uma túnica de caça com franjas, que lembra as usadas na Guerra Revolucionária de 1775-83.

Ver também
Zuavos, *p. 221*

Armas de mão

Armas de projéteis
- mosquete-fuzil

Defesas

Vestuário
- túnica de caça
- uniforme azul da União
- uniforme cinza da Confederação
- uniforme de *chasseur*
- uniforme em estilo zuavo

Guerreiros
- Cadetes Zuavos dos EUA
- 1º Regimento de Massachusetts
- 7º e 14º Regimentos da Milícia de Nova York
- Soldados da infantaria

Conceitos e táticas

Construções e transportes

A Guerra de Secessão

Cavalaria

O papel da cavalaria estava em transição quando a Guerra de Secessão começou. Ela foi muito eficiente em cargas maciças contra quadrados de infantaria no período napoleônico, mas o advento do mosquete-fuzil, com alcance e precisão maiores, pôs fim a isso. A cavalaria da União e a confederada foram empregadas em números menores, como correios e escoltas, bem como em reconhecimento. Também serviram de retaguarda efetiva em ações defensivas, perseguiram e fustigaram o inimigo em retirada e guardaram os flancos de ações ofensivas. O maior uso tático da cavalaria foi em raides de longa distância por trás das linhas inimigas, quando destruíam comunicações valiosas, depósitos de suprimentos e ferrovias. Dezenove incursões de cavalaria dos confederados e quinze da União foram realizadas durante a guerra.

Homem da cavalaria da União
Também do *Official Atlas*, este cabo da União veste o uniforme completo prescrito para a cavalaria em 1861, com o chapéu Hardee padrão 1858. Sua túnica azul-escura é adornada com cordão amarelo no colarinho e nos punhos, e as insígnias de metal sobre os ombros foram pensadas para proteger contra cortes de sabre.

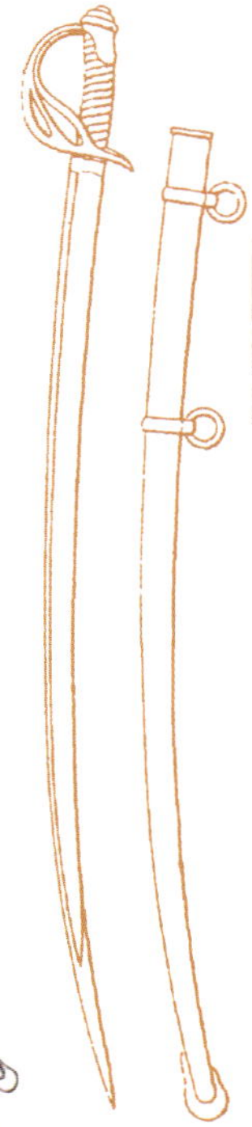

O sabre
O sabre usado por muitos soldados da cavalaria, tanto do Norte quanto do Sul, era o da cavalaria pesada (dragões), Modelo 1840. Semelhante ao modelo francês, a arma tinha lâmina curva, copo metálico e guarda em "meia-cesta", com empunhadura de madeira coberta de couro e envolta por fios de metal torcido. A bainha de ferro possuía dois anéis.

Homem da cavalaria confederada
Na imagem tirada do *Official Military Atlas of the Civil War*, este cavaleiro confederado usa o uniforme prescrito para o exército regular em junho de 1861. Acredita-se que foi desenhado por Nicola Marschall, artista alemão que imigrou para a América, e devia se basear no uniforme dos *feldjaeger* austríacos. Os destaques no colarinho e nos punhos eram amarelos, cor do ramo de serviço da cavalaria nos EUA.

Treinamento de sabre
Um importante manual de treinamento para a cavalaria foi o *Cavalry Tactics* ["Táticas de cavalaria"], de 1861, escrito pelo general de brigada Philip St George Cooke, oficial da União e sogro do general "Jeb" Stuart, comandante da cavalaria confederada do exército da Virgínia do Norte. As gravuras acompanham as seções descrevendo "Direita – Desviar" (defesa) e "Esquerda – Desviar" com o sabre.

A sela McClellan
A sela McClellan foi projetada por George B. McClellan, oficial do exército dos EUA, após sua viagem à Europa como membro de uma comissão encarregada de estudar desenvolvimentos militares. Baseada na sela da cavalaria prussiana, que incorporava detalhes húngaros, foi escolhida como equipamento padrão pelo exército dos EUA em 1859, sendo amplamente usada na Guerra de Secessão e depois.

Correios e escoltas
A cavalaria do exército regular da União com frequência serviu de correio e escolta para comandantes. Isso resultou na fragmentação de muitos regimentos em unidades menores. A escolta do general Ulysses S. Grant, comandante-chefe dos exércitos dos Estados Unidos em 1864-65, eram as companhias B, F e K do 5º Regimento de Cavalaria dos EUA.

Guerrilheiros
A cavalaria confederada não raro operava melhor como força de guerrilha. Os Raiders de Quantrill eram uma unidade de sertanejos pró-Confederação pouco organizados que lutavam liderados por William Clarke Quantrill em ambos os lados da divisa Kansas-Missouri. John S. Mosby liderou uma eficiente cavalaria guerrilheira na Virgínia por trás das linhas da União.

Armas de mão
- sabre

Armas de projéteis
- mosquete-fuzil

Defesas

Vestuário
- chapéu Hardee
- uniforme da cavalaria confederada
- uniforme da cavalaria da União

Guerreiros
- cavalaria do exército regular
- cavalaria pesada
- 5º Regimento de Cavalaria dos EUA
- Raiders de Quantrill

Conceitos e táticas
- táticas de guerrilha

Construções e transportes
- sela McClellan

A Guerra de Secessão

Artilharia

A artilharia da Guerra de Secessão pode ser dividida em várias categorias, segundo o projeto básico, o peso, o comprimento do cano e o tipo de projétil utilizado. Os 6 e 12 libras da artilharia de campanha consistiam em canhões e *howitzers* (obuseiros). O canhão era uma arma pesada de cano longo que disparava projéteis sólidos a longa distância com baixo grau de elevação, usando grande carga de pólvora. O *howitzer* tinha cano mais curto e disparava projéteis sólidos e granadas a menores distâncias, mas com maior elevação e cargas de pólvora menores. Canhões estriados como o Parrott e o Whitworth tinham alcance e precisão excepcionais. Para guarnição e sítio se empregavam peças de 18 e 24 libras, e canhões de calibre ainda maior, as columbíadas, eram usados na defesa do litoral e pelas marinhas. Os morteiros, armas curtas de cano grosso, disparavam, com pequena carga de pólvora, projéteis sólidos ou granadas em arco, na elevação máxima.

Artilharia de campanha
Comandada por um capitão, uma bateria da artilharia de campanha na Guerra de Secessão em geral reunia de seis a oito peças. Cada par de canhões estava sob a responsabilidade de um tenente, e cada um era operado por um sargento, dois cabos e cerca de quatro soldados.

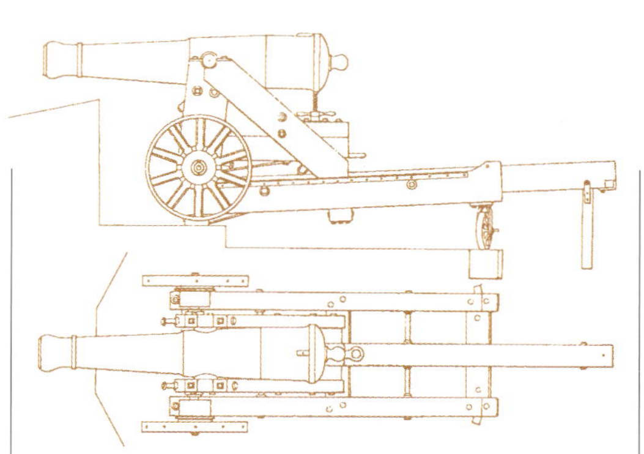

Canhões de sítio
Este detalhe do *Ordnance Manual* ["Manual de material bélico"], de 1861, mostra um canhão de sítio de 24 libras numa carreta de madeira, que elevava a peça para disparar sobre um parapeito. Esse tipo de canhão pesado em geral era usado em fortificações, como as que rodearam Washington de 1861 a 1865.

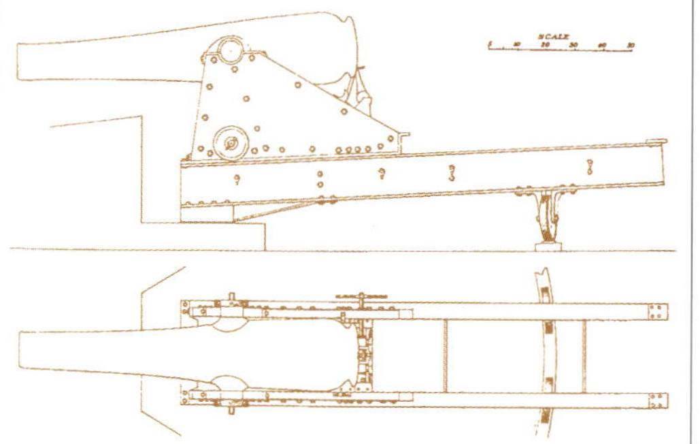

Baterias costeiras
Canhões pesados, como este Rodman de 25 centímetros, muitas vezes equipavam baterias costeiras, montados em carretas barbetas (plataformas de tiro) com pinos frontais que permitiam o deslocamento lateral, além da elevação. Note-se o trilho circular na plataforma para o giro da peça.

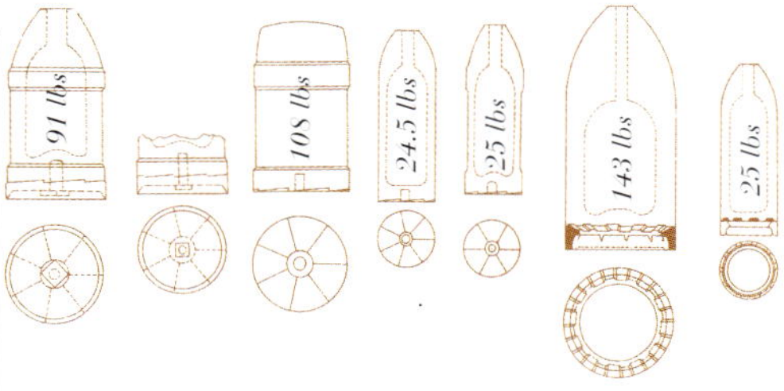

Granadas e *sabots*

Granadas disparadas por canhões estriados como o Parrot de 100 libras empregavam um *sabot*, anel de ferro fundido, latão, chumbo ou cobre, preso à base da granada. Com o disparo, o *sabot* expandia-se em direção às estrias do tubo, que faziam girar a granada, dando-lhe precisão e alcance bem maiores que os de uma peça de alma lisa. Estes desenhos do *Official Atlas* mostram projéteis com *sabots* de cobre presos à base da granada.

Canhões de guarnição

Baseada numa foto original, esta gravura mostra oficiais e soldados do 3º Regimento de Artilharia Pesada de Massachusetts com um canhão Parrott de 100 libras colocado numa barbeta de ferro, com um pino central em Fort Totten, Washington, em agosto de 1865. Criado por Robert Parker Parrott, graduado de West Point, o Parrott tinha uma faixa de ferro fundido em torno da culatra como reforço.

Howitzers de montanha

Projetados para uso em combate na montanha, *howitzers* de pequeno calibre eram desmontados e transportados por cavalos ou mulas – ou sua carreta era puxada por esses animais, como se vê acima. Um deles (*à direita*) transporta munições ou caixas de ferramentas.

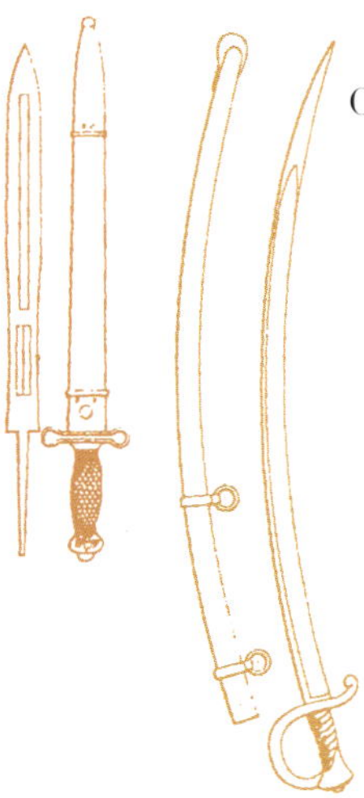

Espadas e sabres

Os artilheiros confederados e os da União dispunham de armas de corte para o caso de sua bateria ser assaltada pelo inimigo. Os que manejavam canhões mais pesados, como os de 24 libras, tinham a espada para artilharia a pé Modelo 1833, enquanto as guarnições da artilharia montada usavam o sabre da artilharia ligeira Modelo 1840.

Baterias ferroviárias

A União foi pioneira no uso de trens blindados – na Ferrovia Baltimore e em Ohio, em agosto de 1864. Eram "baterias ferroviárias revestidas de ferro contendo três canhões cada uma, e quatro vagões fechados à prova de mosquetes com aberturas para o disparo de fuzis". Trens blindados mais modernos foram usados no sítio de Paris em 1870.

Armas de mão
- espada
- sabre

Armas de projéteis
- canhão Parrott
- canhão Rodman
- canhão Whitsworth
- columbíada
- *howitzer*
- morteiro

Defesas

Vestuário

Guerreiros
- artilheiros
- 3º Regimento de Artilharia Pesada de Massachusetts

Conceitos e táticas

Construções e transportes
- animais de carga
- carreta barbeta
- Fort Totten
- trens blindados
- Washington

Ver também

A evolução da artilharia, *pp. 210-1*

Anatomia de um canhão, *pp. 224-5*

Artilharia, *pp. 296-7*

A Guerra de Secessão

Táticas: fortes e sítios

A Guerra de Secessão viu um enorme desenvolvimento no uso de fortificações de campanha. Muitos oficiais de ambos os exércitos haviam aprendido a profissão na academia militar de West Point, onde tiveram aulas de engenharia militar e da arte da fortificação com Dennis Hart Mahan. Acreditando na preeminência da pá no combate, Mahan inspirou-se nos trabalhos do engenheiro militar francês do século XVII Sébastien Le Prestre, senhor de Vauban, e do general barão Antoine Henri de Jomini, teórico militar suíço do século XIX. O *Complete Treatise on Field Fortification* ["Tratado completo sobre fortificações de campanha"], de Dennis Hart Mahan, de 1836, foi reimpresso em Nova York em 1861 e 1863 e na Confederação em 1862. Esse volume tornou-se o manual padrão sobre o assunto, com instruções completas e detalhadas para planejar, construir, defender e atacar fortificações de campanha e trincheiras.

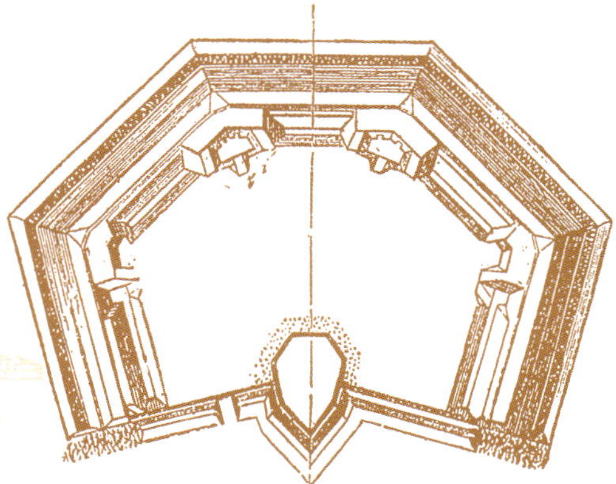

Lunettes
Era comum na Guerra de Secessão haver uma fortificação de campanha separada, chamada *lunette*. Com espaço para grandes canhões, era protegida por fossos profundos em todos os lados exceto na retaguarda, que era cercada por uma paliçada, da qual se projetava um pequeno bastião de dois lados, o revelim.

Proteção de terra
Nesta gravura do sítio de Vicksburg, em 1863, atiradores de escol da União disparam por trás de um revestimento de gabiões, um muro protetor composto de grandes cestos cheios de terra. Outros descansam na trincheira profunda, protegida pelo *parados*, um banco de terra empilhada na retaguarda.

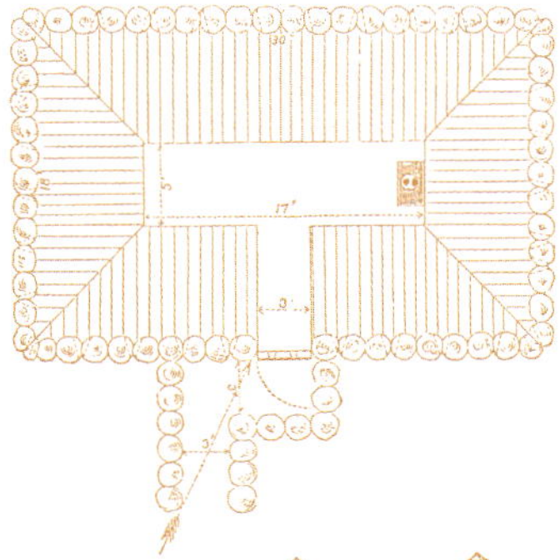

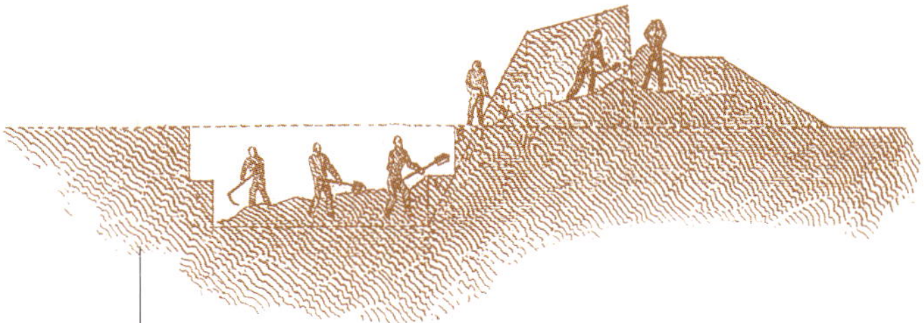

Perfil de parapeito e fosso

Os traços principais do parapeito e do fosso de um forte eram os declives interior, superior e inferior do parapeito. O lado do fosso diante do inimigo era com frequência atravessado por uma frisa de estacas pontiagudas, e o fundo do fosso também podia conter uma paliçada aguçada. A área cercada pelo parapeito era o *terreplein*.

Redutos

As maiores fortificações de campanha muitas vezes continham redutos que serviam de refúgio caso as defesas externas fossem rompidas. Pequenas guarnições isoladas também confiavam em redutos, para proteção contra uma força mais numerosa. Baseado nos princípios de Mahan sobre fortificação, este exemplo construído com toras verticais tem uma galeria a proteger sua entrada e terra acumulada até meia altura das paredes para dar mais segurança.

Obstáculos exteriores

Vários obstáculos eram usados como obras exteriores de fortificação. Possivelmente inventado pelos holandeses no sítio de Groningen, em 1594, o *cheval de frise* ("cavalo de frisa") consistia numa trave horizontal de 2,75 a 3 metros de comprimento, com duas linhas diagonais de lanças de 3 metros. Também se veem aqui os *trous-de-loup* ("armadilhas para lobos") quadrados e redondos, com estacas afiadas na base, e os emaranhados de arame.

Fortes em polígono estrelado

O forte em polígono estrelado, ou tenalha, era rodeado no exterior por ângulos projetados, ou salientes, e se classificava pela quantidade deles que continha. Este forte octogonal está cercado por um largo fosso e tem um muro de proteção ou barreira de terra através do *terreplein*, para proteção adicional contra fragmentos de granadas.

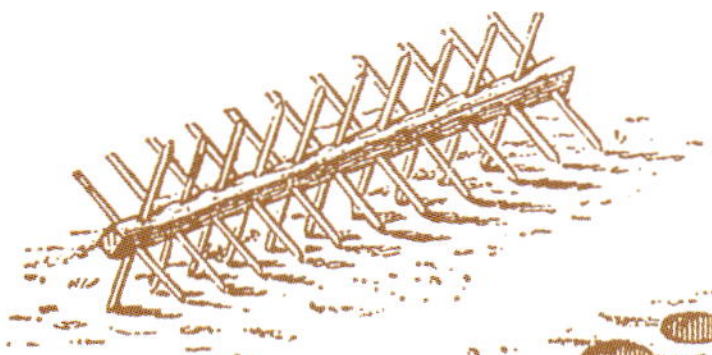

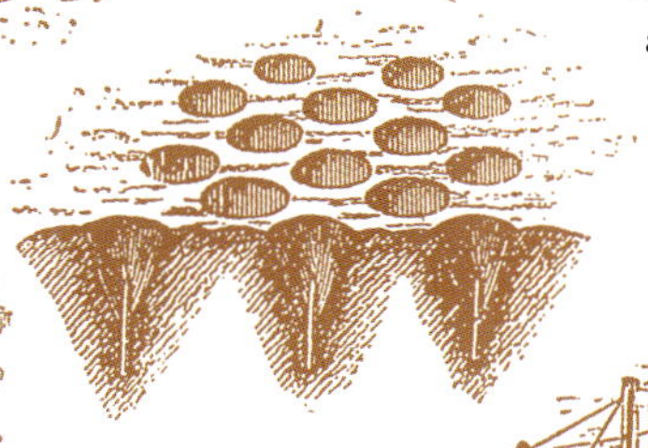

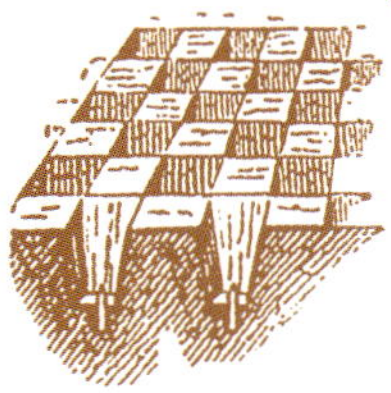

Armas de mão

Armas de projéteis

Defesas
- *cheval de frise*
- *lunettes*
- *parados*
- revelim
- revestimento de gabiões
- *trous-de-loup*

Vestuário

Guerreiros

Conceitos e táticas
- engenharia militar
- fortificações de campanha

Construções e transportes
- forte em polígono estrelado
- reduto

Anatomia de fuzil e carabina de repetição

1 A Guerra de Secessão viu o primeiro uso em massa dos fuzis e carabinas de repetição de retrocarga. A introdução do fuzil Spencer Modelo 1860 de sete tiros contribuiu bastante para a vitória da União. Apelidada "torre de tiro horizontal", era uma arma de ação de alavanca operada manualmente, alimentada por cartuchos com espoleta na borda a partir de um depósito tubular na culatra. Esse fuzil foi adotado pelo exército da União, em especial pela cavalaria, que usava a carabina Spencer, mais curta e leve. Produziram-se versões do fuzil compatíveis com a baioneta de lâmina triangular e a espada baioneta.

3 O cão era depois engatilhado manualmente, e a arma estava pronta para disparar. O depósito tubular para alimentar os cartuchos ao receptor ficava na extremidade da coronha. O depósito podia receber sete cartuchos e funcionava com uma mola enrolada. Um atirador perito podia disparar sete tiros com boa mira em menos de dez segundos.

4 A precisão do Spencer apoiava-se numa única alça de mira desdobrável, cuja base ficava a 8,6 centímetros da culatra, e numa mira dianteira na extremidade do cano

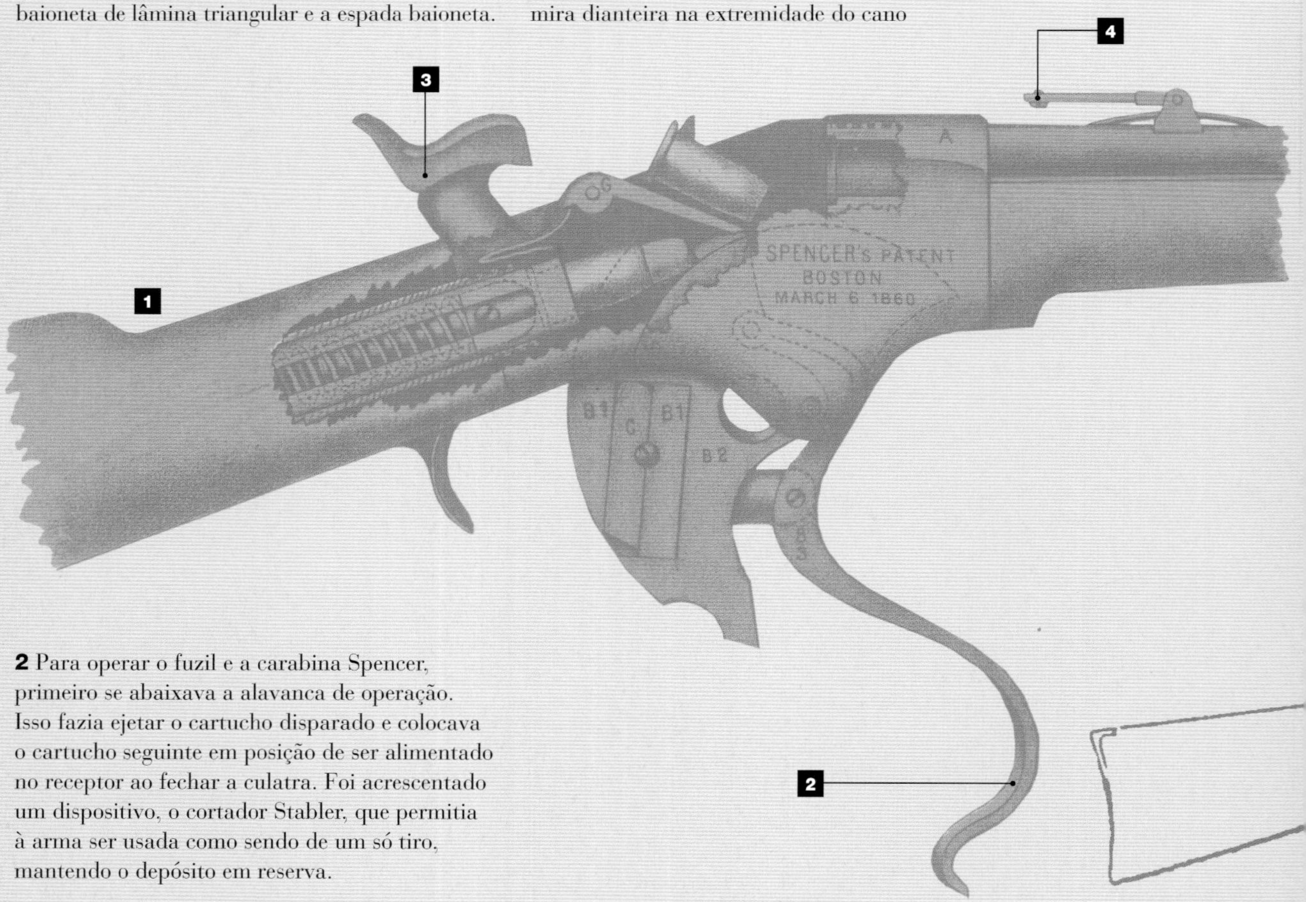

2 Para operar o fuzil e a carabina Spencer, primeiro se abaixava a alavanca de operação. Isso fazia ejetar o cartucho disparado e colocava o cartucho seguinte em posição de ser alimentado no receptor ao fechar a culatra. Foi acrescentado um dispositivo, o cortador Stabler, que permitia à arma ser usada como sendo de um só tiro, mantendo o depósito em reserva.

5 Com a posterior introdução das caixas de cartuchos Blakeslee – conhecidos pelas tropas como "os rápidos de carregar" –, o soldado equipado com o Spencer tinha munição extra a seu dispor. A versão da cavalaria levava dez tubos de cartuchos; já a da infantaria continha treze tubos. Com isso, eles tinham setenta ou noventa e um cartuchos adicionais a sua disposição.

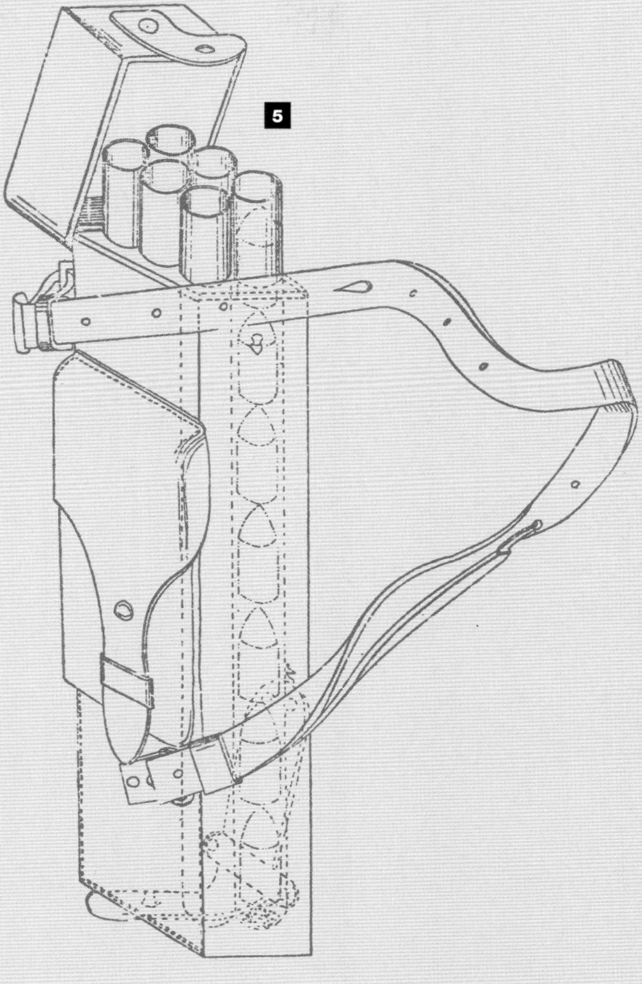

6 A maior encomenda de fuzis de retrocarga feita pela União durante a Guerra de Secessão foi de 11.472 Spencers de calibre .52. Essa arma pesava 4,5 quilos e tinha 119 centímetros de comprimento total. Seu cano de 76 centímetros era equipado para receber a baioneta de lâmina triangular. Neste desenho impreciso do *Official Military Atlas of the Civil War*, só aparecem duas das três bandas existentes em torno do cano.

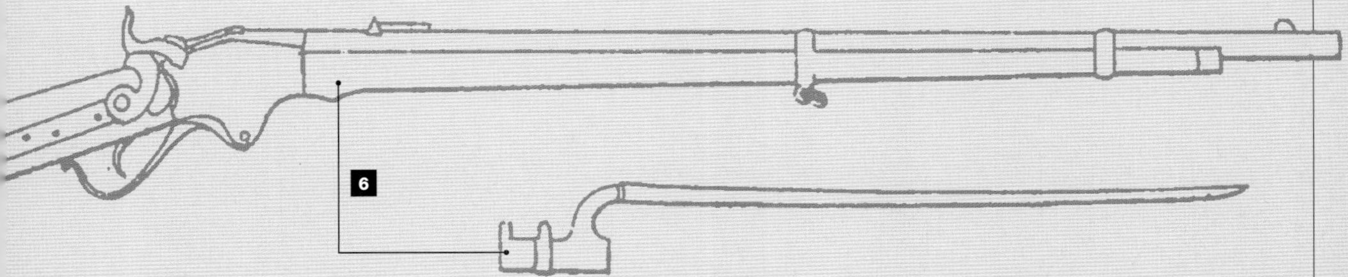

A Guerra de Secessão

Tecnologia – comunicações

Os dois exércitos em luta criaram corpos de sinaleiros para comunicações. A organização da União começou pouco antes do conflito, quando o major Albert J. Myer tornou-se o primeiro oficial de sinalização. O equivalente confederado, iniciado pelo coronel William Norris e pelo ex-assistente de Myer no exército regular, Edward Porter Alexander, era bem menor, mas adotou métodos similares aos da União. Ambos realizaram comunicações estratégicas e táticas, usando telegrafia eletromagnética ou aérea, sinalização "em pêndulo" e balões para observação aérea.

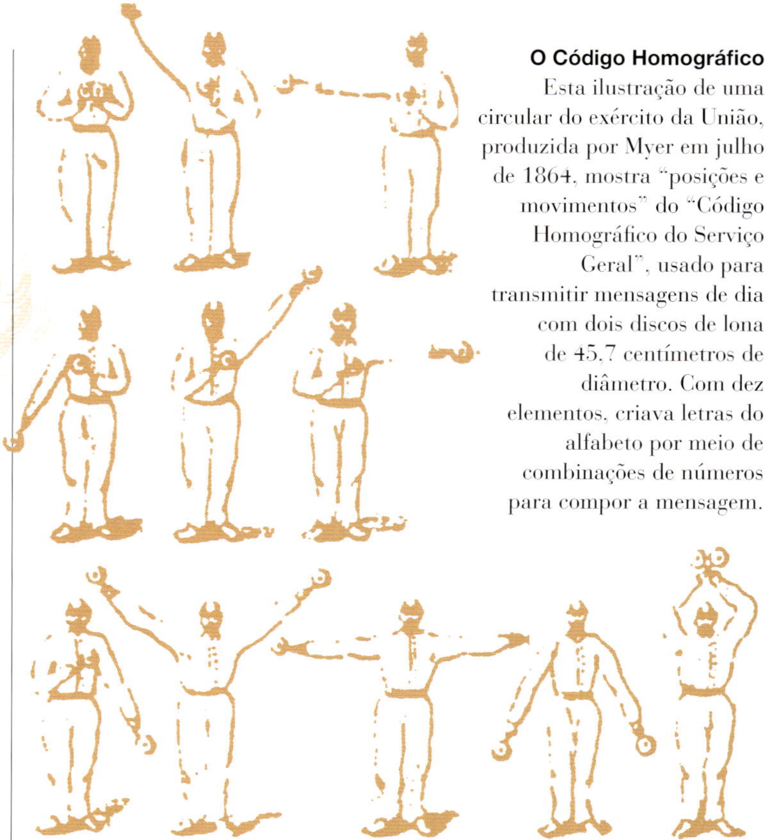

O Código Homográfico

Esta ilustração de uma circular do exército da União, produzida por Myer em julho de 1864, mostra "posições e movimentos" do "Código Homográfico do Serviço Geral", usado para transmitir mensagens de dia com dois discos de lona de 45,7 centímetros de diâmetro. Com dez elementos, criava letras do alfabeto por meio de combinações de números para compor a mensagem.

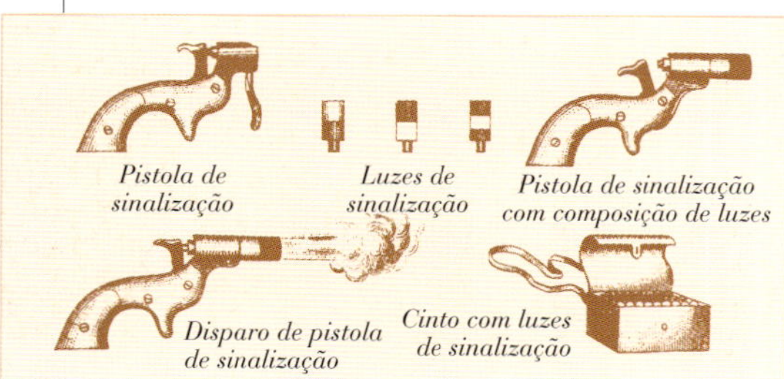

Pistolas de sinalização

Os sinais eram transmitidos à noite por pistolas que disparavam cartuchos cilíndricos de luz de uma só cor ou multicoloridos, produzidos por B. T. Coston. Em boas condições, o sistema Coston alcançava cerca de 8 quilômetros. Um sinal de uma só cor queimava por cerca de 8 segundos; já sinais duplos e triplos duravam em torno de 17 e 26 segundos, respectivamente.

Morteiros de sinalização

O Corpo de Sinaleiros da União também fazia sinais noturnos para iniciar operações militares. Um morteiro de sinalização lançava uma bomba de luz com um cartucho preso, disparado por meio de uma mecha acesa. Aqui, o sinaleiro leva o morteiro e a bomba suspensos de correias nos ombros. Um animal de carga transportava o equipamento completo por distâncias maiores.

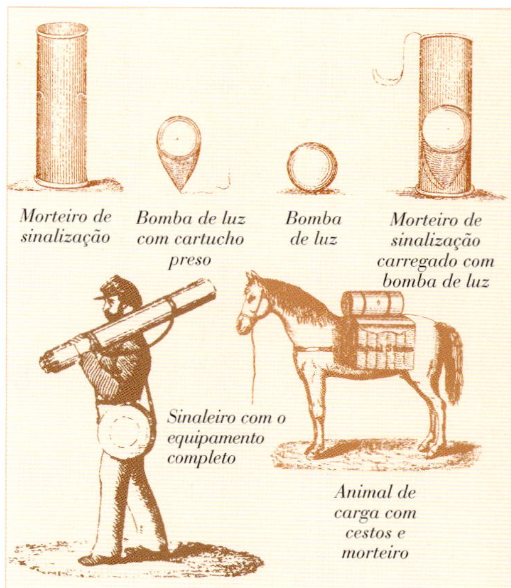

Sinais noturnos

Nesta gravura de uma estação sinalizadora da União, o sinaleiro ergue uma tocha na primeira posição, "Pronto". Uma bandeira para sinalização diurna está suspensa da plataforma, enquanto à direita um oficial de sinalização observa por um telescópio noturno.

Envio de mensagens telegráficas

O dispositivo eletromagnético para enviar mensagens era operado por uma alavanca, que passava por um mostrador com números e letras. Quando a alavanca detinha-se nas letras escolhidas, a mensagem era soletrada no instrumento no outro extremo da linha. Segundo um relato da época, "a coisa toda é tão simples que qualquer um que saiba ler e escrever pode operá-la com facilidade".

Fio telegráfico

Estes sinaleiros instalam um fio telegráfico durante uma batalha. O fio, de cobre isolado, era erguido em postes leves, suspenso em árvores ou preso ao longo de cercas. O equipamento era levado numa carroça, de onde o fio era desenrolado. Quando se fazia uma conexão, a carroça tornava-se o posto do telégrafo. Os homens à esquerda cavam buracos para os postes telegráficos.

Balões de observação

Os exércitos confederados e da União usaram balões para reconhecimento e também para telegrafar mensagens do balão para os comandantes de campanha. O Corpo de Balões da União, organização civil sob a autoridade do Setor de Engenheiros Topográficos, usou balões cheios de hidrogênio, como o *Intrepid*, desenvolvido por Thaddeus Lowe. A Confederação empregou balões de ar quente do estilo *montgolfière* para propósitos similares.

Armas de mão

Armas de projéteis

Defesas

Vestuário

Guerreiros
• Corpo de Balões da União
• Corpo de Sinaleiros confederado
• Corpo de Sinaleiros da União

Conceitos e táticas
• sinalização "em pêndulo"
• telegrafia eletromagnética

Construções e transportes
• animais de carga
• balão de ar quente
• balão de hidrogênio

Anatomia de um revólver Colt

1 Nascido em Hartford, Connecticut, em 1814, Samuel Colt interessou-se desde cedo pelas armas de fogo e por seu funcionamento. Quando servia num navio mercante de viagem para a Índia, ele desenvolveu o conceito de arma de fogo portátil com um simples cilindro giratório de munição. Baseava-se no mecanismo da roda do leme, cujos raios se alinhavam com um eixo quando ela girava.

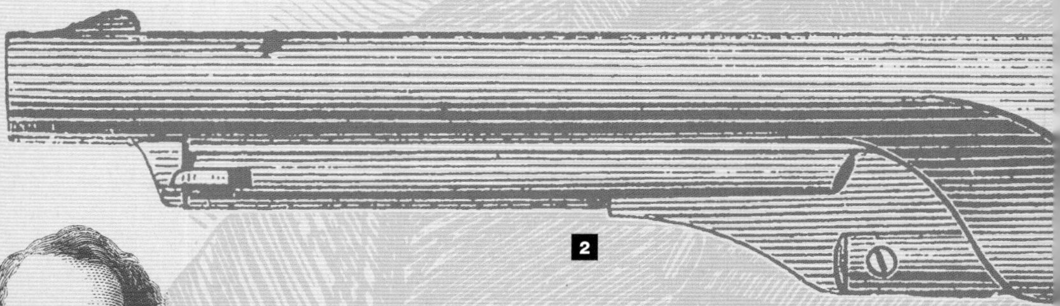

2

1

2 Em 25 de fevereiro de 1836, Samuel Colt obteve sua primeira patente dos Estados Unidos para produzir uma arma de fogo portátil com tambor giratório. Isso lhe deu o quase monopólio no ramo dos revólveres pelos 21 anos seguintes. Quando começou a Guerra de Secessão, em 1861, ele havia produzido vários modelos, entre os quais o revólver Colt Dragoon calibre .44, o Colt Modelo 1851 calibre .31 – fabricado nas versões "Exército" e "Marinha" – e o Colt "do Exército" Modelo 1860 calibre .44. Este último é o modelo apresentado aqui, embora todos os anteriores tenham sido usados pelos dois lados no conflito.

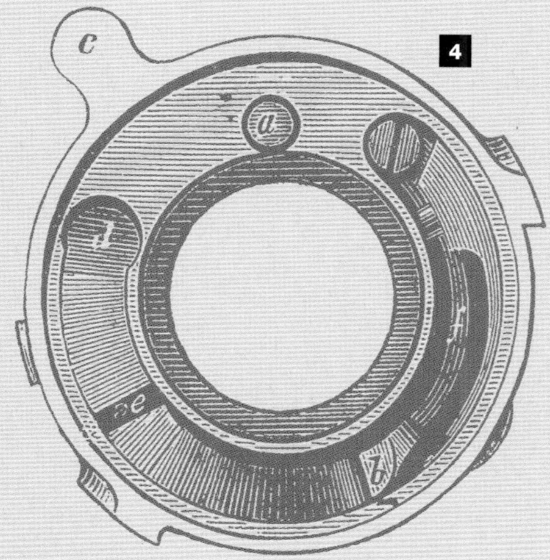

4

4 O Colt "do Exército" calibre .44 tinha tambor rotatório de seis tiros e disparava uma bola redonda de chumbo de 1,15 centímetro de diâmetro ou um projétil cônico. Uma carga de pólvora de 1,95 grama fazia o disparo, inflamada por uma espoleta de percussão de cobre que continha uma carga volátil de fulminato de mercúrio, substância explosiva ao sofrer impacto. Quando golpeada pelo martelo, a espoleta inflamava a carga, que disparava o projétil à velocidade inicial de c. 230 metros por segundo.

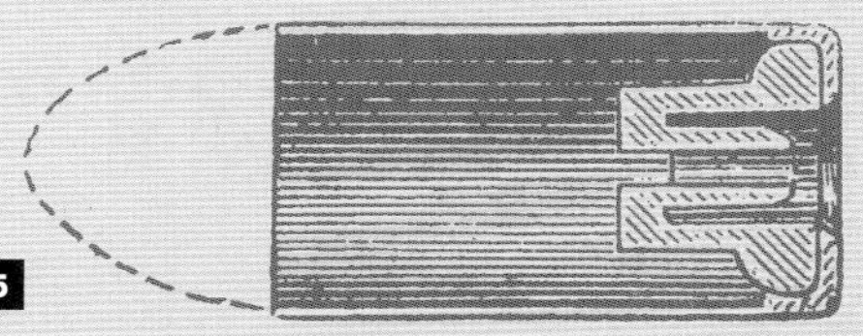

5

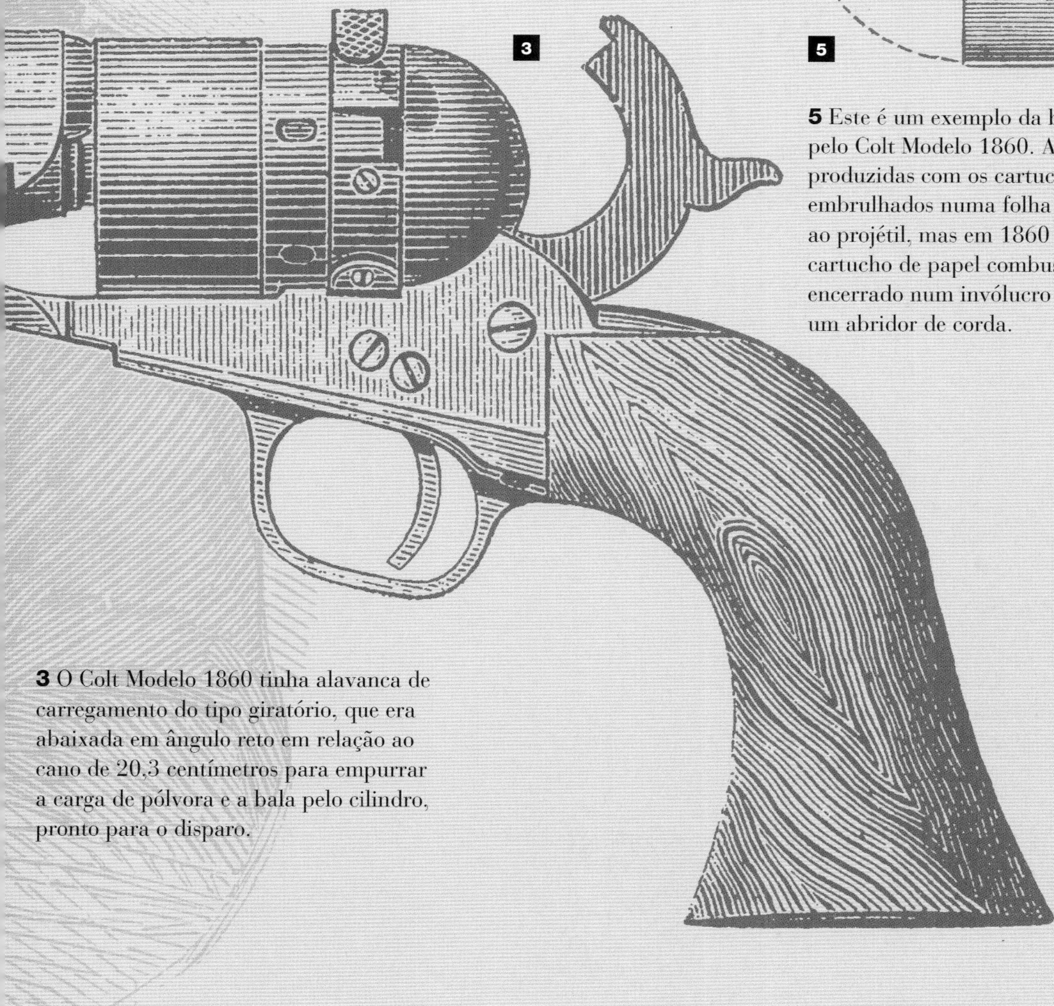

3

5 Este é um exemplo da bala cônica disparada pelo Colt Modelo 1860. As primeiras balas eram produzidas com os cartuchos de pólvora negra embrulhados numa folha de estanho e presos ao projétil, mas em 1860 isso dera lugar a um cartucho de papel combustível. O conjunto era encerrado num invólucro protetor externo com um abridor de corda.

3 O Colt Modelo 1860 tinha alavanca de carregamento do tipo giratório, que era abaixada em ângulo reto em relação ao cano de 20,3 centímetros para empurrar a carga de pólvora e a bala pelo cilindro, pronto para o disparo.

A Guerra de Secessão

Vida no acampamento

O exército da União usou diferentes tipos de tendas em acampamentos temporários, bem como em campanha. O tamanho delas foi diminuindo no decorrer da guerra. Por falta de meios, o exército confederado usou cada vez menos tendas, exceto para os oficiais, que tinham tendas comuns de paredes de lona do mesmo padrão – não raro capturadas – daquelas produzidas para o exército da União. Os dois lados também construíram cabanas cobertas por materiais como serragem ou palha. Estruturas de troncos, mais confortáveis, eram construídas para os acampamentos de inverno. Grandes fogões de ferro eram usados nos acampamentos na retaguarda, enquanto os soldados em campanha recorriam a frigideiras portáteis. Cada soldado levava seus próprios utensílios – prato, copo, faca, colher e garfo de três pontas.

Tenda de cachorro

Conhecido como "tenda de cachorro", "tenda de filhote" ou *tente d'abri*, este abrigo, feito de algodão, lona leve ou borracha, foi inventado no final de 1861 ou no início de 1862. Cada soldado carregava metade do abrigo, armado ao lado do de outro homem. Seus dois mosquetes com baionetas eram cravados no solo, separados pela largura das metades do abrigo. Uma corda era estendida entre as guardas do gatilho dos mosquetes e as duas metades do abrigo ficavam inclinadas sobre ela.

O fogão Hope

Como os soldados lutavam e viviam em trincheiras boa parte do tempo, projetou-se o fogão de acampamento Hope, colocado sobre uma trincheira ou tocaia para tiros de fuzil. Patenteado em janeiro de 1863, ele consistia no topo de uma caixa de folha de metal, com buracos para chaminé e para uma panela ou chaleira.

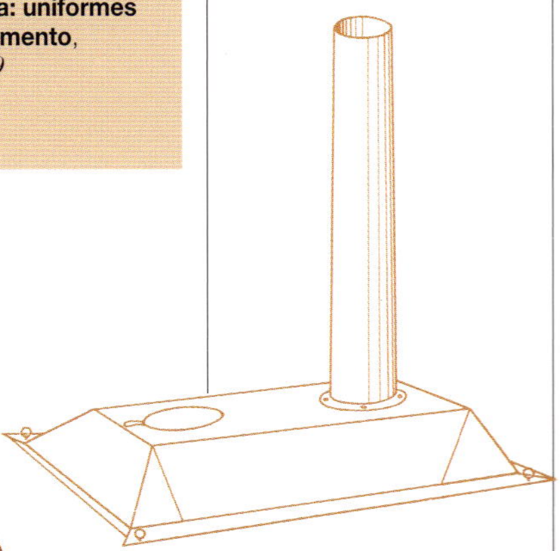

Ver também
A Guerra de Secessão: infantaria: uniformes e equipamento,
pp. 228-9

A tenda Sibley

A tenda Sibley, ou tenda de sino, foi inventada pelo graduado de West Point Henry H. Sibley em 1857. Baseada na *tipi* (tenda) indígena, tinha 5,5 metros de altura e 3,7 metros de diâmetro. Era sustentada por um único poste sobre um tripé de ferro, que servia para apertar ou afrouxar a tenda. Dentro dela cabiam confortavelmente doze homens.

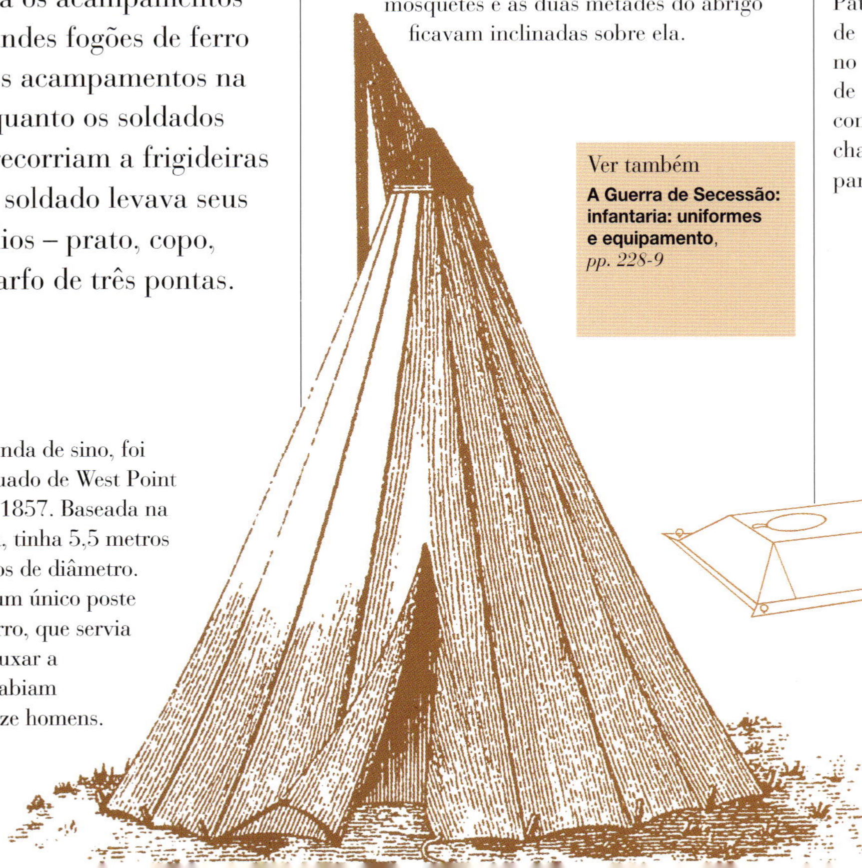

Armas de mão

Armas de projéteis
• mosquete

Defesas

Vestuário

Guerreiros

Conceitos e táticas

Construções e transportes
• cabana
• cabana de troncos
• tenda de cachorro
• tenda de cunha
• tenda Sibley

Abrigos de madeira
Quando não havia tendas, os soldados dos dois lados construíam abrigos de galhos cortados. Eram estruturas improvisadas com uma armação de madeira sobre a qual eram colocados arbustos, galhos com folhas e tudo o que o soldado pudesse catar. No inverno ou no verão, sua proteção contra o mau tempo era muito limitada.

O fogão Smith
Patenteado em março de 1863 por Lowell H. Smith, de Ohio, o fogão de acampamento Smith era feito de seções que se adaptavam uma dentro da outra. Quando a seção exterior era assentada, as outras deslizavam para fora como segmentos de telescópio. Em trânsito, o equipamento de cozinha ia dentro do fogão.

Encaixe
A tenda de cunha recebia em geral quatro homens, mas quando faltavam abrigos chegava a acolher cinco ou seis. Nessas condições, era necessário que todos os ocupantes se "encaixassem" enquanto dormiam.

A Guerra de Secessão

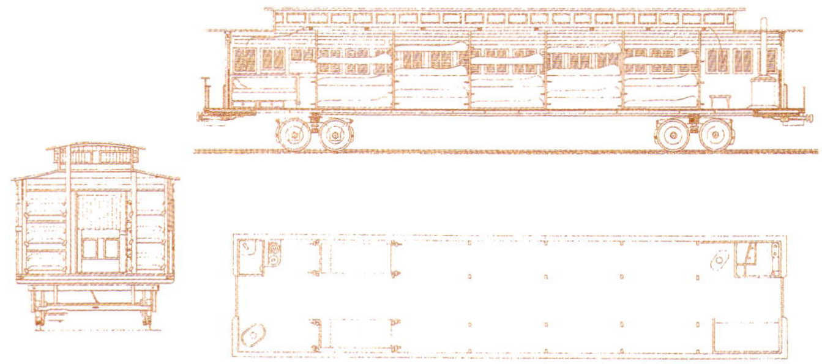

Tecnologia – medicina

Os soldados dos dois lados na Guerra de Secessão estavam expostos aos efeitos devastadores da tecnologia de novas armas, numa época em que a ciência da medicina mal começava a responder às novas demandas. Se alguém fosse ferido seriamente em combate, era quase certo que ficaria mutilado ou se tornaria deficiente. Enquanto definhava no acampamento, viveria sob condições que o expunham a doenças. O soldado teria bem poucas possibilidades de receber a espécie de tratamento médico que para a geração seguinte seria rotineira. Os dois governos fizeram todo o possível para proporcionar cuidados médicos adequados a seus soldados, e na segunda metade da guerra houve melhorias: carros-ambulâncias e de medicamentos, macas e trens e navios com estrutura hospitalar.

Vagões-hospitais ferroviários

Usaram-se vários tipos de vagões-hospitais improvisados, mas um dos melhores foi criado no final de 1862 pela Philadelphia Railroad Company. A disposição interna era similar à de um vagão-dormitório, mas os leitos deslizavam para dentro e para fora. Cada leito com o seu paciente podia ser transportado por dois homens como uma maca. O vagão-hospital tinha 51 leitos e um assento em cada ponta para os atendentes, além de um fogão simples, um tanque de água e um banheiro.

A ambulância "Rocker"

Em 1863, cada regimento da União tinha sete ambulâncias: três para a infantaria, duas para a cavalaria e uma para a artilharia. O assento acolchoado de couro numa ambulância "Rocker" podia ser rearranjado para receber quatro feridos deitados.

Sacolas e maletas

Os serventes do hospital usavam sacolas médicas para levar remédios e instrumentos essenciais do vagão médico até o front. A partir de 1863, a maleta de campanha de couro (*embaixo*), com clorofórmio, uísque, ópio e gesso, entre outras coisas, era usada pelos cirurgiões.

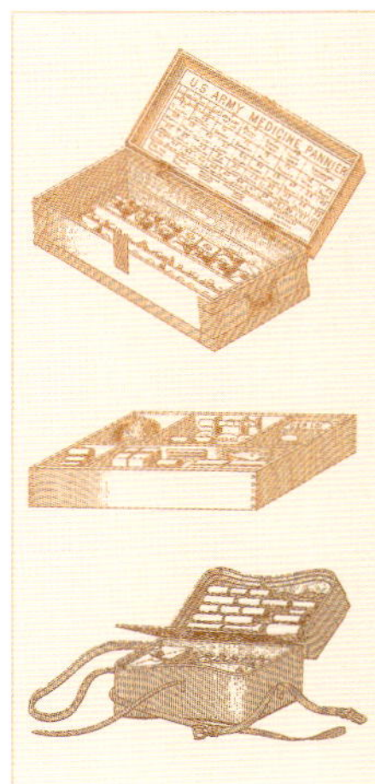

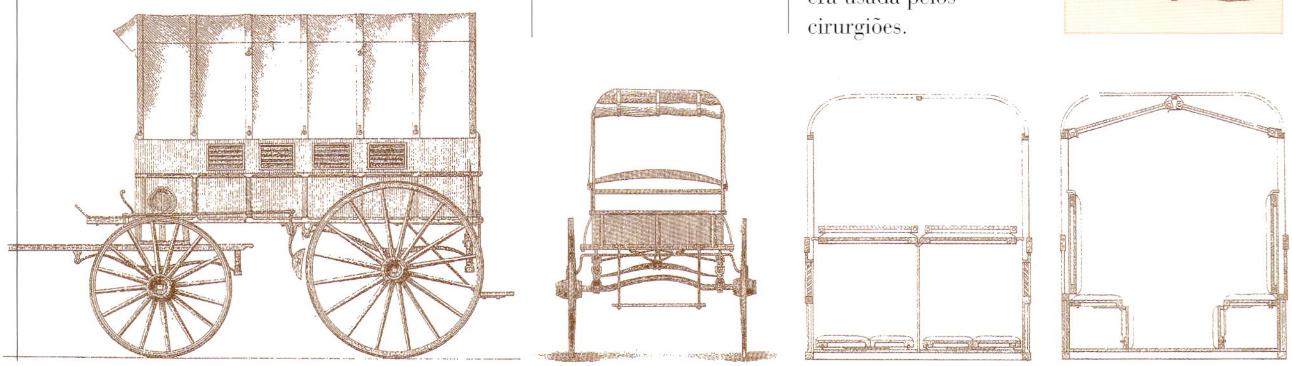

Armas de mão

Armas de projéteis

Defesas

Vestuário

Guerreiros

Conceitos e táticas
• cirurgia
• tratamento médico

Construções e transportes
• carro-ambulância
• carro de medicamentos
• maca
• navio-hospital
• vagão-hospital

Carros de medicamentos

O Autenrieth, um dos vários carros de medicamentos usados pelo exército da União, foi adotado no último ano da guerra. Construído nas oficinas do governo, levava instrumentos destinados a cirurgiões e seus assistentes para uso em operações de vulto, realizadas numa mesa das proximidades. Os remédios eram dispostos em plataformas deslizantes; os depósitos, curativos, móveis e utensílios eram distribuídos em gavetas ou estantes.

Macas

No início da guerra, a Satterlee (*no alto*) foi usada pelo exército da União. Era de lona e ferro forjado; os transportadores suportavam o peso extra com correias de couro nos ombros. A Halstead (*no meio*), mais leve e compacta, logo a substituiu, e os confederados desenvolveram uma padiola similar de madeira e lona (*embaixo*).

Navios-hospitais

Um vapor confederado capturado em abril de 1862 foi convertido no *USS Red Rover*, o primeiro navio-hospital da marinha dos EUA. Serviu como hospital flutuante no rio Mississípi. Sob o comando do capitão McDaniel, tinha trinta cirurgiões e enfermeiros, e também quatro freiras às ordens do cirurgião George H. Bixby. Abrigou 2.947 pacientes (da União e dos confederados) em três anos.

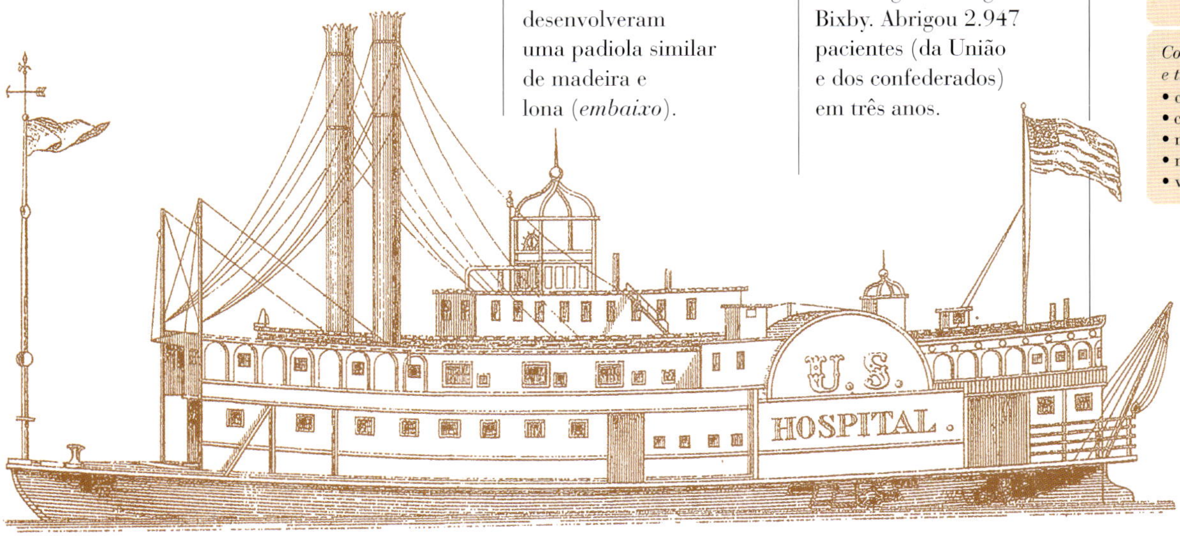

A Guerra de Secessão

Legado

Nos conflitos subsequentes à Guerra de Secessão, desenvolveram-se armas ainda mais letais, como metralhadoras de fogo rápido, fuzis de retrocarga e ação de ferrolho que usavam projéteis envoltos em metal, além de enormes canhões estriados. Percebendo que o emprego de armas tão devastadoras tornaria a guerra futura ainda mais brutal, o empresário e ativista social suíço Jean-Henri Dunant fez campanha para tornar as guerras menos desumanas. Ele organizou uma reunião de treze nações em Genebra, em 1863, e, no ano seguinte, uma conferência diplomática organizada pelo parlamento suíço levou à assinatura da Primeira Convenção de Genebra por doze países. O acordo estipulou: a neutralidade de ambulâncias e hospitais militares em tempo de guerra; o *status* não beligerante de pessoas ajudando os feridos e a mesma condição para soldados doentes de qualquer nacionalidade; a repatriação de prisioneiros incapazes de servir; e a adoção da bandeira branca com uma cruz vermelha para uso em hospitais, ambulâncias e centros de evacuação, com o respeito à sua neutralidade.

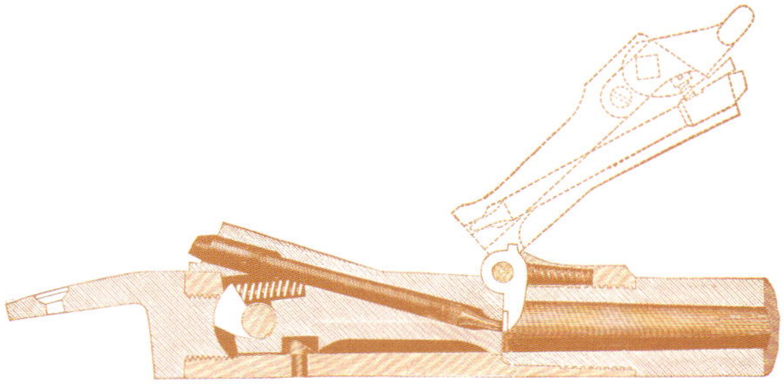

Fuzis de retrocarga
O Modelo 1873 foi o último de uma série de fuzis Springfield de um tiro só com retrocarga em "alçapão" distribuídos à infantaria dos EUA. O bloco da culatra que se erguia como alçapão deu à arma seu apelido. A queda do martelo externo iniciava a ação de um pino de disparo, em vez de detonar a espoleta separada de percussão dos modelos de carregar pela boca pré-1866.

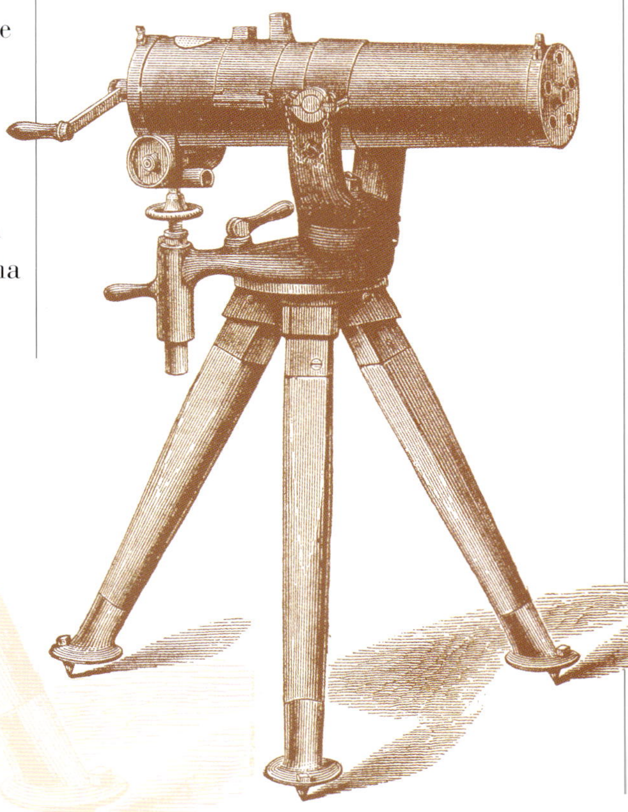

A metralhadora Gatling
Arma de operação manual com seis canos girando em torno de um eixo central, a metralhadora Gatling foi projetada pelo inventor americano Richard J. Gatling em 1861 e patenteada em 1862. Foi pouco usada na Guerra de Secessão; uma versão posterior com dez canos que disparavam 320 projéteis por minuto tornou-se item essencial dos arsenais da maioria dos exércitos europeus, bem como nos EUA.

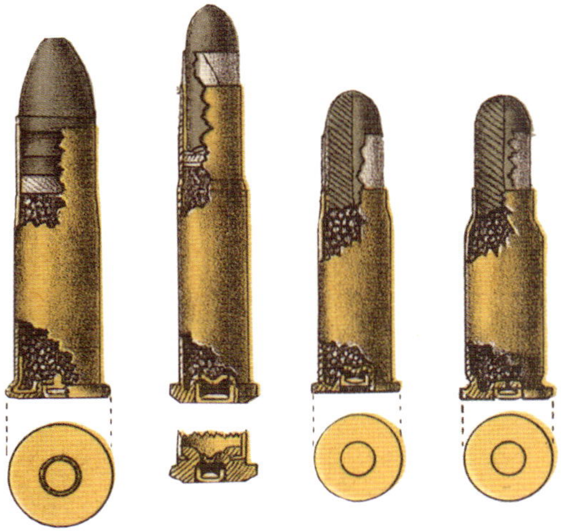

Cartuchos envoltos em metal

Cartuchos envoltos em metal com espoleta na borda foram usados com fuzis de retrocarga e ação em ferrolho. O invólucro de cobre ou latão continha o fulminato e a pólvora, enquanto a bala, uma bola de chumbo, ficava no final do invólucro. Na operação, o martelo ou pino de disparo da arma atingia a borda do cartucho, o que inflamava o fulminato, que por sua vez explodia a pólvora e disparava a bala.

O canhão Krupp

Grandes peças feitas na fábrica de Essen, Alemanha, pelo "rei dos canhões" Alfred Krupp ajudaram a Prússia a derrotar a Áustria em 1866 e a França em 1871. Em 1887, Krupp havia vendido 24.567 grandes canhões para 21 nações.

Jean-Henri Dunant

O Comitê Internacional da Cruz Vermelha foi fundado após a publicação de *A Memory of Solferino* ["Lembranças de Solferino"], em que Jean-Henri Dunant descreve os sofrimentos a que assistiu na Batalha de Solferino em 1860. A Convenção de Genebra de 1864 também se baseou nas ideias de Dunant. Em 1901, ele recebeu o Prêmio Nobel da Paz juntamente com Frédéric Passy, que fazia campanha pela arbitragem nos conflitos internacionais.

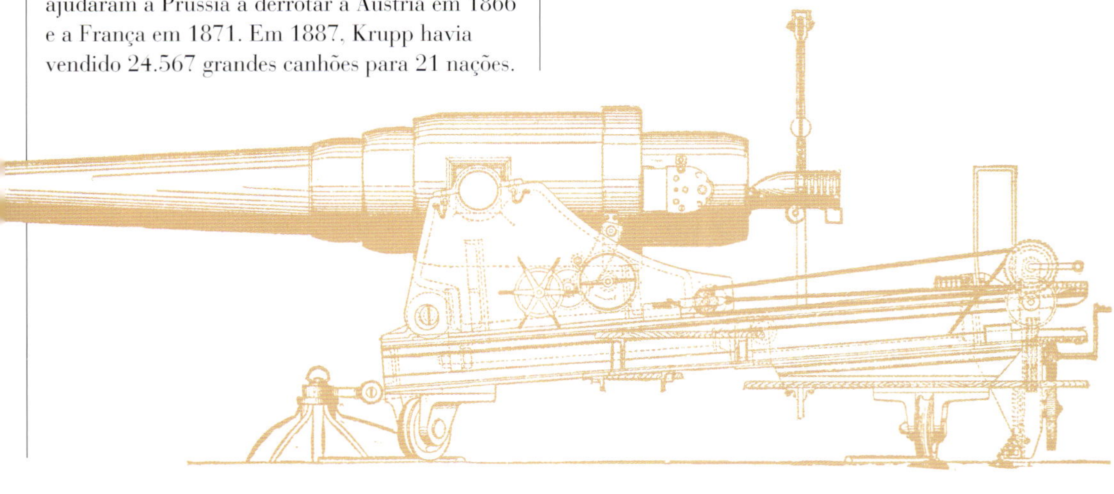

Armas de mão

Armas de projéteis
• canhão Krupp
• fuzil de retrocarga
• metralhadora
• metralhadora Gatling

Defesas

Vestuário

Guerreiros

Conceitos e táticas
• Convenção de Genebra
• Cruz Vermelha
• Prêmio Nobel da Paz

Construções e transportes

TRAN
SIVIT
ETVENIT

Guerra no mar
500 a.C.-1865 d.C.

As primeiras embarcações de guerra fluvial e marítima foram os *lou chuan*, navios torres com muitos deques, dos antigos chineses. O desenvolvimento dos navios de guerra chineses atingiu o auge nas dinastias Qin (221-210 a.C.) e Han (206 a.C.- 220 d.C.), quando foram usadas embarcações variadas, como o *xian deng*, navio de assalto, o *meng chong*, para abalroamento, e o *ben ma*, "tão rápido quanto um cavalo a galope".

No Mediterrâneo, fenícios, gregos e romanos usaram a galera a remo de um só convés ou deque (muitas também tinham velas, para quando os ventos fossem favoráveis). As galeras dominaram a guerra naval na região até a queda do Império Romano do Ocidente, no século V. Em menor escala, continuaram em uso na marinha bizantina e em outros sucessores de Roma, bem como nos estados muçulmanos. As repúblicas marítimas italianas, entre as quais Veneza, Pisa e Gênova, usaram galeras até que a coga e a carraca, movidas pelo vento e capazes de navegação oceânica, as tornaram obsoletas.

O galeão era um veleiro de guerra de vários deques, com três a cinco mastros. Os espanhóis os usaram para levar o ouro americano para a Europa no século XVI. Em 1588, os principais navios de guerra da Armada Espanhola e da frota inglesa sob Francis Drake também eram galeões. O galeão inglês modificado, "construído para corrida", mostrou-se decisivo contra os navios espanhóis maiores. O galeão de velas quadradas foi o protótipo de todos os navios de guerra pelos 250 anos seguintes.

O século XVII viu o desenvolvimento do navio da linha, que tinha três e por vezes quatro deques com canhões e podia receber mais de noventa deles. Esse tipo de embarcação atingiu o apogeu em 1805, na Batalha de Trafalgar, quando a esquadra britânica do vice-almirante Horatio Nelson derrotou a frota combinada franco-espanhola na altura do cabo Trafalgar.

Em 1850, o desenvolvimento da energia a vapor levou à construção de navios da linha de cascos de madeira dotados de caldeiras – que declinaram com a introdução da fragata revestida de ferro, em 1860. O uso desse novo tipo de navio na Guerra de Secessão dos EUA prenunciou a era do moderno couraçado.

Chineses, egípcios e fenícios

A era das galeras

Os primeiros navios projetados para a guerra fluvial e marítima foram desenvolvidos pelos ancestrais dos chineses no final do Período Neolítico, há cerca de 10 mil a 4 mil anos. Na época da dinastia Han, os chamados "navios torres", ou "fortalezas flutuantes", levavam enormes catapultas, manejadas por centenas de soldados. O poder naval do Egito Antigo chegou ao ápice no século XV a.C., no Novo Império, quando a rainha Hatshepsut ordenou expedições marítimas pelo litoral leste da África e as operações de Tutmés III colocaram a costa oriental do Mediterrâneo sob domínio egípcio. O poder naval dos fenícios, fundadores de Cartago e outras colônias, chegou ao auge entre 1200 e 800 a.C. As proas de seus navios de guerra tinham esporões aguçados para abalroar e afundar o barco inimigo.

Navio torre chinês
O uso dos *lou chuan*, navios torres, chegou ao apogeu nas dinastias Qin (221-210 a.C.) e Han (206 a.C.-220 d.C.). Composta por esses navios multideques, a frota do imperador Qin Shi Huang foi usada para conquistar o estado de Chu durante a unificação da China.

Galera egípcia de vela quadrada
Os navios de guerra egípcios do final do Novo Império tinham um só mastro com velas quadradas. Levavam até trinta remadores e eram dirigidos por longos remos presos a um "castelo de popa" elevado. Anteparos protegiam dos projéteis inimigos a tripulação. Não tinham quilha: sua força estrutural resultava do passadiço ligando a proa à popa.

Galeras da primeira dinastia egípcia
Esta galera egípcia é similar aos restos arqueológicos de barcos da primeira dinastia encontrados em Tarkhan e Abidos em 1991. Com cerca de 25 metros de comprimento e 3 metros de largura, recebiam trinta remadores e tinham proa e popa elevadas. Como mostra a gravura, as velas nos barcos egípcios com frequência eram triangulares.

Armas de mão

Armas de projéteis
• catapulta

Defesas

Vestuário

Guerreiros
• chineses
• egípcios
• fenícios

Conceitos e táticas

Construções e transportes
• embarcação real do Egito
• galera egípcia
• navio torre chinês
• *tessarakonteres*

O navio de exibição de Cleópatra
As embarcações fluviais reais do Egito não tinham velas; eram rebocadas por outros barcos ou impelidas por remadores. Muitas vezes tinham mais de um convés, com cabinas, cozinhas e aposentos luxuosos. A princípio conhecida como "o navio de exibição de Cleópatra", esta embarcação tem mastros elaborados e bandeiras, além de um dossel cobrindo o convés superior.

Tessarakonteres
Conta-se que o faraó Ptolomeu IV Filopátor (reinou em 221-205 a.C.) construiu uma galera gigante, chamada *tessarakonteres* ("quarenta"), devido ao número lendário de suas fileiras de remos. Acredita-se hoje que fosse uma galera catamarã similar ao navio torre chinês, com 15 metros de largura por 122 de comprimento, 4 mil remos e tripulação de 3.250 homens.

Navio torre
O *Syracusia* deve ter sido o maior navio da Antiguidade. Projetado por Arquimedes e construído em c. 240 a.C. por Arquias de Corinto para o rei Hierão II de Siracusa, foi depois ofertado a Ptolomeu III Evergetes de Alexandria e rebatizado *Alexandria*. Levava quatrocentos soldados, tinha oito torres de convés e uma catapulta capaz de lançar uma flecha de até 5,5 metros ou uma pedra de até 82 quilos.

Ver também
O Egito Antigo em guerra: táticas e tecnologia do Novo Império, *pp. 16-7*
Os gregos: navios de guerra e esporões, *pp. 252-3*
A marinha romana, *pp. 254-5*

Os gregos

Navios de guerra e esporões

O mais antigo navio de guerra grego, o *pentekonter*, tinha uma fileira de 25 remadores de cada lado. No Período Arcaico, por volta de 500 a.C., foram desenvolvidas embarcações mais rápidas, impelidas por múltiplas ordens de remos – chamadas birremes, trirremes e quadrirremes, conforme o número – com um esporão de bronze, o embolos, na proa. Os arqueólogos acreditam que as trirremes podiam navegar a até 14 nós. No Período Clássico (c. 400 a. C.), os gregos também usaram a quinquirreme de três deques, um navio de guerra mais pesado, com cinco homens em cada remo. Alguns desses barcos, com revestimento de chumbo abaixo da linha-d'água para proteger contra abalroamento, foram os precursores dos navios blindados com ferro do século XIX.

Poder marítimo
Com navios de guerra como estes, o poder naval grego controlou o Mediterrâneo oriental no tempo de Alexandre, o Grande (356-323 a.C.). Como resultado, as cidades-Estado gregas subjugaram o Império Persa (o Egito incluído) e terras mais a leste, até os limites da Índia.

O *Argo*
Nomeado em homenagem a seu construtor, Argos, o *Argo* foi o navio de guerra mitológico que levou Jasão e os argonautas à Cólquida (a atual Geórgia), em busca do Velo de Ouro. Nas lendas, sua proa consistia numa peça mágica de madeira da floresta sagrada de Dodona, que podia falar e fazer profecias. Embora a tripulação não apareça aqui, esta gravura mostra o formato dos primeiros navios de guerra gregos.

Ver também
Esporões e figuras de proa, *p. 254*

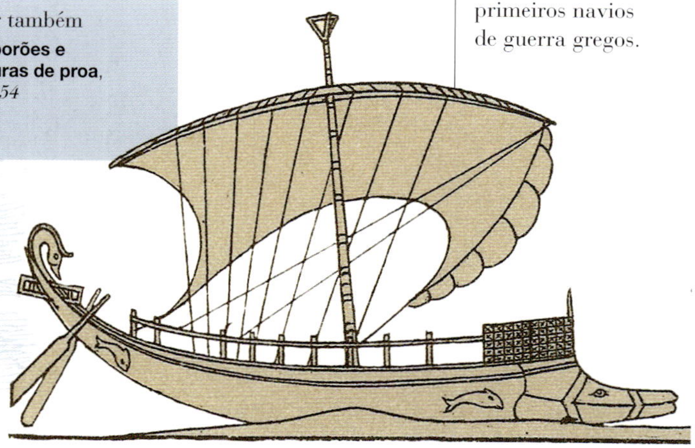

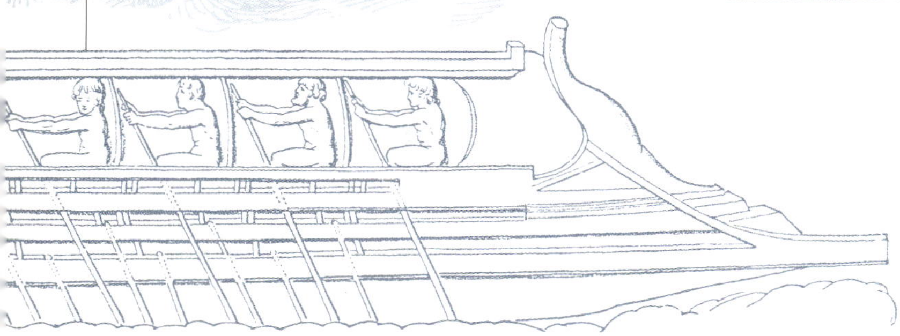

Trirreme com esporão
Como mostra este detalhe de uma proa, a trirreme grega era movida por três ordens de remos de cada lado. Rápida e ágil, tornou-se o navio de guerra dominante no Mediterrâneo entre os séculos VII e IV a.C.; depois disso, as tirrenes foram na maioria substituídas por quadrirremes e quinquirremes, maiores. Note-se o *embolos*, aguçado esporão de bronze preso à proa no nível do mar.

Armas de mão

Armas de projéteis

Defesas
• castelo de proa elevado
• revestimento de chumbo
• sistema de espelhos

Vestuário

Guerreiros
• argonauta
• hoplita
• persa

Conceitos e táticas
• poder naval

Construções e transportes
• *Argo*
• birreme, trirreme, quadrirreme, quinquirreme
• *pentekonter*

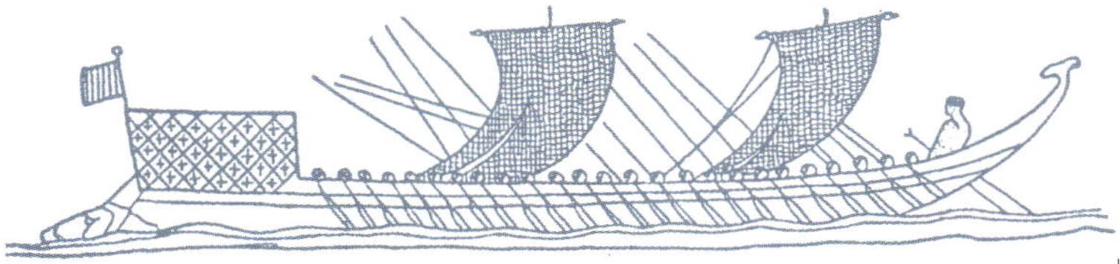

Um *pentekonter*

Este navio grego de dois mastros do tipo *pentekonter* apresenta o alto castelo de proa destinado a proteger a tripulação. Com esporão preso à proa, era projetado para a batalha naval, ao contrário dos navios de guerra mais antigos, que serviam apenas para transportar tropas.

A influência de Arquimedes

Os antigos navios de guerra de madeira estavam sujeitos a incêndio. Acredita-se que o cientista e matemático grego Arquimedes inventou um sistema de espelhos para queimar as galeras inimigas, ao defender a cidade de Siracusa de um ataque romano em 212 a.C.

A Batalha de Salamina

O poder marítimo das cidades-Estado gregas alcançou o auge em 480 a.C., com a derrota da frota persa de Xerxes I por Temístocles durante uma batalha naval na altura da ilha de Salamina. Os persas foram atraídos para o golfo de Corinto pela frota grega em retirada; a pontaria dos arqueiros a bordo das galeras persas foi prejudicada por um forte vento matinal. Já os hoplitas foram mortais no combate corpo a corpo, quando os navios gregos abordaram o inimigo.

Os romanos

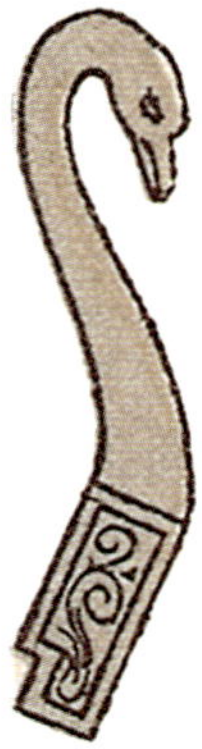

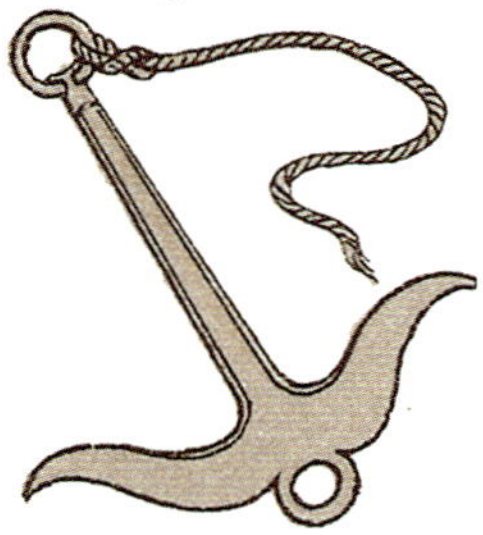

A marinha romana

Fundada em c. 311 a.C. e maciçamente ampliada durante a Primeira Guerra Púnica contra Cartago (264-241 a.C.), a marinha romana teve papel vital no início da expansão da república. Contudo, perdeu aos poucos tamanho e importância sob o império, realizando basicamente missões de policiamento e patrulhamento costeiro. No século IV d.C., a maior parte da frota foi deslocada para o Império Romano do Oriente e formou a posterior marinha bizantina. Com popas altas e curvas e esporões pontiagudos reforçados, os navios de guerra romanos eram adaptados a partir das trirremes e quinquirremes gregas, mas também tinham torres de combate, amuradas mais fortes e uma prancha com um gancho chamada de *corvus* ("corvo") para a abordagem dos barcos inimigos.

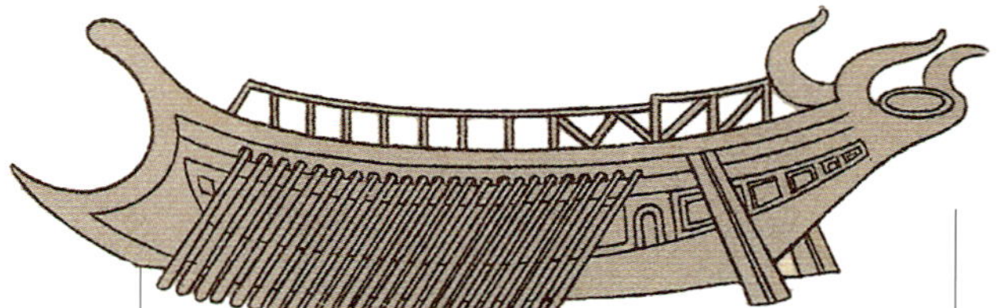

Perícia cartaginesa

Na Primeira Guerra Púnica, os romanos construíram uma frota de 140 navios baseados numa embarcação de guerra cartaginesa capturada, muito superior a tudo o que os romanos possuíam. Este exemplar tem um elaborado entalhe na popa, embora o correto fosse apresentar duas ordens de remos.

Proas e âncoras

Característica do navio de guerra romano era a escultura alta e em forma de cisne presa à popa. A mais antiga forma de âncora consistia numa cesta cheia de pedras, mas nos tempos greco-romanos as âncoras eram de madeira revestida de couro.

Esporões e figuras de proa

Algumas galeras romanas tinham esporões de três pontas presos à proa, cuidadosamente pintada e entalhada com símbolos e imagens mitológicas. Estes exemplos têm cabeças entalhadas de animais (javalis e um cavalo) como figuras de proa.

A birreme

Esta birreme romana é incorretamente mostrada com uma vela da gávea e gurupés além da vela grande. Os navios romanos recebiam em geral nomes de deuses, como Marte, e com frequência eram identificados pelas figuras de proa – neste caso, um carneiro. Os lemes, ao projetar-se da popa, ajudavam a conduzir e estabilizar a embarcação.

Navis lusoria

A marinha imperial usava navios menores a remo, de calado mais baixo, para policiar canais e rios da orla do Mediterrâneo. Nos últimos anos do império, esse tipo de barco foi substituído pelo *navis lusoria*, "navio de brinquedo", muito usado em patrulhas e raides pelas flotilhas de legionários das fronteiras do Reno e do Danúbio.

Batalha no mar

Depois da derrota na Primeira Guerra Púnica diante da mais experiente marinha cartaginesa, os romanos criaram uma frota muito mais forte. Nesta representação de uma batalha naval, o segundo navio à esquerda tem um *corvus* pronto para a ação; os esporões e os castelos de proa estão em evidência.

Catapultas

Esta galera romana da Primeira Guerra Púnica tem uma catapulta no castelo de proa. Quanto maior o navio, mais estável ele era como plataforma de tiro. No final da República, a catapulta substituíra amplamente o *corvus*, pois, disparada com precisão, podia destruir o navio inimigo muito antes de se aproximar para a abordagem.

Corvus

Na escultura original romana em que se baseou esta imagem, a trave que se projeta da popa da galera representava um *corvus*, ponte de assalto, e as tropas preparavam-se para usá-lo para prender o navio inimigo antes da abordagem. Isso foi visto equivocadamente na imagem como uma vara de pescar. A torre fortificada, ou castelo de proa, foi representada mais fielmente.

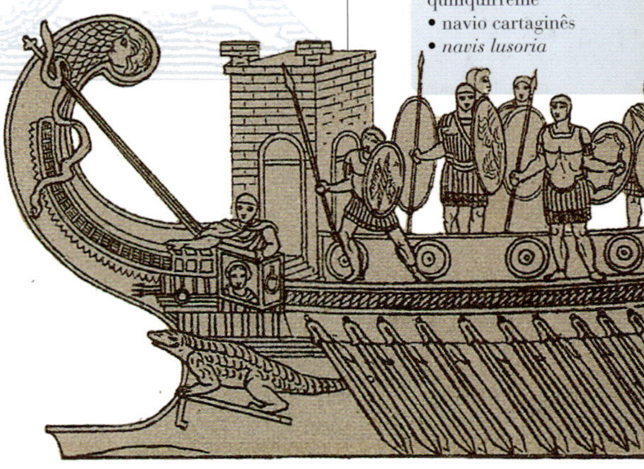

Armas de mão

Armas de projéteis
- catapultas

Defesas
- castelo de proa fortificado

Vestuário

Guerreiros
- marinha bizantina
- marinha cartaginesa
- marinha romana

Conceitos e táticas

Construções e transportes
- birreme, trirreme, quinquirreme
- navio cartaginês
- *navis lusoria*

Os vikings

Snekkes e drakkars

Navios longos e estreitos, cheios de guerreiros, fizeram dos vikings e seus descendentes o poder dominante na Europa de c. 800 até o final do século XI. Navios menores, os *snekkes*, com até vinte pares de remadores, eram mantidos para o serviço real e atendiam ao chamado sempre que o rei fazia circular a simbólica flecha de guerra. Navios maiores, chamados de *drakkar* ("navio dragão"), de até trinta bancos de remadores, eram o orgulho dos reis e condes vikings e tinham artesanato de qualidade superior. Os grandes navios com mais de trinta bancos de remadores mediam cerca de 36 metros de comprimento e serviram apenas nas guerras dinásticas do fim da era viking.

Mastro removível
Os *snekkes* estavam entre os tipos mais comuns de navio longo viking. Consta que a frota de Canuto, o Grande, tinha 1.400 *snekkes* em 1028, e Guilherme, o Conquistador, fez construir cerca de seiscentos para a invasão da Inglaterra em 1066. Velas e mastros eram abaixados para se tornar menos visíveis da costa.

Navios dragões
Os navios dragões vikings reuniam de vinte a trinta pares de remadores, que remavam ao ritmo do bater de um tambor quando não havia vento. Como suas vidas dependiam dos escudos, eles provavelmente os guardavam em segurança em mar agitado, mas podiam pendurá-los nas beiradas dos navios como proteção quando lutavam em tempo mais ameno.

Ver também
Invasores vikings, *pp. 76-7*
Os normandos, *pp. 78-9*

Baixo calado
Os cascos dos navios vikings eram vedados com piche e peles de animais. A maioria dos *snekkes* era leve e tinha baixo calado; assim, podiam ancorar sem necessidade de cais ou porto. Os salteadores vikings só tinham de levá-los à praia e avançar entre as ondas para atacar suas vítimas em terra firme.

Armas de mão

Armas de projéteis

Defesas
• escudos

Vestuário

Guerreiros
• Guilherme, o Conquistador
• vikings

Conceitos e táticas
• assaltos
• navios de baixo calado

Construções e transportes
• *drakkar*
• navios longos
• *snekkes*

Calado profundo
A maioria dos navios longos noruegueses era planejada para entrar em fiordes profundos e no Atlântico, por isso em geral tinham mais calado que os dinamarqueses, adequados a costas e praias baixas. Quando os barcos noruegueses se aproximavam do litoral, um vigia na proa alertava para a ameaça de rochas em águas rasas.

Raides e pilhagem
Contava-se que os navios dragões, usados em saques e pilhagens, tinham as proas entalhadas com animais ameaçadores, como dragões e serpentes, para afastar os monstros marinhos da mitologia nórdica – além de assustar os inimigos. Esse tipo de navio não devia ter castelos de proa e de popa.

A invasão normanda da Inglaterra, 1066
Sobrinho-neto da rainha Ema da Normandia – mulher do rei inglês Ethelred, o Despreparado, e, depois, do dinamarquês Canuto, o Grande –, Guilherme da Normandia tinha origem viking. Ele reuniu uma frota de *snekkes* em Saint-Valery--sur-Somme para invadir a Inglaterra em 1066. A capitânia de Guilherme se chamava Mora.

Navios de guerra medievais

Cogas e carracas

A coga, navio volumoso com dois ou três mastros e velas quadradas e latinas, se desenvolveu na Idade Média, embora o navio longo em estilo viking ainda tenha sido usado por boa parte do século XV. A carraca, navio oceânico de popa elevada e convés estável que oferecia uma plataforma de tiro efetiva, surgiu no final do período. Como essas embarcações não foram projetadas para abalroamento, seu principal objetivo militar antes da introdução do canhão era o transporte de soldados para lutar no convés de navios inimigos. Quando o canhão apareceu, no século XIV, dispunham-se as peças mais pesadas na parte mais estreita do navio para disparar sobre baluartes ou através deles, e as mais leves, nos castelos de proa e de popa. O recuo do disparo dessas armas podia derrubar um homem de armas medieval.

Castelos flutuantes
O casco de uma coga medieval era mais redondo que o de um navio longo ou de uma galera, e ela era mais lenta e menos manobrável. Predominante nas águas do norte da Europa, a coga era usada em larga escala no transporte de carga, mas podia ser equipada com castelos para propósitos de defesa ou ataque.

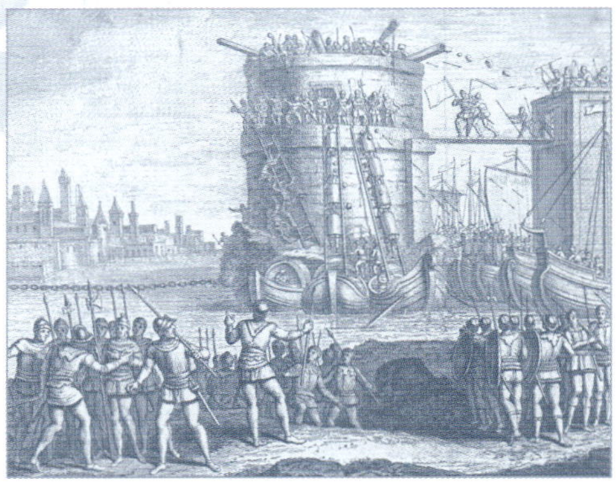

Plataformas de luta
Quando, durante a Sétima Cruzada, em 1249, sob Luís IX, os cruzados capturaram Damieta, importante centro comercial árabe no delta do Nilo, usaram os navios de guerra como plataformas para escadas. Nesta gravura do período vitoriano, uma corrente foi estendida através do porto para impedir a passagem de barcos invasores.

Ver também
Artilharia, *pp. 296-7*

Galeras do século XIV
Há pouca diferença entre os navios de guerra usados por forças islâmicas e pelos cruzados nesta batalha naval no Mediterrâneo, no século XIV. Embarcações do estilo coga predominavam nas águas do norte da Europa, mas os países cristãos da orla do Mediterrâneo ainda usavam a galera movida a remos com o auxílio da vela latina triangular, tradicional nos barcos árabes. Eram com frequência equipadas com castelos, como os navios de guerra do norte.

O *Great Harry*

O *Henri Grâce à Dieu*, ou *Great Harry*, foi um dos primeiros navios a levar canhões que disparavam por portinholas laterais no navio. No estilo carraca, foi construído por ordem de Henrique VIII, em Woolwich, perto de Londres, em 1514, e queimou por acidente em 1553. A princípio, estava equipado com 186 canhões, alguns deles grandes peças de ferro, mas a maioria de pequeno calibre.

Material bélico do *Mary Rose*

Uma das várias peças de material bélico recuperadas dos destroços do *Mary Rose* pelo mergulhador John Deane em 1836, o canhão de ferro mostrado nesta gravura integra a coleção da Torre de Londres.

Primeiros canhões de carregar pela culatra

Os canhões equiparam navios de guerra no final da Idade Média. O projétil era empurrado pelo cano enquanto a pólvora era colocada numa câmara na culatra, fazendo dessas armas antecessoras do canhão de retrocarga do século XIX. Na época, a dificuldade de aquecer o ferro o bastante para despejá-lo em moldes resultou em canos de canhão feitos de tiras longitudinais de ferro forjado, que eram amarradas e reforçadas por anéis de ferro.

O *Mary Rose*

Destaque da frota de Henrique VIII, construído entre 1509 e 1511, o *Mary Rose* foi um dos primeiros navios capazes de disparar uma bordada de artilharia. Após longo e bem-sucedido serviço no mar, ele afundou acidentalmente, em um confronto com a frota francesa em 1545. Sua redescoberta em 1971 e a emersão em 1982 foram eventos decisivos na história da arqueologia náutica.

Armas de mão

Armas de projéteis
• artilharia
• grandes canhões de ferro

Defesas

Vestuário

Guerreiros
• cruzados
• forças islâmicas

Conceitos e táticas
• abordagem de navios inimigos

Construções e transportes
• carraca
• coga
• galera
• *Great Harry*
• *Mary Rose*

Galeões e a Invencível Armada

A revolução da velocidade

O galeão, navio grande e multideque, foi desenvolvido basicamente por ingleses, holandeses e espanhóis nos séculos XVI e XVIII. Substituiu a carraca, mais desajeitada; seu castelo de proa mais baixo e o casco mais longo, projetado para dar velocidade, tornavam-no mais estável e manobrável. Também tinha popa mais quadrada que os navios de guerra anteriores e uma cabeça projetando-se por baixo do castelo de proa. Os principais navios de guerra das frotas espanhola e inglesa nas batalhas navais de 1588 eram galeões. Mais leves, os ingleses – criados por Sir John Hawkins, tesoureiro dos navios da rainha – manobravam melhor que os longos e pesados galeões e carracas da Espanha, projetados basicamente para transporte em viagens longas.

Sir Francis Drake
O primeiro galeão inglês projetado para velocidade foi o *HMS Revenge*, construído por Matthew Baker ao custo de 4 mil libras no estaleiro de Deptford, perto de Londres, em 1577. Relativamente pequeno, com cerca de 500 toneladas, tinha 46 canhões repartidos nos dois lados, num único convés de artilharia. Serviu como capitânia de Sir Francis Drake, vice-almirante da frota inglesa que derrotou a Invencível Armada espanhola em 1588.

Galeões do século XVI
As principais características do galeão do século XVI eram o casco mais longo e estreito, o castelo da proa movido para trás do gurupés que se projetava e o castelo da popa que sobressaía. Isso permitia velejar mais perto do vento. A ênfase recaía nas qualidades de navegação do navio; em vez de fazer a luta corpo a corpo, a tripulação manobrava o navio e manejava os canhões. O sucesso dependia da perícia náutica, não de táticas navais medievais.

A Invencível Armada em formação de crescente
Comandante da Armada espanhola em 1588, o duque de Medina-Sidônia dispôs os navios numa formação compacta em crescente que lhes permitia defender-se uns aos outros. Diante do canhoneio superior dos galeões ingleses, mais velozes e mais ágeis, essa tática sofreu uma séria derrota quando os espanhóis entraram no canal da Mancha.

Brulotes

O fogo era um dos grandes perigos num navio de madeira, e os brulotes, ou "navios em chamas", eram usados com êxito desde a Antiguidade. Em 28 de julho de 1588, os ingleses enviaram oito brulotes a favor do vento em direção à Armada, ancorada diante de Calais. Temerosos de que suas embarcações fossem destruídas pelo fogo, muitos capitães espanhóis cortaram os cabos das âncoras e se dispersaram.

Ver também
Artilharia, *pp. 296-7*

Poder naval holandês

A Holanda tornou-se república livre em 1609; cinquenta anos depois, alcançou seu auge como potência naval, com um vasto império comercial no Extremo Oriente. Esta imagem de um galeão holandês em construção (*abaixo, à esquerda*) mostra a popa alta e quadrada e a cabeça projetando-se da proa. Dispunha de velas quadradas e gurupés, e também tinha um mastro de mezena com velas latinas. O armamento consistia em dois ou, por vezes, três deques de canhões.

Mudança no formato dos galeões

Este navio em construção mostra a popa em evidência, muito decorada, dos galeões. À medida que a tática da abordagem ficava obsoleta pelo uso dos canhões, o castelo da proa perdeu altura e o da popa tornou-se menos pronunciado.

Armas de mão

Armas de projéteis
• artilharia

Defesas
• formação em crescente

Vestuário

Guerreiros
• Invencível Armada espanhola

Conceitos e táticas
• brulotes ("navios em chamas")
• casco construído para velocidade
• perícia náutica

Construções e transportes
• carraca
• galeão
• *HMS Revenge*

Navios da linha

Táticas da linha de batalha

A era do navio da linha começou no século XVII, com a construção de navios de guerra equipados com muitos canhões capazes de disparar uma bordada. Com dois, três ou até quatro deques e até 140 canhões, essas embarcações foram o cume de uma tática naval, a linha de batalha, em que duas colunas de navios de guerra disparavam os canhões uma contra a outra com o maior impacto possível. O navio da linha mais efetivo era conhecido como 74, devido ao número de canhões que carregava. Mais leve e mais fácil de manobrar, foi desenvolvido pelos franceses na década de 1730 e depois adotado por todas as grandes potências navais. Barcos maiores, com mais canhões, continuaram a ser construídos para servir como navios de comando, mas eram mais lentos para responder ao leme e mais efetivos no combate quando podiam velejar bem perto do inimigo.

Nau capitânia do Rei Sol
O *Soleil Royal* ("Sol Real") era um navio da linha de 104 canhões que serviu como capitânia da marinha francesa de 1688 a 1692, quando foi destruído por brulotes ingleses e holandeses. O nome homenageava Luís XIV, o "Rei Sol", e as decorações do navio eram das mais belas e elaboradas de todas as capitânias do Barroco.

O *HMS Ocean*
Segunda de duas embarcações da marinha de guerra britânica (Royal Navy) com esse nome, o *HMS Ocean* era um navio da linha de segunda classe com 98 canhões, lançado no estaleiro Woolwich em 24 de outubro de 1805. Projetado por John Henslow, inspetor da marinha entre 1774 e 1806, era exemplo dos vasos que garantiram a supremacia britânica no mar nas Guerras Napoleônicas.

O *Sovereign of the Seas*
O *Sovereign of the Seas* ("Soberano dos Mares"), lançado em 1637 por ordem do rei inglês Carlos I, foi o mais magnífico navio de seu tempo. Carregava 102 canhões e foi o primeiro navio de guerra com três deques de canhões, todos de bronze em vez de ferro fundido; isso os tornava mais leves, porém mais caros.

Sítio de Gibraltar

Em 1779, forças militares da França e da Espanha sitiaram a guarnição britânica de Gibraltar. Os britânicos sofreram bombardeios e o bloqueio por mais de três anos. A ação mais séria ocorreu em 13 de setembro de 1782, quando um assalto envolvendo 100 mil homens e vários navios da linha foi repelido pelos esforçados defensores.

Batalha da Baía de Quiberon

A Batalha da Baía de Quiberon ocorreu no litoral da França, perto de St.-Nazaire, em 20 de novembro de 1759, na Guerra dos Sete Anos. O almirante britânico, Edward Hawke, com 23 navios da linha, alcançou a frota francesa de 21 navios sob o marechal de Conflans. A batalha foi curta (cerca de uma hora e meia), e a maioria dos navios franceses afundou, encalhou ou foi capturada, em uma das maiores vitórias da Royal Navy.

Estrutura de um mastro

Este navio da linha francês do período napoleônico, de velame completo, ilustra como se construíam os mastros dos maiores navios de guerra até a altura requerida, com até quatro seções – conhecidas como mastro principal, mastaréu, mastaréu do joanete e mastro real.

Armas de mão

Armas de projéteis

Defesas

Vestuário

Guerreiros
- Marinha de guerra britânica
- Marinha de guerra francesa

Conceitos e táticas
- bloqueio
- linha de batalha

Construções e transportes
- 74
- *HMS Ocean*
- *Soleil Royal*
- *Sovereign of the Seas*

Ver também
Anatomia de um navio de guerra, *pp. 264-7*

Anatomia de um navio de guerra

1 O navio de guerra clássico era a fragata. Projetada para servir como batedora para a frota de combate e proteger os navios mercantes, foi desenvolvida pelos franceses e rapidamente adotada por outras nações. Este plano da coberta superior de canhões mostra o esboço da embarcação, com entradas e passadiços nos dois bordos da cintura do navio.

1

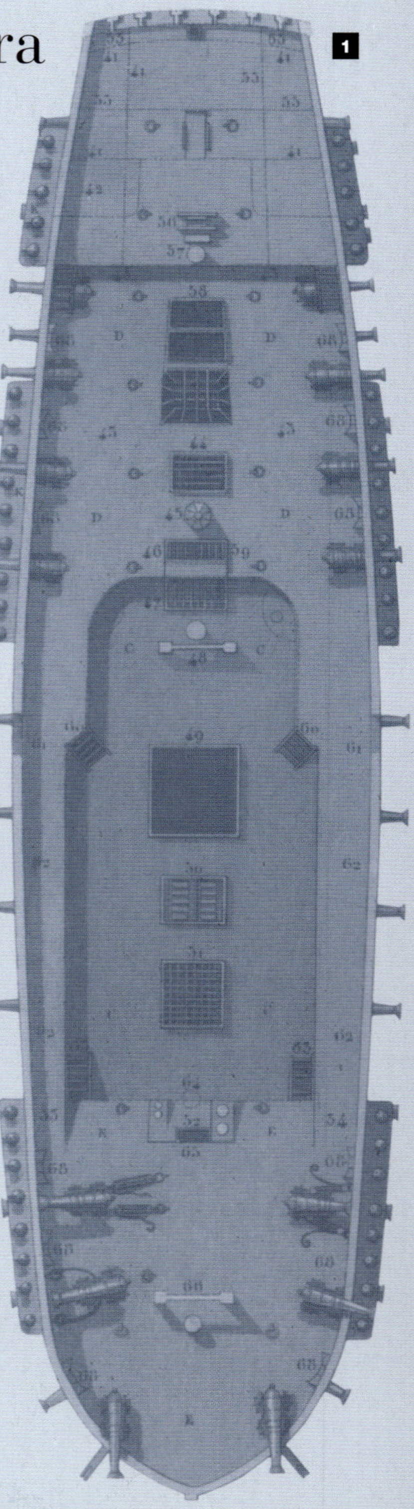

2

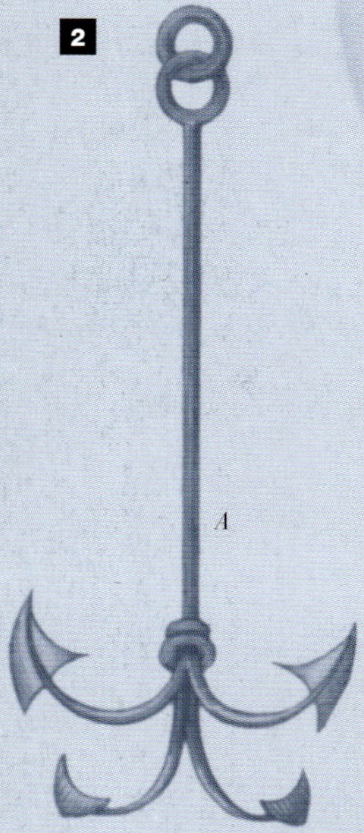

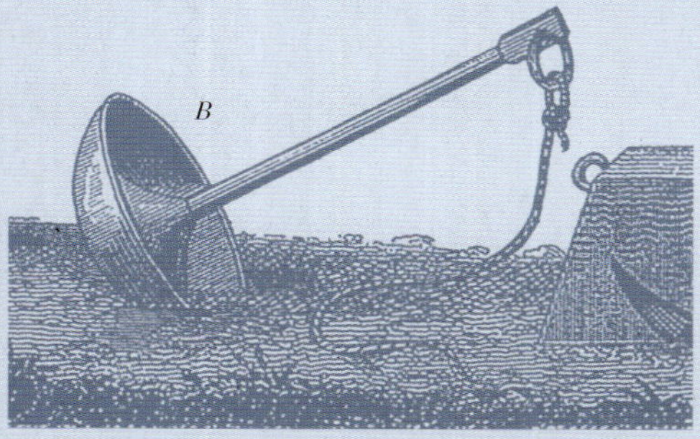

2 Entre as várias âncoras usadas estavam: o arpéu (*A*), mais adequado para ancorar em mares de fundo rochoso e para reter uma embarcação inimiga para abordagem; a âncora de cogumelo (*B*), que era melhor para mares de fundo lamacento; e a âncora tipo almirantado (*C*), usada para manobrar melhor que o oponente quando o vento havia desaparecido graças ao reboque, manobra em que a tripulação lançava a âncora na direção que o comandante desejava que a embarcação seguisse, puxando depois a corda para mover o navio.

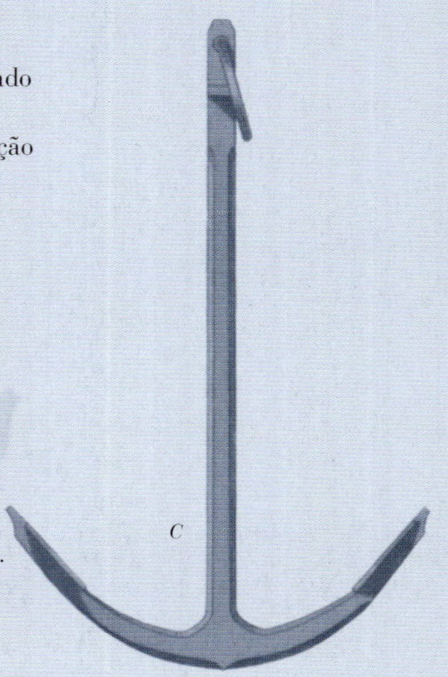

3

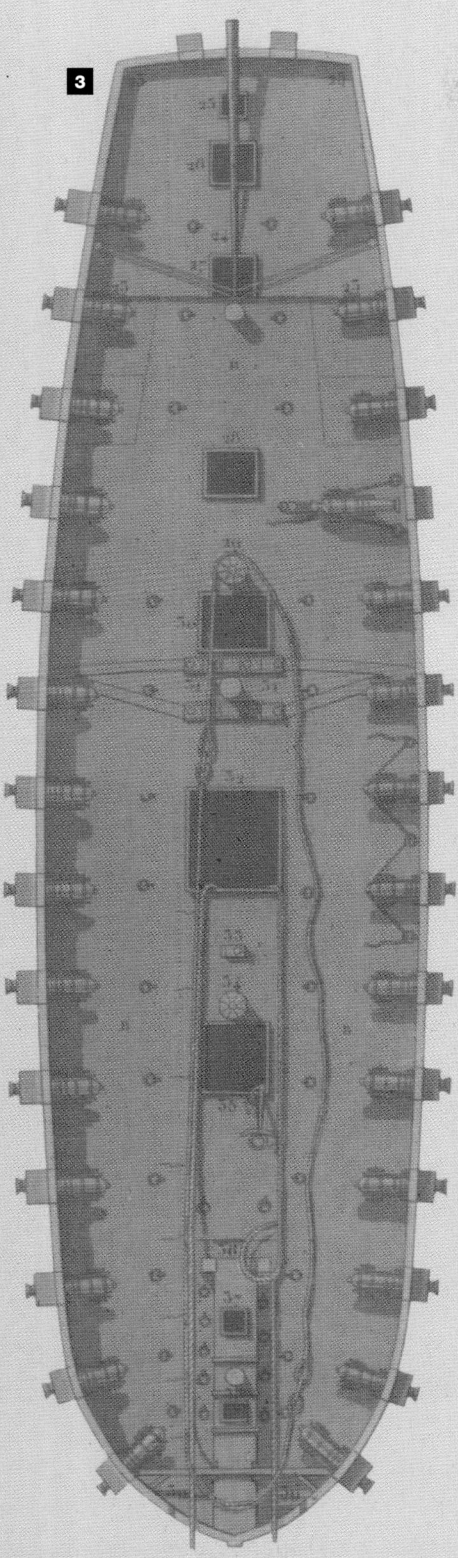

4 Parte das velas e do cordame de uma fragata: uma vela do mastaréu do joanete sobre uma verga da vela do mastaréu é vista no centro, com uma carangueja, ou vela de proa a popa, de ambos os lados, tendo embaixo galhardetes que flutuavam do topo dos mastros.

5 Provavelmente inventado pelos chineses no período medieval, o cabrestante era um dispositivo giratório usado para erguer a âncora do navio.

5

4

3 Este plano da coberta inferior ou principal de canhões ilustra a poderosa bordada que essas embarcações estavam aptas a disparar. Os canhões na proa eram chamados "canhões de caça", porque eram os únicos que podiam ser disparados enquanto a fragata atacava outro navio. Quando ela estava sendo perseguida, os últimos dois canhões de ambos os bordos eram colocados em posição nas portinholas vazias como canhões de popa.

Anatomia de um navio de guerra

Legenda

1 Mastro principal
2 Homens enxugam as velas
3 Bandeiras de sinalização
4 Pichamento do gurupés
5 Abaixamento de barris de água na escotilha principal
6 Cirurgião e os doentes
7 Cabina do capitão
8 Refeitório
9 Cozinha
10 Cabina dos guardas-marinhas
11 Alojamentos
12 Treino com canhões
13 Cabina dos oficiais
14 Refeitório dos oficiais
15 Hospital
16 Exercícios de ordem-unida dos fuzileiros navais
17 Marinheiros no jantar
18 Conserto das velas
19 Sala de provisões
20 Enfermaria
21 Pequeno bote
22 Velas e cordame
23 Prisão
24 Munição e equipamento
25 Bebidas alcoólicas
26 Pólvora
27 Aparelhagem
28 Armazém geral
29 Lugar para animais
A Botes pendurados em suportes
B Galerias da popa
C Leme
D Popa
E Redes
F Primeira bateria
G Segunda bateria
H Terceira (meia) bateria

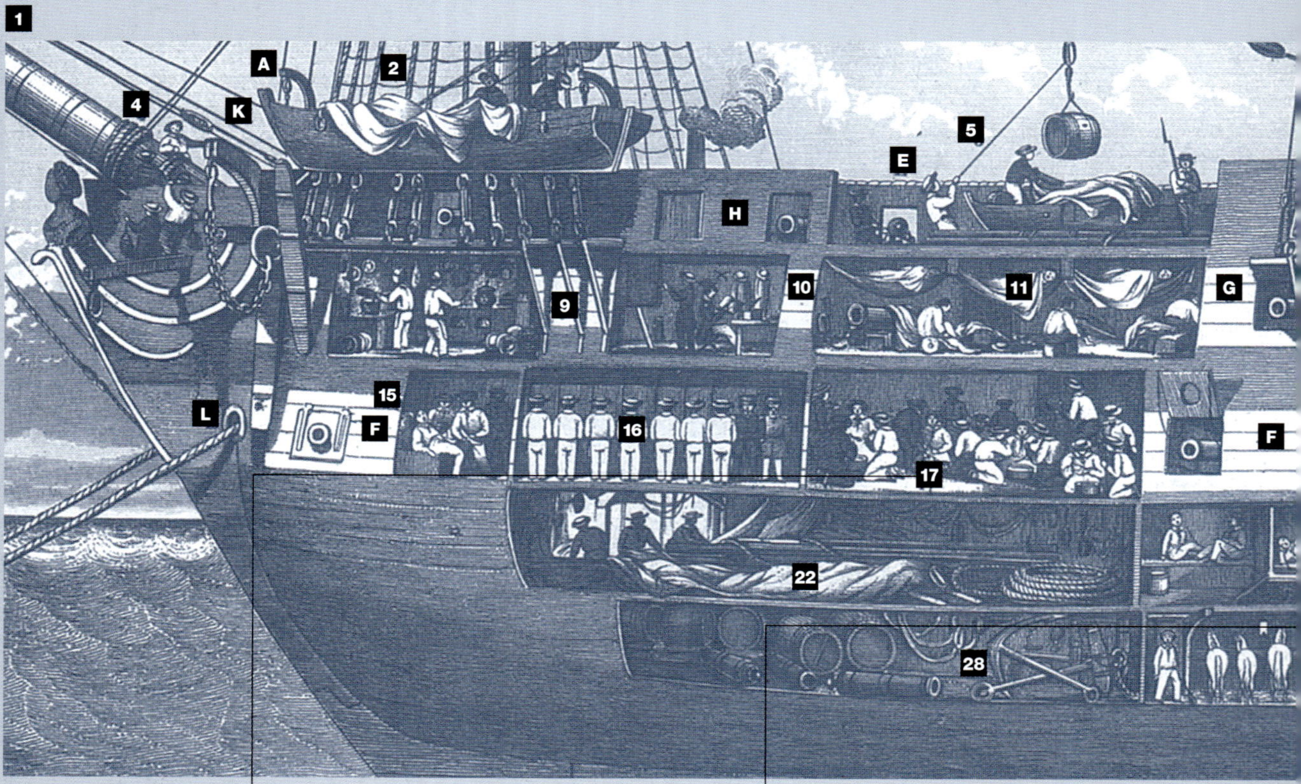

17 Para comer, a tripulação se dividia em grupos de doze a quinze marujos. O cozinheiro do refeitório pegava com o despenseiro a ração de cada homem e a levava à cozinha no castelo da proa, onde era preparada pelo cozinheiro do navio. A refeição era servida no convés do alojamento. Os oficiais podiam abrir mão de suas rações e receber o valor em dinheiro, com o qual adquiriam e armazenavam suas próprias provisões.

29 No porão, ficavam as cabinas e o refeitório dos guardas-marinhas, do despenseiro e do responsável pelos registros do navio. Os depósitos do despenseiro guardavam as roupas e as provisões. Esperava-se que o navio de guerra aprestado tivesse seis meses de suprimentos e água, além das velas e do cordame para um cruzeiro prolongado. Alguns navios transportavam, também no porão, gado para alimentação e outros animais.

20 A enfermaria era domínio do cirurgião e de seus três assistentes. Marinheiros doentes em geral ficavam em redes, como o resto da tripulação, embora apareçam aqui em camas. Um espaço aberto a meia nau servia de cabina do cirurgião, quando o navio se preparava para a ação.

12 Alguns marinheiros treinavam o uso de armas portáteis para repelir grupos de abordagem ou participar de expedições à costa. Outros se exercitavam no manejo dos grandes canhões do navio.

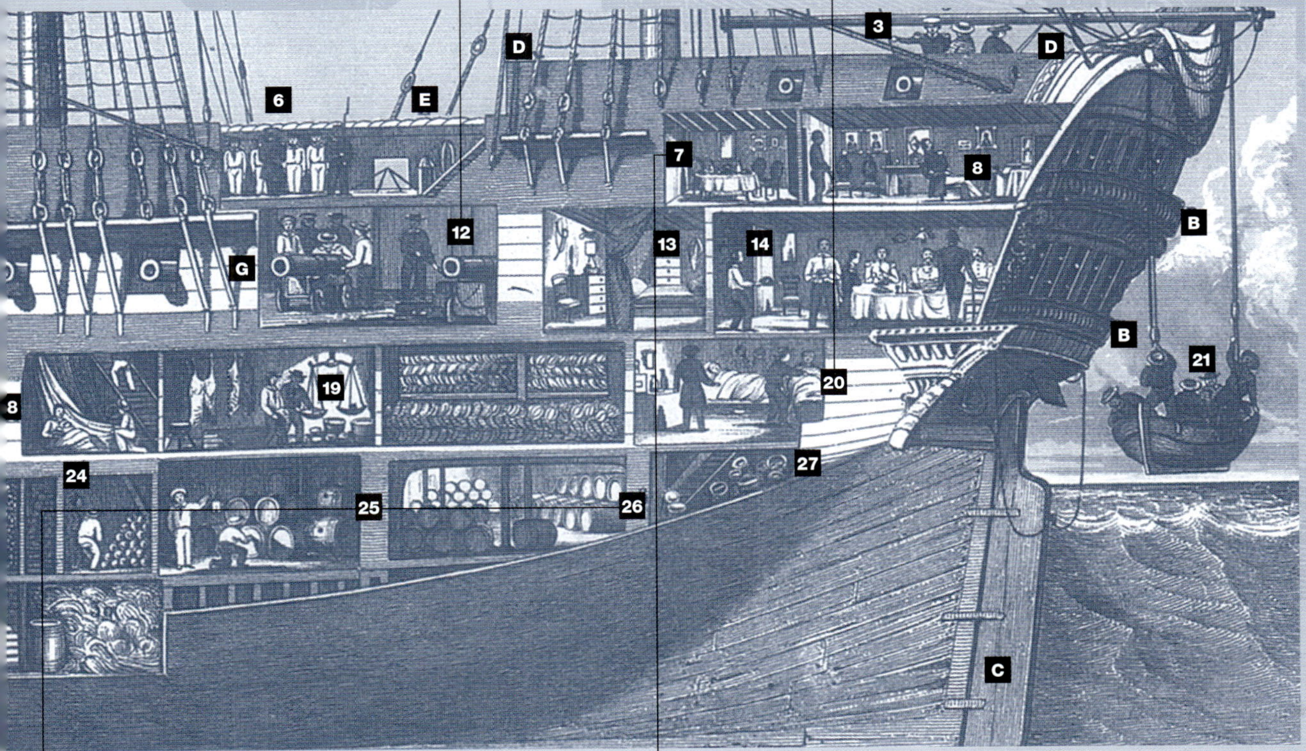

25, 26 O artilheiro do navio era responsável pelo depósito de pólvora e pelos projéteis e granadas, que em geral ficavam perto dos tanques de água, ou provisões "molhadas", e só eram acessíveis por pequenas entradas envoltas por lona úmida para diminuir o perigo de fagulhas.

7 Este corte transversal mostra o aproveitamento do espaço a bordo de um navio da linha da década de 1840. Os aposentos do capitão continham a cabina e uma sala de refeições; o relógio do navio costumava ficar acima da entrada. Abaixo dessa área estavam a sala de oficiais e as cabinas onde comiam, conviviam e dormiam.

Navios da linha

A vida a bordo de um navio de guerra

A rotina diária a bordo de um navio de guerra no início do século XIX começava com o toque de alvorada. Britânicos e americanos acordavam com o apito e o clarim do contramestre, enquanto a marinha francesa usava o tambor e o clarim. Em cinco minutos cada homem havia dobrado a rede e estava esfregando a coberta superior. O tempo a bordo era dividido em turnos e medido pelas batidas do sino de bordo, com cinco turnos de quatro horas e dois de duas horas. A inspeção geral era feita uma ou duas vezes por semana em torno do cabrestante, quando toda a tripulação se apresentava em uniforme completo. A reunião junto aos canhões e a chamada ocorriam duas vezes por dia. A tripulação se exercitava com os canhões por divisão duas vezes por semana. Todos corriam aos postos de combate uma vez por semana, quando o navio era preparado para a ação.

A vista em direção à popa Rumo à popa, atrás do mastro principal, ficava o tombadilho superior, onde apenas os oficiais tinham permissão de se reunir. É visto em primeiro plano o sino de bordo, usado para marcar os cinco turnos que compunham o dia a bordo. Um *cutter*, pequeno barco para idas à costa, está por trás dele.

A vista para a frente O castelo de proa e o gurupés com a *tricolore* podem ser vistos desta perspectiva dianteira de uma fragata francesa. Marinheiros em primeiro plano manejam o cabrestante para erguer a âncora, enquanto outros esfregam o convés com pedras e o limpam.

Armas de mão

Armas de projéteis
• canhão para bordada de artilharia
• caronada

Defesas

Vestuário

Guerreiros

Conceitos e táticas
• rotina e chamada de nomes

Construções e transportes
• navio de guerra

Roda do leme

Com a embarcação em movimento, a roda do leme era manejada pelo timoneiro. Ele era observado constantemente por um suboficial, o intendente, um dos membros mais experientes da tripulação. O compasso e o barômetro do navio estão diante da roda.

Caronadas

A caronada foi uma importante inovação. Inventada em 1776, pela Carron Company da Escócia, era um canhão curto que podia ser montado na popa ou no castelo de proa, onde o peso de canhões mais pesados não seria suportado. Quando disparava, o recuo empurrava para trás a base de madeira ao longo de um plano inclinado e contra as cordas da culatra.

Peça de bordada de artilharia

Destinado a bordadas de artilharia, este canhão de 36 libras sobre uma carreta de madeira a bordo de um navio da linha francês mostra a corda resistente que devia absorver o recuo quando a peça era disparada. Na prática, essa corda não passava em torno do canhão nos navios franceses, mas por buracos no meio das laterais da carreta.

Navios da linha

A Batalha de Trafalgar

Na Batalha de Trafalgar, travada em 21 de outubro de 1805, uma frota da Royal Navy de 27 navios da linha derrotou uma esquadra franco-espanhola de 33 navios de guerra, comandada pelo almirante francês Pierre Villeneuve. Nesse que foi o mais decisivo confronto naval das Guerras Napoleônicas, os franceses e os espanhóis tiveram 22 navios afundados e os britânicos não perderam nenhum, embora Nelson tenha sido morto por um atirador francês no final da batalha. Apesar de os britânicos chorarem a perda de um herói nacional, sua vitória espetacular confirmou a supremacia estabelecida pela Royal Navy durante o século XVIII e significou uma afirmação das táticas navais desenvolvidas por Nelson.

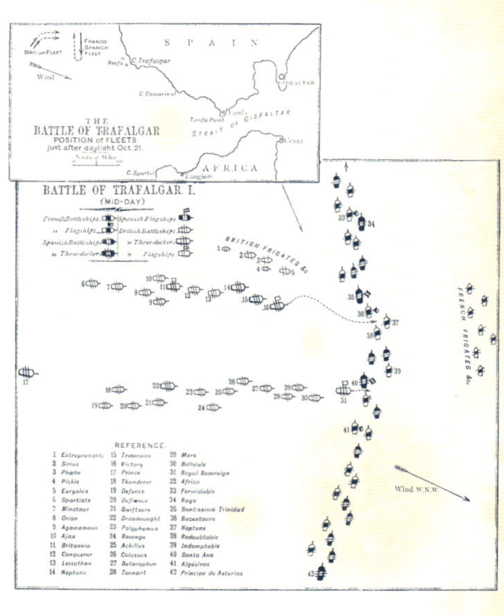

Linha de batalha francesa
A tática naval francesa dominante nas Guerras Napoleônicas era: aproximar-se da frota inimiga numa linha única de batalha e atacá-la em linhas paralelas. Baseava-se em textos do final do século XVII, de Paul Hoste, jesuíta e matemático que servia como capelão do vice--almirante de Tourville.

Tática de Nelson
Em Trafalgar, a frota de Nelson atacou em duas colunas, que romperam a formação inimiga e permitiram aos britânicos capturar ou afundar os navios franceses e espanhóis em ações isoladas.

Nelson
Brilhante estrategista naval que compreendia os aspectos práticos da guerra no mar, Nelson já obtivera uma vitória esmagadora sobre os navios franceses na Batalha do Nilo, em 1798, depois de manobrar entre eles e perigosos bancos de areia no litoral.

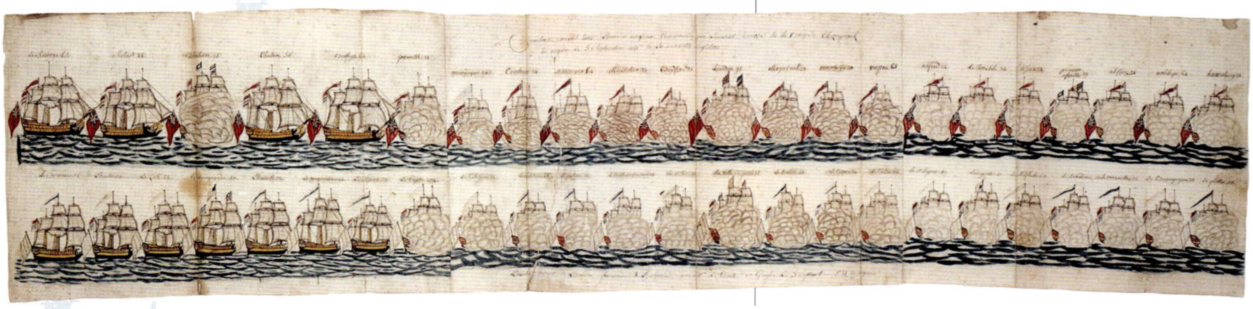

Guerreiros
- almirante Nelson
- almirante Villeneuve
- atirador de precisão
- Royal Navy

Conceitos e táticas
- formação em duas colunas
- linha de batalha
- sinalização

Construções e transportes
- *HMS Téméraire*
- *HMS Victory*
- *Redoubtable*

Ver também
Anatomia de um navio de guerra, *pp. 264-7*

O *HMS Victory*

Por mais de uma hora após a linha de batalha inimiga ser rompida, a capitânia de Nelson, *HMS Victory* (*primeiro plano à direita*), duelou com o navio francês *Redoutable*, e Nelson foi morto. Quando um grupo de abordagem francês estava para assaltar o *Victory*, o *HMS Téméraire* disparou contra a tripulação do *Redoutable*; logo depois, o barco francês rendeu-se.

A morte de um herói

Embora os grandes canhões causassem a maior parte das mortes e da destruição em Trafalgar, os atiradores de precisão a bordo de todos os navios também eram letais quando as embarcações lutavam a pouca distância entre si. Vestindo uniforme completo, Nelson foi identificado facilmente por um atirador do *Redoutable* e atingido nos estágios finais da batalha.

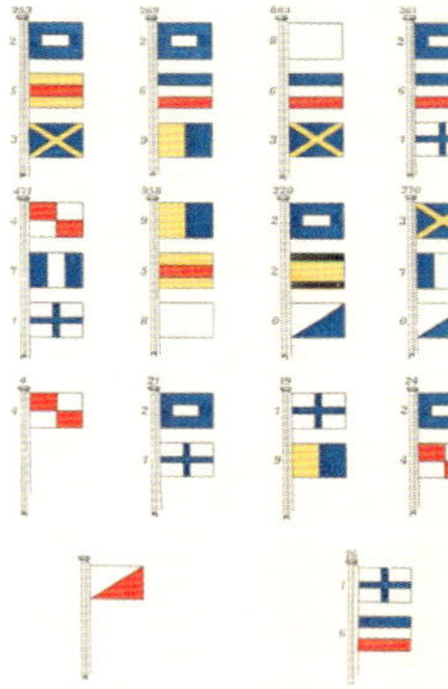

Bandeiras de sinalização

A capacidade dos navios da linha de se comunicar com rapidez e clareza entre si era essencial para o êxito em ações navais como a Batalha de Trafalgar, e a Royal Navy se dedicou muito, no final do século XVIII, a desenvolver os sistemas de sinalização. Códigos com base no hasteamento de bandeiras coloridas ou no disparo de canhões eram usados desde o século XVI.

A era do vapor

Os primeiros navios a vapor

O francês Denis Papin planejou o primeiro navio movido pela força do vapor em 1704, mas a primeira embarcação de guerra a vapor foi construída por Robert Fulton, nos Estados Unidos, em 1813. Ele o batizou de *Demologos* ("palavra do povo"), mas o navio foi designado oficialmente *US Steam Battery Fulton*. Em 1822, a Royal Navy usou pela primeira vez a energia do vapor na fragata *HMS Comet*. Os franceses lideraram a corrida naval armamentista na década de 1850 com o lançamento, em 1850, do *Le Napoléon*, primeiro navio de guerra do mundo construído especificamente para ser movido a vapor. Foi também um dos primeiros a usar propulsão a hélice. Seguiu-se, em 1853, o britânico *HMS Agamemnon*. Em 1855, vieram o *Mississippi* e o *Missouri*, de rodas laterais, primeiros navios a vapor da marinha dos EUA capazes de navegar no oceano.

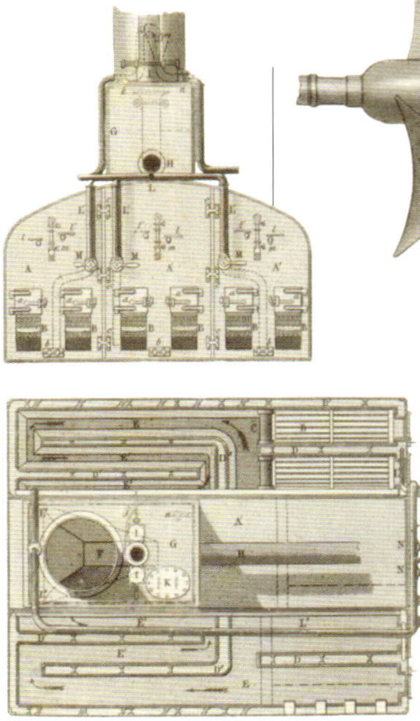

Caldeira de tubos verticais Martin
Projetada por Daniel B. Martin, engenheiro-chefe da marinha dos EUA, a caldeira de tubos de água verticais foi usada na maioria dos navios de guerra a vapor dos EUA antes da Guerra de Secessão e pelos dois lados durante o conflito. Essas caldeiras às vezes explodiam, além de causar grandes baixas quando atravessadas por um projétil.

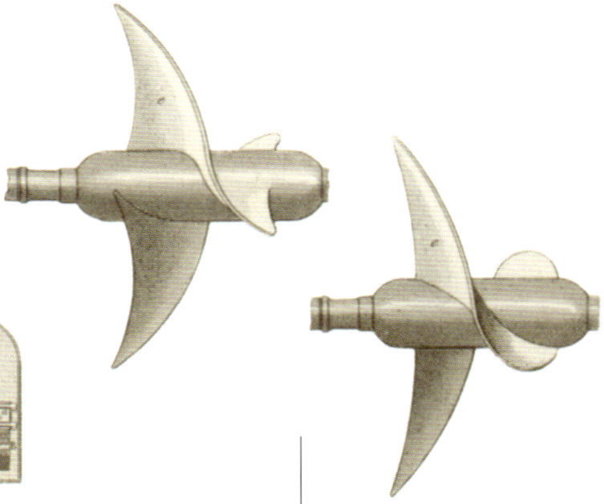

Propulsores a hélice
O engenheiro boêmio Josef Ressel projetou e patenteou o primeiro propulsor a hélice em 1827. Em 1844, John Ericsson, nascido na Suécia, desenvolveu o *USS Princeton*, primeiro navio de guerra dos EUA com casco de metal e propulsores a hélice como estes, acima.

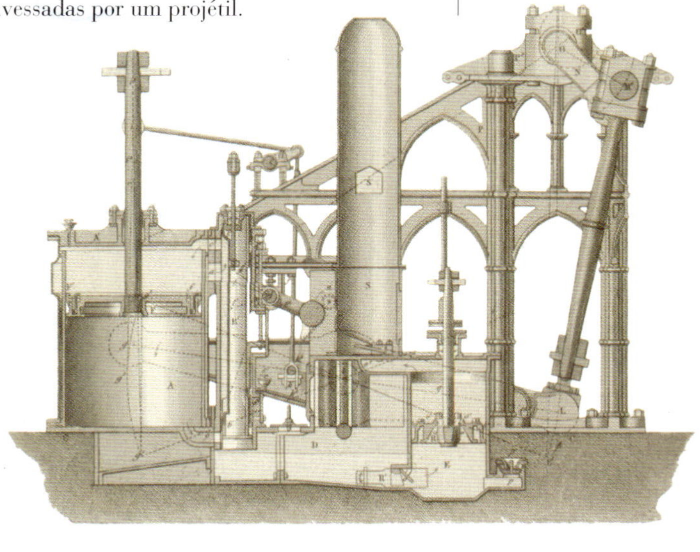

Motor de eixo vertical
Os motores de propulsão dos primeiros vapores com pás eram do tipo de eixo lateral, enquanto os de propulsão a hélice usavam motores de eixo vertical, como este. Em ambos os sistemas, o movimento da haste do pistão se transmitia à haste de conexão por um eixo. O motor a vapor de tripla expansão, mais eficiente que os anteriores, foi criado em 1881.

Le Napoléon

Projetado pelo famoso construtor Dupuy de Lôme, o navio de guerra *Le Napoléon*, de noventa canhões, foi o primeiro de nove construídos para a marinha francesa ao longo de dez anos. Os navios ainda dependiam das velas; o vapor destinava-se a ser usado apenas em batalha e a permitir que a embarcação ganhasse o mar, sem ficar presa no porto por ventos contrários.

O *Fulton*

Casco em estilo catamarã com roda de pás em posição central, o *Fulton* era um "forte móvel" bem armado e construído solidamente para defesa costeira. Lançado no fim de outubro de 1814, durante a Guerra de 1812 entre os EUA e a Grã-Bretanha, foi concluído logo após a morte de Fulton, em fevereiro de 1815, e entregue à marinha americana em junho de 1816.

O *HMS Agamemnon*

A Royal Navy fez construir muitos navios a vapor como o *HMS Agamemnon* antes de 1850. No início, essas embarcações tinham rodas de pás laterais, mas na década de 1830 já utilizavam propulsão a hélice. Os dois tipos foram usados pela primeira vez em larga escala na Guerra da Crimeia (1854-56).

Armas de mão

Armas de projéteis

Defesas
• forte móvel

Vestuário

Guerreiros
• Marinha de guerra dos EUA
• Marinha de guerra francesa
• Royal Navy

Conceitos e táticas
• energia do vapor
• propulsão a hélice

Construções e transportes
• navios de guerra a vapor
• navios de guerra com cascos de metal
• rodas laterais

Navios revestidos de ferro

O primeiro choque

A era dos navios de guerra revestidos de ferro começou no fim da década de 1850, em resposta ao aperfeiçoamento de canhões estriados, que disparavam projéteis explosivos capazes de destruir embarcações de madeira. Lançado pela marinha francesa em 1859, *La Gloire* tinha placas maciças de ferro de 12 centímetros de espessura sobre o casco de madeira; elas resistiam aos projéteis dos mais poderosos canhões da época. A Royal Navy lançou o *HMS Warrior* no ano seguinte. O primeiro choque de navios blindados ocorreu durante a Guerra de Secessão dos EUA, em 1862. Dispondo de recursos limitados, a Confederação construiu vários navios revestidos de ferro e fortificados com casamatas, todos baseados no *CSS Virginia* original. A marinha da União desenvolveu um navio blindado parcialmente submerso da classe Monitor, com torre de canhões giratória. Ambos eram inadequados para serviço em alto-mar.

Batalha de Hampton Roads, março de 1862
Dois navios confrontaram-se por quatro horas nesta batalha, mas nenhum deles sofreu danos graves. O *CSS Virginia* possuía poucos projéteis sólidos para causar dano real, e as cargas das granadas disparadas pelo *Monitor* não tinham impacto para penetrar a blindagem inclinada do *Virginia*.

O primeiro navio blindado verdadeiro
O *USS Monitor* foi o protótipo de uma série de navios blindados construídos para a marinha da União entre 1862 e 1865. Projetada por John Ericsson, essa embarcação revolucionária pesava 987 toneladas, dispunha de dois canhões Dahlgren de 28 centímetros em sua torre giratória e atingia velocidade máxima de apenas 7 nós. Seu convés ficava basicamente sob a água.

O *HMS Warrior*
Restaurado e fundeado em Portsmouth, na Inglaterra, o *HMS Warrior* (*à direita*) era o maior e mais pesadamente couraçado navio de guerra do mundo quando foi encomendado pela Royal Navy, em 1861. Nem o *HMS Warrior* nem seu navio irmão, o *Black Prince*, foram a combate em seu tempo de serviço ativo, e em dez anos ficaram obsoletos.

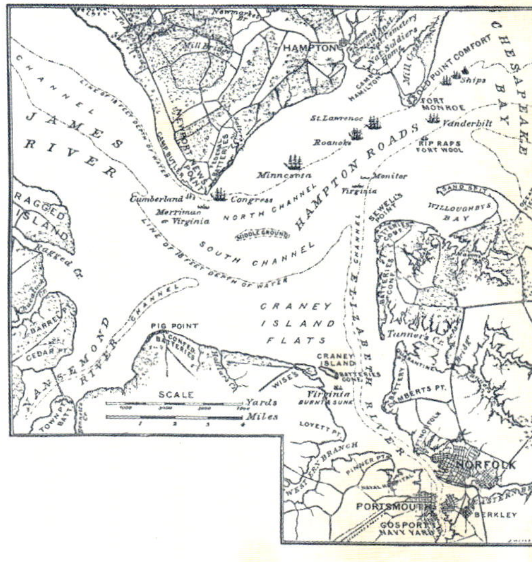

Dentro da torre de canhão do *USS Monitor*

O interior da torre do *USS Monitor Passaic* mostra os canhões Dahlgren de cano liso de 28 e 38 centímetros. No início, a produção dos canhões de 38 centímetros não conseguia acompanhar a demanda, daí o tamanho diferente das peças. O projétil redondo em primeiro plano está num cabo de elevação, pronto para ser carregado.

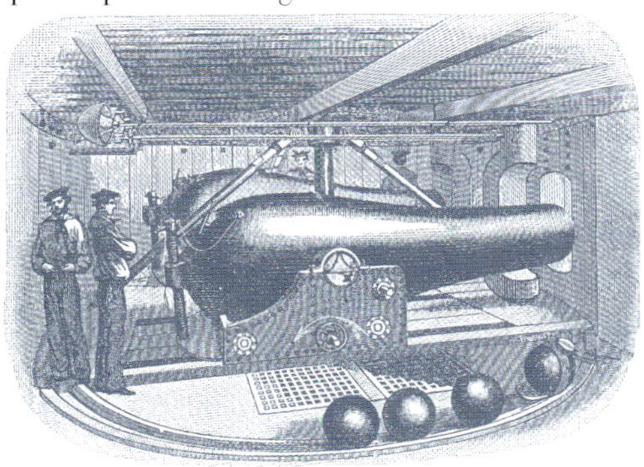

"Mania por *Monitor*"

O sucesso do *USS Monitor* original produziu uma "mania por *Monitor*" nos estados do Norte, na Guerra de Secessão. O navio serviu como protótipo de várias outras embarcações, como a *Puritan* de torres gêmeas e a *Roanoke*, de quatro torres (depois três). Criadas no final de 1864, ambas não tiveram serviço ativo.

O navio confederado revestido de ferro

Adaptado do casco da fragata *USS Merrimac* (queimada e afundada quando a marinha da União evacuou o estaleiro de Norfolk, em 1861), o *CSS Virginia* era uma plataforma para canhões movida a vapor, com lados blindados de forte inclinação para desviar projéteis inimigos.

A primeira batalha entre navios blindados

O *CSS Virginia* atacou os navios de casco de madeira da frota de bloqueio da União em *Hampton Roads*, em 9 de março de 1862, abalroou e afundou o *USS Cumberland* e tirou da ação outras embarcações. Essa ação contribuiu para o fracasso da Campanha da Península, das tropas da União, destinada a tomar Richmond, na Virgínia, a capital confederada.

Armas de mão

Armas de projéteis
• canhão Dahlgren

Defesas

Vestuário

Guerreiros
• Marinha de Guerra confederada
• Marinha de Guerra da União
• Royal Navy

Conceitos e táticas
• navios de guerra blindados

Construções e transportes
• *CSS Virginia*
• *HMS Warrior*
• *La Gloire*
• *USS Monitor*

REVOLUÇÕES EM ARMAS E BLINDAGENS

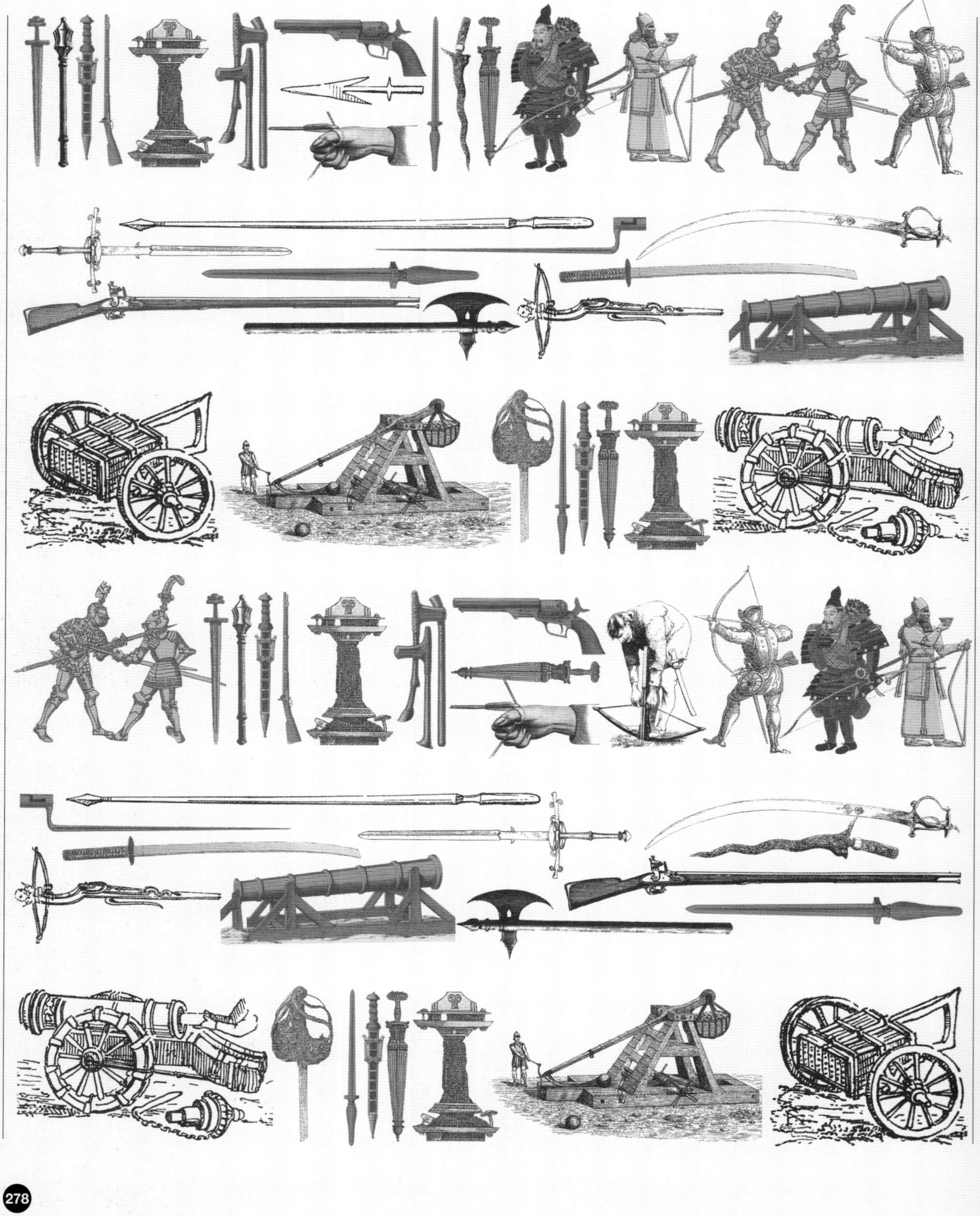

Armas

A corrida armamentista desafiou a inventividade e a imaginação do ser humano desde a primeira vez em que uma pessoa enfurecida pegou uma pedra ou um bastão. A tecnologia das armas tem estado na linha de frente da exploração científica. Há saltos conceituais, como o de atirar um objeto em vez de usar a arma no corpo a corpo. Ou usar meios mecânicos para fazer um lançamento ir mais longe. Pouco importa se o primeiro multiplicador de força foi a funda, a zarabatana ou o *atlatl*. O importante é que o homem soube ultrapassar o alcance de seu lançamento e permanecer fora de perigo.

As coisas foram levadas a outro nível com a invenção do arco; ele se manteve uma arma de guerra significativa por milhares de anos. Os arqueiros em carros do Egito e da Assíria, aqueles a cavalo nas estepes e as fileiras maciças de arqueiros europeus medievais a pé foram com frequência decisivos na batalha.

Alquimistas em busca do elixir da vida descobriram a pólvora na China do século X. A mistura explosiva de enxofre, carbono e salitre mudou para sempre a face da guerra, embora não tenha levado de imediato à invenção das armas de fogo. Desde o início, os chineses usaram dispositivos explosivos, como foguetes de fogos de artifício presos às flechas, mas a arma de fogo só surgiu no século XIV e, ainda assim, foi apenas no século XVI que ela assumiu a supremacia do arco.

O duelo entre cavalaria e infantaria foi travado a curta distância. A cavalaria atacava com as lanças e a infantaria repelia com os piques. No apogeu, a lança medieval era uma arma de alto impacto. A couraça peitoral do cavaleiro dispunha de um suporte em gancho, o *arrêt* ("parada"), e junto a ele havia uma borda de madeira presa à lança. Assim, o homem, sentado na sela de espaldar elevada do corcel, formava uma sólida força de impacto interligada com sua montaria e sua lança. Um antídoto para isso foi o recrutamento em massa de infantaria profissional com longos piques.

Contudo, em toda guerra chega o momento de se envolver no combate corpo a corpo. Clavas, maças, machados e, naturalmente, espadas eram da maior importância. As espadas, porém, transcenderam o papel de simples armas, e seu prestígio icônico e simbólico perdura até hoje.

Espadas

Aço martelado

As espadas servem para atacar e defender em igual medida. Para isso, a lâmina deve possuir propriedades contrastantes: o metal precisa ser duro o suficiente para afiar a borda, enquanto o cerne deve ser macio o bastante para não se quebrar com o contato. Muitas das primeiras espadas eram de bronze, que endurece triplamente quando martelado. Foram substituídas pelo aço com o advento da Idade do Ferro, por volta de 800 a.C. O aço é uma liga de ferro e carbono, criada pela fusão com carvão numa fornalha. O aquecimento e, depois, o controle da velocidade de resfriamento modificam a estrutura molecular do aço, o que significava que as lâminas de aço podiam ser feitas com um nível ótimo de núcleos resilientes e maleáveis e bordas resistentes e duras. As espadas também podiam ser fortalecidas e tornadas mais leves por meio de ranhuras e elevações centrais. A complexa tecnologia da manufatura de espadas fez delas armas de alto *status* e símbolos de posição e prestígio.

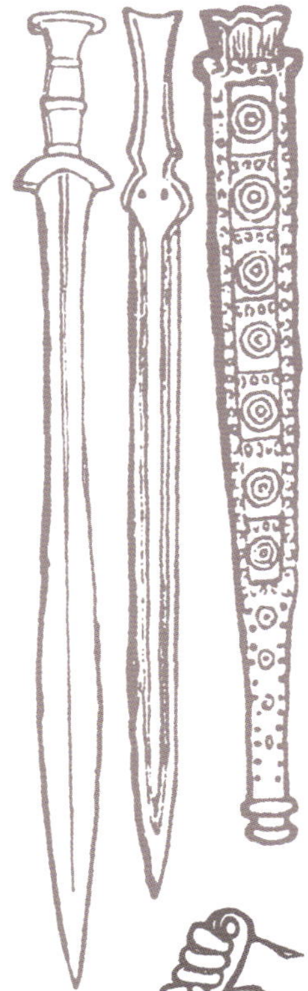

Xiphos
Lâmina de borda dupla em forma de folha usada pelos hoplitas gregos como arma secundária à lança. As lâminas, de bronze, eram muitas vezes fortalecidas com uma elevação central.

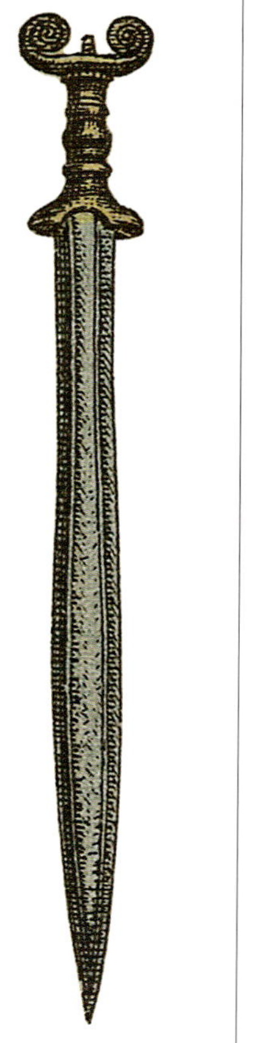

Espada da Idade do Ferro
São do início da Idade do Ferro estas espadas célticas de aço macio, o equivalente do ferro forjado de hoje.

Khopesh
Espada de bronze, típica do Egito Antigo. A borda cortante está no exterior da curva, e a ponta permite a estocada direta. O gancho na base da lâmina pode ser usado para abaixar o escudo de um oponente.

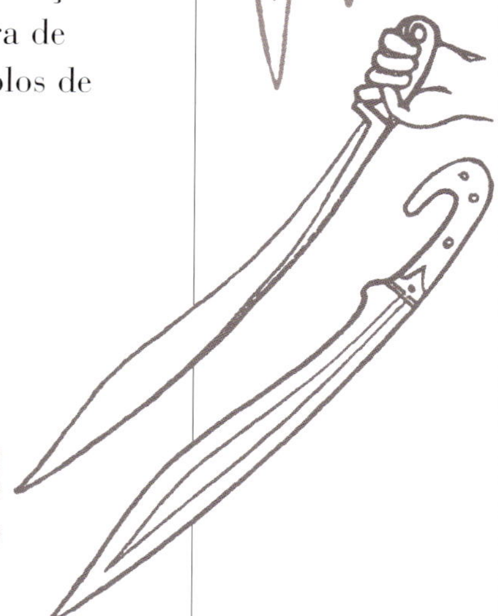

Kopis
A parte interna da curva é a cortante. Este tipo de espada, também chamada *machiara*, era apreciado pela cavalaria grega.

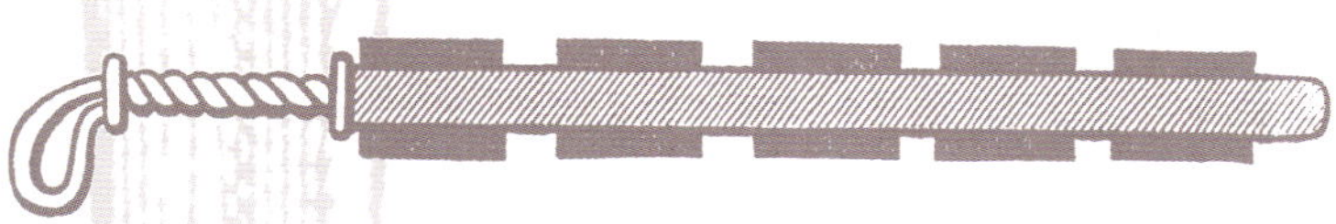

Macahuitl
As primeiras espadas eram feitas de madeira. Este modelo asteca tinha a inserção de lâminas de obsidiana. A última *macahuitl* antiga perdeu-se num incêndio na Armería Real, em Madri, em 1884.

Espada anglo-saxã, séculos V-VIII

Empunhadura de espada do tipo anglo-saxão. As lâminas eram em geral soldadas num padrão, quando as hastes de ferro e aço se entrelaçavam no processo de forja, produzindo padrões elaborados, muito preciosos.

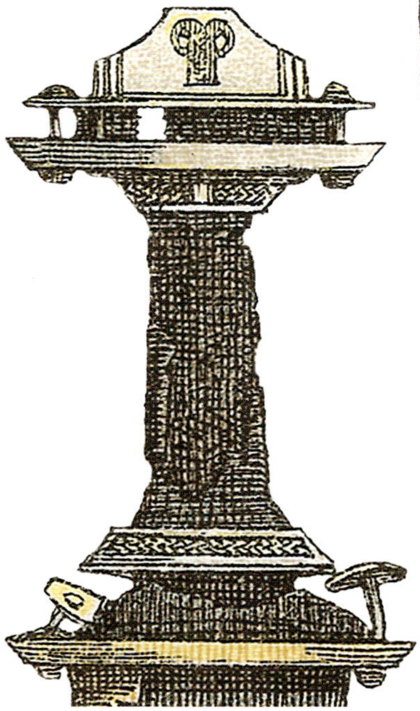

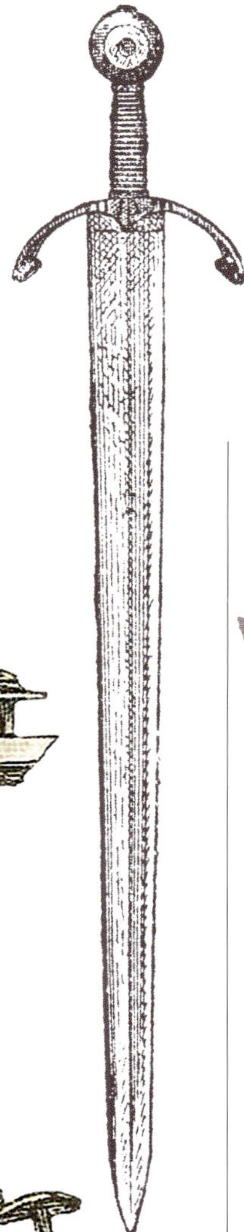

Espada de cavaleiro, séculos XII-XV

De copo redondo e guarda simples em cruz, esta espada para uma mão só é a arma clássica do cavaleiro medieval.

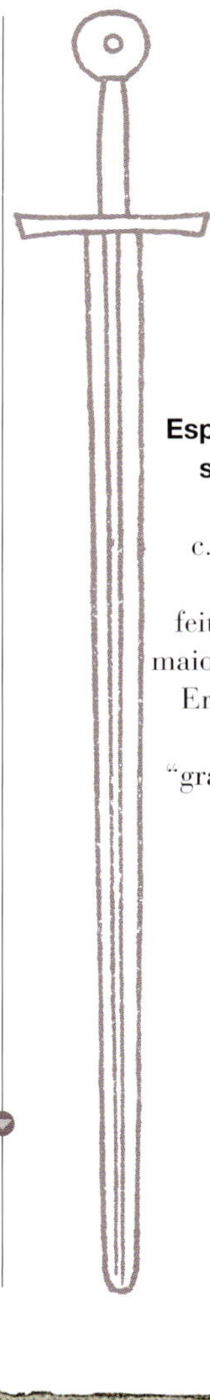

Espada de guerra, séculos XIII-XIV

A partir de c. 1250, algumas espadas foram feitas em tamanho maior que o padrão. Eram as "espadas de guerra", ou "grandes espadas".

Gladius hispaniensis

A clássica espada romana, usada no quadril direito por legionários e no esquerdo por centuriões. Curta, com cerca de 70 centímetros, era ideal para perfurar em formação cerrada. A lâmina de ferro de borda dupla também era eficaz para acutilar em combate aberto.

Espada viking, séculos VIII-XI

Em algum momento do século IX, os ferreiros vikings descobriram como forjar espadas longas de uma única peça de ferro. A partir daí, fabricaram-nas em larga escala.

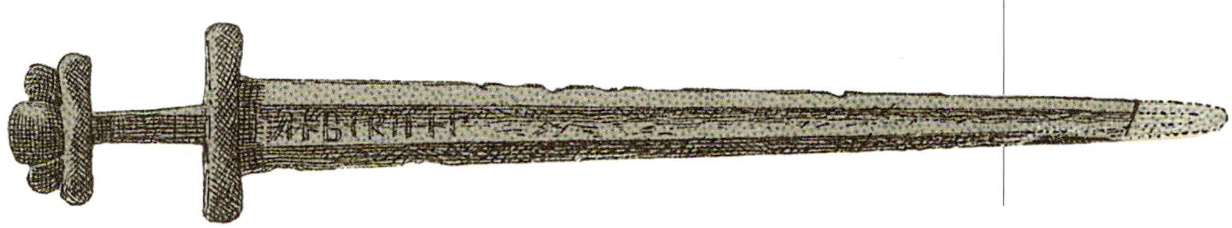

Armas de mão
- espadas da Idade Média europeia
- *gladius hispaniensis*
- *khopesh*
- *kopis*
- *macahuitl*
- *xiphos*

Armas de projéteis

Defesas

Vestuário

Guerreiros
- cavaleiro medieval
- centurião romano
- hoplita grego
- legionário romano

Conceitos e táticas
- propriedades do aço

Construções e transportes

Espadas

Cortar e perfurar

As espadas medievais mudaram pouco desde os vikings até a segunda metade do século XIII, quando passou a haver crescente diversidade no projeto. Algumas espadas passaram a ser maiores que o padrão, enquanto outras foram criadas em formatos diferenciados. Eram uma resposta aos contínuos aperfeiçoamentos na blindagem. Fora da Europa, desenvolveu-se uma série de estilos nacionais. Muitos sustentam que os aços *wootz* da Índia e o damasceno do Oriente Médio se equiparavam ao lendário aço do Japão. Sempre houve debate acerca dos méritos relativos do corte e da estocada. Algumas espadas foram projetadas para ser melhores na perfuração e outras no corte. No início do século XVI, criou-se um novo tipo de espada: a rapieira. Com ênfase na perfuração, foi projetada para duelos, mas também tornou-se um item da moda, sendo usada com o traje diário.

Alfanje, séculos XIII-XV
O alfanje tinha uma lâmina de corte poderosa, que se alargava na ponta. Os arqueiros e os homens de armas medievais com frequência escolhiam essas espadas semelhantes a cimitarras.

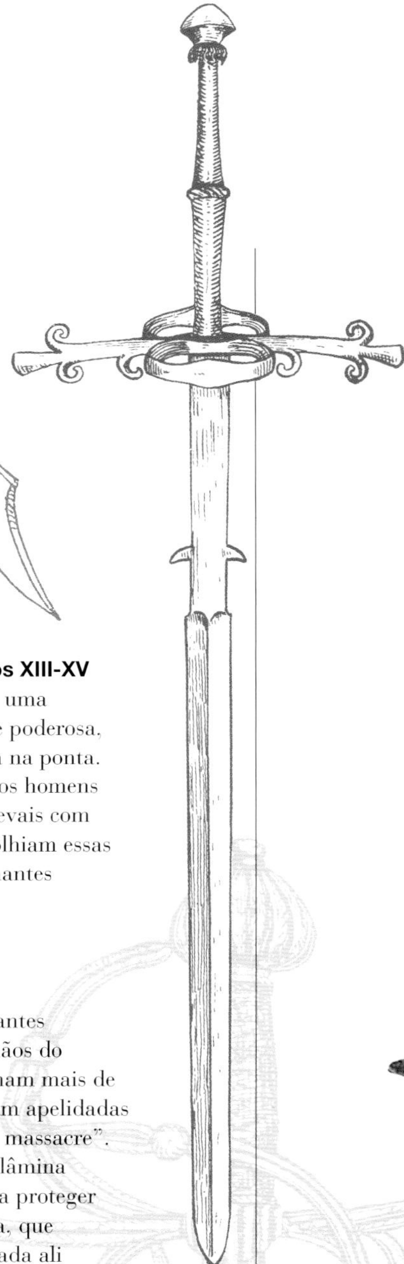

Espada para as duas mãos
As espadas gigantes para as duas mãos do século XVI tinham mais de 1,8 metro e eram apelidadas de "espadas de massacre". Os ganchos na lâmina destinavam-se a proteger a mão dianteira, que podia ser colocada ali para diminuir o alcance da espada para a luta a curta distância.

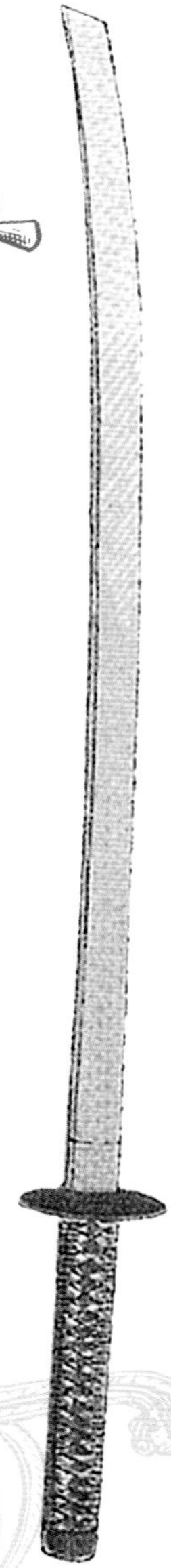

Katana
A famosa espada do samurai. Um elaborado processo de forja resultou numa lâmina com cerne macio e flexível envolto por aço de extrema dureza, capaz de receber a borda mais afiada.

Espada longa, séculos XIV-XV
O punho comprido da espada longa permitia uma poderosa ação de corte num arco fechado ao mover ambas as mãos em direções opostas em torno do fulcro do punho.

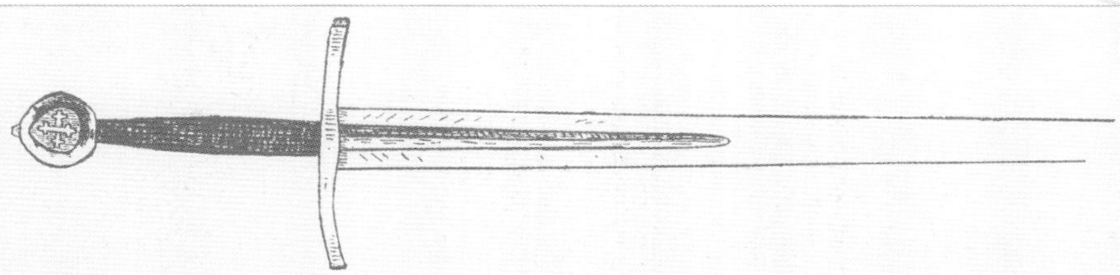

Armas de mão
- alfanje
- espadas longas e para as duas mãos
- *katana*
- *keris*
- rapieira e florete
- *tulwar*

Armas de projéteis

Defesas
- proteção para a mão

Vestuário

Guerreiros
- homem de armas
- samurai

Conceitos e táticas
- corte e perfuração

Construções e transportes

Tulwar
Espada leve com lâmina curva, é um dos muitos projetos de espada populares na Índia.

Keris
A espada icônica da Indonésia. Conta-se que a lâmina ondulada ajuda a cortar através do osso ao perfurar.

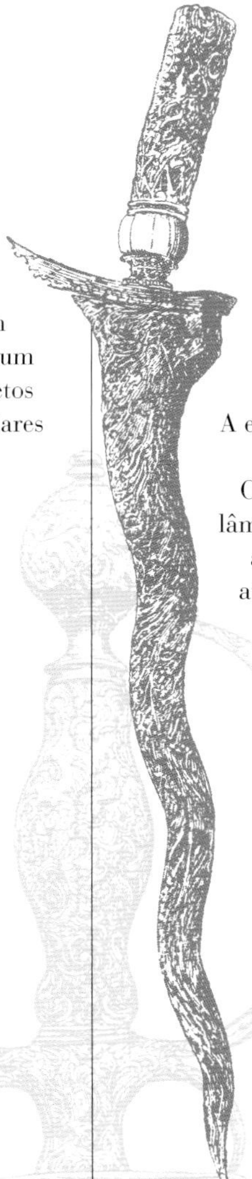

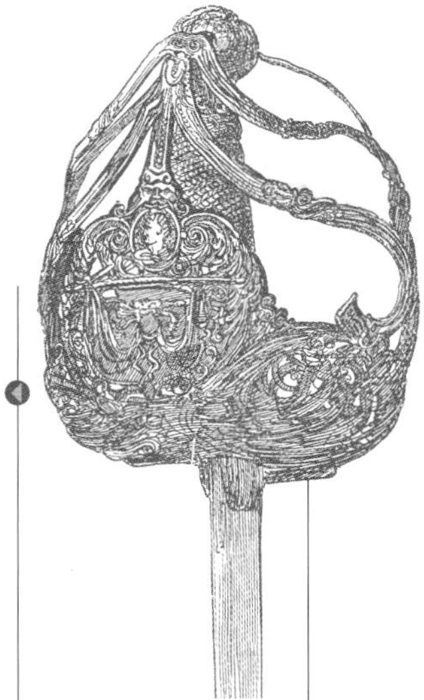

Espada com guarda-mão em cesto
A partir do século XVII, a tendência foi proteger mais a mão. Lâminas largas foram adaptadas às guardas em cesto e estiveram em amplo uso do século XVII ao século XIX.

Rapieira com guarda-mão de filetes de metal
Principal arma de duelo do século XVI. A guarda elaborada dava proteção adicional à mão sem couraça. Usava-se com uma adaga na mão esquerda.

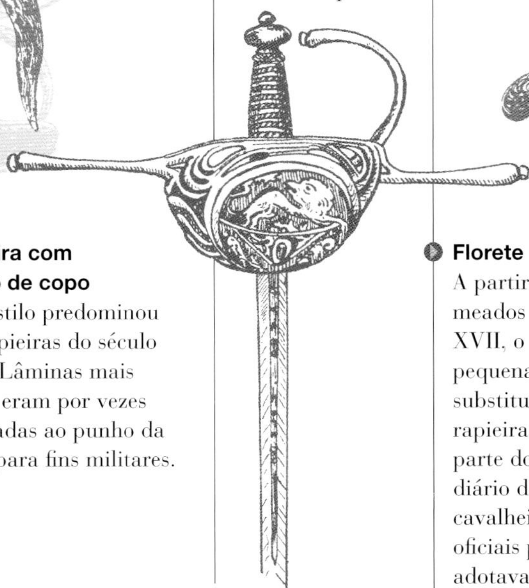

Rapieira com punho de copo
Este estilo predominou nas rapieiras do século XVII. Lâminas mais largas eram por vezes adaptadas ao punho da arma para fins militares.

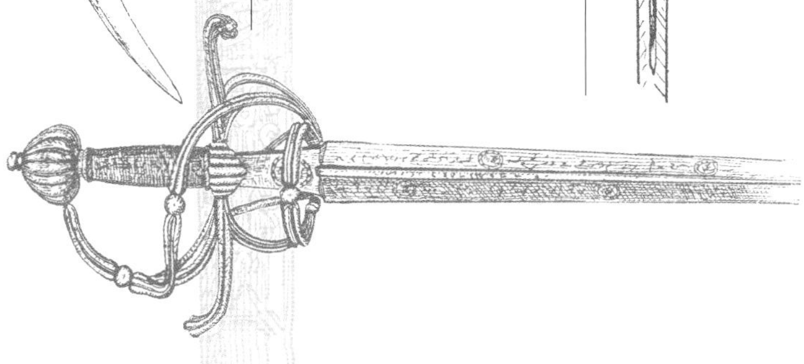

Florete
A partir de meados do século XVII, o florete (ou pequena espada) substituiu a rapieira como parte do traje diário de um cavalheiro. Os oficiais por vezes adotavam versões de lâminas mais pesadas como armas auxiliares na batalha.

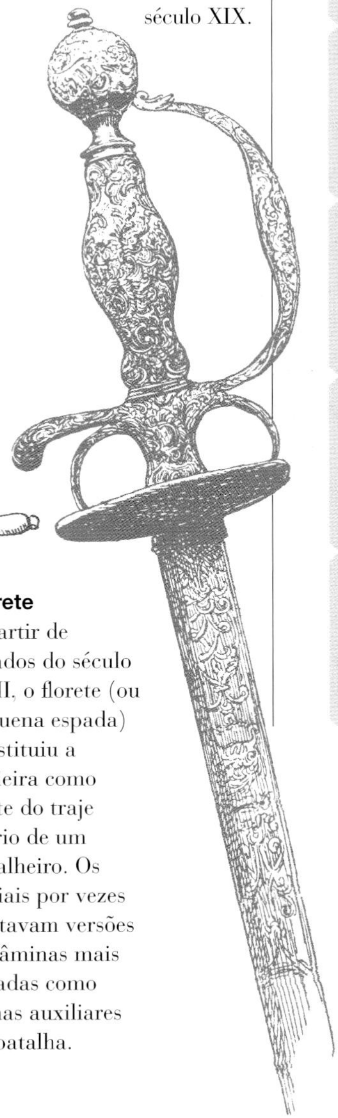

Armas de alcance

Práticas de guerra de impacto

O bastão afiado permitiu aos primeiros homens ficar fora do alcance das feras e deu-lhes poder de agressão. Com uma ponta, ele se tornou a lança, arma básica da guerra. As mais leves eram arremessadas e as mais pesadas, usadas no combate corpo a corpo; os exércitos antigos tinham milhares de lanceiros. Os primeiros corpos de cavalaria usaram a lança tanto como arma de arremesso quanto de golpear. Até o século XII, ela era manejada com o braço estendido, mas por essa época os cavaleiros europeus começaram a prender a lança sob a axila na posição horizontal de ataque, fazendo dela, do homem e da montaria uma única unidade de projétil e inaugurando uma forma de guerra de impacto. As armas de alcance proliferaram na Idade Média. O pique dominou os campos de batalha do mundo antigo, bem como da Europa dos séculos XVI e XVII, até que a invenção da baioneta o tornou redundante. As armas de alcance haviam completado o ciclo: a lança fora reinventada.

Lança viking
A lança de perfurar era muito apreciada entre os vikings. Predominante no campo de batalha, era ideal para a luta por sobre a parede de escudos, onde seu alcance era decisivo.

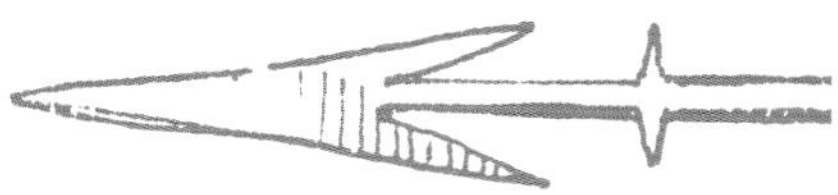

Lança de cavalaria normanda
Como mostra a Tapeçaria de Bayeux, estas lanças tinham cerca de 3 metros e podiam ser arremessadas ou usadas para golpear. A barra transversal servia para firmar a ponta da lança sobre o estribo, conservando-a longe do cavalo.

Lança de cavaleiro
As lanças, na posição de ataque, tornaram-se gradualmente mais pesadas e espessas e foram reforçadas na ponta de contrapeso. A empunhadura, como neste exemplar do século XV (*no centro*), foi moldada para diminuir o impacto na mão ao golpear um objeto sólido.

Lança de justa
A cabeça de três pontas desta lança (*à esquerda*), chamada "coronel", foi projetada para assegurar o máximo de contato e impacto no escudo de um oponente durante uma justa – cujo principal objetivo era despedaçar a própria lança. Tinha uma guarda de mão de aço, também presente em algumas lanças de guerra.

Lança persa de ponta dupla
A lança pesada não foi adotada no Oriente, onde continuou a tradição de a cavalaria ligeira usar lanças leves, como este exemplar de ponta dupla da Pérsia.

Ver também
Fecho de pederneira, *pp. 186-7*

Armas de mão
- alabarda
- baioneta
- *bill*
- lança
- pique
- *poll-axe*
- *spontoon*

Armas de projéteis
- mosquete

Defesas

Vestuário

Guerreiros
- lanceiro

Conceitos e táticas
- práticas de guerra de impacto

Construções e transportes

Lanceiro de Napoleão
As lanças sumiram dos campos de batalha europeus de meados do século XVI até o final do século XVIII, mas voltaram nas Guerras Napoleônicas. As novas lanças leves ofereciam maior alcance em relação ao braço estendido. Não eram encaixadas para o ataque como as lanças medievais, mais pesadas.

Alabarda
A alabarda foi introduzida por soldados suíços a pé que enfrentaram ataques de cavalaria no século XIV. Combinava as vantagens da lança e do machado.

Poll-axe
Machado longo, era a arma de alcance do cavaleiro medieval de elite quando lutava a pé. Em inglês medieval, *poll* significava "cabeça". O cabo, de 1,5 metro, era menor que o de outras armas de alcance, mas podia ser usado em combate para bloquear golpes e fazer o oponente perder o equilíbrio.

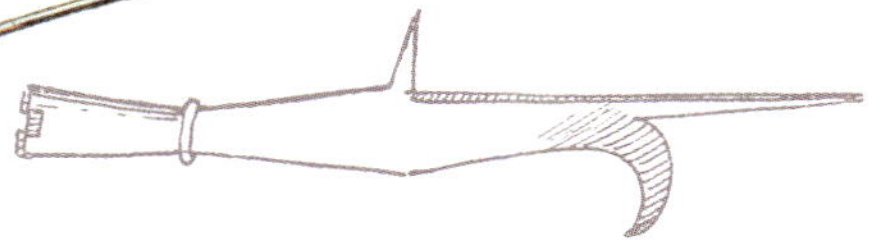

Bill
Derivado do podão usado na agricultura, o *bill* militar dispunha de furadores dianteiro e traseiro. Era muito apreciado pelo soldado comum medieval.

Pique
O comprimento dos piques variou de 4,8 a 6,7 metros. Foram usados pelas falanges de Filipe da Macedônia e pelos exércitos da Guerra Civil Inglesa. A muralha de piques era impenetrável à cavalaria. Este exemplar do século XV tem tiras de metal laterais (*langets*) que o protegem de golpes de espada.

Spontoon
Também chamado "pique curto", o *spontoon* foi usado por oficiais de infantaria do final do século XVII ao início do século XIX. Teve muito serviço na Guerra da Independência dos Estados Unidos.

Baioneta de encaixe
Inventada no século XVII, a baioneta convertia um mosquete em lança para a luta corpo a corpo. Os primeiros modelos encaixavam-se no cano, com a desvantagem de que, enquanto estivessem ali, a arma não podia ser disparada.

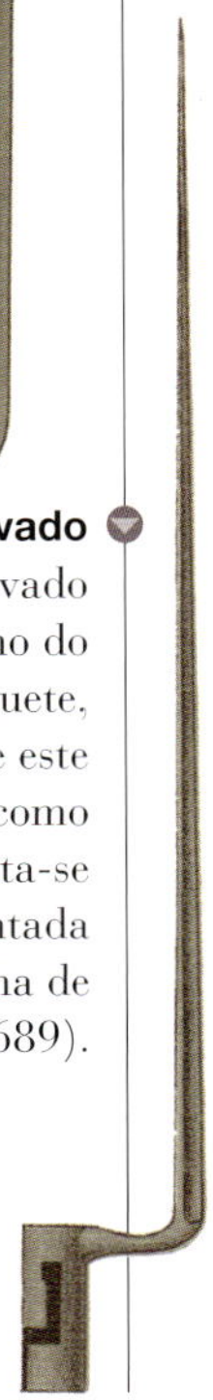

Baioneta de alvado
A baioneta de alvado encaixava-se em torno do cano do mosquete, permitindo que este continuasse a operar como arma de fogo. Acredita-se que foi inventada após a Batalha de Killiekrankie (1689).

Clavas, maças e machados

Golpes de um instrumento sem corte

Sofrer concussão ou ter ossos quebrados é tão ruim quanto receber um corte de espada ou um ferimento por tiro. Atingir alguém na cabeça com um instrumento sem corte é o que há de mais básico; este grupo de armas começa com o primordial porrete de madeira. Acrescentar uma ponta de pedra ou de metal transforma a clava numa maça. Armas assim são usadas desde tempos imemoriais. Contudo, as maças alcançaram o apogeu na época da armadura de placas, cujas superfícies lisas podiam desviar uma lâmina de espada ou uma flecha, mas não o golpe de um instrumento sem cortes, que podia fazer o homem perder os sentidos ou mesmo matá-lo. Os cavaleiros usavam roupas acolchoadas por baixo da armadura para se proteger desses golpes. Os machados tinham a capacidade de cortar através da carne e do osso, mas também foram usados contra homens de couraça; a borda afiada da lâmina cortava o metal e transmitia a força do golpe.

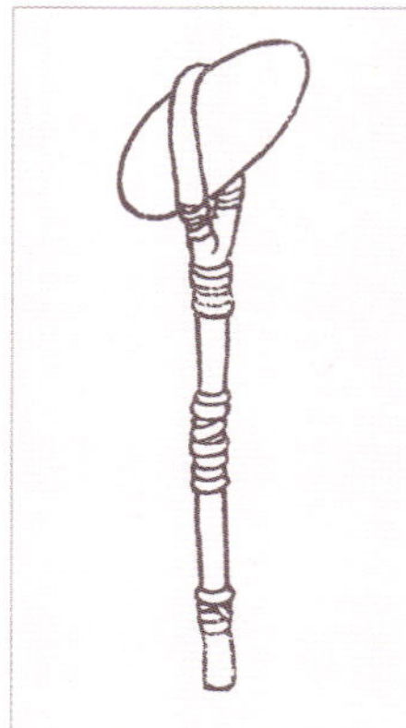

Maça de pedra
A princípio, o *tomahawk* tinha uma cabeça de pedra. Os colonizadores europeus introduziram a cabeça de machado de aço, produzindo-a em Sheffield, na Inglaterra, e depois vendendo-a aos indígenas americanos.

Machado saxão e viking
Este tipo comum de machado saxão e viking tinha haste de cerca de 50 centímetros e era usado com uma só mão. A lâmina inclinada podia se enganchar num escudo inimigo e puxá-lo para baixo.

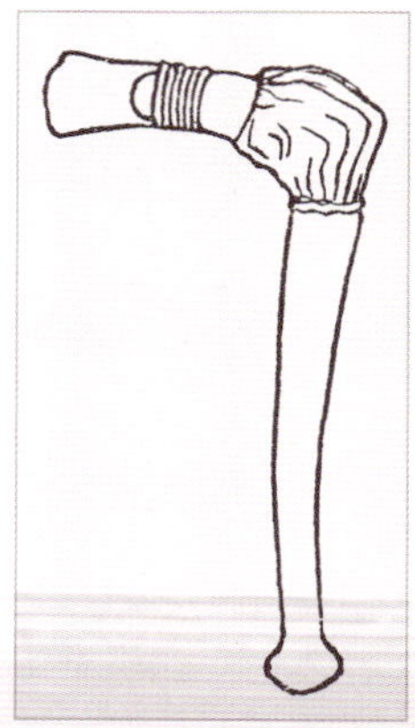

Machado *palstave*
Este machado de pedra é em essência uma ferramenta, mas acredita-se que instrumentos assim tenham sido usados como armas durante o Neolítico.

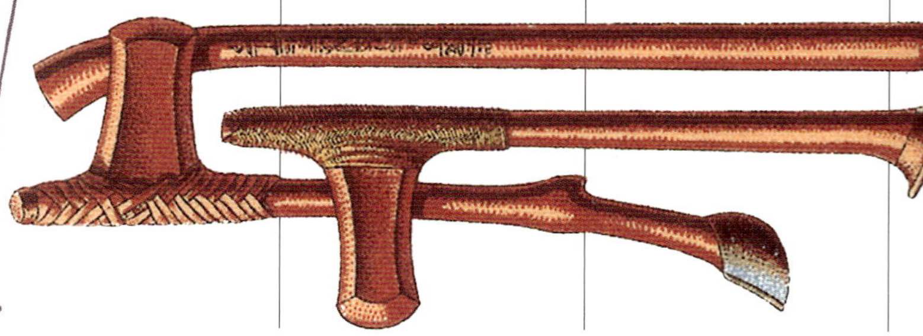

Machados de bronze egípcios
Machados e maças eram as mais comuns armas manuais dos egípcios durante a Idade do Bronze, ainda que dispusessem de espadas, lanças e outras armas.

Clava de Samia
Esta clava samoana, de madeira de palmeira, é exemplo típico das primeiras armas de concussão.

Machado dinamarquês
O machado dinamarquês de haste longa era usado com as duas mãos. Os guerreiros com machado iam na frente para tentar romper a parede de escudos.

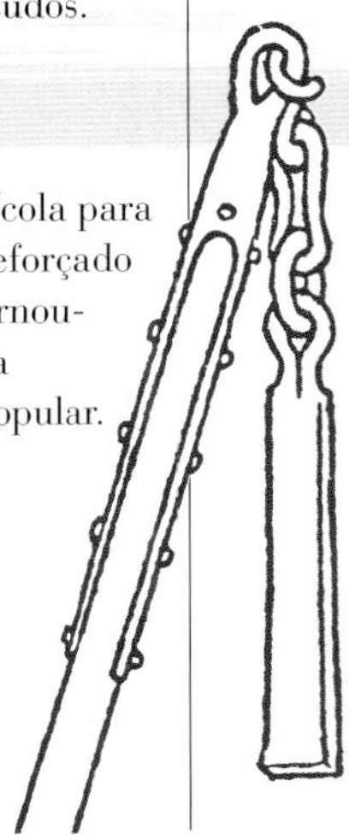

Mangual
Derivado do mangual agrícola para debulhar, e reforçado com ferro, tornou-se uma arma camponesa popular.

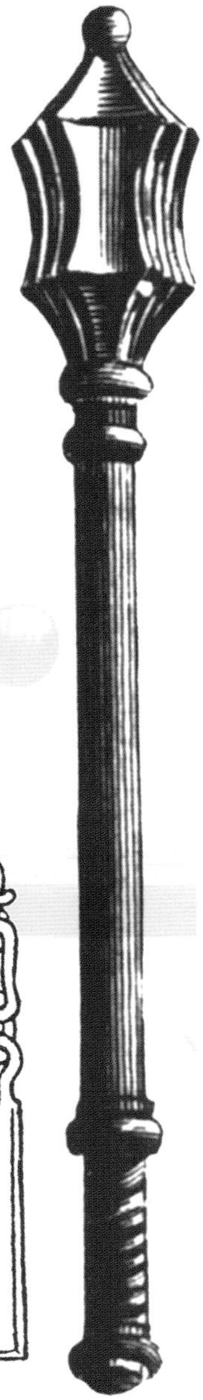

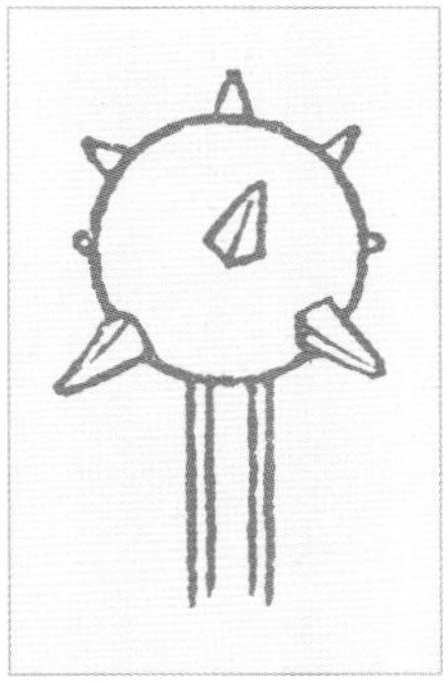

Maça com pontas
A maça recebeu pontas agudas para ganhar apoio na superfície da armadura de placas e transferir o choque para o homem protegido por ela.

Maça com flanges
Um tipo comum de maça do século XV tinha flanges em vez de pontas. Com isso, podia pender da sela sem perturbar o cavalo.

Maça articulada
Esta arma era popular entre os cavaleiros da Idade Média. Era uma combinação de maça e mangual.

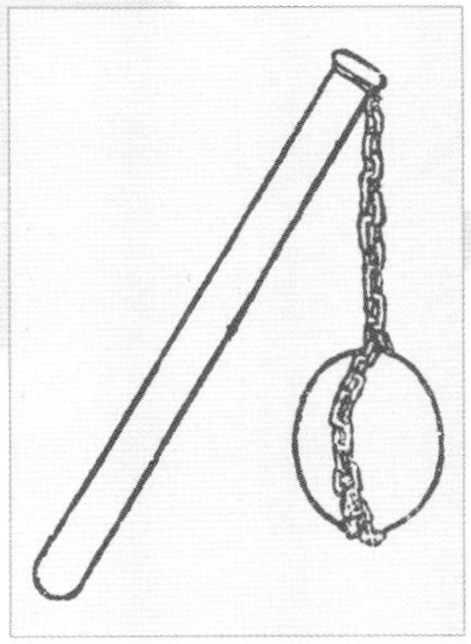

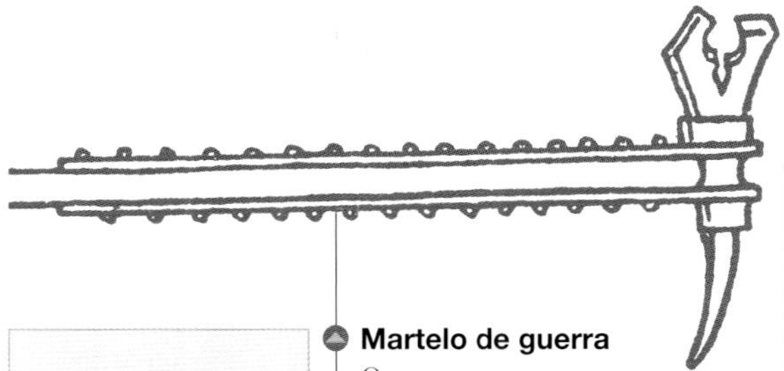

Martelo de guerra
Outra arma estimada pelos cavaleiros, projetada para atacar uma armadura de placas completa.

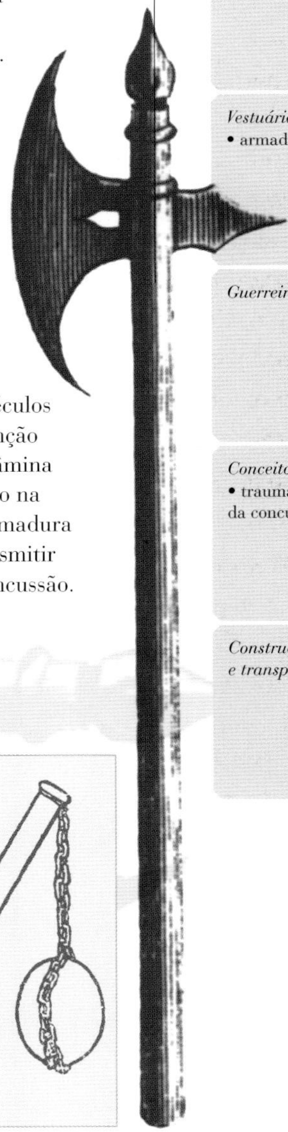

Machado de batalha
Machado carregado pelos combatentes montados nos séculos XIV e XV. A função primordial da lâmina era ganhar apoio na superfície da armadura de placas e transmitir o trauma da concussão.

Armas de lançamento

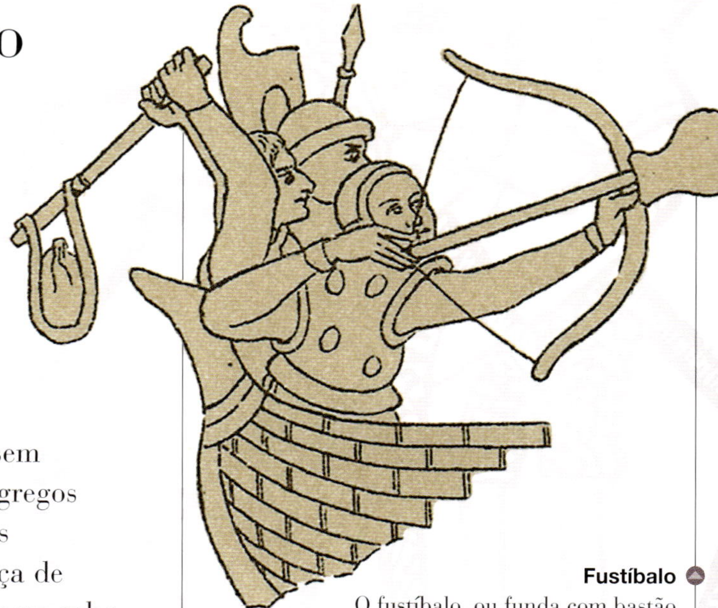

Os primeiros projéteis

As primeiras armas eram paus ou pedras atiradas – sabe-se que outros primatas também atiravam objetos em saqueadores –, e simples rochas continuaram em uso ao longo da Idade Média – por exemplo, lançadas do castelo durante um sítio. A funda deu vantagem mecânica ao braço do arremessador, permitindo que pedras fossem lançadas com grande precisão e alcance. Os gregos moldavam projéteis de chumbo para dar-lhes consistência e peso. A mais desenvolvida lança de arremesso foi o *pilum* romano. Ele tinha peso no cabo de madeira, uma ponta cônica projetada para atravessar um escudo e uma haste longa o suficiente para atingir o homem por trás dele. Presa ao escudo, a haste de ferro macio curvava-se sob o peso do cabo, tornando o escudo inútil.

Fustíbalo
O fustíbalo, ou funda com bastão (*acima, à esquerda*), era usado em terra e, sobretudo, no mar, para lançar potes de argila com fogo grego no navio inimigo.

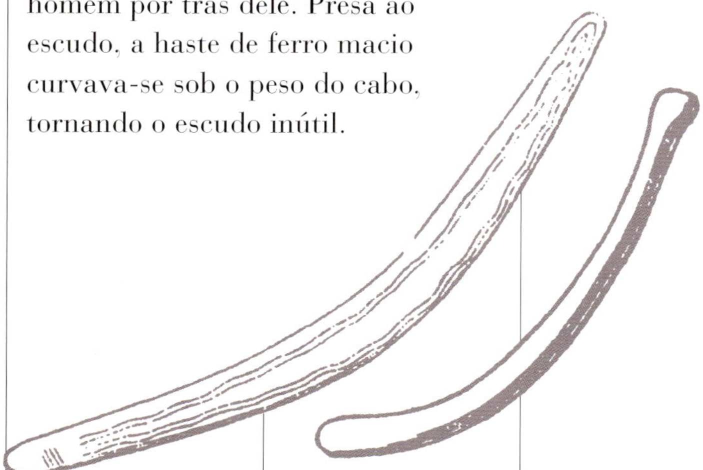

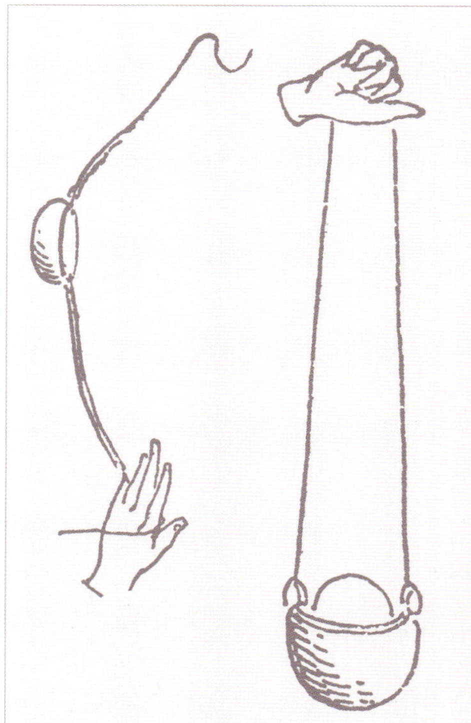

Bumerangue
O bumerangue do aborígine australiano aparece em diversas formas, e nem todas retornam ao lançador. Era mais na caça, mas também na guerra.

Bastão de arremesso egípcio
Muitos deles foram encontrados em túmulos. Têm seção transversal mais redonda que o bumerangue, com uso na caça e na guerra.

Funda
Egípcios, gregos, romanos e outros tinham fundibulários, tropas de escaramuça na linha de frente, enquanto o exército principal se organizava.

Armas de mão

Armas de projéteis
- bastão de arremesso
- *chakram*
- dardo
- francisca
- funda
- fustíbalo
- granada de mão
- *knobkerrie*
- *hunga munga*
- maça de arremesso
- *pilum*

Defesas

Vestuário

Guerreiros
- aborígenes australianos
- francos
- romanos
- saxões
- zulus

Conceitos e táticas

Construções e transportes

Maça de arremesso normanda
Esta cena da Tapeçaria de Bayeux mostra uma maça de arremesso. Acredita-se que eram pedras presas a bastões.

Knobkerrie
De madeira dura, este bastão zulu de arremesso também servia como maça.

Dardo
Os dardos, ou lanças curtas de arremesso, eram usados em todos os exércitos até a Idade Média, tanto na infantaria como na cavalaria.

Pilum
O *pilum* era a lança de arremesso do legionário romano. Ele carregava dois: um pesado e outro leve.

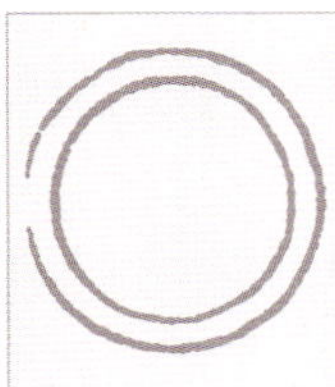

Chakram
Este anel de guerra *sikh* tinha bordas externas afiadas como navalhas. Era lançado no estilo *frisbee* ou girado em torno do indicador.

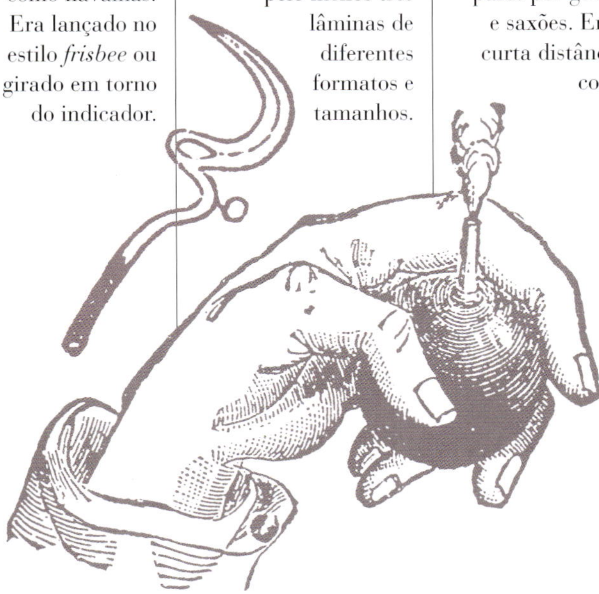

Hunga munga
As facas de arremesso africanas aparecem em diversos estilos, mas a maioria tem pelo menos três lâminas de diferentes formatos e tamanhos.

Francisca
Estes machados de arremesso de cabo curto (uns 30 centímetros) eram em geral usados em pares por guerreiros francos e saxões. Eram lançados a curta distância, ao avançar contra o inimigo.

Granada de mão
A China conheceu a granada de mão no século X. Basicamente uma pequena bomba de pavio curto, foi muito empregada na Europa no final do século XVII e no século XVIII e teve papel importante na guerra de trincheiras da Primeira Guerra Mundial.

Arcos

Molas mortais

O Arco de Holmegaard, descoberto num brejo de turfa na Dinamarca, tem cerca de 9 mil anos, sendo o mais antigo exemplar conhecido de um arco. Contudo, é provável que esse instrumento seja ainda anterior, pois pontas de flecha datando de 25 mil anos foram encontradas na África. Diferentes regiões usaram materiais distintos para fazer o arco, que na verdade é só uma grande mola capaz de armazenar e liberar energia. Nos climas temperados, onde há árvores cheias de seiva e elasticidade, os arcos eram feitos de madeira. Sob condições mais áridas, onde as árvores escasseiam ou a madeira é seca, usaram-se materiais compostos. O chifre, que resiste à compressão, foi unido aos tendões, que não se rompe com a tensão, e colocados sobre um cerne de madeira para fazer arcos poderosos. Em combate, eram mais efetivos a curta distância, em rajadas maciças, ou nas táticas de ataque e fuga dos arqueiros em carros ou a cavalo.

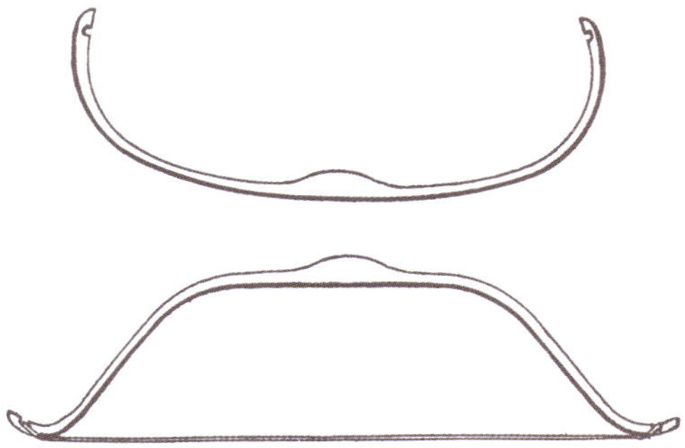

Arco curvado composto turco
Feitos de chifre e tendão dispostos sobre um núcleo de madeira, os arcos de materiais compostos podem ser pré-tensionados em formatos curvos, armazenando energia. Eram a principal arma dos arqueiros a cavalo.

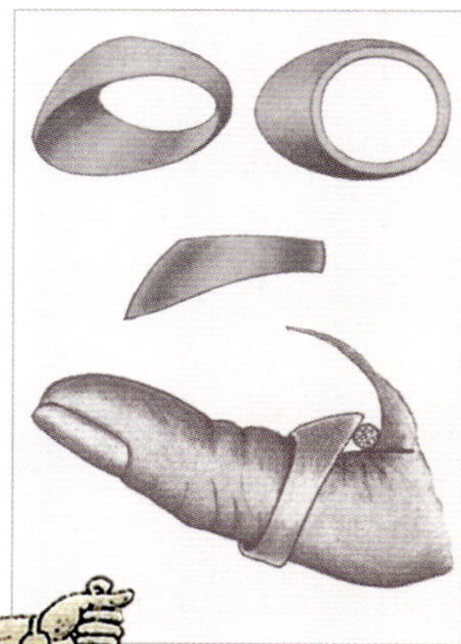

Anel de polegar
As culturas que tinham arcos curvados compostos também usaram anéis de polegar. A maioria possuía o formato mostrado aqui, embora os da China fossem cilíndricos.

Arco simples
Com limbos de seção transversal plana, arcos assim eram conhecidos desde o Neolítico e foram usados por várias populações tribais, como as da América do Norte.

Arco angular
Usado por egípcios, hititas e assírios, era o arco dos carros de guerra do fim da Idade do Bronze. Sem a corda, parecia um "W" achatado; encordoado, formava um triângulo e, quando retesado, fazia um arco perfeito.

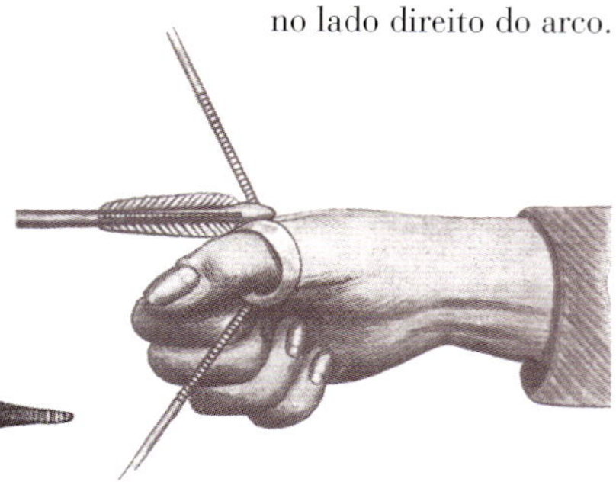

Liberação do polegar
A base do anel de polegar se engancha sobre a corda e é mantida em posição dobrando o polegar e colocando o indicador sobre ele. Quando se usa um anel de polegar, a flecha fica no lado direito do arco.

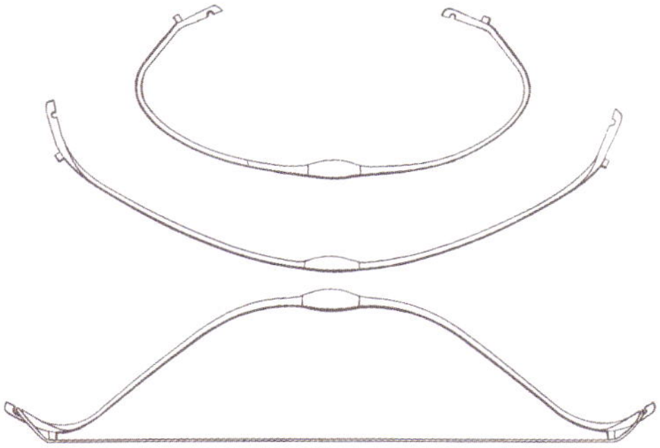

Arco curvado chinês
Muitos arcos curvados – como os de chineses, tártaros, hunos e persas – tinham as extensões dos limbos, chamadas *siyahs*, para acelerar o retorno da corda.

Arco japonês
Feito de uma seção de bambu em torno de um núcleo de madeira de amoreira, laqueado e amarrado com vime, era assimétrico: o limbo inferior tinha a metade do tamanho do superior. Foi a principal arma do samurai a cavalo.

Arco longo inglês
Os melhores arcos longos eram de teixo, mas o freixo, o olmo e outras madeiras também foram usados. Embora feitos de um único material, podiam ser ligeiramente curvados pelo aquecimento.

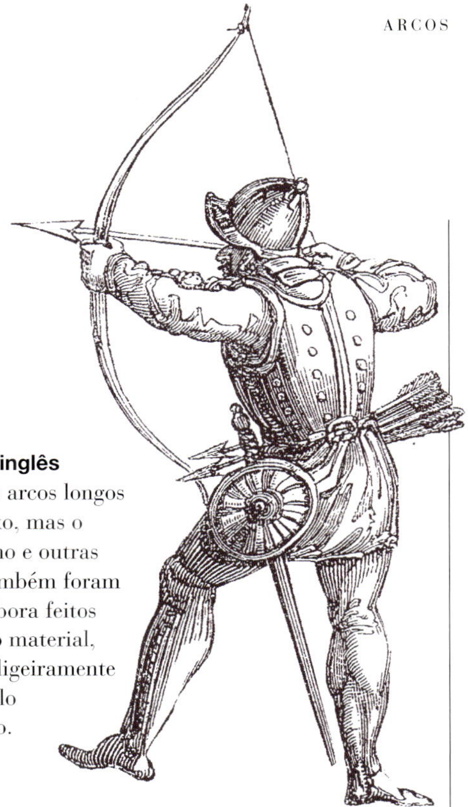

Pontas de flecha
(*1*) Pontas largas e com protuberâncias eram usadas principalmente contra a cavalaria. (*2*) Pontas de flecha estreitas e semelhantes a agulhas, projetadas para penetrar em couraças, eram chamadas *bodkins* ("estiletes"). (*3*) Flechas incendiárias eram usadas em sítios e na guerra naval pelo menos desde os romanos. Na Idade Média, eram feitas enchendo um saco de linho com pólvora embebida em aguardente até se tornar uma pasta. O saco rodeava a flecha e era selado com resina.

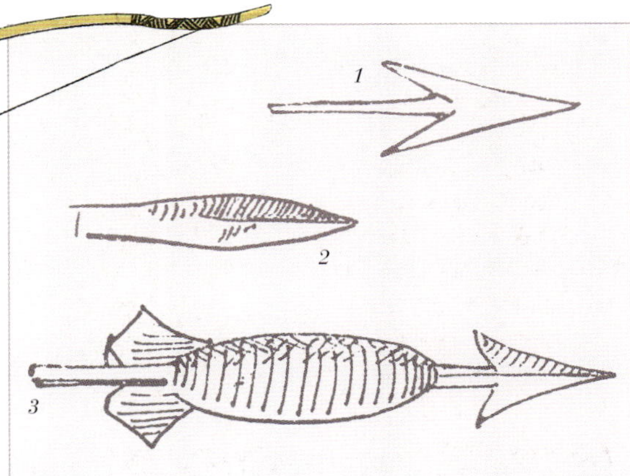

Bestas

O poder do arco aumenta

As primeiras bestas tinham simples arcos de madeira com uma puxada de até 91 quilos. A corda era enganchada num retentor saliente, que se abaixava ao acionar a alavanca do gatilho. Depois das Cruzadas, os europeus descobriram o poder do arco composto de chifre e tendão, e bestas muito mais poderosas foram produzidas. Com a tensão aumentada sobre o retentor e a corda, foi introduzida a porca giratória. Conforme se tornaram cada vez mais poderosas, as bestas precisaram de ajuda mecânica para retesar a corda. Tudo isso foi aperfeiçoado no mesmo ritmo do aumento do poder dos arcos. No século XVII, avanços na produção de aço viram o surgimento de bestas de aço de alta tensão, com uma puxada de 680 quilos ou mais.

Cinto e garra
O besteiro coloca o pé no estribo na parte de frente do arco e engancha a corda numa garra presa ao cinto. Assim, pode usar a força das pernas para armar a besta.

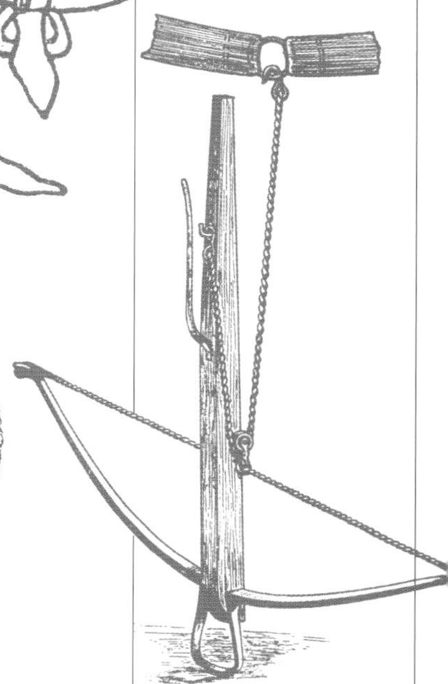

Corda e polia
Neste sistema, uma corda era presa à culatra da besta numa das extremidades e ao cinto do homem na outra. Um gancho na polia prendia-se à corda. Isso duplicava a vantagem de potência.

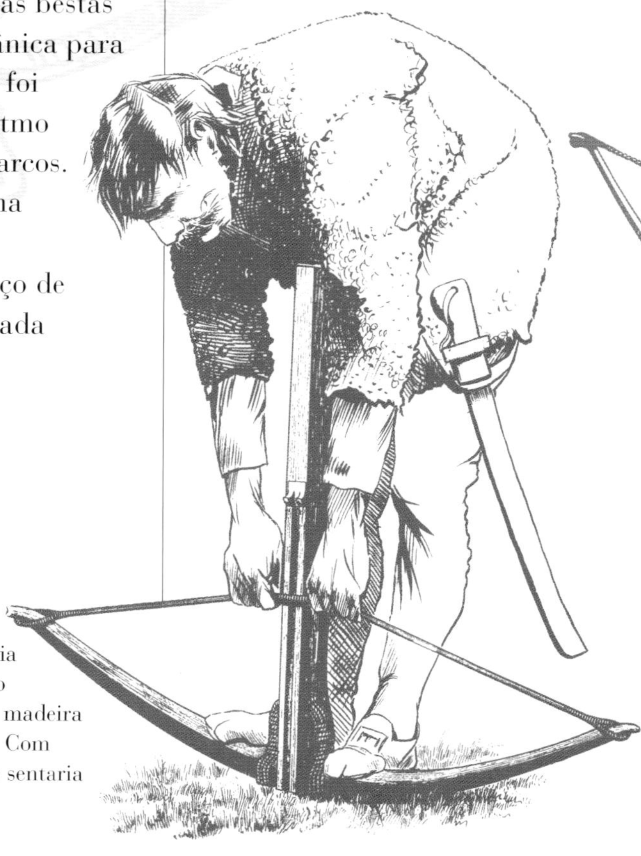

Besta de madeira
Este desenho, do século XIX, mostra a besta com uma porca giratória; mais precisamente, deveria ser um retentor. Contudo, de modo correto, o homem arma a besta de madeira colocando os pés ao lado da arma. Com arcos poderosos, ele usualmente se sentaria no chão para fazer isso.

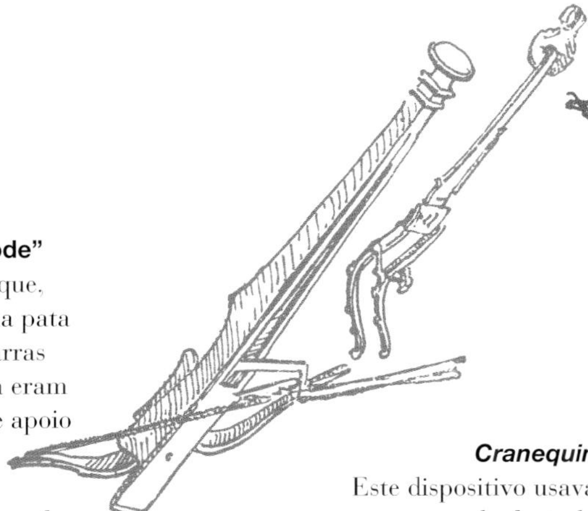

Alavanca "pata de bode"

Com esse dispositivo, que, dizia-se, lembrava uma pata traseira de bode, as garras dianteiras da alavanca eram presas a duas peças de apoio que se projetavam das laterais do arco. Outra garra móvel enganchava a corda. A parte traseira da alavanca era empurrada para a frente, puxando a corda para trás. Nesse dispositivo, uma vantagem de potência era de 5:1.

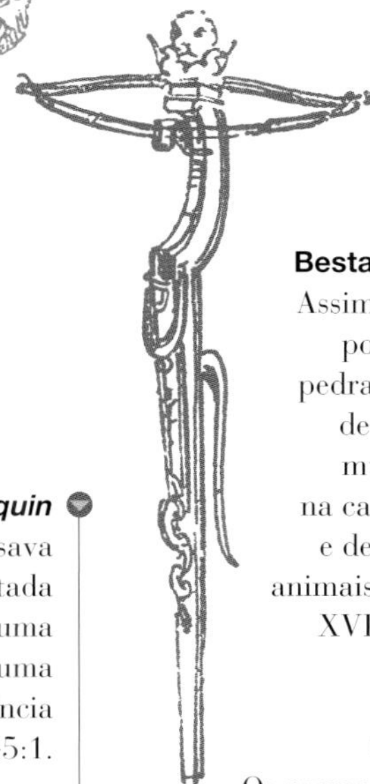

Besta de pedra

Assim chamada por disparar pedras ou bolas de argila, foi muito usada na caça de aves e de pequenos animais do século XVI ao XVIII.

Cranequin

Este dispositivo usava uma roda dentada girada por uma manivela. Dava uma vantagem de potência de 145:1.

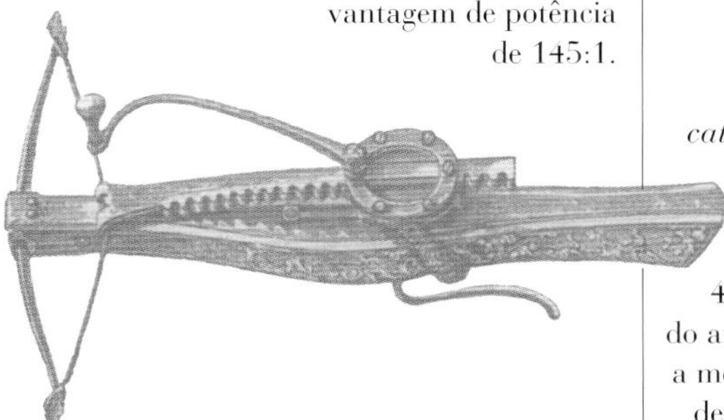

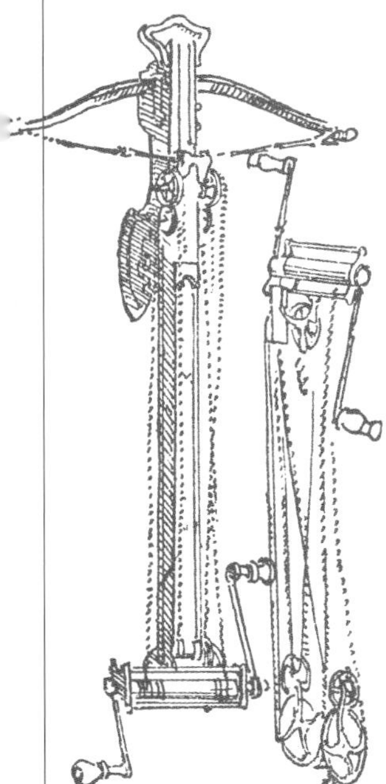

Chu-ko-nu: besta de repetição chinesa

O carregador recebia de dez a quinze setas, que desciam quando a alavanca era empurrada para a frente. Ao mesmo tempo, um entalhe na base do carregador prendia a corda. A alavanca era puxada para trás, e uma lingueta empurrava a corda para fora do entalhe, disparando a seta. Arma de pouca potência e precisão – as setas não tinham penas de orientação –, exigia pontas envenenadas e mortais.

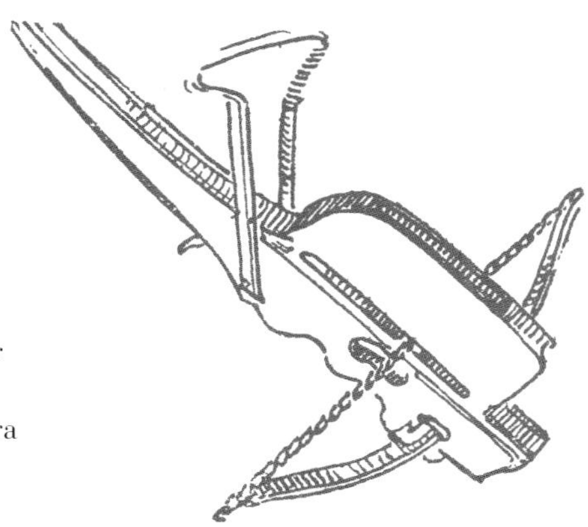

Besta com molinete

O molinete era preso ao arco entre disparos para puxar a corda. Era trabalhoso adaptar o equipamento à besta, o que reduzia o ritmo de tiro, embora propiciasse a vantagem de potência de 45:1.

Catapulta

Os romanos usaram *catapultae* às centenas como artilharia de campanha. Elas disparavam um dardo pesado a cerca de 400 metros. Os dois braços do arco são separados e presos a meadas de tendões ou corda de cânhamo, depois torcidas para agir como molas de torção. Basicamente uma arma de campo de batalha, a catapulta também foi usada nos sítios, em ataque e defesa.

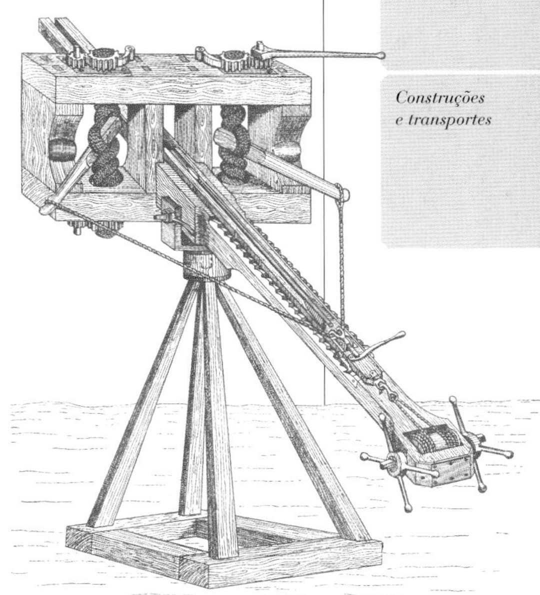

Armas de mão

Armas de projéteis
• alavanca "pata de bode"
• besta de madeira
• besta de pedra
• catapulta
• *chu-ko-nu*
• *cranequin*

Defesas
• molinete

Vestuário

Guerreiros
• besteiro
• cruzados
• romanos

Conceitos e táticas
• arcos com assistência mecânica

Construções e transportes

Máquinas de sítio

Assalto e bateria

Havia quatro métodos principais para sitiar um castelo ou uma cidade fortificada. Um deles era cercá-lo e vencer os ocupantes pela fome, embora pudesse levar meses. O segundo consistia em minar a muralha escavando um túnel – que, quando passava sob o muro, era escorado com colunas, criando nesse ponto uma câmara maior, apoiada por estruturas de madeira. Então ateava-se fogo à madeira, provocando o colapso do muro. O terceiro era a escalada, que implicava chegar ao topo da muralha com escadas e torres, uma empreitada muito arriscada. O quarto método era derrubar a muralha com um aríete ou com máquinas lançadoras de pedras. Elas se tornaram tão grandes que tinham de ser construídas no local. Era comum dar um apelido a essas poderosas máquinas. O rei inglês Ricardo I chamou uma de Bad Neighbour ("Mau Vizinho"), e Eduardo I tinha o seu Warwolf ("Lobo de Guerra").

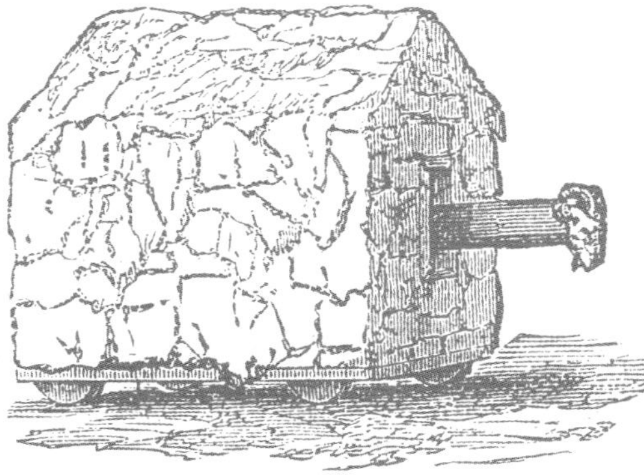

Ver também

Anatomia de uma balista, *pp. 58-9*

Anatomia de um onagro, *pp. 62-3*

Tecnologia das máquinas de sítio, *pp. 112-3*

Anatomia de um *trebuchet*, *pp. 114-5*

Aríete
Uma pesada viga era suspensa da estrutura de madeira e balançava presa a cordas. A estrutura com rodas era coberta de peles molhadas para não ser incendiada por flechas em chamas ou potes de fogo grego. O aríete era empurrado até o muro ou o portão pelos homens no interior da estrutura, ou cravava-se um poste perto do local de destino, puxando o aríete com cordas.

Mangonel
Era uma máquina lançadora de rochas muito maior e mais poderosa. Seu braço de arremesso estava ligado a grandes meadas de corda torcida e era abaixado por alavancas.

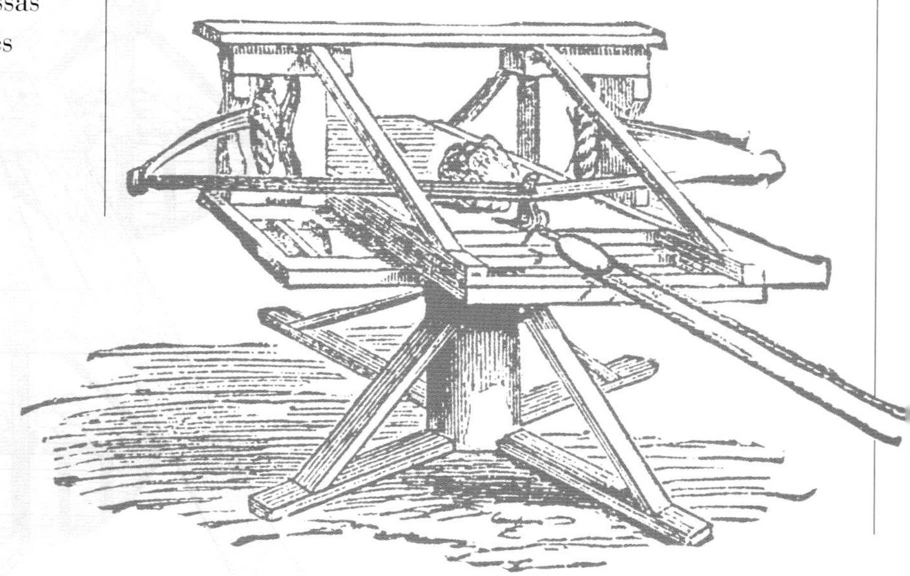

Ballista
A *ballista* romana funcionava pelo mesmo princípio de torção da catapulta (*p. 293*), com braços de arco separados presos a meadas torcidas de corda. Arremessava rochas e pedras, enquanto a catapulta lançava dardos.

Torre de sítio
As torres de sítio funcionaram como o meio menos arriscado de escalar muralhas. As tropas subiam por uma série de escadas dentro da torre e depois corriam por uma prancha para os muros inimigos. Na parte inferior da torre com frequência havia um aríete.

Trebuchet de contrapeso
A cesta de contrapeso era cheia de pedras, e a quantidade de lastro podia ser ajustada para alterar o alcance. Usavam-se vários meios para abaixar o braço, como alavancas, guinchos e polias. Alguns dos maiores *trebuchets* tinham rodas como as de moinho para operar engrenagens giratórias. Uma alternativa ao sistema de contrapeso era o *trebuchet* de tração, em que dezenas de homens puxavam cordas simultaneamente.

Trebuchet de contrapeso em ação
Somando-se à enorme força do contrapeso movendo o braço, havia uma funda na extremidade, o que aumentava efetivamente o comprimento do braço.

Besta para sítio
A imagem mostra uma besta gigantesca que usava projéteis de pedra, com base em projeto de Leonardo da Vinci. A escala parece um tanto fantástica, mas bestas maiores que o normal foram de fato construídas para uso em sítios.

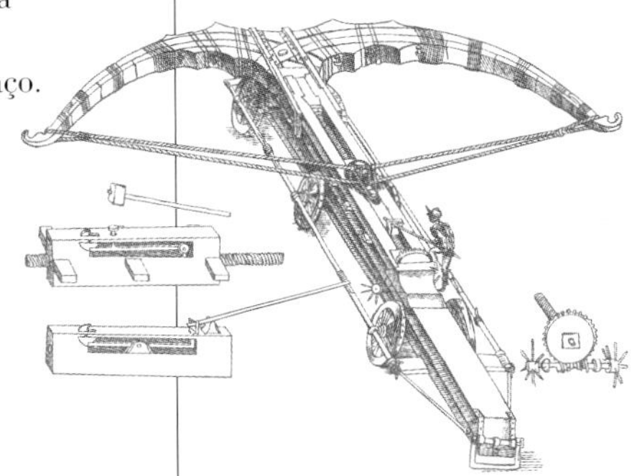

Máquina de lançamento
Vários manuscritos medievais registram máquinas como esta, embora não haja relato conhecido de seu uso efetivo.

Armas de mão

Armas de projéteis
- aríete
- *ballista*
- besta para sítio
- mangonel
- *trebuchet*

Defesas

Vestuário

Guerreiros

Conceitos e táticas
- operações de sítio: cerco, escavação de túnel, escalada e derrubada das muralhas

Construções e transportes
- castelo
- cidade fortificada
- torre de sítio

Artilharia

Avanços tecnológicos

A primeira descrição do uso de pólvora em artilharia se encontra num manuscrito inglês de 1327, redigido para Eduardo III. Feito de bronze e em forma de vaso, o canhão tinha cano curto. Poucas décadas depois, surgiram canhões de canos mais compridos. Tiras de ferro eram dispostas em torno de um núcleo de madeira e unidas umas às outras, então o núcleo de madeira era queimado. Para impedir que as tiras se separassem sob pressão, eram amarradas juntas por aros de ferro. O desenvolvimento da fusão do ferro no final do século XV permitiu que os canhões tivessem o diâmetro do cano ampliado. Isso também abriu caminho para a introdução de balas de ferro; até esse momento, os projéteis eram de pedra. A retrocarga e o estriamento do cano foram outros avanços técnicos que aumentaram a eficiência, a potência e a precisão da artilharia.

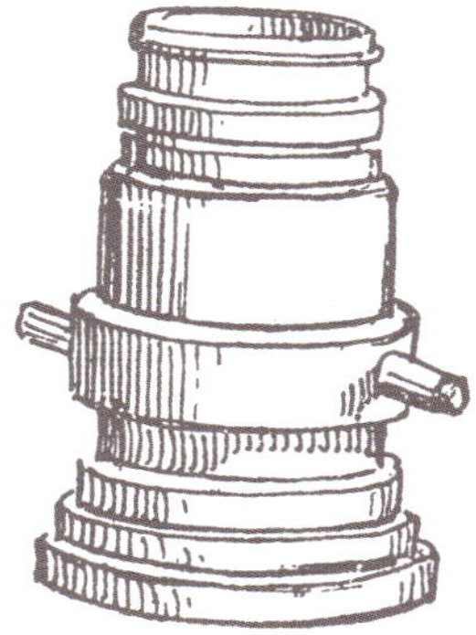

Morteiro
Peça de artilharia de cano curto projetada para atirar grandes balas em trajetória alta, usado basicamente em sítios.

Ribauld
Usado até o século XVII, o *ribauld*, ou canhão de órgãos, tinha numerosos canos. Este exemplar do século XV, por exemplo, tem quarenta.

Bombarda de tiras de ferro e aros
"Bombarda" foi o nome dado aos primeiros canhões. Colocados numa estrutura de madeira, eram disparados de uma posição fixa. As balas, redondas, eram de pedra – o ferro fundido surgiu no final do século.

Artilharia sob rodas
Nesta versão do século XV, a bombarda tem um mecanismo que permite sua elevação sobre uma carreta com rodas.

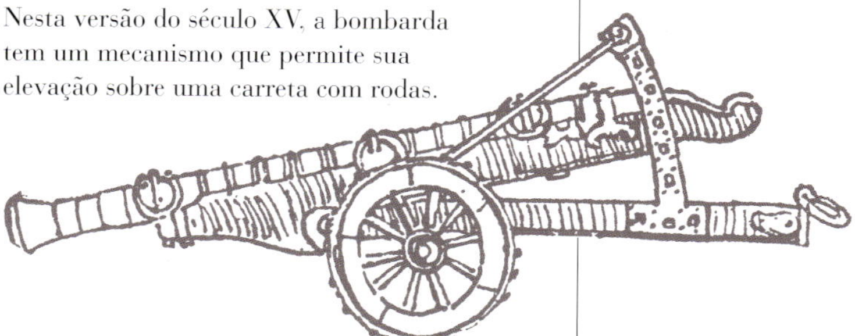

Canhão de pote de culatra
O vasilhame no chão junto a este canhão do século XV é um pote de culatra. Abastecido de pólvora, era inserido no final da culatra.

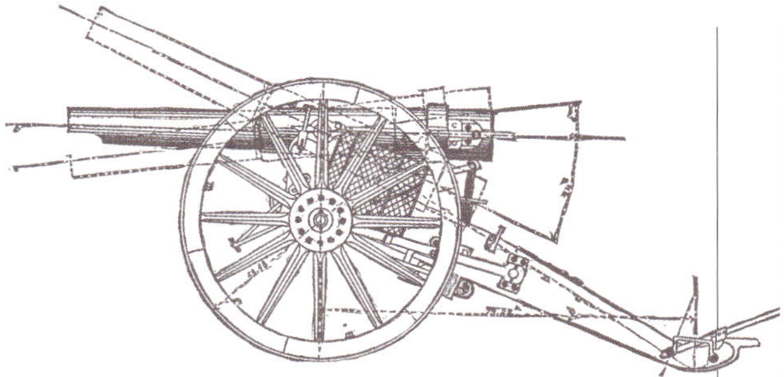

Canhão de carregar pela culatra
No século XVI, já existiam os canhões de carregar pela culatra. A partir de então a artilharia teve papel cada vez mais importante e foi produzida numa ampla variedade de tamanhos e calibres.

Howitzer
O *howitzer* (obuseiro) mesclava morteiro e canhão, podendo disparar em trajetória parabólica. Este exemplar é da década de 1840, mas essa arma era conhecida desde o século XVIII e usada contra fortificações de campanha.

Canhão estriado
A Guerra de Secessão dos EUA viu o uso amplo do canhão com canos estriados, o que aumentava a potência, o alcance e a precisão. O Parrot de 100 libras tinha alcance de 8 quilômetros, embora não fosse possível mirar com exatidão a essa distância.

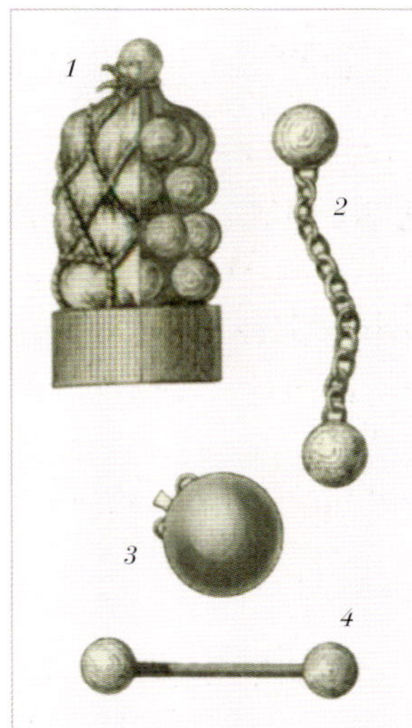

Canhão naval
Os canhões navais eram carregados pela boca na coberta de artilharia; em seguida, a boca saía pela portinhola para o disparo.

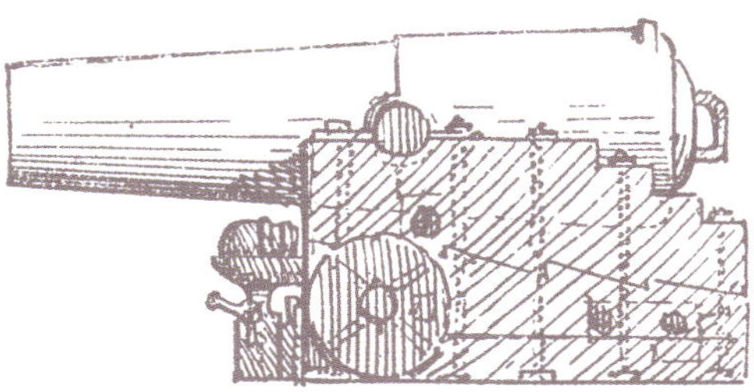

Diferentes tipos de projétil
(*1*) Caixa. Recipiente contendo metralha, que se espalhava como os tiros de uma espingarda de caça. Na Idade Média, vinham dentro de uma caixa de madeira. (*2*) Balas de cadeia, projétil antipessoal que girava quando saía do cano. (*3*) Bala, o projétil padrão da artilharia, poderoso contra fortificações e cascos de navio. (*4*) Balas de barra, projétil antipessoal que funcionava como as balas de cadeia.

Ver também
A evolução da artilharia, *pp. 210-1*
Anatomia de um canhão, *pp. 224-5*

Armas de fogo portáteis

Do fecho de mecha à Minié

No final do século XIV, tubos de ferro com orifício de ignição numa das pontas já eram montados em coronhas de madeira e usados como armas de fogo portáteis. Eram carregados pela boca com uma bala e pólvora solta, inflamada por uma mecha segura pela mão. O procedimento era desajeitado, porém mostravam-se razoavelmente eficazes. O mecanismo de fecho de mecha foi um aperfeiçoamento: uma mecha de corda em brasa ficava nas garras de um prendedor, que era abaixado por uma alavanca do gatilho. Com isso, a arma podia ser segura com ambas as mãos e canos mais longos eram possíveis. O fecho de roda, o fecho de pederneira e o fecho de percussão fizeram avançar a tecnologia, mas a maior mudança veio no século XIX com o cano estriado do fuzil e a bala Minié, que permitiram carregamento rápido e alcance muito maior.

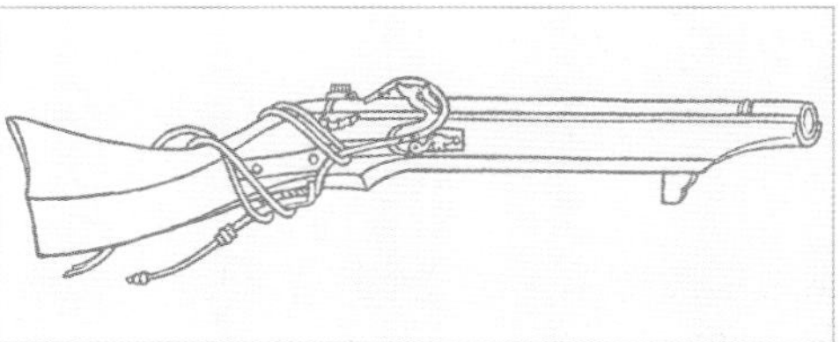

Hackbut

Armas de fecho de mecha como esta, com alavanca de gatilho, apareceram no século XV. O gancho da frente repousava sobre um muro de proteção ou um tipo de escudo de artilheiro, chamado "pavês", para dar firmeza ao recuo.

Arcabuz

No século XVI, esta arma de fecho de mecha era conhecida como "arcabuz". Tinha cano longo, que assegurava mais alcance e precisão mas exigia um apoio.

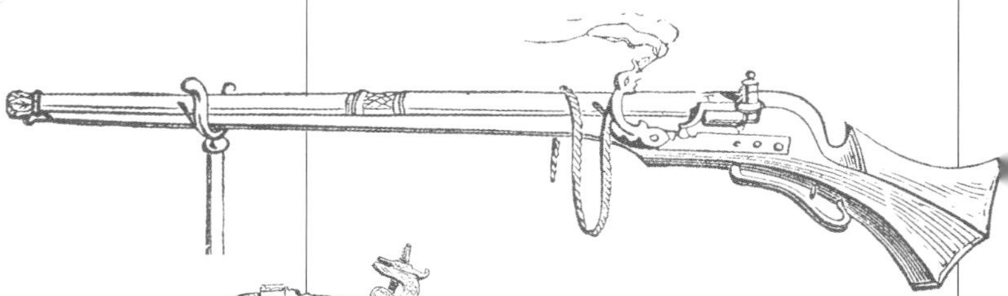

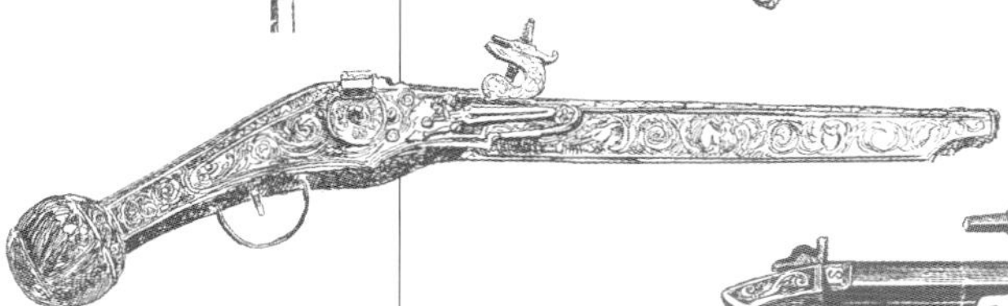

Pistola de fecho de roda

Este mecanismo engenhoso possibilitava que a arma fosse transportada carregada e pronta para disparar, o que a tornava ideal para a cavalaria. Mais tarde surgiu uma versão compacta, a pistola. Um soldado de cavalaria do século XVI com frequência levava até seis pistolas carregadas em coldres de sela e no alto de suas botas.

Vista de perto do mecanismo do fecho de roda

O fecho de roda surgiu por volta de 1530. A roda serrilhada de aço era girada por um mecanismo de relógio e um pedaço de pirita de ferro era preso contra ela pelo cão. Ao puxar o gatilho, a caçoleta se abria e a roda girava, gerando a faísca do choque com a pirita.

Ver também

Anatomia de um fecho de mecha, *pp. 158-9*

Anatomia: fecho de pederneira, *pp. 188-9*

O mosquete-fuzil, *pp. 216-7*

Anatomia: fuzil e carabina de repetição, *pp. 236-7*

Anatomia de um revólver Colt, *pp. 240-1*

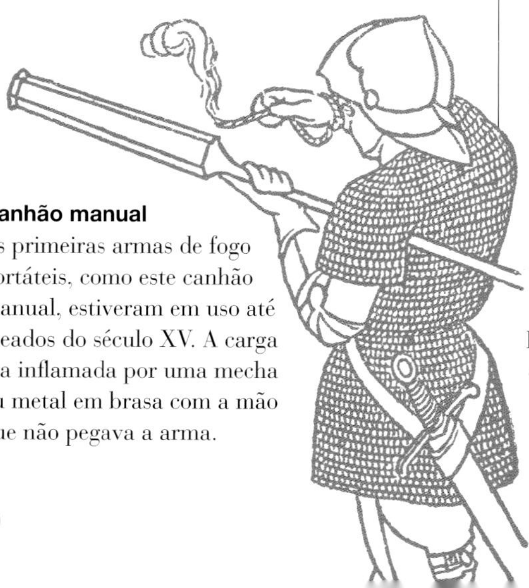

Canhão manual

As primeiras armas de fogo portáteis, como este canhão manual, estiveram em uso até meados do século XV. A carga era inflamada por uma mecha ou metal em brasa com a mão que não pegava a arma.

Mosquete de espoleta de percussão
No século XIX, os exércitos adotaram os fechos de percussão. Dava trabalho carregar as espoletas, mas as vantagens eram óbvias; fechos de pederneira foram convertidos para percussão.

Mosquete de fecho de mecha
Preferidos pelos cavaleiros mais ricos, os fechos de roda eram caros. O mosquete de fecho de mecha, mais barato e confiável, continuou a ser usado na infantaria do século XVII.

Mosquete de fecho de pederneira
Inventado no século XVI, este mecanismo só teve uso generalizado no século XVIII. A partir daí, ganhou aceitação universal.

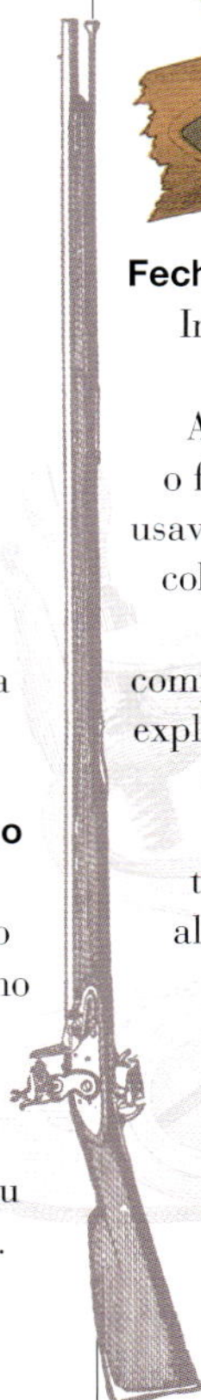

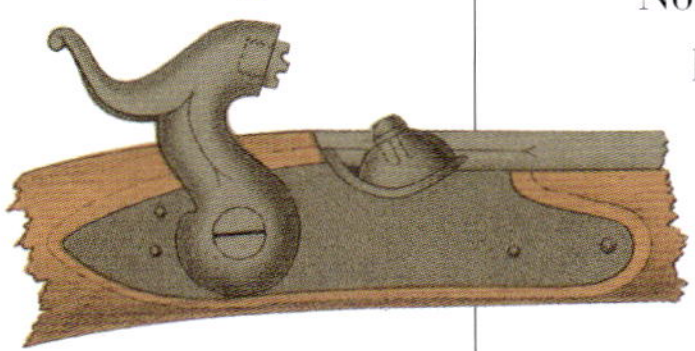

Fecho de percussão
Inventado em 1805 pelo reverendo Alexander Forsyth, o fecho de percussão usava uma espoleta de cobre com fulminato de mercúrio, composto químico que explode com o contato de percussão. Não deteriorava com o tempo, por isso era altamente confiável.

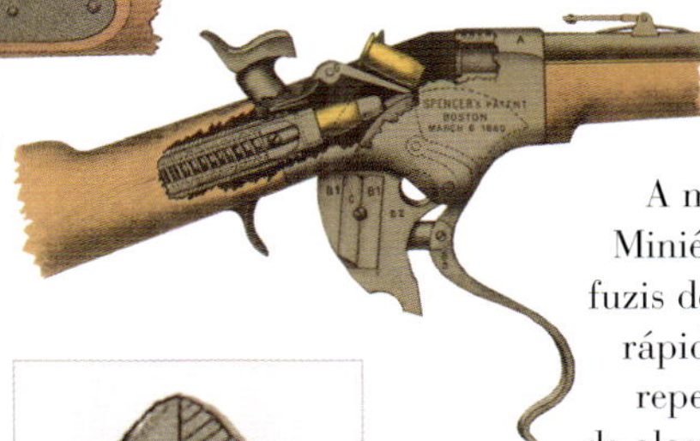

Fuzil Spencer
A munição do tipo Minié possibilitou os fuzis de carregamento rápido, e os fuzis de repetição com ação de alavanca mudaram a face da guerra.

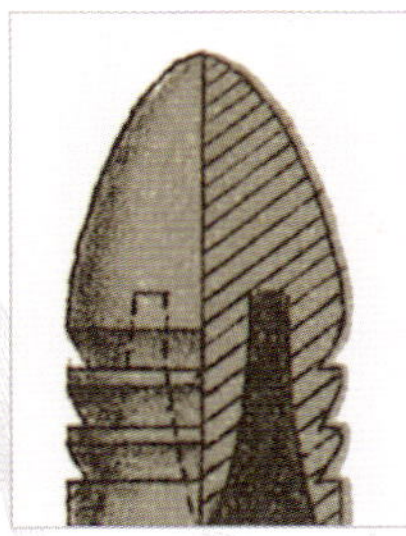

Bala Minié
A bala cilíndrico-cônica Minié surgiu por volta de 1840 como boa solução para carregar um fuzil com uma bala de chumbo. O estriamento consiste em inscrever, no interior do cano, estrias que transmitem movimento giratório à bala: um projétil giratório é mais estável e, portanto, mais preciso. Contudo, a bala devia ser empurrada para além das estrias, uma operação lenta demais. A Minié foi projetada para descer solta pelo cano e prender-se às estrias quando disparada.

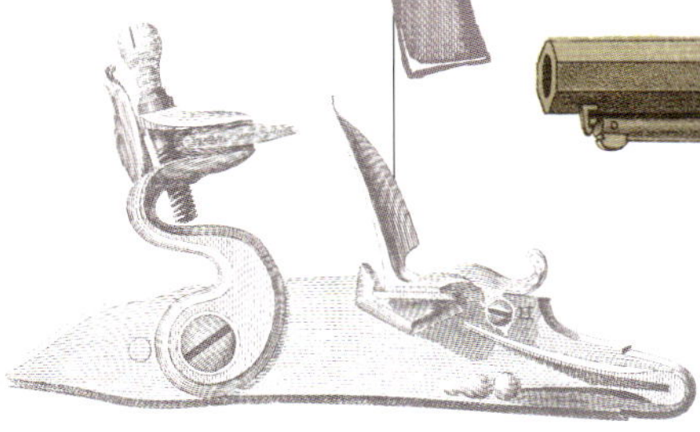

Vista de perto do mecanismo do fecho de pederneira
Um pedaço de pederneira é preso nos braços do cão. Ao puxar o gatilho, a pederneira batia na placa de aço, criando a fagulha. A placa era ligada à tampa da caçoleta com a pólvora; assim, quando golpeada, levantava a tampa, fagulhas caíam na caçoleta e detonava-se a pólvora.

Revólver Colt
O Colt de seis tiros foi uma lenda no Velho Oeste. Já no século XVI tentou-se fazer pistolas de mecanismo giratório, mas Samuel Colt resolveu muitos dos problemas iniciais com sua patente de 1836, dando início à produção em massa. Os revólveres foram amplamente usados pela cavalaria na Guerra de Secessão dos EUA.

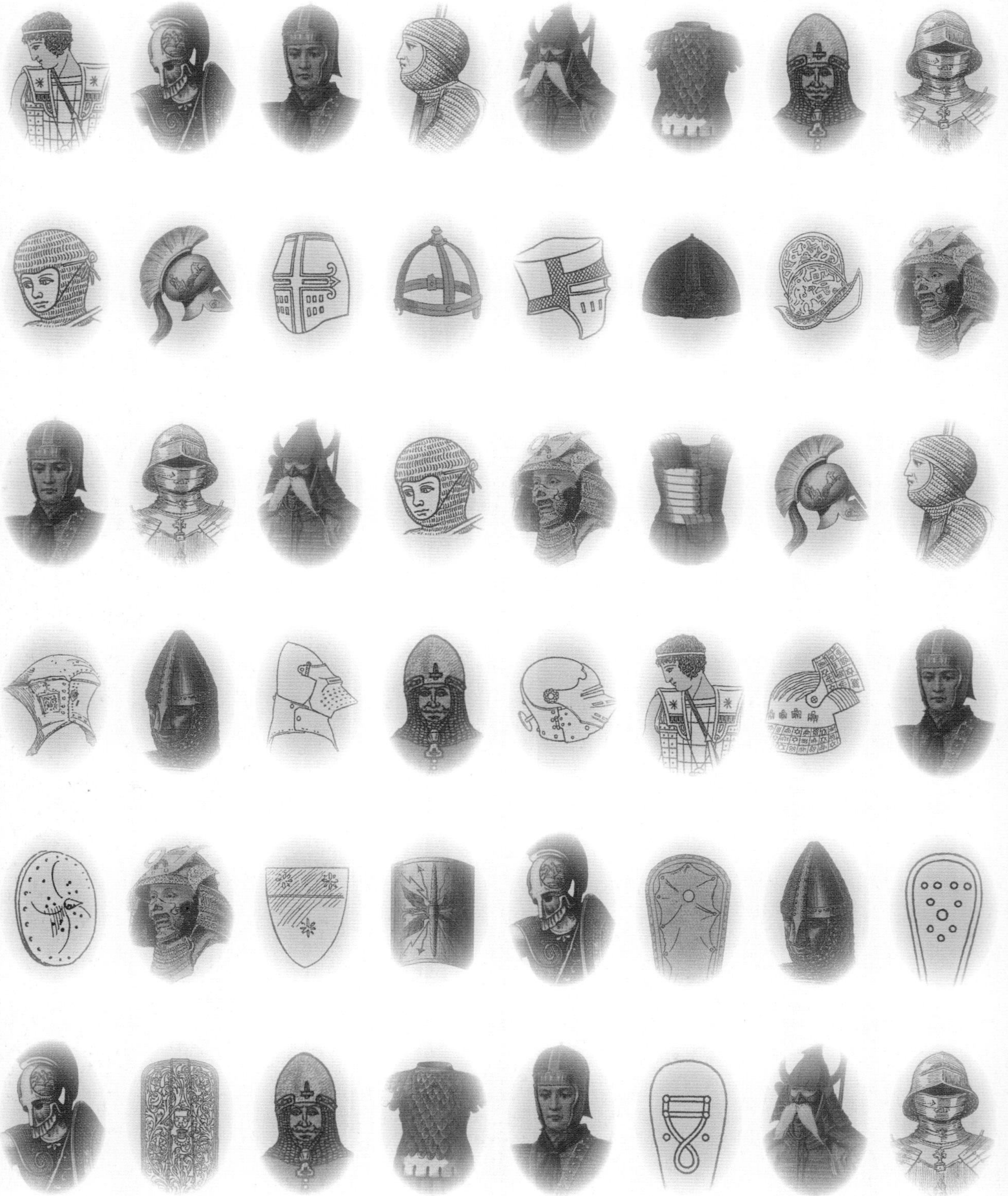

Blindagem

Toda blindagem é projetada para oferecer proteção contra as armas de sua época, ou não haveria sentido em usá-la. Assim, a resposta para a velha questão de saber se uma armadura de placas podia suportar o impacto de uma flecha é: depende da distância de que foi disparada, do tipo de ponta, da potência do arco, do ângulo em que a flecha atinge a superfície deslizante da armadura e, acima de tudo, da qualidade da couraça, algo que variava bastante. Os armeiros medievais aperfeiçoaram a arte do endurecimento do aço até um nível muito alto, mas essas armaduras só estavam ao alcance dos clientes mais ricos. A maioria dos homens de armas tinha de usar couraça de qualidade inferior, o que era adequado, e um soldado certamente estava mais seguro com ela do que sem ela, mas não suportava um golpe direto a curta distância.

Usar couraça tinha suas desvantagens. Levava tempo colocá-la e constituía peso adicional. Não era tão pesada quanto se poderia supor – podia-se correr, cavalgar e lutar –, mas ainda assim era mais cansativo do que não usá-la. Era também muito quente, porque toda couraça exigia acolchoamento espesso por baixo do metal.

Diferentes culturas tiveram perspectivas distintas sobre seu comprometimento com a mobilidade. Os gregos usavam couraça apenas no tórax, na cabeça e na parte inferior das pernas; já os romanos simplesmente não blindavam as pernas, optando, em vez disso, por carregar grandes escudos. O elmo, parte mais importante de qualquer couraça, tinha três desvantagens em potencial. Com os ouvidos cobertos, a audição era prejudicada, o que se exacerbava pelo ruído dos choques na couraça. Se a face fosse coberta, a ventilação diminuía, e era preciso respirar livremente numa luta árdua, suportando o peso e o calor da couraça. Ainda mais crítica era a questão dos olhos: em combate, a visão periférica era tão importante quanto a visão frontal, e um elmo que protegesse o rosto comprometia de certa forma o poder de enxergar.

Ao longo dos tempos, os fabricantes de blindagens buscaram soluções para esses problemas irreconciliáveis. O clima, os materiais, as técnicas da manufatura disponíveis e o nível de ameaça das armas da época determinaram as escolhas – e os resultados podem dizer muito sobre a natureza da guerra em cada período.

Blindagem corporal

A ciência da proteção

Toda blindagem corporal é um compromisso entre oferecer proteção e minimizar os efeitos debilitadores do excesso de peso, do calor e dos movimentos restritos. Ao longo do tempo, os armeiros tentaram solucionar esses problemas. A armadura tornou-se um meio de expressão artística, verdadeiras telas para a exibição criativa, com estrias, gravações, douramentos e outras decorações – e a melhor couraça indicava alto *status*. A camada exterior metálica – de malha ou de placas – era apenas parte da defesa da couraça, projetada para desviar golpes. Eram as roupas por baixo dela, espessamente acolchoadas, que desempenhavam o papel crucial de amortecer choques. Aos armeiros europeus do século XV coube a realização única de fabricar placas de aço grandes o suficiente para fazer uma armadura inteiramente de placas.

Couraça de hoplita
Os hoplitas eram tropas ligeiramente blindadas, mas usavam couraça musculosa de bronze sobre o tórax e grevas de bronze nas pernas, especialmente vulneráveis por trás do escudo.

***Lorica squamata* romana**
Outra forma de couraça romana tinha escamas de ferro em forma de folha costuradas numa túnica de linho. Couraças em escamas, feitas de bronze, foram usadas desde o Médio Império egípcio.

***Lorica hamata* romana**
Tropas auxiliares romanas usavam túnicas de malha, uma defesa ligeira e extremamente flexível.

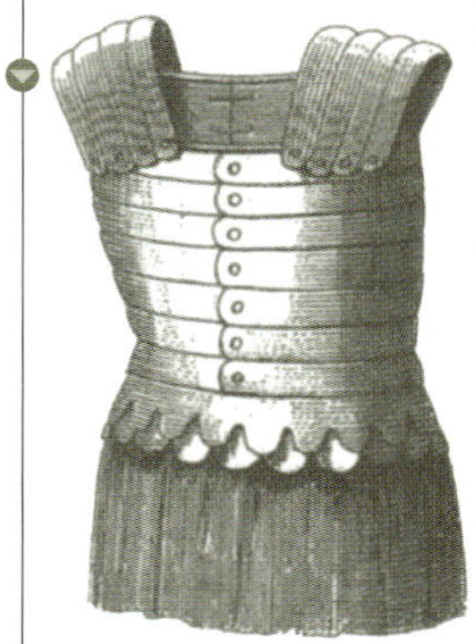

***Lorica segmentata* romana**
Foi a couraça padrão do legionário romano. Tinha tiras flexíveis de placa e era tão leve quanto eficaz.

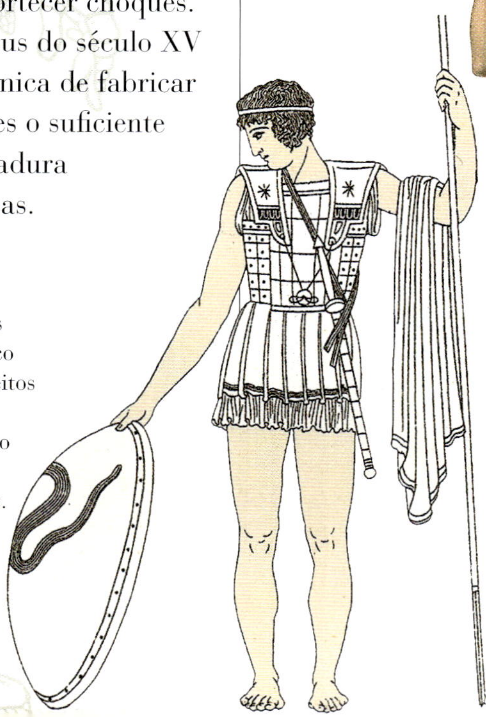

***Linothorax* grego**
O *linothorax* foi usado nos períodos micênico e clássico para contrabalançar os efeitos da luta no calor. Feito de múltiplas camadas de linho coladas, oferecia proteção surpreendentemente eficaz.

Couraça de malha

No século XIII, o cavaleiro podia estar coberto dos pés à cabeça em malha.

Vista de perto da malha

A malha é uma rede de anéis entrelaçados, cada um fechado com um rebite. Não é uma cadeia de malha, pois uma cadeia une os anéis um a um.

Semiplacas, século XIV

Desde meados do século XIII, a couraça de malha foi aos poucos aumentada com defesas de placas, visíveis nas juntas. Além disso, uma cota de placas – traje do tipo poncho que cobria o tórax com grandes placas – foi usada por baixo do sobretudo de tecido.

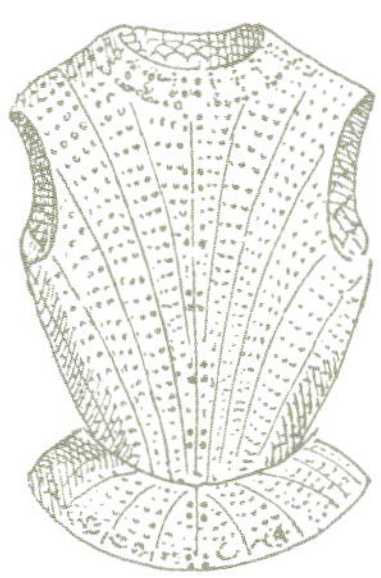

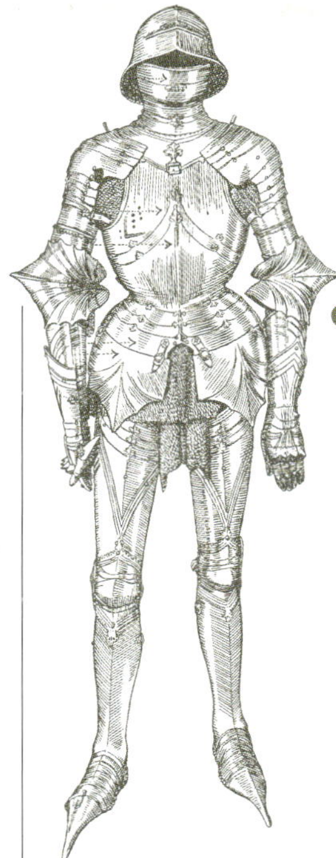

Armadura totalmente de placas, século XV, estilo gótico alemão

Foi só na segunda metade do século XV, no fim da Idade Média, que surgiu o cavaleiro em armadura brilhante. Os progressos na manufatura do aço produziram couraças de excepcional dureza. A armadura recebeu força extra graças a formatos muito trabalhados, o que permitiu às placas serem mais finas.

Brigandine

Placas de ferro de 6,5 centímetros quadrados costuradas em tecido ou couro produziam uma túnica flexível. Popular entre tropas ligeiras, foi usada no século XVI pelos conquistadores espanhóis.

Couraceiro do século XVII

Embora o uso das couraças declinasse, devido ao emprego crescente de armas de fogo, meias armaduras como esta foram usadas por unidades de cavalaria pesada até o final do século XVII.

Armadura de samurai

A armadura de samurai era feita de pequenas placas amarradas entre si por cordões de seda. O aço era laqueado para protegê-lo do clima úmido. A armadura japonesa completa era apenas um pouco mais leve que a europeia.

Elmos

A coroa de glória do guerreiro

A cabeça precisa de proteção mais do que qualquer outra parte do corpo, e isso era assegurado por elmos, que cobriam toda a cabeça, ou capacetes, que iam no máximo até a linha das orelhas. A maioria dos elmos era mais espessa na coroa (no alto) do que nos lados porque suportar um peso excessivo sobre a cabeça podia causar problemas. Como acontecia com a couraça, o elmo devia ser bem acolchoado para ser eficaz. Nas épocas em que as lanças e as flechas prevaleciam, era evidente a necessidade de proteger bem o rosto, mas isso significava um compromisso entre respirar livremente – algo vital em combate – e poder ver com clareza. A proteção perfeita sempre compromete alguma coisa, e um dos maiores problemas de usar um elmo era a audição prejudicada.

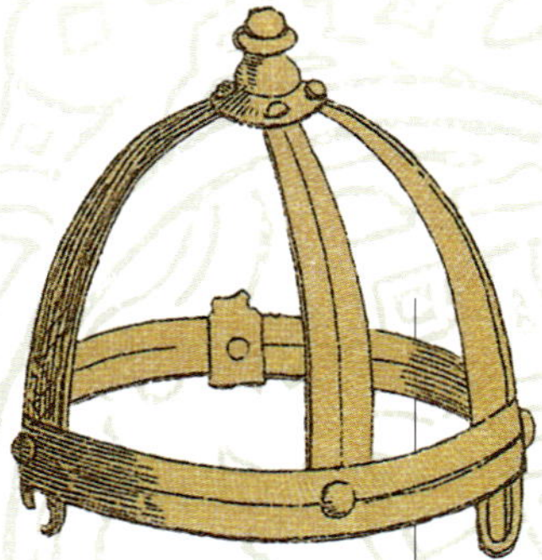

Spangenhelm
Forma popular de elmo europeu do século V ao IX, o Spangenhelm tinha estrutura de metal, em que se adaptavam placas de couro ou aço.

Elmo nasal
A barra nasal protegia de golpes cortantes, enquanto a coroa cônica defendia de golpes de espadas ou de maças ao criar uma superfície deslizante. A parte inferior do rosto era resguardada pela malha acolchoada.

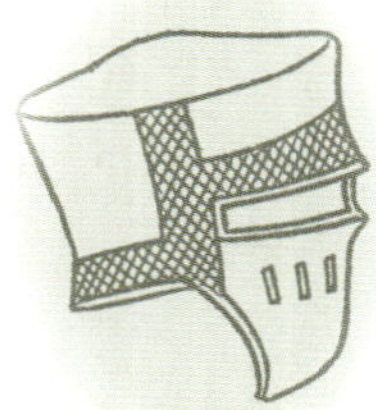

Elmo de rosto inteiro
Seguindo-se às técnicas da lança presa na posição de ataque para a guerra a cavalo do final do século XI, os elmos desenvolveram proteção para o rosto inteiro no século XII.

Grande elmo
No século XIII, o elmo, mais completo, era com frequência amarrado ao peito e às costas por meio de correias.

Cervellière
Esta guarda de aço ligada à coifa de malha era usada por baixo do grande elmo.

Elmo coríntio
O elmo dos hoplitas gregos, com o enfeite característico de crina de cavalo, era de bronze batido.

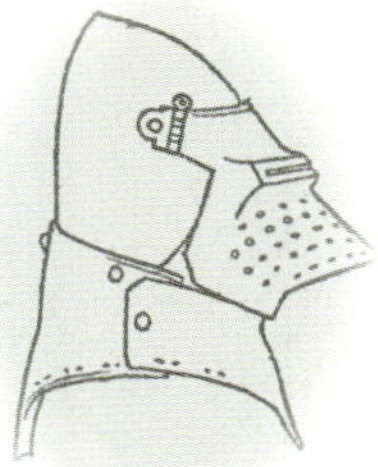

Bacinete "focinho de cachorro"
Este tipo de elmo tornou-se popular no século XIV, em resposta ao uso crescente de arqueiros no combate. A visão era muito restrita, pois os visores ficavam a alguma distância dos olhos.

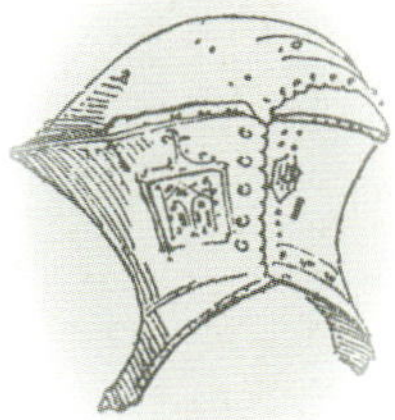

Elmo "boca de sapo"
Este tipo de elmo, com visão angulosa e de construção robusta apoiada nos ombros, era usado em justas.

Sallet* e *bevor
O *sallet* (elmo) e o *bevor* (guarda da garganta) eram uma proteção dupla para a cabeça das armaduras alemãs do século XV. O visor podia ser articulado, como mostrado aqui, ou fixo. O nome *bevor* vem do francês *baver* ("babar").

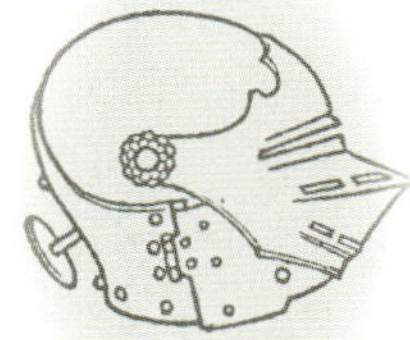

Armet
Este estilo de elmo era mais comum nas armaduras italianas do século XV. Assegurava boa proteção para o rosto.

Capacete de chaleira
Elmo popular entre a infantaria no século XV, especialmente projetado para as tropas que sitiavam um castelo.

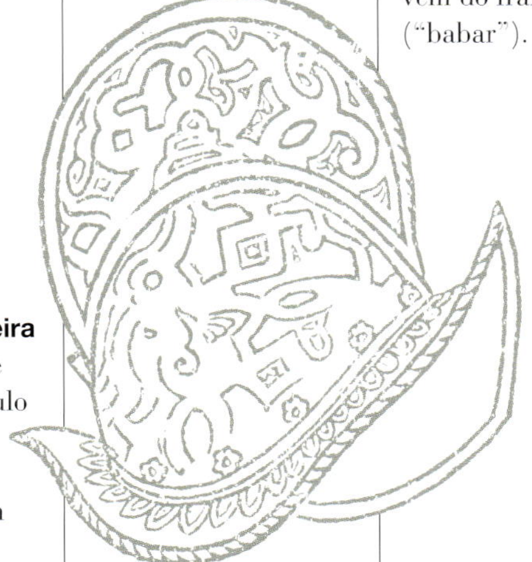

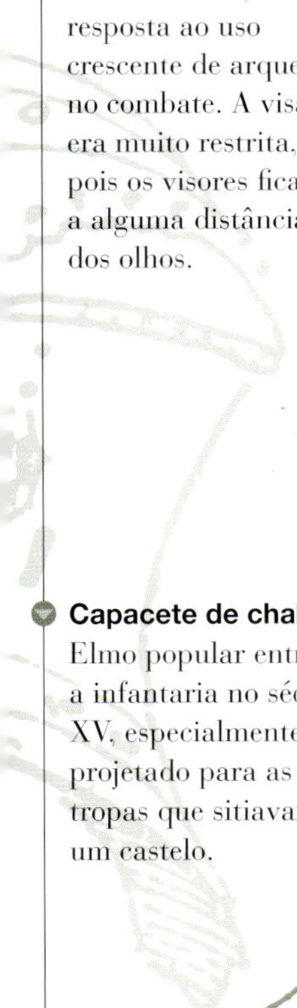

Morrião de crista
Estilo típico do elmo de rosto aberto usado pelos conquistadores espanhóis do século XVI e pelos piqueiros do século XVII.

Elmo de samurai
O *kabuto* alarga-se nas placas que protegem o pescoço. É adornado com intricadas cristas de clãs, sendo muito usado com o *mempo* – máscara de rosto grotesca – para inspirar terror no inimigo.

Escudos

Proteção e identidade

Os escudos sempre foram símbolo de identidade e honra pessoal. É conhecida a história da mãe espartana que disse ao filho: "Volte com o seu escudo ou em cima dele", em referência ao costume de trazer o guerreiro morto sobre o seu escudo. Seria uma desgraça perdê-lo na batalha. Além da proteção pessoal, um escudo exibia a identidade do guerreiro. Tinha superfície grande, adequada para decoração. Em culturas heroicas como a de Esparta, cada guerreiro tinha seu próprio emblema; em culturas coletivas – a de Roma, por exemplo –, os adornos do escudo seguiam padrão uniforme, identificando a legião. Um sistema mais elaborado de heráldica se desenvolveu na Europa medieval, em parte como resposta ao problema de identificar cavaleiros por trás de um elmo de rosto inteiro. Madeira e couro foram os materiais mais comuns usados em escudos. Juntos, eles criam um composto forte e leve, capaz de resistir a choques.

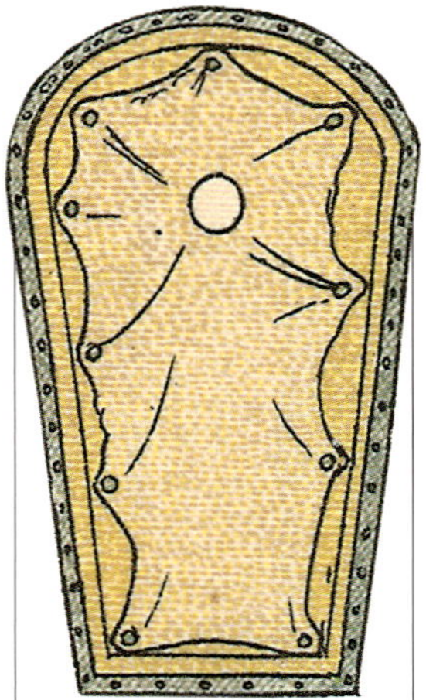

Escudo egípcio
Usados pelas fileiras maciças da infantaria egípcia, eram construídos colando e pregando placas de madeira umas nas outras e depois cobrindo-as com couro de animal.

Escudo hoplita
Em grego, *Hoplon* quer dizer "escudo", por isso os soldados gregos da infantaria de elite eram "os hoplitas", portadores de escudos – usualmente feitos de vime e cobertos de couro. A *parablemata*, um avental de couro, às vezes era presa embaixo do escudo para dar proteção adicional às pernas.

Scutum
O escudo clássico do legionário romano tinha uma única empunhadura no centro. Os escudos eram levados nas marchas e protegidos das intempéries com uma cobertura de couro apropriada.

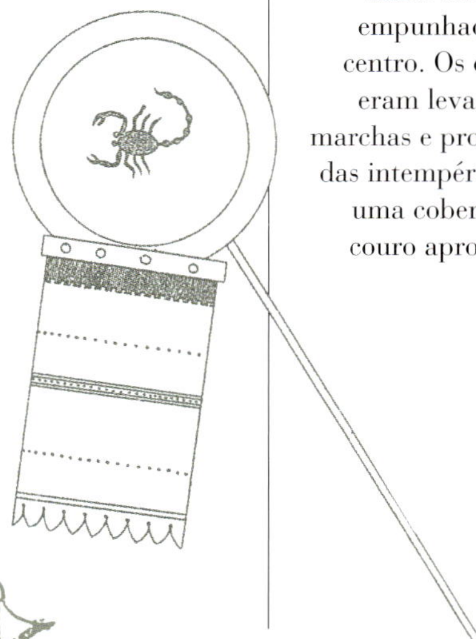

Escudos saxões e vikings
Do século VII ao XI, a principal tática de combate dos anglo-saxões e vikings era a parede de escudos. Os guerreiros ficavam ombro a ombro, de escudos entrelaçados, formando várias fileiras de profundidade. Os escudos de madeira eram circulares, com uma protuberância central de ferro.

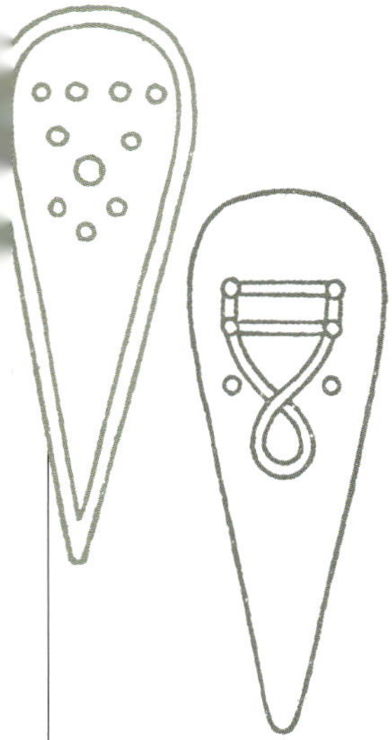

Broquel

O broquel (*buckler*) era um pequeno escudo metálico de mão. Servia para desviar golpes e, também, como punho para socos. Amplamente usado na Antiguidade, tornou-se muito popular no final da Idade Média. Permaneceu como arma civil até o fim do século XVI.

Escudo normando em forma de pipa

O talhe alongado oferecia certa proteção contra projéteis para o flanco do cavalo ao mudar de direção diante da linha inimiga.

Luta de espada e broquel, século XIII

A luta de espada e broquel (*buckler*) foi uma arte marcial popular, em especial entre os aprendizes de Londres. Após as competições, eles voltavam para casa com os pequenos escudos pendurados na guarda da espada, tilintando, e receberam o apelido de *swashbucklers* ("agitadores de *bucklers*", "fanfarrões").

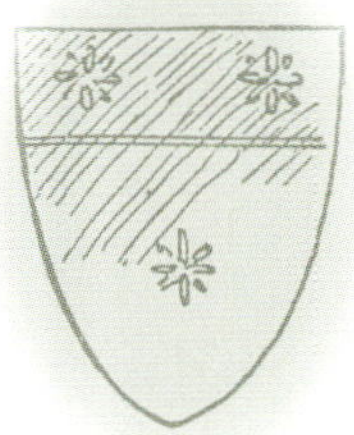

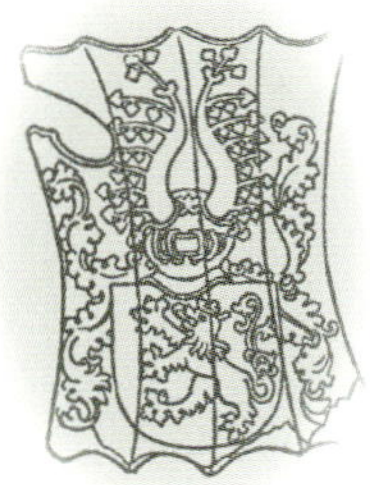

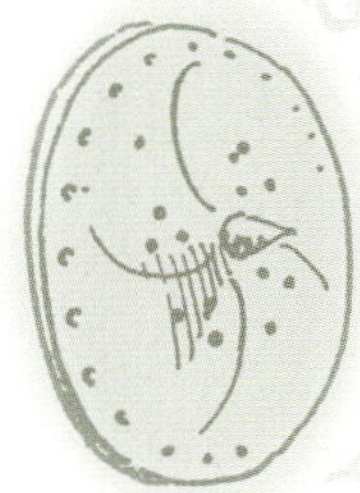

Escudo de aquecedor

O nome deste escudo clássico de cavaleiro, dado pelos vitorianos, deriva da placa de baixo do ferro de passar, o aquecedor. Era feito de madeira, com revestimento de couro ou linho.

Escudo *écranche*

Usado em justas e batalhas, a lança repousa na seção com um corte e o formato côncavo minimiza o risco de golpes de lança deslizarem para cima, em direção ao rosto.

Pavês

Usado por atiradores de bestas e mais tarde por atiradores de armas de fogo portáteis, este grande escudo era apoiado no solo e os protegia enquanto recarregavam as armas.

Targe

Embora os escudos já fossem redundantes em 1500, o escudo redondo simples – chamado de *rondache*, *target* ou *targe* – sobreviveu em tropas ligeiras. O *targe* foi usado na Escócia durante boa parte do século XVIII.

Armas de mão
• espada

Armas de projéteis

Defesas
• broquel
• *écranche*
• escudo de aquecedor
• escudo em formato de pipa
• pavês e *scutum*

Vestuário

Guerreiros
• anglo-saxões
• hoplita
• infantaria egípcia
• vikings

Conceitos e táticas
• parede de escudos

Construções e transportes

Linha do tempo 3000 a.C.-1864 d.C.

c. 3000 a.C.

Invenção do veículo sobre rodas, na forma de carro de boi.

Carro de boi

2686-2181 a.C.

Antigo Império no Egito Antigo: construção das pirâmides.

2040-1786 a.C.

Médio Império no Egito Antigo: assaltos a territórios vizinhos, com armas e táticas aperfeiçoadas.

c. 1650 a.C.

A introdução dos carros puxados por cavalos deu mobilidade às operações bélicas da Idade do Bronze.

c. 1000 a.C.

Surgimento das primeiras unidades disciplinadas de infantaria e seus grupos treinados e dos trens de sítio organizados e eficazes, com tecnologia da Idade do Ferro.

Realeza e infantaria da Assíria

727 a.C.

Morte do rei assírio Tiglat-Pileser III, que uniu a Assíria e a Babilônia no primeiro império centralizado – e, um século depois, anexou o Egito.

550 a.C.

Ciro derruba o governante meda do atual Irã e funda a dinastia Aquemênida, senhora do Império Persa.

264-241 a.C.

Primeira Guerra Púnica, travada entre as marinhas romana e cartaginesa: para essa guerra, os romanos copiaram uma frota de navios do modelo cartaginês avançado.

As Guerras Púnicas

476 d.C.

Queda do Império Romano do Ocidente, seguida pelos dois séculos da "Idade das Trevas" (Alta Idade Média).

793

Saque do Mosteiro de Lindisfarne, no nordeste da Inglaterra, pelos vikings.

800

Coroação de Carlos Magno como "imperador romano" pelo papa. Embora a cultura fosse feudal e utilizasse o serviço militar, Carlos Magno também encorajou o aprendizado dos textos latinos – e o Renascimento Carolíngio iniciou-se.

1066

Início da conquista normanda da Inglaterra. Guilherme da Normandia invade a ilha usando uma frota de navios longos vikings de tipo menor, os *snekkes*.

Snekkes

1227

Morte de Gêngis Khan, unificador das tribos mongóis numa força militar poderosa, que de início confiou na habilidade de seus cavaleiros, mas depois se adaptou com rapidez e sucesso aos métodos de guerra aprendidos dos povos conquistados.

Gêngis Khan

1240-41

Os mongóis invadem a Europa, trazendo a tecnologia da pólvora, que dominaram ao ocupar partes da China.

Século XIII

Os tufões (chamados *kamikaze*) frustram por duas vezes a invasão do Japão pelos mongóis.

1410

Derrota dos Cavaleiros Teutônicos na Batalha de Tannenberg diante da força combinada de tropas polonesas e lituanas.

1453

Constantinopla cai em poder dos turcos otomanos, marcando o fim do já fragmentado Império Bizantino.

Década de 1480

Auge do chamado estilo gótico nas armaduras dos cavaleiros.

Década de 1490

Formação das unidades de infantaria ligeira dos *Landsknechts* (lansquenês) pelo imperador austríaco Maximiliano I, com base em modelo suíço. Sua organização e disciplina tática inspiram os exércitos modernos.

Landsknechts

1525

A derrota dos franceses diante dos espanhóis na Batalha de Pavia prova a importância crescente das armas de fogo e o significado cada vez menor dos cavaleiros de armadura.

1526

Babur, descendente de Tamerlão, invade a Índia a partir do Afeganistão e funda o Império Mogol. Seus sucessores fizeram grande uso de elefantes de guerra.

c.1530

Invenção do mecanismo de fecho de roda para gerar uma fagulha e, assim, disparar um mosquete.

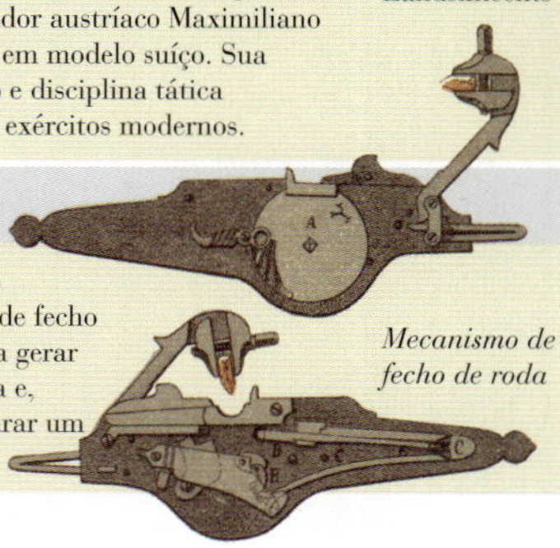

Mecanismo de fecho de roda

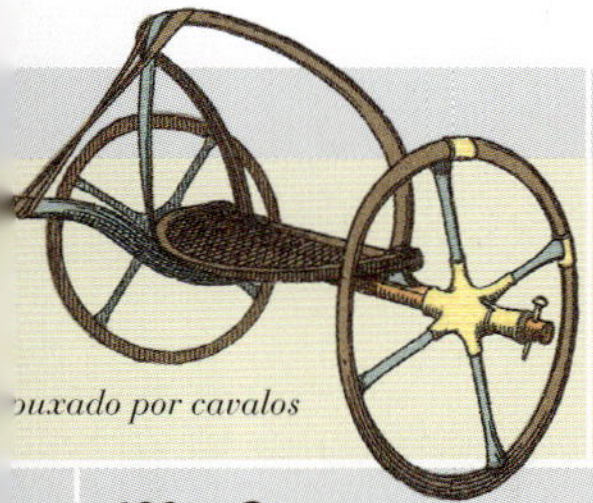

uxado por cavalos

1570-1069 a.C.

Novo Império no Egito Antigo. A população e a cultura foram profundamente militarizadas e o país gozou de uma idade de ouro de riqueza e poder.

1275 a.C.

Batalha de Kadesh, travada entre egípcios e hititas, com grande uso de carros de guerra por ambos os lados.

c. 1200 a.C.

Suposta era da Guerra de Troia, descrita por Homero cerca de quatro séculos depois.

Batalha de Salamina

480 a.C.

Batalha de Salamina, entre a frota grega comandada por Temístocles e a armada persa de Xerxes I. Os navios persas foram atraídos perto o bastante para os grupos de abordagem gregos provarem a superioridade de suas técnicas de combate corpo a corpo.

334 a.C.

Invasão da Pérsia por Alexandre, o Grande, vitorioso pelo menos em parte devido a um novo estilo de guerra.

A queda da Pérsia

240 a.C.

Construção do *Syracusia* por Arquias de Corinto, provavelmente o maior navio dos tempos antigos, projetado por Arquimedes.

49 a.C.

Último grande sítio romano, em Massilia (atual Marselha, na França), por Caio Trebônio.

Sítio de Massilia

1095

O papa Urbano II conclama a uma ação coordenada para recuperar a Terra Santa do domínio muçulmano. O resultado é a Primeira Cruzada, com a captura de Jerusalém pelos cruzados quatro anos depois.

1187

Captura de Jerusalém após sítio, por Saladino, comandante dos sarracenos. A consequência foi a Terceira Cruzada, na qual se destacou o rei Ricardo Coração de Leão.

Ricardo Coração de Leão

1346

Os mongóis sitiam o porto comercial genovês de Caffa, no mar Negro, lançando com catapultas, por sobre as muralhas, seus próprios mortos. O sítio é levantado, mas os genoveses voltam para casa levando com eles a peste negra.

Canhão chinês

Século XIV

Os canhões aparecem na China, substituindo os lança-chamas à base de pólvora.

Século XVI

Inicia-se, na Itália, um considerável desenvolvimento do projeto e da estrutura das fortificações.

1511

Conclusão da *Mary Rose*, nau capitânia de Henrique VIII, um dos primeiros navios capazes de disparar uma bordada de artilharia com canhões montados por trás de portinholas.

1521

Apesar da enorme inferioridade numérica, os espanhóis dominam rapidamente os astecas, graças à tecnologia militar muito superior.

O imperador asteca Montezuma

1577

Construção do primeiro galeão inglês "construído para a velocidade", o *Revenge*. Onze anos mais tarde ele se tornou a nau capitânia de Sir Francis Drake contra a Armada espanhola.

1603

Tokugawa Ieyasu torna-se xógum no Japão e estabelece o governo em Edo (Tóquio): o papel dos samurais passa a ser mais político e menos militar.

1611

Ascensão de Gustavo Adolfo ao trono da Suécia. O rei dedica-se de imediato à introdução de modernos aperfeiçoamentos nas táticas militares.

Linha do tempo 3000 a.C.-1864 d.C.

1618

Guerra dos Trinta Anos, a princípio um conflito entre ideologias cristãs, mas tornando-se cada vez mais uma guerra com interesses políticos e nacionais.

Guerra dos Trinta Anos

1630

Fixam-se, na Inglaterra, dimensões oficiais de comprimento do cano para o mosquete, o *caliver*, o arcabuz e a carabina.

1632

Tradução inglesa de *Military Rules for the Cavalry* ["Regras militares para a cavalaria"], de Ludovico Melzo, que focaliza a disposição tática de tropas no campo de batalha. Também é publicado *Militarie Instructions for the Cavallrie* ["Instruções militares para a cavalaria"], de John Cruso.

1677

As granadas são formalmente acrescentadas ao armamento do exército britânico.

1704-09

Vitórias em Blenheim, Ramillies e Malplaquet do duque de Marlborough, um tático cheio de carisma e extremamente habilidoso, que lutou contra os franceses em apoio às reivindicações austríacas ao trono espanhol.

Década de 1730

Os franceses desenvolvem o navio da linha 74 (de 74 canhões), portador de artilharia que logo seria copiado por todas as principais potências.

Navio da linha

1756-63

Guerra dos Sete Anos, conflito envolvendo as principais nações europeias que se difundiu para as colônias do ultramar, sendo, desse modo, semelhante a uma guerra mundial.

1775

Início da Guerra de Independência Americana, na qual as tropas da infantaria ligeira foram cada vez mais importantes para as forças britânicas. Cria-se a Legião Britânica, que combina a cavalaria e a infantaria ligeiras, uniformizadas em verde.

Cavalaria ligeira

1805

A frota do almirante Nelson derrota outra maior, de navios franceses e espanhóis, na decisiva Batalha de Trafalgar, demonstrando a supremacia da Royal Navy em habilidade náutica e em táticas.

1813

Lançamento do primeiro navio de guerra a vapor, o *Fulton*, construído por Robert Fulton para a Bateria a Vapor dos Estados Unidos. Passariam nove anos antes que a Royal Navy usasse a energia a vapor no mar.

A era do vapor

1836

Samuel Colt obtém a patente do revólver Colt de seis tiros.

Revólver Colt

Samuel Colt

1839

Início da Primeira Guerra do Ópio (anglo-chinesa), em que a tecnologia militar britânica triunfa sobre as táticas e o armamento antiquados dos chineses.

1853

Aprovação pelo Departamento de Guerra britânico do mosquete estriado (fuzil) Enfield para uso na Guerra da Crimeia, que começou logo em seguida.

1854

A Carga da Brigada Ligeira durante a Batalha de Balaclava foi um desastre causado tanto por táticas ultrapassadas quanto por liderança ineficiente.

1861

O maior e mais blindado dos navios de guerra "revestidos de ferro" da época entra em serviço, o *HMS Warrior*.

HMS Warrior

1642

Início da Guerra Civil Inglesa, para a qual os métodos e as táticas de combate continentais foram apressadamente importados por ambos os lados.

Guerra Civil Inglesa

1645

Formação, sob Thomas, barão Fairfax, do Exército do Novo Tipo como unidade militar profissional, no lado do Parlamento. Apelidados *Ironsides* ("costados de ferro") pelos realistas, seus soldados têm o primeiro teste real na Batalha de Naseby, em 14 de junho.

Século XVII

As operações de sítio atingem o máximo de eficiência durante a segunda metade do século.

1736

Ascensão de Ch'ien Lung a imperador manchu da China e subsequente expansão do império da dinastia Ch'ing.

1740-48

Guerra da Sucessão Austríaca, conflito envolvendo as principais nações europeias que demonstrou estarem os mercenários pagos (não importando quão experientes fossem) e os conscritos do país (em qualquer quantidade) longe de ser tão efetivos como um exército de cunho nacional, profissional e bem treinado como o exército prussiano.

1746

Batalha de Culloden, em que os soldados (jacobitas) do príncipe Carlos Eduardo Stewart são derrotados, em boa parte devido a erros táticos e à liderança precária, pelas forças (hanoverianas) de Jorge II sob o comando de seu irmão, o duque de Cumberland.

1794

Durante as Guerras Revolucionárias, os franceses usam o reconhecimento aéreo por meio de balões tripulados.

Balões de reconhecimento

1803-15

Acontecem as Guerras Napoleônicas, em que Napoleão e seus exércitos basicamente de conscritos e um conjunto de aliados em constante mudança lutam contra um grupo de oponentes europeus muito mais tradicional mas igualmente inconsistente, levando o conflito às últimas consequências.

As Guerras Napoleônicas

1815

Derrota de Napoleão em Waterloo. Sua cavalaria, antes usada com êxito em batalhas, foi precariamente apoiada pela infantaria.

1836

Publicação nos EUA do *Complete Treatise on Field Fortification* ["Tratado completo sobre fortificações de campanha"], de D. H. Mahan, que 25 anos depois orientaria ambos os lados na Guerra de Secessão.

1855

Os EUA adotam o livro *Hardee's Rifle and Light Infantry Tactics* ["Táticas de Hardee para infantaria ligeira e fuzileiros"], de William Hardee, baseado num manual francês.

1856

Fim da Guerra da Crimeia, cujos três anos de duração assistiram a avanços tecnológicos importantes, como o telégrafo, a construção de ferrovias temporárias para transporte de material e o tratamento médico com uso de clorofórmio.

A guerra da Crimeia

1857

Invenção da tenda de sino ("tenda Sibley") por Henry H. Sibley, formando da Academia Militar de West Point, em Nova York.

1861

Introdução do mosquete-fuzil Springfield, cujo alcance e precisão acarretaram mudanças apressadas nos padrões da ordem cerrada das formações de infantaria no campo de batalha.

1861-65

A Guerra de Secessão dos EUA prova que o melhor emprego da cavalaria na época se deu em incursões a longa distância por trás das linhas inimigas: dezenove raides da Confederação e quinze da União foram realizados pelas cavalarias, com resultados de impacto.

1862

O americano Richard Gatling patenteia a metralhadora Gatling original, de seis canos.

Gatling Gun

1864

Doze nações assinam a Primeira Convenção de Genebra, sobre as condições humanas na guerra.

Glossário

ALABARDA Arma de alcance com uma lâmina de machado na extremidade, e no lado oposto uma ponta para perfurar.

ALFANJE Espada pesada, de lâmina larga e corte simples, em geral encurvada na ponta, usada na Europa do século XI ao XVI.

AMEIA Formato clássico do topo dos muros do castelo, cortados por vãos retangulares (*embrasures*) separados por construções também retangulares por sua vez.

ARCABUZ Arma dos séculos XV e XVI, de fecho de mecha e de carregar pela boca, precursora do mosquete e do fuzil.

BACINETE Elmo de metal de rosto aberto dos cavaleiros medievais, mais tarde com visor e guarda de pescoço.

BALA MINIÉ Forma especial de projétil que se expandia. Podia ser usado nos fuzis de carregar pela boca que se tornaram populares na Guerra da Crimeia e na Guerra de Secessão dos EUA.

BASTIÃO Projeção em forma de flecha da muralha de um castelo ou de um forte, voltada para fora e propiciando uma posição defensiva com ampla angulação.

BIRREME Galera fenícia, grega e romana impulsionada por vela ou por duas ordens de remadores.

BODKIN Adaga anglo-saxã com seção em cruz quadrada, forma posteriormente aplicada às pontas de flecha medievais.

BOMBARDA DE TIRAS DE FERRO E AROS Canhão de grande calibre que era feito forjando-se tiras retas de ferro em formato cilíndrico, presas umas às outras por aros de ferro.

BRAÇAL E ANTEBRAÇAL Blindagens da armadura de placas que protegiam o braço e o antebraço.

BROQUEL Escudo pequeno, em geral circular, usado perto da mão e popular no norte da Europa entre 1100 e 1600.

BROWN BESS Apelido de qualquer um dos modelos de uma série de mosquetes de fecho de pederneira usados pelo exército britânico entre as décadas de 1720 e 1850.

CAÇOLETA Recipiente de um mosquete no qual a fagulha inicial inflama a pólvora mais fina (a escorva), que por sua vez provoca a ignição da carga principal na culatra do cano.

CANHÃO DE CAÇA Canhão montado na proa de um navio de guerra a vela para disparar nas velas e no cordame do barco perseguido e com isso diminuir sua velocidade de navegação.

CANHÃO DE CARREGAR PELA BOCA Canhão no qual o projétil ou a granada é carregado pela extremidade do cano mais perto do alvo; o contrário do canhão de retrocarga.

CANHÃO DE RETROCARGA Canhão no qual o projétil ou granada é carregado pela extremidade do cano mais distante do alvo; o contrário do canhão de carregar pela boca.

CARABINA A princípio, um mosquete de cano curto; mais tarde, um fuzil de cano curto ou uma arma portátil de cano longo.

CARABINEIROS A princípio, tropas armadas com o mosquete curto chamado carabina; mais tarde, companhia de infantaria ligeira ou unidade de cavalaria (ou de polícia montada).

CARRACA Veleiro oceânico de três ou quatro mastros e popa alta da Europa Ocidental, nos séculos XV e XVI.

CASCAVEL Extremidade traseira de um canhão, compreendendo o botão redondo, o pescoço e a banda ou moldura decorativa.

CASTELO MOTTE-AND-BAILEY Castelo introduzido na Grã-Bretanha pelos normandos em 1066, tem uma elevação com um fosso ou trincheira em torno dela (*motte*) e um pátio protegido por paliçada (*bailey*).

CATAFRACTOS Tropas de cavalaria com couraças pesadas do Império Persa, depois usadas no Império Romano e no Bizantino.

CHAPEL-DE-FER Elmo de batalha medieval redondo e de aba larga usado na Europa do século XIII ao XVI.

CHASSEUR Membro de regimento de infantaria ligeira ou de cavalaria ligeira da França; soldado da Guerra de Secessão dos EUA que usava uniforme semelhante.

COIFA Peça em malha que deixava a face exposta, mas cobria toda a cabeça, o pescoço e os ombros.

CORCEL DE BATALHA Montaria de combate do cavaleiro medieval.

CORVUS Ponte ou escada de madeira colocada na proa dos navios de guerra romanos para abordagem de embarcações inimigas.

COURAÇA PEITORAL E DORSAL Parte principal de um conjunto de blindagens que protegem o peito e as costas.

CRANEQUIM Dispositivo do século XIV para esticar a corda de uma besta girando uma manivela ligada a uma roda dentada com sistema de catraca e polia.

DRAGÃO Na origem, soldado de infantaria capaz de cavalgar numa emergência; mais tarde, o membro de um regimento de cavalaria ligeira.

DRAKKAR Navio longo da última fase da era viking, também conhecido como "navio dragão".

FALDAS E COXOTES Partes relativamente curtas da armadura de placas, que lembram um avental, destinadas a proteger a virilha, os quadris e as coxas.

FECHO *SNAPHAUNCE* Forma inicial do mecanismo de disparo do mosquete de fecho de pederneira sem a tampa de aço específica para a caçoleta. *Ver* Placa de aço do fecho de pederneira.

FRAMEA Lança de lâmina curta dos primeiros guerreiros germânicos, usada no arremesso e no combate corpo a corpo.

FRANCISCA Machado de arremesso dos primeiros grupos germânicos, em especial as tribos dos francos.

FUZIL SPENCER Fuzil de repetição operado manualmente e de ação de alavanca, adotado pelo exército da União na Guerra de Secessão dos EUA.

GABIÕES Cestos de vime que podem ser cheios de terra e reunidos para servir de proteção para artilheiros e atiradores de elite.

GLADIUS HISPANICUS Espada curta de lâmina dupla para perfurar, encontrada pelos romanos na Espanha gaulesa e logo adotada por eles em todo o império.

GOEDENDAG Clava pesada que tinha no topo uma lâmina e um prego, usada primeiro em Flandres, no início do século XIV.

GORJAL Guarda para a garganta e o pescoço na armadura de placas; parte do uniforme militar para a mesma área do corpo.

HACKBUT Grafia variante para "arcabuz", mais próxima do original holandês *hakebus* ("arma de gancho").

HAUBERK Túnica de malha de mangas compridas e soltas.

HOPLITAS Homens das antigas cidades--Estado gregas quando vestidos e equipados para a guerra.

HUSSARDOS Na origem, unidades irregulares de cavalaria ligeira na Hungria do início do século XV; unidades similares em outras partes da Europa e na América do Norte a partir do século XVII.

JOELHEIRAS Placas ou estruturas protetoras do joelho na armadura de placas.

KATANA Espada japonesa curva e de lâmina simples, mais conhecida como "espada de samurai".

KERIS Adaga ou faca curta, de lâmina em geral curva e cabo inclinado, da Indonésia e regiões vizinhas.

KHOPESH A chamada "espada-foice" do Egito Antigo.

KOPIS Espada da cavalaria grega de lâmina curva na frente, com cerca de 1 metro de comprimento, usada para acutilar a infantaria.

LUNETTE Barreira, bateria ou obra externa defensiva, em posição separada, inicialmente de formato semicircular.

MACAHUITL Clava asteca de madeira em que eram inseridas múltiplas lâminas de obsidiana (vidro vulcânico).

MACHADO *PALSTAVE* Machado da Idade do Bronze no qual a cabeça de metal tem bordas moldadas para se adaptar ao cabo de madeira.

MACHICOLATION Abertura no assoalho ou no teto de um aposento fortificado, por onde líquidos ferventes e pedras podiam ser lançados sobre os atacantes.

MANÍPULO Divisão de uma legião romana.

MANTELETS Seções portáteis e sólidas de uma barricada que podiam ser montadas juntas para defender contra flechas e outros projéteis na Idade Média.

MORTEIRO Tubo de carregar pela boca com base estática e mecanismo de disparo, que lançava granadas especiais a baixa velocidade e em arcos elevados.

MOSQUETE DE FECHO DE MECHA Mosquete que incorporou um meio mecânico de tocar com mecha acesa a pólvora especial na caçoleta, o que inflamava a carga principal na culatra do cano.

MOSQUETE DE FECHO DE PEDERNEIRA Mosquete de alma lisa (sem estrias no interior do cano) e de carregar pela boca que se baseava no mecanismo do fecho de pederneira para incendiar a pólvora no interior da caçoleta, provocando a ignição da carga principal. *Ver* Placa de aço do fecho de pederneira.

MUNHÃO Um dos dois suportes sobre os quais um canhão podia ser elevado ou deslocado para os lados.

ONAGRO Máquina móvel de sítio do final do período romano que fazia uso da tecnologia da funda com bastão, não sendo muito diferente de um pequeno *trebuchet*.

PAVÊS Grande escudo com sulco central vertical usado por soldados medievais, em especial arqueiros e besteiros.

PELTAST Soldado da antiga infantaria ligeira grega equipado com um escudo de vime chamado "pelte".

PENTEKONTER Antigo navio de guerra grego impulsionado por 25 remadores de cada lado.

PETRARY Qualquer tipo de engenho de sítio medieval que lançasse pedras, entre eles o *mangonel* e o *trebuchet*.

PLACA DE AÇO DO FECHO DE PEDERNEIRA Peça de aço sobre a tampa da caçoleta do mosquete de fecho de pederneira. Quando atingida pela pederneira, gera uma fagulha que coloca em ignição a pólvora na caçoleta, a qual, por sua vez, incendeia a carga principal na câmara de combustão.

QUADRELO Seta de ponta quadrada disparada de uma besta.

QUILLONS Duas projeções que formam a guarda de mão básica da espada.

QUINQUIRREME Galera grega e romana impulsionada por vela ou por cinco ordens de remadores.

REVELIM Projeção em forma de "V" do muro de um castelo, forte ou *lunette*, voltada para fora, propiciando uma posição defensiva com ampla angulação.

REVESTIMENTO Estrutura ou projeção na muralha, destinada a absorver a energia do impacto de projéteis e explosivos.

RIBAULD Arma de múltiplos canos dos séculos XIV e XV que disparava uma rajada simultânea de projéteis de ferro. Também chamada "canhão de órgãos".

RONDEL Adaga medieval longa e fina, com guarda redonda. O termo também designava qualquer peça defensiva arredondada de uma armadura de placas.

SABATONS Partes da armadura de placas destinadas a cobrir e proteger os pés. Também chamados de escarpes.

SCUTUM Escudo semicilíndrico das legiões romanas.

SEAX/SCRAMASAX Grande faca de corte usada no centro, no norte e no leste da Europa (em especial por saxões e francos) no início da Idade Média.

SNEKKE Versão menor e mais comum dos navios longos da frota viking.

TRABALHO DE SAPA Escavação de trincheira ou túnel para atacar ou minar as defesas de uma posição sitiada.

TRIRREME Galera fenícia, grega e romana impulsionada por vela ou por três ordens de remadores.

Bibliografia

BARBER, R.; BARKER, J. *Tournaments: Jousts, Chivalry and Pageants in the Middle Ages.* Woodbridge (EUA): Boydell Press, 1989.

BLACKMORE, H. L. *Guns and Rifles of the World.* Nova York: Viking Press, 1965.

BLAIR, C. *European Armour c. 1066-c. 1700.* Londres: Batsford, 1979.

BROWN, R. A. (ed.). *Castles: a History and Guide.* Poole (RU): Blandford, 1980.

CAPWELL, T. *The Real Fighting Stuff.* Glasgow: Glasgow Museums, 2007.

CASSON, L. *The Ancient Mariners: Seafarers and Seafighters of the Mediterranean in Ancient Times.* 2ª. ed. Princeton: Princeton University Press, 1991.

CHANDLER, D. *The Art of War in the Age of Marlborough.* Nova York: Hippocrene Books, 1976.

__________. *The Campaigns of Napoleon.* Nova York: Macmillan, 1966.

CHASE, K. *Firearms: A Global History to 1700.* Cambridge: University of Cambridge Press, 2003.

CHENEVIX TRENCH, C.A. *History of Marksmanship.* Chicago: Follett, 1972.

CONNOLLY, P. *Greece and Rome at War.* Londres: Macdonald, 1981.

CRUSO, J. *Militarie Instructions for the Cavallerie.* Cambridge, 1632; reimpressão em Kineton (EUA): The Roundwood Press, 1972, com comentários do brigadeiro. P. Young.

DAVIS, MAJOR. G. B. et al. *The Official Military Atlas of the Civil War.* Washington: Government Printing Office, 1891-95.

DAWSON, D. *Origins of Western Warfare.* Boulder (EUA): Westview, 1996.

__________. *The First Armies.* Londres: Cassell, 2001.

DREWS, R. *The End of the Bronze Age.* Princeton: Princeton University Press, 1995.

__________. *Early Riders: The Beginnings of Mounted Warfare in Asia and Europe.* Nova York: Routledge, Taylor and Francis, 2004.

DUFFY, C. *Fire and Stone: the Science of Fortress Warfare 1660-1860.* Londres: Newton Abbot, 1975.

__________. *Frederick the Great: A Military Life.* Londres: Routledge & Kegan Paul, 1985.

__________. *The Army of Frederick the Great.* Londres: Newton Abbot, 1974.

__________. *The Army of Maria Theresa.* Londres: Newton Abbot, 1977.

__________. *The Military Experience in the Age of Reason.* Londres: Routledge & Kegan Paul, 1987.

EDGE, D; PADDOCK, J. M. *Arms and Armour of the Medieval Knight.* Londres: Bison Books, 1991.

EDGERTON, R. *Death or Glory: The Legacy of the Crimean War.* Boulder (EUA): Westview, 1999.

EUA. *Rules for the Management and Cleaning of the Rifle Musket, Model 1863 for the Use of Soldiers.* Washington: Government Printing Office, 1863.

FERRELL, J. *The Dr. Leo S Figiel Collection of Mogul Arms.* São Francisco: Butterfield & Butterfield, 1998.

FERRILL, A. *The Origins of War: From the Stone Age to Alexander the Great.* Londres: Thames & Hudson, 1985.

FIELD, R. *American Civil War Fortifications (2): Land and Field Fortifications.* Oxford: Osprey Publishing, 2005.

FRANCE, J. *Western Warfare in the Age of the Crusades 1000-1300.* Ithaca (EUA): Cornell University Press, 1999.

GABRIEL, R. A. *Genghis Khan's Greatest General: Subotai the Valiant.* Westport (EUA): Praeger, 2004.

GERNET, J. *A History of Chinese Civilization.* Cambridge (RU): University of Cambridge Press, 1985.

GILLINGHAM, J. *Richard the Lionheart.* Londres: Weidenfeld & Nicolson, 1989.

GLOVER, M. *Warfare in the Age of Bonaparte.* Londres: Cassell, 1980.

GOLDSWORTHY, A. *The Complete Roman Army.* Londres: Thames & Hudson, 2003.

__________. *Roman Warfare.* Londres: Harper Collins, 2005.

GRIFFITH, P. *The Art of War in Revolutionary France.* Londres: Greenhill, 1998.

GROSE, G. *Military Antiquities Respecting a History of the English Army, with a Treatise on Ancient Armour and Weapons.* Londres, 1801.

GUILMARTIN JR., J. F. *Gunpowder and Galleons: Changing Technology and Mediterrean Warfare at Sea in the Sixteenth Century.* Ed. revista. Annapolis: The United States Naval Institute, 2003.

HAMILTON, E.P. *The French Army in America and... The Musket Drill of 1755.* Ottawa, 1967.

HANSON, V. *The Western Way of War.* Berkeley: University of California Press, 1989.

HARDEE, W. *Hardee's Rifle and Light Infantry Tactics.* J. O. Kane, editor, 126 Nassau Street, Nova York, 1862.

HARDY, R; STRICKLAND, M. *The Great Warbow.* Stroud (RU): The History Press, 2005.

HARTOG, L. DE. *Genghis Khan.* Londres: IB Tauris, 1999.

HAYTHORNTHWAITE, P. J. *The English Civil War 1642-1651: An Illustrated Military History*. Poole (RU): Blandford, 1983.

__________. *Napoleonic Weapons and Warfare: Napoleonic Cavalry e Napoleonic Infantry*. Londres: Cassell, 2001.

HOOPER, N.; BENNETT, M. *Cambridge Atlas of Warfare: The Middle Ages 768-1492*. Cambridge (RU): Cambridge University Press, 1996.

HUGHES, MAJ. GEN. B. P. *Firepower: Weapons Effectiveness in the Battlefield 1630-1850*. Londres: Purnell, 1974.

__________. *Open Fire: Artillery Tactics from Marlborough to Wellington*. Chichester (RU): Antony Bird Publications, 1983.

JOHNSON, R. U. (Ed.) et al. *Battles and Leaders of the Civil War*. 4 v. Nova York: Thomas Yoseloff, 1956.

KEEN, M. *Chivalry*. New Haven: Yale University Press, 1984.

KEMP, A. *Weapons and Equipment of the Marlborough Wars*. Poole (RU): Blandford, 1980.

KNIGHT, I. *The Anatomy of the Zulu Army*. Londres: Greenhill, 1995.

LANE-POOLE, S. *Saladin and the Fall of Jerusalem*. Londres: Greenhill, 2002.

LAVERY, B. *Nelson's Navy: The Ships, Men, and Organization, 1793-1815*. Annapolis: The United States Naval Institute, 1989.

MURPHEY, R. *Ottoman Warfare 1500-1700*. Londres: UCL Press, 1999.

NAFZIGER, G. F. *Imperial Bayonets: Tactics of the Napoleonic Battery, Battalion and Brigade as found in Contemporary Regulations*. Londres e Mechanicsburg: Greenhill, 1996.

NEWARK, T. *Warlords*. Londres: Arms and Armour Press, 1996.

NICOLLE, D. *Medieval Warfare Source Book*. V. 1 e 2. Londres: Arms and Armour Press, 1995, 1996.

NORDHOFF, C. *Man-of-War Life*. Annapolis: The United States Naval Institute, 1985.

NORMAN, A. V. B.; POTTINGER, D. *English Weapons and Warfare 449-1669*. Nova York: Dorset Press, 1966.

NOSWORTHY, B. *Battle Tactics of Napoleon and his Enemies*. Londres: Constable, 1995.

OAKESHOTT, E. *The Archaeology of Weapons*. Cambridge ((RU): Lutterworth Press, 1960.

PARKER, G. *The Military Revolution*. Cambridge (RU): University of Cambridge Press, 1996.

PATERSON, W. F. *A Guide to the Crossbow*. Society of Archer--Antiquaries (RU), 1990.

PETERSON, H. L. *Arms and Armour in Colonial America 1526-1783*. Mineola (EUA): Dover Publications, 2000.

PETERSON, H. L. *The Book of the Gun*. Londres: Hamlyn, 1968.

ROBINSON, F. *Islamic World*. Cambridge (RU): University of Cambridge Press, 1996.

ROSE, S. *Medieval Naval Warfare, 1000-1500*. Nova York: Routledge, 2002.

ROTHENBERG, G. E. *The Art of War in the Age of Napoleon*. Bloomington (EUA): University of Indiana Press, 1977.

SINCLAIRE, C. *Samurai*. Londres: Salamander, 2001.

SPRAGUE, M. *Norse Warfare: Unconventional Battle Strategies of the Ancient Viking*. Nova York: Hippocrene Books, 2007.

STONE, G. C. *A Glossary of the Construction, Decoration and Use of Arms and Armour*. Nova York: J. Brussel, 1961.

TAYLOR, C. *The American Indian*. Londres: Salamander, 2002.

TODD, F. P. *American Military Equipage, 1851-1872*, V. 1 e 2. Providence (EUA): The Company of Military Historians, 1974-77.

TUCKER, S. *Arming the Fleet: U.S. Navy Ordnance in the Muzzle-Loading Era*. Annapolis: The United States Naval Institute, 1989.

TURNBULL, S. *Samurai: The Warrior Tradition*. Londres: Arms and Armour Press, 1996.

__________. *The Samurai Sourcebook*. Londres: Weidenfeld & Nicolson, 2000.

TURNER, J. *Pallas Armata: Military Essays...* Londres: 1683; reimpressão em Nova York: Greenwood Press, 1968.

VALE, M. G. A. *War and Chivalry: Warfare and Aristocratic Culture in England, France and Burgundy at the end of the Middle Ages*. Athens (EUA): University of Georgia Press, 1981.

WAGNER, E. *Cut and Thrust Weapons*. Londres: Spring Books & Paul Hamlyn, 1967.

WAGNER, E. *European Weapons and Warfare 1618-48*. Londres: Octopus Books, 1979.

WARRY, J. *Warfare in the Classical World*. Nova York: Barnes & Noble, 1995.

WINDHAM, W. *A Plan of Discipline composed of the use of the Militia of the County of Norfolk*. Londres: 1759; reimpressão em Ottawa: 1969

"W.T.". *The Compleat Gunner*. Londres: 1672; reimpressão em Nova York: SR Publishers, 1971.

Índice

Índice

Agradecimentos

Editor-geral

TIM NEWARK é amplamente conhecido no campo da história militar. Tornou-se editor da revista *Military Illustrated* em 1993 e tem atuado como consultor em séries de documentários para a televisão, como *Heroes & Weapons of WW2*, veiculada por The History Channel e BBC Worldwide. Entre suas publicações está *Camouflage* (Thames & Hudson, 2007).
Colaboração: "O mundo mais amplo", "Anatomia de uma falange", "Anatomia de um sítio romano".

Colaboradores

MATTHEW BENNETT é professor na Royal Military Academy, em Sandhurst. Escreveu muitos artigos acadêmicos sobre as práticas de guerra dos cavaleiros e dos cruzados. Entre suas publicações está *The Cambridge Atlas of Warfare: The Middle Ages 768-1487*.

Colaboração: "Práticas da guerra medieval".

DR. DOYNE DAWSON estudou História Antiga em Princeton e História Militar em West Point. É professor de Assuntos Internacionais na Universidade Sejong, em Seul, e escreveu trabalhos fundamentais sobre as origens da guerra.

Colaboração: "O antigo estilo de guerra", "Roma e seus inimigos", "A Idade das Trevas", "Invasores vikings".

RON FIELD, agraciado com a Bolsa Fulbright em 1982, atuou como editor associado da Sociedade Histórica Confederada da Grã-Bretanha de 1983 a 1992. Foi eleito membro da Companhia de Historiadores Militares, sediada em Washington, em 2005. Suas publicações sobre a Guerra de Secessão dos EUA são altamente apreciadas.

Colaboração:"O precursor do campo de batalha moderno", "Guerra no mar".

PHILIP HAYTHORNTHWAITE é autor internacionalmente respeitado e consultor histórico especializado na história militar, nos uniformes e equipamentos dos séculos XVIII e XIX. Publicou mais de quarenta títulos sobre questões militares. O Período Napoleônico é sua principal área de pesquisa.

Colaboração: "A revolução das armas de fogo", "O fecho de pederneira na guerra".

MIKE LOADES é historiador militar e especialista em armas históricas, tendo apresentado dezenas de documentários na televisão para o The History Channel e outros. Seu último e importante trabalho versa sobre espadas e esgrimistas.

Colaboração: "Revoluções em armas e blindagens", "Introdução".

Todas as ilustrações foram reproduzidas das seguintes fontes, exceto onde anotado abaixo:

BOUTELL, CHARLES. *Arms and Armour in Antiquity and the Middle Ages.* Londres: Reeves & Turner, 1874.

BURTON, T. F. *The Book of the Sword.* Londres: Chatto & Windus, 1884. (Edição moderna publicada em Nova York: Dover Publications, 1987.)

CLARK, G. T. *Medieval Military Architecture.* V. 1 e 2. Londres: Wyman & Sons, 1884.

COLOMB, VICE-ALMIRANTE P. H. *Naval Warfare.* Londres: W H Allen & Co, 1899.

DEMMIN, A. *An Illustrated History of Arms and Armour from the Earliest Period to the Present Time.* Londres: 1877.

DU CHAILLU, P. B. *The Viking Age.* V. 1 e 2. Nova York: Charles Scribner's Sons, 1890.

FARROW, E. S. *Farrow's Military Encyclopaedia.* V. 1-3. Nova York: ed. do autor, 1885.

FOX, F. *The Story of the British Navy.* Londres: Adam & Charles Black, 1913.

GRANT, J. *British Battles On Land And Sea.* V. 1-3. Londres: Cassell Petter & Galpin, 1897.

HECK, J. G. *Iconographic Encyclopaedia of Science, Literature & Art.* Nova York: Rudolphe Garrigue, 1851.

HOTTENROTH, F. *Le Costume Chez Les Peuples Anciens et Modernes.* Paris: Armand Guérinet, 1890.

____________. *Trachten, Haus-, Feld-und Kriegsgeräthschaften der Völker alter und neuer Zeit.* Stuttgart: Verlag von Gustav Weise, 1884.

HUGO, H. *De Militia Equestri Antiqua Et Nova...* Libri Quinque. B. Moreti, 1630.

PAYNE-GALLWEY, R. *A Summary of the History, Construction and Effects in Warfare of the Projectile-Throwing Engines of the Ancients: With a Treatise on the Structure, Power and Management of Turkish and Other Oriental Bows of Mediaeval and Later Times.* Londres: Longmans, Green & Co, 1907.

____________. *The Crossbow*, 1903. (Edição moderna publicada em Nova York: Dover Publications, 1995.)

RACINET, A. *Le Costume Historique.* Paris: Librairie de Firmin-Didot et cie, 1888.

SCHMIDT, R. *Les Armes A Feu Portatives, leur Origine et leur Developpement Historique et Technique.* Paris: 1877.

USA. *Rules for the Management and Cleaning of the Rifle Musket Model 1863.* Washington: Government Printing Office, 1863.

O editor-chefe agradece às seguintes pessoas e empresas por sua permissão para o uso de imagens. Todos os esforços foram feitos para dar crédito às imagens. Apresentamos nossas desculpas caso tenham ocorrido omissões não intencionais:

(a: no alto; b: embaixo; c: no centro; d: à direita; e: à esquerda)

AKG Images: 8 (b), 36-37 (fundo), 36 (b), 37 (b), 38 (b), 116 (t), 136 (b), 137 (ad), 248 (ae), 253 (c). **Alamy**: 126 (a). **Bridgeman Art Library**/The Stapleton Collection, UK: 37 (a); coleção particular: 126 (b), 128 (a); The Stapleton Collection, UK: 129 (be), 143 (td); coleção particular: 144 (bd); National Army Museum, Londres: 223 (bd); Peter Newark American Pictures: 233 (bd); Ken Welsh: 260 (c); Bibliothèque des Arts Decoratifs, Paris, France/Archives Charmet: 273 (b), coleção particular: 309 (c). Corbis: 127 (a); Bettmann: 136 (ad), 137 (ae), 146 (ad), 214 (ad), 220 (b), 309 (bd). **Hong Kong Maritime Museum**, (reproduzido com permissão): 250 (a). **Mary Evans Picture Library**: 137 (bd), 138, 143 (bd), 146 (ae), 216 (c).

Nossos agradecimentos pelo uso das coleções particulares de:

Ron Field
Philip Haythornthwaite
Tim Newark